Einsam

Einsam

Gesellschaftliche, kirchliche und diakonische Perspektiven

Im Auftrag der Diakonie Deutschland herausgegeben von
Astrid Giebel, Daniel Hörsch, Georg Hofmeister und Ulrich Lilie

EVANGELISCHE VERLAGSANSTALT
Leipzig

Bibliographische Information der Deutschen Nationalbibliothek
Die Deutsche Nationalbibliothek verzeichnet diese Publikation in der Deutschen Nationalbibliographie; detaillierte bibliographische Daten sind im Internet über http://dnb.dnb.de abrufbar.

Das Buch wurde auf alterungsbeständigem Papier gedruckt.

Cover: Fruehbeetgrafik, Thomas Puschmann, Leipzig
Coverbild: »Wanderer auf dem Nebelmeer« von Caspar David Friedrich,
© bpk/Hamburger Kunsthalle/Elke Walford
Satz: 3W+P, Rimpar
Druck und Binden: Hubert & Co., Göttingen

ISBN Print 978-3-374-07159-3 // eISBN (PDF) 978-3-374-07160-9

www.eva-leipzig.de

Inhalt

Vorwort der Herausgebenden

Einsam ist, wer sich einsam fühlt! Einsamkeit wird – anders als *Alleinsein* – von schmerzlichem Empfinden des Abgeschnittenseins begleitet und kann nicht willentlich beendet werden. Mitten in einer Menschenmenge, eingebunden in einen Freundes- und Familienkreis, umgeben von beruflichen Kontakten können Menschen trotzdem unter dem Gefühl der Einsamkeit leiden. Anders als *soziale Isolation* kann Einsamkeit also auch bei Personen auftreten, die ein großes Unterstützungsnetzwerk bzw. Kontakthäufigkeit haben. In der Forschung wird Einsamkeit als Dimension betrachtet – die je nach Empfinden – zwischen »nicht einsam« und »sehr einsam« variieren kann.

Zehn bis zwanzig Prozent der Deutschen sind von chronischer Einsamkeit betroffen; diese kann wiederum über die gesamte Lebensspanne auftreten. Besonders betroffen sind junge Erwachsene (etwa 18–29 Jahre) und ältere Menschen (etwa ab 80 Jahren). Chronische Einsamkeit wirkt sich stressig auf Wohlbefinden und Gesundheit aus; sie hat gravierende negative Konsequenzen für die Gesundheit und Lebenserwartung und kann hohe Gesamtkosten für die betroffene Person und die Gesellschaft verursachen. Die Corona-Pandemie hat die mit Einsamkeit einhergehenden Problemlagen noch einmal verschärft, besonders bei Menschen, die schon vor der Pandemie wenig zufriedenstellende soziale Beziehungen geführt haben. Angesichts von Millionen hiervon Betroffenen und den dahinterstehenden Einzelschicksalen, gilt es, sich mit diesem gesellschaftlichen Phänomen auseinanderzusetzen. Einsamkeit kann die Folge einer Vielzahl an Faktoren sein und wird politisch zunehmend beachtet.[1] Sie ist bislang noch viel zu wenig erforscht; es bedarf einer besseren Datenlage zu Einsamkeit in

1 Deutscher Bundestag, Ausschuss für Familie, Senioren, Frauen und Jugend, Ausschussdrucksache 19 (13) 135d (neu), Bücker, Susanne, *Einsamkeit – Erkennen, evaluieren und entschlossen entgegentreten.* Schriftliche Stellungnahme für die öffentliche Anhörung BT-Drs. 19/25249, Ruhr-Universität Bochum 12.04.2021, https://www.bundestag.de/resource/blob/833538/3db278c99cb6df3362456fefbb6d84aa/19-13-135dneu-data.pdf (Abruf 06.12.2021).

Deutschland und eines Ausbaus von Forschungskapazitäten, um Maßnahmen gegen Einsamkeit evidenzbasiert auf die Bedarfe in Deutschland abzustimmen und zielgerichtet zur Verbesserung des Befindens und der Lebenslagen der Betroffenen einzusetzen. Im Rahmen ihrer Unerhört-Kampagne[2] hat die Diakonie Deutschland Einsamkeit als ein gesellschaftlich hochrelevantes Thema identifiziert. Die vorliegende Publikation knüpft daran an und möchte zu einer vertieften Befassung mit dem – durch die Corona-Pandemie noch einmal verstärkten – Phänomen der Einsamkeit anregen und geht unter anderem den folgenden Fragen nach:

»Wie entsteht Einsamkeit? Was begünstigt sie? Gibt es einen Zusammenhang zwischen Einsamkeit und Lebenssinn? Oder zwischen Einsamkeit und selbstbestimmter Partizipation und Teilhabe? Wie hängen Einsamkeit mit Selbstbild, Selbstwahrnehmung, Fähigkeit zur Selbstöffnung und Beziehungskompetenz, Verlusterleben, Persönlichkeitsmerkmalen und Strategien zur Lebensbewältigung zusammen? Welche theologischen Perspektiven können im Blick auf Einsamkeit gewonnen werden? Wo erleben Menschen Einsamkeit in kirchlichen Kontexten oder diakonischen Handlungsfeldern? Mit welchen Strategien und Konzepten kann Einsamkeit begegnet werden? Und müsste nicht neben Einsamkeitsinterventionen auch besonders die *Einsamkeitsprävention* – z. B. durch frühzeitige Vermittlung von psychischer Gesundheitskompetenz und breitangelegter Förderung von Maßnahmen, die zwischenmenschliche Beziehungen stärken – in den Blick genommen werden?

In seinem Geleitwort hebt *Jürgen Stobbe* hervor: Einsamkeit geht alle an! Vor allem die Lockdowns der Corona-Pandemie haben die subjektiven Einsamkeitsgefühle vielfach noch verstärkt. Von daher ist das Problem eine Frage der Gesundheitsvorsorge, aber auch des gesellschaftlichen Zusammenhalts.

Ulrich Lilie beobachtet seinerseits Ähnliches: In der Corona-Pandemie hat die Einsamkeit ihr stilles Kämmerlein verlassen und sich in ein Massenphänomen verwandelt. Als Gesellschaft sollten wir daher miteinander Netzwerke gegen Einsamkeit zu knüpfen, wo sie ungewollt ist.

Mit einer Bibelarbeit zur Wüste als Ort der Einsamkeit und Einkehr, aber auch als Ort der Gotteserfahrungen oder gar der Erschütterung und Krisenbeschleunigung, eröffnet Präses *Annette Kurschus,* Ratsvorsitzende der Evangelischen Kirche in Deutschland, das **Kapitel 1.** Bischof Christian Stäblein geht in seinem Folgebeitrag der Urerfahrung von Einsamkeit nach, nämlich sich von Gott und der Welt verlassen zu fühlen. Er hält fest: Gegen die Neigung Leid zu ver-

---

2 Mit der Unerhört-Kampagne lenkt die *Diakonie Deutschland* den Blick auf Menschen, die medial kaum vorkommen. Diakonie Deutschland, *Unerhört – diese Einsamen,* siehe diesen und weitere Kurzfilme unter: https://www.facebook.com/diakonie/videos/unerh%C3%B6rt-diese-einsamen-unerh%C3%B6rt-einsam-f%C3%BChlen-sich-zwangsl%C3%A4ufig-auch-die-mensch/1182704278799073/ (Abruf 06.12.2021).

drängen und gegen die Neigung, Leid unbegrenzt auszuweiten steht der Karfreitag. *Jürgen Kehnscherper* beschreibt in seiner Bibelarbeit die – irritierende – Rettung des syrischen Feldhauptmanns und Polytheisten Naamann aus radikaler Einsamkeit, Isolation und Todesnot, die mit seiner unbestimmten Erkrankung (Aussatz?) einherging, sowie die spätere Erfahrung seines Dieners Gehasi, dass »Geld einsam macht«. *Ingolf Hübner* stellt heraus, dass die formulierte Einsamkeit des Erkrankten am Teich Bethesda, »Herr, ich habe keinen Menschen«, ihre Wendung nimmt, als Jesus sich ihm heilsam mit der Frage zuwendet: »Willst Du gesund werden?« Das Gespräch, Kommunikation, ist der entscheidende Einstieg in die Veränderung einer Lebenslage und von Einsamkeit. In der Reihe der biblisch-theologischen Grundlegungen geht schließlich *Tobias Kirchhof* den Fragen nach: Kann der christliche Gott einsam sein bzw. als einsam gedacht oder geglaubt werden? Und kann Sologamie, ein Mensch heiratet sich selbst, ein erster Schritt zur Überwindung seiner Einsamkeit sein?

Ein Grundton der Freude durchklingt den Eröffnungsbeitrag von Landesbischöfin *Kristina Kühnbaum-Schmidt* in **Kapitel 2:** Durch die Kraft des Evangeliums entsteht Raum für eine Kirche als Gemeinschaft der Unterschiedlichen. Zum Auftrag der Kirche gehört, dieses »Ineinanderfügen«, dieses Community Building in die Gesellschaft hinein zu fördern. Anhand von sieben Situationsbeschreibungen fächert *Sabine Habighorst* Aspekte von Einsamkeit im Pfarramt auf. Pfarrpersonen benötigen ein soziales Netz, auch »Buddies«, in der gleichen Situation Erfahrene, sowie professionelle Begleitung. Korrespondierend zu den vorherigen beiden Beiträgen reflektiert *Traugott Roser* aktuelle pastoraltheologische Entwürfe. Unter anderen führt er aus, dass es einen Zusammenhang zwischen mystischen Traditionen und Einsamkeit gibt und dass Einsamkeit Folge von Nähe sein kann. Sein Zielpunkt ist die Überführung von Einsamkeit in die Praxis des Gebets als Resonanzereignis, in das Gebet als Einzelne wie als Pastoralgemeinschaft. Aus seelsorglicher Sicht, so *Peter Zimmerling*, stellt sich Einsamkeit als ambivalentes Phänomen dar. Es sollte nicht nur die Not der Einsamkeit des Betroffenen ausgehalten werden, sondern auch ihre Chancen gesehen werden als Ort der Selbsterkenntnis, der Begegnung mit Gott, als Gegengewicht zur Gemeinschaft, als Weg zu Freiheit und Würde, als Voraussetzung zur Beziehungsfähigkeit, als Form des Fastens. Ziel seines Beitrages ist es, mögliche in der Einsamkeit verborgenen Segenspotenziale zu entdecken. Zur Gewinnung zukünftiger Perspektiven für und Handlungsoptionen von Kirche und Diakonie untersucht *Holger Böckel* – u.a. mit Rekurs auf das Auseinanderdriften von Gemeinschaft und Gesellschaft Anfang des 20. Jahrhunderts, auch mit Bezug auf den »Trumpismus« als Mittel gegen die Einsamkeit vieler seiner Anhänger – das heutige Spannungsfeld zwischen neuer Einsamkeit und fluider neuer (christlicher) Gemeinschaftsformen und die Netzwerkfähigkeit als kritischen Steuerungsfaktor. Seine Erkenntnis: Angesichts von erfahrener Einsamkeit können »liquide« kirchliche oder diakonische Gemeinschaften heilsame

Räume mit niederschwelligem Zugang bieten, in denen Angenommensein, Nähe und Akzeptanz, Solidarität und Entwicklung möglich werden.

Nach den theologischen Beiträgen in den ersten beiden Kapiteln eröffnet *Martin Grabe* nun den Reigen multiprofessioneller Perspektiven in **Kapitel 3.** Er untersucht Einsamkeit aus schematherapeutischer Sicht und teilt mit, dass er Einsamkeit zeitweise auch ärztlich verordnet. Patient:innen erhalten so den Freiraum zu spüren und fühlen: Wer bin ich eigentlich, wenn kein Netz und keine »Alltagsfesseln« mehr da sind? Im Unterschied zu freiwilliger Einsamkeit ist unfreiwillige auf Dauer schädlich. Wirklich einsame Menschen brauchen ein tiefes Verständnis und Hilfe, um an die Wurzeln ihrer Einsamkeit heranzukommen. *Nico Dragano und Inken Fischer* haben ihrem Beitrag den aktuellen Wissensstand der medizinisch-epidemiologischen Forschung und Gesundheitsforschung (»Was macht krank?« »Was hält gesund?«) zugrunde gelegt und dabei Studien zum Einsamkeitsempfinden in Pandemiezeiten einbezogen. Bewusster Rückzug in die Einsamkeit kann der Erholung und Genesung dienen. Von unfreiwilliger und dauerhafter Einsamkeit hingegen gehen negative gesundheitliche Wirkungen aus. Die Nutzung sozialer Medien kann diese – als Ersatz für physische Kontakte – nur bedingt kompensieren. *Bettina Alberti* untersucht bindungspsychologische und gesellschaftliche Aspekte eines existenziellen Gefühls und Erlebens von Einsamkeit. Erlebt ein Mensch fortgesetzt das Fehlen guter Verbindungen mit anderen, kann sein physisches und psychisches Dasein gefährdet sein. Verinnerlichte Erfahrungen von Einsamkeit können Wurzel sein von Depression, Ängsten, Beziehungsproblemen und Schwierigkeiten, das Leben zu bewältigen. Über Einsamkeit in existenzieller Angst, Einsamkeit in existenziellen Krisen, Sinn finden angesichts von Todesbedrohung oder von Suizidalität, die Corona-Pandemie als existenzielle Erfahrung führen *Astrid Giebel und Christoph Kolbe* ein Gespräch. *Daniel Hörsch* greift auf, dass die derzeitige Beschäftigung mit dem Thema Einsamkeit und die gängige Beschwörung einer ›Einsamkeitsendemie‹ häufig mit dem grundlegenden Missverständnis verknüpft ist, die empirisch belegbaren Zunahme an Alleinlebenden ginge automatisch mit einem höheren subjektiven Einsamkeitsempfinden einher. Er zeigt zudem in seiner soziologischen Studie auf, dass Einsamkeit für jeden Einzelnen etwas Anderes bedeutet, also jeweils von subjektiven Erfahrungs-, Bezugs- und Deutungshintergründen determiniert ist. *Johannes Eurich und Stefanie Wiloth* stellen heraus, dass Einsamkeit als Vulnerabilität verstanden werden kann, die sozial bedingt auftritt und in emotionale, soziale und kollektive Einsamkeit unterteilt werden kann. Durch Teilhabe und Teilgabe von vulnerablen Menschen in ihrem Lebensumfeld kann Einsamkeitserleben reduziert werden. Soziale Netzwerke sind förderlich zum Aufbau von Gemeinschaften, aber auch die Kommunen sind hierbei herausgefordert. *Johann Hinrich Claussen* begrüßt, dass gegenwärtig mehr und offener über Einsamkeit gesprochen wird. Zu viele Menschen waren in den vergangenen beiden Pandemiejahren zu lange isoliert.

Doch nicht nur die Quantität, sondern auch die Qualität ist entscheidend, mit der über Einsamkeit gesprochen wird. Bezogen auf Sprache und Ausdrucksweise hinsichtlich Einsamkeit stellt er die Frage: Muss diese tatsächlich »bekämpft« werden? Dass technische Entwicklungen in Mitteleuropa den einzelnen von den meisten Fesseln befreit und gerade dadurch mehr Wohlstand geschaffen hat, uns aber auch einsamer gemacht haben, darauf weist *Erik Händeler* hin. Derselbe technische Wandel, der uns einsam gemacht hat, so seine Prognose, wird uns aber auch wieder zusammenführen. *Horst Opaschowski* stellt fest, dass Einsamkeit zu den großen Tabus unserer Gesellschaft gehört. Er warnt vor einer Epidemie der Einsamkeit als neuem Volksleiden. Die größte Armut im Alter könnte die Kontaktarmut werden. Er setzt daher auf Generationensolidarität und aktivierende Kommunalpolitik auf dem Weg in ein gem(einsames) Leben der Zukunft.

Kapitel 4 befasst sich mit Einsamkeit in spezifischen Zeiten und Lebenslagen. Auch hier steht die im Entstehungsprozess dieses Bandes andauernde Corona-Pandemie als herausragendes zeitgeschichtliches Ereignis im Vordergrund. *Arndt Büssing* stellt seine Forschungsergebnisse zur empfundenen Einsamkeit und sozialer Isolation im bisherigen Verlauf der Corona-Pandemie vor: Von den untersuchten Personen nahmen sich viele selbstbestimmt eine Auszeit in Stille (im Sinne der Besinnung), während andere scheinbar ausgeliefert und von sozialen Kontakten abgeschnitten, sich verlassen fühlten. Beide Qualitäten haben gegenläufige Zusammenhänge mit dem Befinden und der Lebenszufriedenheit. *Hans-Herrmann Pompe* rüttelt mit seinem Beitrag auf: Mit wachsender Einsamkeit stehen nicht nur Gesundheit oder Beziehungen auf dem Spiel, nicht nur öffentliche Orte der Begegnung, soziale Netze oder menschenfreundliche Arbeitsplätze, sondern auch im Kern die Demokratie als Beteiligung an der und Verantwortung für die Gesellschaft.

Einsamkeit im Altenpflegeheim ist stets präsent. *Birgit Inerle* legt den Fokus auf das Ergehen von alten Menschen in der Corona-Pandemie, fragt nach den Gründen von Einsamkeit daheim oder im betreuten Wohnen und berichtet von hervorragendem kreativem Engagement von Mitarbeitenden in einzelnen Wohnbereichen und im Kommunikationsraum »Ethikcafè«. Einen besonderen Blick wirft sie auf die Rolle, die Seelsorge in diesen Prozessen gespielt hat. *Franz Müntefering und Silke Leicht* schildern seitens der Bundesarbeitsgemeinschaft der Seniorenorganisationen die Lebenssituation vieler älteren Menschen, die massiv von Einsamkeit betroffen sind. Gründe hierfür sind u. a. die zunehmende Wohnentfernung von Kindern und Enkeln, gesundheitliche Einbußen, Mangel an Mobilitätsangeboten, Tod von Partnern, Freundinnen und Bekannten. Neben Strategien gegen soziale Isolation und Einsamkeit im Alter zeigen sie Handlungsbedarf für Gesellschaft und Politik auf. Ihre feste Überzeugung dabei ist, dass Einsamkeit kein unvermeidbares Schicksal ist, sondern vermieden und überwunden werden kann.

Liebe, Freundschaft, auch Verletzlichkeit – und zwar in allen Lebensaltern – führt uns vor Augen, wie sehr wir auf andere angewiesen sind, hebt *Andreas Kruse* hervor. Auch im hohen Lebensalter gehört die Erfahrung, lebendige und motivierende Beziehungspartner zu haben, auf die man sich in den unterschiedlichen Situationen verlassen kann und die einen emotional sehr bereichern, zu den wichtigsten Faktoren von Lebenszufriedenheit, Wohlbefinden und positiven Blick in die Zukunft. Auch im neunten und zehnten Lebensjahrzehnt haben Menschen seinen Studien zufolge ein ausgeprägtes Interesse daran, nicht nur Sorge zu empfangen, sondern auch Sorge zu geben. Er betont: (Die Vermittlung von) Hoffnung ist eine entscheidende Ressource, um aus Isolation und Einsamkeit herauszufinden. In der empirischen Kirchen- und Religionssoziologie fehlt ein differenzierter Blick auf die kirchlichen Orientierungen der älteren Generation. *Petra-Angela Ahrens* untersucht, inwiefern – auch angesichts des auch in der älteren Generation fortschreitenden Bedeutungsverlusts von (christlicher) Religion – Kirche dazu beitragen kann, die sozialen Beziehungen von älteren Menschen mit Einsamkeitsrisiko zu stärken. Denn der »Einsatz für die Schwachen«, also auch die Einsamen, gehört zu den wichtigsten Grundaufgaben von Kirche. Sehr berührend schildert *Hermann J. Bayer* die Einsamkeit von Hinterbliebenen nach Tod eines nahen Angehörigen. Aus Einsamkeit in Trauer kann als neue tröstende Erfahrung – neben Freunden, die sich durch sein Unglück nicht vertreiben lassen (Fulbert Steffensky) – *EinSame* im neuen Lebendigwerden aufgehen. Eine empirische Singles-Studie aus dem Jahr 2020 fassen *Tobias Faix und Ronja Dietrich* zusammen und hinterfragen dabei den Mythos des einsamen, unglücklichen (christlichen) Singles. Kirche und Diakonie, so ihr Desiderat, sollten grundsätzlich Singles als eigene Zielgruppe wahrnehmen und Wege zu »singlefreundlichen Gemeinden« bahnen, denn »Gott hat ein großes Herz für Singles«.

Kapitel 5 beschäftigt sich mit Wegen, aus Einsamkeit herauszufinden, beziehungsweise konstruktiv mit Einsamkeit umzugehen. *Roger Mielke* erinnert an Klöster als Orte der Gastfreundschaft und der Einkehr zum »inneren Menschen«. Einsamkeit kann auch gedeutet werden als einig zu sein mit sich selbst, es mit sich selbst auszuhalten und nicht auf der Flucht vor sich selbst zu sein. Paradoxer Weise kann Einsamkeit in dieser Betrachtungsweise zum Ort der Begegnung und der Erneuerung von Schlüsselbeziehungen werden – auch mit Gott als Grund des Seins und des eigenen Lebens. Erwachsen kann daraus vergnügte Freiheit und tiefer Frieden als Frucht von Einsamkeit. *Klaus Douglass* stellt die These auf, dass eine erzwungene Einsamkeit – wenn man lernt, sie zu bejahen und die Zeit zu nutzen – zu einer lebensgeschichtlichen Aufgabe werden kann, die einen wachsen, reifen und zu neuen Kräften finden lässt. Diese These verifiziert er anhand der biblischen Geschichte des Propheten am Bach Krit. *Steve Kennedy Henkel* meint, dass von allen Formen der Einsamkeit vielleicht die schlimmste Form die sozial erlittene / durch das Verhalten anderer hervorgerufene Einsamkeit ist. Auch er weiß um die Chancen und Möglichkeiten der Gottesbegegnung in selbstgewählter Einsamkeit, beispielsweise in Schweigeexerzitien. Unfreiwillig einsam wurde er durch eine schwere Erkrankung. Wie ein durchlässiger Riss in einer Mauer hat sich ihm durch diese Erfahrung ein neuer Raum seiner Frömmigkeit erschlossen. Ganz praktische Anregungen zu einem förderlichen Umgang mit Einsamkeit gibt *Pierre Stutz* in seinem Beitrag »Einsam – eine Atempause für die Seele«. Einsamkeit kann als Quelle der Beziehungsfähigkeit und des sozialpolitischen Handelns entdeckt werden; Schlüssel hierfür können Atem- und Körperübungen sein, kleine Rituale in stressigen Zeiten, ein Umdenken in sozialen, wirtschaftlichen und ökologischen Lebensvollzügen, sowie die Entdeckung der Lebenskunst der Langeweile.

Wir danken den Autorinnen und Autoren dieses Bandes sehr herzlich, die in ihren Beiträgen ihre Expertise eingetragen und somit zahlreiche Zugänge zu den verschiedenen Facetten von Einsamkeit eröffnet haben: Der Akademie des Versicherers im Raum der Kirchen danken wir sehr herzlich, dass sie die Konzeption dieses Bandes durch Mitherausgeberschaft inhaltlich unterstützt und finanziell gefördert hat. Frau Dr. Weidhas und ihrem Team seitens der Evangelischen Verlagsanstalt (EVA) danken wir für eine hervorragende Kooperation in der Erstellung dieses Bandes.

Ihnen als Leserinnen und Lesern dieses Bandes wünschen wir eine anregende Lektüre dieser tiefgründigen und teilweise auch sehr persönlich geschriebenen Beiträge. Dass niemand dauerhaft einsam bleiben, sondern gangbare Wege aus ihrer oder seiner unfreiwilligen Einsamkeit herausfinden möge, ist unser Wunsch und ein roter Faden durch diesen Band.

Denn darauf weist eine uralte Weisheit hin:

> »Es ist gut, wenn zwei zusammen sind, besser als allein [...] In der Tat: Wenn sie fallen, können sie einander aufrichten. Aber ach, wenn jemand fällt, und es niemanden zum Aufrichten gibt. [...]. Wenn jemand überwältigt wird, können zwei dem widerstehen. Und ein dreifacher Faden zerreißt nicht so schnell. (Das Buch Kohelet 4,9–12, Bibel in gerechter Sprache)

Astrid Giebel, Daniel Hörsch, Ulrich Lilie (Diakonie Deutschland) und Georg Hofmeister (Akademie des Versicherers im Raum der Kirchen).

Geleitwort

Jürgen Stobbe

»Einsamkeit ist eine Seuche unserer Zeit und geht jeden an«. So lautet die Erkenntnis des Theaterprojekts »SoLonely – Einsamkeit in der Großstadt«. Das Projekt wurde 2021 mit dem Sozialpreis »innovatio« ausgezeichnet, der vom Versicherer im Raum der Kirchen (VRK) gestiftet wird und unter der Schirmherrschaft der Präsidenten der Diakonie Deutschland und des Deutschen Caritasverbandes steht.

In dem Projekt kommen Seelsorger*innen und Psycholog*innen in verschiedenen Bezirken der Stadt München mit unter Einsamkeit leidenden Menschen ins Gespräch. Bürger*innen erzählen, was Einsamkeit für sie bedeutet, was ihnen weiterhilft und was nicht. Daraus ist das Theaterstück »SoLonely« entstanden. Die Aufführungen waren so gestaltet, dass die Menschen mit den Schauspieler*innen interagieren und ihre eigenen Erfahrungen zum Thema Einsamkeit einbringen konnten. Deutlich wurde dabei, dass ungewolltes Alleinsein und das Gefühl fehlender Zugehörigkeit alle Bevölkerungsschichten, Milieus und Altersgruppen betrifft und in der Gesellschaft immer relevanter wird. So begegnet das Gefühl der Einsamkeit nicht nur vielen Älteren, die oftmals nur noch wenige Menschen haben, mit denen sie sich austauschen können, sondern auch Jüngeren. Selbst mitten in einer Menschenmenge, im Berufsalltag oder auch umgeben von vielen »digitalen Freunden« können sich Menschen einsam fühlen und unter einem Gefühl des Abgeschnittenseins leiden.

Vor allem die Lockdowns der Corona-Pandemie haben die subjektiven Einsamkeitsgefühle vielfach noch verstärkt: Homeoffice, Versammlungsverbote, Kontaktsperren und Besuchsverbote haben aufgezeigt, wie schnell immer mehr Menschen in soziale Isolation geraten können. Die große Nachfrage von diakonischen Hilfen wie Telefon- und Chatseelsorge während der Pandemie haben diese Problemlagen nochmals besonders verdeutlicht und gezeigt, dass die betroffenen Menschen nicht aus dem Blickfeld geraten dürfen. Denn der Kampf gegen die Einsamkeit ist nicht nur eine Frage des gesellschaftlichen Zusammenhalts und der Teilhabe, sondern auch eine Frage der Gesundheitsfürsorge, die uns als Versicherer im Raum der Kirchen besonders am Herzen liegt. So steigt bei Menschen, die von ausdauernder Einsamkeit betroffen sind, das Risiko körperlich oder psychisch zu erkranken, deutlich an. Aktuelle Studien zeigen beispielsweise einen signifikanten Zusammenhang mit Herz-Kreislauf-Erkrankungen, Depressionen und Angststörungen.

Einsamkeit geht uns alle an. Dies macht der vorliegende Band mehr als deutlich. In der Publikation wird daher zu Recht das Thema inter- und transdisziplinär beleuchtet und es werden wichtige Konsequenzen für das Gemein- und Sozialwesen, für Kirche und Diakonie aufgezeigt. Dabei ergibt sich, dass ein bundesweiter Aus- und Aufbau von Strukturen und Hilfenetzen zur Bekämpfung von Einsamkeit nötig ist, in dem die Wohlfahrtsverbände, Vereine, Kirchen und auch kommunale Einrichtungen zum Wohle der Menschen zusammenarbeiten.

Wir haben uns mit unserer Akademie dieses wichtigen Themas angenommen und das vorliegende Buchprojekt gerne mit auf den Weg gebracht. Auch die daran anschließende Tagung haben wir bereitwillig gemeinsam mit der Diakonie Deutschland und der Evangelischen Arbeitsstelle für missionarische Kirchenentwicklung und diakonische Profilbildung (midi) mit vorbereitet und unterstützt. Wir möchten dadurch einen Beitrag leisten, damit das Thema Einsamkeit mehr gesellschaftliche Aufmerksamkeit erlangt als bisher.

Kassel, im November 2021
Jürgen Stobbe,
Vorstandssprecher des Versicherers im Raum der Kirchen

Geleitwort

Ulrich Lilie

Einsamkeit ist ein vielgesichtiges Phänomen. Sie kann Leben zerstören und vertiefen. Die einen fühlen sich in ihr gefangen, resignieren oder kämpfen darum, sich zu befreien. Andere suchen sie, tauchen freiwillig in ihr ein und finden sogar Frieden oder Erkenntnis. Während der Corona-Pandemie haben wir erlebt, wie die Einsamkeit ihr stilles Kämmerlein verließ und sich in ein Massenphänomen verwandelte. Abstand, Rückzug, Ausgangsbeschränkungen – Vereinzelung. Für viele Monate hat sich die Einsamkeit im Leben sehr vieler Menschen eingenistet. Auch bei solchen, die sich bislang für immun hielten. Und bis heute beschränkt das Virus die Möglichkeiten, mit anderen zusammen zu sein.

Einsamkeit ist ohne Zweifel ein Thema und es ist hohe Zeit, dass mehr und anders über Einsamkeit gesprochen wird. Denn die Corona-Pandemie hat ja nur sichtbarer gemacht, was auch schon vorher galt: Einsamkeit ist kein Privatproblem weniger vermeintlich schwieriger oder bemitleidenswerter Personen. Einsamkeit kann alle betreffen, jedes gesellschaftliche Milieu, jede Alters- oder Einkommensgruppe. Und es gibt Folgen und Formen von Einsamkeit, die den gesellschaftlichen Zusammenhalt gefährden.

In Großbritannien hatte Theresa May bereits im Januar 2018 den Schritt zum politischen Kampf gegen die Einsamkeit mit der »traurigen Realität des modernen Lebens« begründet, die Millionen Menschen betreffe. Eine Umfrage des Roten Kreuzes hatte damals ergeben, dass mehr als neun Millionen der knapp 66 Millionen Briten sich immer oder häufig einsam fühlten. Und plötzlich wurde Einsamkeit ein Politikum und ein Medienthema.

Merkmal dieser neuen Form der Aufmerksamkeit ist geblieben, dass über Einsamkeit meist wie über ein Leiden gesprochen wird, eine Krankheit, die man heilen kann; oder wie ein sozialtechnisches Problem, für das es eine Lösung geben muss. Es wird über ein Ministerium oder eine Regierungsbeauftragung nachgedacht, über Maßnahmenpakete und Kampagnen. Aber ob das die richtigen Mittel sind, um dem Phänomen Einsamkeit und seinen Folgen zu begegnen? Zumal die Rede von Einsamkeit als »neuer Epidemie« die Gefahr birgt, von

Einsamkeit betroffene Menschen erst Recht zu stigmatisieren, als defizitär zu beschreiben und so quasi »krank zu schreiben«.

Schon die Annäherung an die Einsamkeit im Lockdown braucht meines Erachtens viel mehr Differenzierung. Sie kann sehr unterschiedliche Gesichter haben: der »uncoole« Teenager, die frischgebackene Studentin, die in einer fremden Stadt allein vor ihrem Rechner sitzt, der Flüchtling ohne Deutschkenntnisse, der chronisch kranke Frührentner, die Alleinerziehende, der Gehörlose, der Künstler ohne Auftrittsmöglichkeiten und ungezählte Einzelne mehr.

Andere wirken gar nicht einsam, leben in einer Partnerschaft, haben Kinder, treffen Freundinnen und Freunde, aber fühlen sich dennoch isoliert. Und – last but not least – sind da die bereits erwähnten Formen selbstgewählter Einsamkeit, die gar nicht als Last, sondern vielmehr als Bereicherung und Entlastung empfunden werden. In früheren Epochen wurde diese Art des Alleinseins hochgeschätzt, ja zum Inbegriff eines guten und heiligen Lebens erklärt.

Ich freue mich sehr, dass es gegenwärtig eine Reihe von Publikationen gibt, die diesen differenzierten Blick fördern helfen.[1] Der hier nun vorliegende Sammelband ergänzt dieses Anliegen durch einen multiperspektivischen Ansatz: Sozialwissenschaftliche, medizinische, psychologische, philologische und (religions-)philosophische Sichten stehen neben kirchlich-diakonischen und biblisch-theologischen Debattenbeiträgen. Ergänzt durch Einsichten in verschiedene Lebenslagen der Einsamkeiten. Alle Texte möchten dazu beitragen, dass wir lernen, weiser über diese existenzielle Grunderfahrung zu sprechen, sie einzuschätzen und als Gesellschaft miteinander Netzwerke gegen Einsamkeit dort zu knüpfen, wo sie ungewollt ist.

Berlin, im November 2021
Ulrich Lilie
Präsident der Diakonie Deutschland

---

1 Eine davon liegt mir besonders am Herzen: Claussen, Johann Hinrich / Lilie, Ulrich, *Für sich sein. Ein Atlas der Einsamkeiten*, München 2021.

I. Biblische / Theologische Perspektiven

Ἔρεμος – die Wüste als Ort der Einsamkeit und Einkehr

Annette Kurschus

Die Wüste – klassischer Ort der »Einkehr« in der Bibel

Eine Bibelarbeit zum Thema »Einkehrarbeit« soll am Anfang dieser Tagung stehen.[1] Einladung zur Einkehr – so viel muss gleich zu Beginn klar sein – ist in der Bibel nicht die Einladung in ein Wellnesshotel. Wer sich wohl und behaglich fühlen will, sollte andere Angebote suchen. Einkehr ist anstrengend. Einkehr ist eher eine Abkehr. Der Mensch wird herausgeholt aus den Routinen und Abläufen des Alltags und hineingeführt in die Stille, herausgenommen aus dem ablenkenden und zerstreuenden Miteinander Vieler, konzentriert auf sich selbst. Und das hat es in sich!

In der Bibel ist der klassische Ort der »Einkehr« die Wüste. Ein Ort der Leere, auch der Gottesleere oft. Ein Ort der Einsamkeit. Ein Ort der Anfechtung. Ein Ort der Begegnung mit sich selbst und den eigenen Abgründen. Wenn es gut geht, auch ein Ort der Begegnung mit Gott.

Das Volk Gottes wird aus der Knechtschaft in Ägypten befreit, aber es zieht nicht auf kürzestem Wege schnurstracks ein ins verheißene Land. Die Befreiten müssen durch die Wüste ziehen. Dort geraten Glaube und Vertrauen in tiefe Krisen. 40 harte Jahre lang dauert der Weg durch die Wüste, so wird erzählt, erst dann sind die Menschen soweit, um in das verheißene Land einzuziehen.

Oder: Der Prophet Elia. Ein starker Mann voller Eifer für Gott. Als es ihm persönlich ans Leder geht, flieht er in die Wüste. Und dort kommt es zum absoluten Tiefpunkt. Abgekämpft ist er, müde, resigniert, enttäuscht von Gott, von den Menschen, von sich selbst, ein Mensch in tiefer Glaubenskrise. 40 Tage und 40 Nächte lang Wüste, nichts als elende Wüste.

---

1 Dieser Beitrag wurde als Bibelarbeit zum Thema »Einkehr« auf der Tagung »*Spiritualität und diakonisches Handeln. Orte und Themen im Herzen Bethels*« am 30. Oktober 2021 im Haus Nazareth in den v. Bodelschwinghschen Stiftungen Bethel/Bielefeld gehalten. Es gilt das gesprochene Wort.

Bildausschnitt aus: Kinderbibel,
Werner Laubi und Annegert Fuchshuber[2]

Ein Mensch in der Wüste. Wie sehen Sie ihn? Welche Gedanken und Gefühle löst das Bild aus; welche spontanen Reaktionen oder Erinnerungen?

Das Bild aus einer Kinderbibel mit Illustrationen von Annegert Fuchshuber zeigt Jesus, der seinen Fuß in die Wüste setzt. Sein Aufenthalt dort dauert 40 Tage. Die Zahl ist zweifellos ein Echo auf die Geschichte vom Weg Israels durch die Wüste und auf die Wüstenerfahrungen des Propheten Elia. Sogar der Sohn Gottes muss durch diese Erfahrung: Durch Leere und Einsamkeit und Anfechtung.

---

2 Quellenangabe: *Die Versuchung Jesu*, Annegert Fuchshuber, aus: Laubi/Fuchshuber, Kinderbibel, 125 Bibelgeschichten für Kinder ab 8 Jahren, (c) Verlag Ernst Kaufmann GmbH, Lahr. Wir danken dem Kaufmann-Verlag sehr herzlich für die Erteilung der Abdruckrechte.

Jesus in Quarantäne, 40 Tage in der Wüste

Das Matthäusevangelium erzählt von der »Einkehr« Jesu in die Wüste. Diesen Weg will ich in groben Zügen mit Ihnen nachgehen. Wie die anderen Evangelien will auch das Matthäusevangelium nicht als historischer Tatsachenbericht gelesen werden. Es ist Literatur, entstanden in einer messianischen Gemeinschaft kurz nach dem Jahr 70 unserer Zeitrechnung. In dieser Gemeinschaft hält man sich zum Messias Jesus und versteht sich zugleich als Teil Israels. Die Gemeinschaft erzählt vom Messias Jesus, um ihre eigene Gegenwart zu deuten und um die Hoffnung zu bewahren. Diese Hoffnung ist im Jahr 70 und danach hart auf die Probe gestellt, weil nicht Auferstehung und Reich Gottes gekommen sind, von denen Jesus gepredigt hatte, sondern ein mörderischer Krieg. Die römische Armee hat das Land verwüstet, den Tempel zerstört und einen großen Teil der Bevölkerung getötet. Die Überlebenden sind versklavt, verstümmelt, traumatisiert. – Die Evangelien, auch das Matthäusevangelium, sind zu einem großen Teil Literatur zur Krisenbewältigung.

In der Komposition des Evangeliums ist die Wüstengeschichte eng verknüpft mit der Taufe Jesu. Jesus lässt sich von Johannes dem Täufer im Jordan taufen. Dabei kommt der Geist Gottes über ihn – wie eine Taube, heißt es in der Geschichte. Und weiter: *Und siehe, eine Stimme aus dem Himmel sprach: Dies ist mein geliebter Sohn, an ihm habe ich Freude.* (Matthäus 3,17, BasisBibel)

Das ist bemerkenswert: eine Stimme, die zu sehen ist und nicht zu hören! Offenbar handelt es sich nicht um ein akustisches Phänomen, sondern um eine »Einsicht« im doppelten Sinne des Wortes: Jesus ist Gottes Sohn!

Jetzt kann es losgehen, könnte man meinen. Bis hierher war alles Ouvertüre: die Geburt in Bethlehem, die Magier aus dem Osten, die den neugeborenen »König der Juden« suchen, die Verfolgung des Kindes durch den König Herodes und seine Todesschwadronen, die Flucht der Familie nach Ägypten. Danach ohne jeden Übergang ein gewaltiger Sprung in das Erwachsenenleben Jesu: Als junger Mann begegnet er Johannes dem Täufer und lässt sich taufen. Jetzt – so legte es sich nahe – sollte Jesus mit seiner Mission beginnen. Jetzt sollte er doch bereit sein, durchs Land zu ziehen, Schüler zu sammeln, zu predigen, zu heilen ..., – aber so ist es nicht: *Da* – so lesen wir unmittelbar im Anschluss an die Taufe – *da wurde Jesus vom Geist in die Wüste geführt. Dort sollte er vom Teufel auf die Probe gestellt werden. Jesus fastete 40 Tage und 40 Nächte lang. Dann war er sehr hungrig.*

Gottes Geist, also Gott selbst, führt Jesus in diese besondere Einkehr. Gott selbst schickt seinen geliebten Sohn in »Quarantäne«: 40 Tage in die Wüste. Quarantäne ist vom alten Wort *quaranta* abgeleitet, das heißt »vierzig«. »Quaranta Giorni«, 40 Tage warten, hieß es für Schiffe, wenn sie im 14. Jahrhundert, als in Europa die Pest grassierte, nach Venedig einfahren wollten. 40 Tage mussten sie draußen bleiben zum Schutz vor Infektion.

40 Tage bleibt Jesus in der Wüste, bevor er anfängt, öffentlich zu wirken; *»... und 40 Nächte«*, wird ausdrücklich ergänzt. Es lässt sich ahnen: Die Nächte sind womöglich viel härter noch als die Tage. Mit ihrer Dunkelheit und mit einer Stille, die bei Nacht um ein Vielfaches stiller ist als am Tag. 40 Tage und 40 Nächte äußere Leere und inneres Leerwerden, bevor Jesus unter die Leute und an die Arbeit geht. 40 Tage und 40 Nächte damals, während der Pest, bis sicher war: Ich trage nichts Todbringendes in mir, ich bin nicht gefährlich, nicht ansteckend. Jesus soll mit Lebenskraft anstecken, mit Glaube, mit Liebe, mit Hoffnung. Er will nicht das Wohlbefinden steigern, sodass wir das Leben leichter nehmen können. Ihm geht's um viel mehr. Er will befreien und erlösen, befreien und erlösen von dem Bösen.

Darum Quarantäne, 40 Tage und 40 Nächte Fasten. Keine Menschenseele treffen, keine Nahrung, kein Wort, keine Unterhaltung, keine Beschäftigung, keine Ablenkung. 40 Tage Ödnis. Da ist man nahe am Irrewerden, kurz vor dem Durchdrehen. Unzählige Beispiele dafür waren zu Beginn der Pandemie auf Quarantäne-Videos zu sehen.

In der Quarantäne kommt die Stunde der Anfechtungen und Versuchungen. Du bist auf dich selbst geworfen. Du hast Hunger, nicht so sehr nach Speise für den Leib, vor allem nach Nahrung für Geist und Seele. Diese Leere, die macht einen anfällig. Stille – auch wenn du sie bewusst suchst, auch wenn du sie dir selbst verordnest – tut nicht automatisch gut. Du begegnest in der einsamen Stille nicht unmittelbar allerlei kreativen Gedanken oder gar dem Göttlichen. Das haben auch die Mystiker und Mystikerinnen erlebt. Stille ist nicht identisch mit Harmonie, Ausgeglichen-Sein und Wohlbefinden. Stille ist nicht gleich Ruhe und Erholung. »Einkehrarbeit« ist kein besonders schönes Wort. Aber es ist ein treffendes Wort, weil Einkehr und Stille erst einmal harte Arbeit für uns Menschen bedeuten können.

Du begegnest deinem anderen Ich, deinen wenig edlen Wünschen und Begierden, deinen Selbstbetrügereien, deinen Zweifeln im Glauben. So ergeht es jedenfalls Jesus. Er begegnet dem Diabolos, dem Verwirrer, dem, der alles verdreht und durcheinanderbringt, denn das heißt Diabolos übersetzt: Durcheinanderwerfer.

Jesus und sein Schatten

Tauchen wir jetzt intensiver in die biblische Geschichte ein.

> *1 Danach wurde Jesus vom Geist in die Wüste geführt. Dort sollte er vom Teufel auf die Probe gestellt werden. 2 Jesus fastete 40 Tage und 40 Nächte lang. Dann war er sehr hungrig. 3 Da kam der Versucher und sagte zu ihm: »Wenn du der Sohn Gottes bist, befiehl*

doch, dass die Steine hier zu Brot werden!« 4Jesus aber antwortete: »In der Heiligen Schrift
steht: ›Der Mensch lebt nicht nur von Brot. Nein, vielmehr lebt er von jedem Wort, das aus
dem Mund Gottes kommt.‹«
5Dann nahm ihn der Teufel mit in die Heilige Stadt. Er stellte ihn auf den höchsten
Punkt des Tempels 6und sagte zu ihm: »Wenn du der Sohn Gottes bist, spring hinunter!
Denn in der Heiligen Schrift steht: ›Er wird seinen Engeln befehlen: Auf ihren Händen
sollen sie dich tragen, damit dein Fuß nicht an einen Stein stößt.‹« 7Jesus antwortete: »Es
steht aber auch in der Heiligen Schrift: ›Du sollst den Herrn, deinen Gott, nicht auf die
Probe stellen!‹«
8Wieder nahm ihn der Teufel mit sich, dieses Mal auf einen sehr hohen Berg. Er
zeigte ihm alle Königreiche der Welt in ihrer ganzen Herrlichkeit. 9Er sagte zu ihm: »Das
alles will ich dir geben, wenn du dich vor mir niederwirfst und mich anbetest!« 10Da sagte
Jesus zu ihm: »Weg mit dir, Satan! Denn in der Heiligen Schrift steht: ›Du sollst den Herrn,
deinen Gott, anbeten und ihn allein verehren!‹« Daraufhin verließ ihn der Teufel. Und es
kamen Engel und sorgten für ihn. (Matthäus 4, 1–11, BasisBibel)

Ein Experiment wäre jetzt interessant: Wenn Sie sich zu dritt zusammentäten und gemeinsam überlegen, wie die Personen auftreten:

Wie spricht der Teufel? (Laut? Leise? Bestimmt? Fragend? Einschmeichelnd?)
Wie spricht Jesus? (Laut? Leise? Unsicher? Kraftvoll? Suchend? Wissend?)

Würden Sie drei Leserollen verteilen (Erzählerin – Jesus – Teufel) und den Text laut lesen: Sie würden der Geschichte eine akustische Gestalt geben. Jede Geschichte würde anders klingen. Und jeweils wäre ein Stück Ihrer ganz eigenen persönlichen Lebensgeschichten darin. Vielleicht finden Sie Gelegenheit, das irgendwann und irgendwo einmal wirklich auszuprobieren.

Bild aus: Kinderbibel, Werner Laubi und Annegert Fuchshuber[3]

3 Quellenangabe: Die Versuchung Jesu, Annegert Fuchshuber, aus: Laubi/Fuchshuber, *Kinderbibel, 125 Bibelgeschichten für Kinder ab 8 Jahren,* (c) Verlag Ernst Kaufmann GmbH, Lahr. Wir danken dem Kaufmann-Verlag sehr herzlich für die Erteilung der Abdruckrechte.

Annegert Fuchshuber hat die Geschichte visuell ins Bild gesetzt:

Der Diabolos als das dunkle Alter Ego von Jesus, das ihn von hinten umarmt und ihm ins Ohr flüstert. Wie Zwillinge sehen sie aus. Einander zum Verwechseln ähnlich. Oder ist es gar nur *eine* Person? Ein und derselbe Mensch, sich selbst im Rücken, von sich selbst umarmt?

Die im Jahr 1998 gestorbene Künstlerin hat den einen der beiden dunkelhäutig dargestellt. Ob sie das heute noch so tun würde, weiß ich nicht. Vermutlich eher nicht. Es könnte zu Missverständnissen führen.

Worauf es entscheidend ankommt, ist die Ähnlichkeit zwischen Jesus und dem Diabolos. »Jesus und sein Schatten« hat die Künstlerin ihr Bild genannt.

Ist es nicht bemerkenswert, welch ein gewiefter Theologe der Teufel ist? Ist es nicht bemerkenswert, wie gut der Teufel die Heilige Schrift kennt? Wie er sie nicht nur kennt, sondern mit ihr spielt und sie im buchstäblichen Wortsinn beherrscht? Er macht sich zum Herrscher über die Buchstaben der Bibel. Der Durcheinanderwerfer wirft auch die Bibel durcheinander, er verwirrt die Theologie. Er wendet sie gegen den Geist, in dem sie geschrieben ist. Er verkehrt sie in ihr Gegenteil, er benutzt Bibelverse, um zu manipulieren und zu verführen. Er reißt alles aus seinem Zusammenhang. Seine Methode erinnert in Teilen an gefährliche fundamentalistische Prediger, die sich Menschen gefügig machen. Die Bibel ist kein Steinbruch, aus dem man sich nach Bedarf einzelne Verse heraushacken darf, um sie anderen im Sinne des jeweils eigenen Interesses lockend vorzuhalten oder streng um die Ohren zu hauen.

Aber der Reihe nach. Was passiert da im Einzelnen zwischen dem Durcheinanderwerfer und dem frisch getauften Gottessohn in der Wüste?

> Jesus war *sehr hungrig.* [3]*Da kam der Versucher und sagte zu ihm: »Wenn du der Sohn Gottes bist, befiehl doch, dass die Steine hier zu Brot werden!«* [4]*Jesus aber antwortete: »In der Heiligen Schrift steht: ›Der Mensch lebt nicht nur von Brot. Nein, vielmehr lebt er von jedem Wort, das aus dem Mund Gottes kommt.‹«* (Matthäus 4, 3–4, BasisBibel)

Erst kommt das Fressen, dann kommt die Moral. Das ist eine schlichte – wenn auch grob formulierte – Wahrheit. Hunger macht anfällig. Hunger ist das Einfallstor für den Diabolos. Darum haben die römischen Imperatoren den Menschen, die zum großen Teil verarmt, versklavt und verschuldet waren, zur Beruhigung Brot und Spiele geliefert, also für Abspeisung und Ablenkung gesorgt. Mach es doch so wie diese Cäsaren-Söhne, sagt die teuflische Stimme.

Jesus widersteht: Der Mensch lebt nicht nur vom Brot. Leben ist mehr als Überleben. Wir haben das in den vergangenen anderthalb Jahren gespürt. Wir haben uns mit gutem Grund an allerlei Überlebensstrategien gehalten, haben auf viel verzichtet, wovon der Mensch lebt, auf Nähe und Berührung, auf Feier und Gesang. Auch auf Gottesdienste und Abendmahl, manchmal wohl auch auf das nötige tröstende oder orientierende Gotteswort zur rechten Zeit.

Der Mensch lebt nicht nur von Brot, sondern von jedem Wort, das aus Gottes Mund kommt. Jesus erinnert an die Geschichte vom Manna in der Wüste, das Gott dem murrenden hungrigen Volk gibt. Er gibt auch Worte dazu: Hortet es nicht, nehmt nur so viel, wie ihr braucht, um heute satt zu werden. Nicht mehr, nicht weniger. Morgen sorge ich neu für euch. Gott verbietet die Gier und wirbt um Vertrauen. Einkehr ist weder Abspeisung noch Ablenkung; sie mutet uns zu, den Hunger zu spüren und Vertrauen zu üben.

Leichtfertigkeit oder Gottvertrauen? – Gratwanderungen in der Einkehr

> *5 Dann nahm ihn der Teufel mit in die Heilige Stadt. Er stellte ihn auf den höchsten Punkt des Tempels 6 und sagte zu ihm: »Wenn du der Sohn Gottes bist, spring hinunter! Denn in der Heiligen Schrift steht: ›Er wird seinen Engeln befehlen: Auf ihren Händen sollen sie dich tragen, damit dein Fuß nicht an einen Stein stößt.‹« 7 Jesus antwortete: »Es steht aber auch in der Heiligen Schrift: ›Du sollst den Herrn, deinen Gott, nicht auf die Probe stellen!‹«* (Matthäus 4, 5–7, Basis Bibel)

Diejenigen, die diese Geschichte zuerst lasen oder hörten, hatten den Tempel vor Augen, wie er in Schutt und Asche lag. Welch ein Jammer, welch eine bittere Erfahrung: Und keine Engel waren da, die irgendetwas verhindert hätten.

Stille kann zur Grandiosität verführen. Du fühlst dich groß und stark. Traust dir zu, Aufsehen zu erregen. Auf volles Risiko zu gehen. Dir wird nichts passieren. Das kann eine persönliche Verirrung sein. Das kann auch eine kollektive Verblendung sein. Es gab damals größenwahnsinnige militante Widerstandsgruppen gegen Rom, die selbstmörderisch operierten. Man denkt heute an nationalen oder ökonomischen Größenwahn:

Mach den großen Sprung! Jump! Springt! Das schrieben Demonstranten in der letzten Finanzkrise vor den Türmen der Banken in der Wallstreet auf Transparente und hielten sie den Bankern hin. Sie spielten auf die große Depression der zwanziger Jahre an. Da hatten sich Spekulanten von den Hochhäusern in den Tod gestürzt.

Jesus stellt klar: Mit Gott und mit dem Leben spielt man nicht »Wetten, dass«. Gott lässt sich nicht benutzen zur Vergrößerung des eigenen Ego. Auch nicht zur Abfederung selbst herbeigeschworener Risiken. Und erst recht nicht will er sich beweisen lassen: Seht, da ist mein Gott! Der ist auf meiner Seite. Der hilft mir.

Während der harten Phasen der Coronazeit haben manche verlangt: »Öffnet die Kirchen und Gemeindehäuser, feiert Gottesdienste mit der versammelten

Gemeinde! Wir sind doch nicht Dienerinnen und Diener von staatlichen Anordnungen, unser Herr ist ein anderer. Vertrauen wir den Virologen oder vertrauen wir auf Gott? Geben wir der Angst Recht oder setzen wir auf Gottes Schutz?« Merken Sie, wie schmal hier der Grat ist zwischen »Gott vertrauen« und »Gott versuchen«? Wie eins ins andere kippt – und damit alles falsch und brandgefährlich wird?

Einkehr lässt uns keine großen Sprünge machen. Sie wird uns nicht helfen, Gott zu beweisen. Sie mutet uns zu, in manchmal quälend kleinen und zaghaften Schritten nach Gott zu suchen.

Einkehr mutet zu, den eigenen Machtgelüsten zu begegnen

> *8 Wieder nahm ihn der Teufel mit sich, dieses Mal auf einen sehr hohen Berg. Er zeigte ihm alle Königreiche der Welt in ihrer ganzen Herrlichkeit. 9 Er sagte zu ihm: »Das alles will ich dir geben, wenn du dich vor mir niederwirfst und mich anbetest!« 10 Da sagte Jesus zu ihm: »Weg mit dir, Satan! Denn in der Heiligen Schrift steht: ›Du sollst den Herrn, deinen Gott, anbeten und ihn allein verehren!‹«*

Was für eine Verlockung: Die alleinige Macht haben. Über alles und alle das Sagen haben. Hand aufs Herz: Wer von uns hätte sich das nicht schon gewünscht? Einmal nur, und wenn es nur für einen Tag wäre. Nur eine klitzekleine Verbeugung bräuchte es dazu. Kaum der Rede wert.

Karl Barth schreibt zu dieser Szene:

> »Ein Abschwören Gottes, ein Übertritt zum Atheismus war als Preis für das alles nicht gefordert. Nur eben ein Hutlüften ..., nur eben ein diskreter, unter vier Augen zu vollziehender Kniefall vor dem Teufel ....« (KD IV, 287)

Weg mit dir, Satan, antwortet Jesus. Er nennt den Diabolos hier Satan. Beide Bezeichnungen für die Macht, die Gott verhöhnt, sind nicht scharf zu trennen. Satan kommt aus dem semitischen Wortfeld für »aufbegehren, anfeinden, abweichen«.

Hau ab, du Feind Gottes, verscheucht Jesus die Stimme, die ihm Machtgier und Herrschaftsgelüste einflüstert. Und er kontert mit dem, was Kern und Stern des biblischen Bekenntnisses und jüdischen Selbstverständnisses ist, dem Sch'ma Jisrael: *Höre, Israel! Der HERR ist unser Gott, der HERR allein.*

Und weiter – das muss man hier mithören, denn das hören hier damals alle mit:

> *Du sollst den HERRN, deinen Gott, lieben mit deinem ganzen Herzen, mit deiner ganzen Seele und mit deiner ganzen Kraft. Und diese Worte, die ich dir heute gebiete, sollst du in dein Herz schreiben. Du sollst sie deinen Kindern einprägen. Rede davon, wenn du zu Hause bist oder unterwegs, wenn du dich schlafen legst oder aufstehst. Du sollst sie als Zeichen um dein Handgelenk binden und sie zur Erinnerung auf deiner Stirn tragen. Schreibe sie auch auf die Türpfosten deines Hauses, genauso wie an die Tore deiner Stadt.* (Deuteronomium 6, 4–9, Basis Bibel)

Einkehr mutet uns zu, den eigenen Machtgelüsten zu begegnen. Und sie traut uns zu, diesen Gelüsten mit Gottesliebe zu widerstehen.

Gotteserfahrungen in Einkehr und Stille

Einkehr und Stille, das wird in dieser biblischen Geschichte deutlich, sind keine Methoden zur Steigerung der Behaglichkeit. Einkehr und Stille sind zuallererst eine Zumutung im doppelten Sinn dieses Wortes: Ein echter Angang. Und ein Zuspruch von Mut. Jesus ist gestärkt aus seiner Wüsteneinkehr hervorgegangen. Wenn es gut geht, können in der Stille neues Vertrauen, Erkenntnis, Widerständigkeit wachsen. Aber der Ausgang ist immer offen. Wer also Einkehrangebote schafft, die mehr als ein bisschen Auszeit sein sollen, muss damit rechnen, dass sie als Krisenbeschleuniger wirken können und Menschen, womöglich unerwartet, »diabolische«, d. h. erschütternde Erfahrungen machen. Wenn sie dann die Hilfe, Begleitung und die Fürsorge bekommen, die sie brauchen, kann sich solche Erschütterung in Gotteserfahrung verwandeln:

> *Daraufhin verließ ihn der Teufel,* heißt es zum Schluss der Geschichte. *Und es kamen Engel und sorgten für ihn.*

Karfreitag aushalten. Weil Gott es tut[1]

Christian Stäblein

Den Karfreitag auszuhalten ist nicht leicht. Wie auch. Es heißt ja, die Zeit mit einem Sterbenden zu verbringen. In Jesu Leiden und Sterben erleben wir unser Leiden. Wir kennen das. Aus eigenem Erleben oder auch vom Hören und Erzählen. Von den Schlachtfeldern: der gewaltsame Tod. Von der Onkologie-Station: das ohnmächtige Ausgesetzt-Sein. Von den Verkehrstragödien auf den Autobahnen: das Zerrissen-Werden. Wir kennen das, bisweilen aus nächster Nähe: das Ringen am Sterbebett um die Atemzüge, die Lippen, die ausgetrocknet sind und noch mal befeuchtet werden wollen. Das am Leben hängen. Und wir kennen, ja vermutlich nur zu gut, die Frage: Warum? Warum Gott? Wo bist Du, Gott? Bist Du da? Hast Du mich, hast Du uns verlassen? Warum? Karfreitag heißt: diese Frage aushalten. Aushalten, dass sie in diesem Moment keine Antwort bekommt. Dass sie wie im Leeren hängen bleibt und nachhallt. Warum. Gott. Es ist wohl zutiefst menschlich, auf dieses Aushalten verzichten zu wollen. Leid ist bedrängend. Um überhaupt leben zu können, müssen wir es im Alltag oft verdrängen. Sterben ist beängstigend. Bisweilen hässlich. Traumatisierend. Aushalten ist schwer. Leichter, scheinbar leichter sind durchlaufend Club und Party, Showartisten und Bundesliga, Schokofiguren und business as usual. Am liebsten das ganze Jahr. Das so zu formulieren, soll nicht als versteckter Vorwurf gehört werden. Es ist sehr menschlich, Leid nicht aushalten zu wollen oder zu können. Im Leiden verstehen wir die Welt nicht. Steht uns vor Augen, wo sie nicht in Ordnung ist. Die Botschaft der Passionszeit und speziell von Karfreitag ist: Gott kennt unser Leid. Er hält es mit uns aus. So können wir aushalten, was wir sonst nicht ertragen. Auch die Frage des ›Warum‹, die unbeantwortet bleibt. Gott stellt die Frage. Und hält mit uns aus den Blick in die Leere. Leer der Altar am Karfreitag in den Kirchen. Keine Decke. Keine Blumen. Kein Schmuck. Nur das Kreuz. Als Frage. Warum? Bist Du da, Gott? Bist Du tot? Bist Du überhaupt?

Ob Martin Luther, ob Agnes Gonxhe Bojaxhiu – besser bekannt als Mutter Teresa –, ob Christa, die in meiner Gemeinde auf der Demenzstation ehrenamtlich

---

[1] Stäblein, Christian, Zeitung Die Kirche, Osterausgabe 2018.

die Kranken pflegte, oder ob ich selbst – immer findet sich irgendwann auch diese Frage unter den Schriften, Aufzeichnungen, Tagebüchern, Gebeten oder Gesprächen und in mir selbst: Bist Du da, Gott? Bist Du weg, tot? Schwer auszuhalten diese Frage. Am Karfreitag hören wir nicht nur Leid, das wie unseres ist. Wir hören und sehen im Sohn Gott selbst leiden. Einen der hässlichsten aller Tode sterben. Grundlos. Gewaltsam. Wieso soll das Trost bringen? Wäre es nicht viel schöner, wir hätten einen Gott, der über die Schlachtfelder fährt und dem Morden – quasi von oben, die Lateiner hätten gesagt: deus ex machina – ein Ende setzt, der durch die Hospize eilt und Wunderpillen austeilt? Aber: dieser Gott kennte das Leid nicht, bliebe fern, wäre eine dann möglichst irgendwie günstig zu stimmende, mit diesem oder jenem Opfer zu bezirzende Heilsmaschine. Nein: die Botschaft von Karfreitag ist: Gott hält aus, was wir nicht aushalten. Er hält mit uns den Karfreitag aus. Bis zum Schluss. Geht durch die unheimliche, abgründige, leere Zone des Daseins. Hält die Frage aus: Bist du da? Wo? Warum?

Karfreitag aushalten ist schwierig. Deshalb ist der Karfreitag gefährdet. Zuerst – ich habe es angedeutet – durch unseren nachvollziehbaren Wunsch, Leiden zu verdrängen. Es ist Arbeit. Mühselig, sich damit zu befassen. Karfreitag ist ein Feiertag, ja, aber mehr als andere Feiern (die stets, wir wissen das, auch anstrengend sein können) hält er Arbeit für uns bereit. Lieber feiern wir schon vor, fröhlich, österlich. So ist der Karfreitag nicht nur durch gesellschaftliches Verdrängen gefährdet. Auch innerkirchlich, innerchristlich besteht eine gewisse Neigung, Ostern vorzuziehen. Es ist schöner, von der Hoffnung zu reden, als die Hoffnungslosigkeit aushalten zu müssen. Es ist schöner, vom neuen Leben zu reden, als in die Fratze des Todes gucken zu sollen. So ergibt sich ein gewisses Paradox: Je mehr die säkulare Gesellschaft meint, auf den Stillstand und das Aushalten an dem einen Tag verzichten zu können, desto mehr halten wir mit der guten Nachricht von Ostern dagegen. So wird Karfreitag zerbröselt.

Karfreitag aushalten ist schwierig. Zumal es eine zweite, diametral entgegengesetzte Gefährdung gibt, auch die schon seit alters her. Leiden, nicht verdrängt, kann verschlingen. Es gibt Karfreitagstraditionen, in denen wühlen sich Menschen gleichsam immer tiefer in die Beschreibung von Qual, von Sterben. Grenzenlos, nicht frei von masochistischen Zügen, wird das Leid der Welt vorgeführt. Unter der Parole, es nicht verdrängen zu wollen und zu dürfen, wird es übermächtig. Der Film »Die Passion Christi« von Mel Gibson, vor fast zwei Jahrzehnten in den Kinos, war deshalb so umstritten: stellt er das Leiden dar oder weidet er sich darin? Wird aus Einfühlen Voyeurismus und aus der Darstellung Sadismus? Der Grat ist schmal. Und: Weil das Leid mit diesem Tag nicht aus der Welt verschwindet, besteht die Gefahr, dass in grenzenloser Leidenseinfühlung auch Ostern verschluckt wird. Zumal die Hoffnung des fröhlichen Ostertages oft eher unanschaulich bleibt, das Leid aber plastisch und greifbar vor Augen steht.

Gegen die Neigung Leid zu verdrängen und gegen die Neigung Leid unbegrenzt auszuweiten steht Karfreitag. Gott hält unser Leid aus. Und er hält uns in unserem Leiden aus. – Manchmal werde ich gefragt, ob es eigentlich stimme, dass für evangelische Christinnen und Christen Karfreitag der höchste Feiertag sei, höher noch als Ostern. So menschlich solche Steigerungs- und Rangfragen sind, so wenig sinnig sind sie natürlich. Allerdings: Der Glaube, dass Gott im Geschehen von Karfreitag sichtbar macht, dass er unser Leiden und Sterben kennt, durchsteht, ja ihm ein Ende setzt und dies für alle Zeit verheißt –, dieser Glaube trägt in sich ein Gefühl von: an Karfreitag ist alles geschehen, ist alles schon »vollbracht«. Formuliere ich es also versuchsweise so: wir sollten den Tag mindestens so hoch schätzen, wie es eben schwer ist, ihn auszuhalten. Wie schwer ist Karfreitag auszuhalten! Und wie gut, wie wichtig ist doch genau das.

Für Ostern. Für das Leben. Für unser Aushalten mit den Menschen, die aus den Kriegen dieser Welt zu uns kommen. Und um den Menschen beizustehen, die auf der Onkologie-Station mit ihrem Abschied ringen. Um da zu sein und die Fragen auszuhalten mit denen, die noch leben wollen, aber nicht mehr können. Im Hospiz. Zu Hause. Überall: Warum? Um die Frage zuzulassen. Die Leere. Die Einsamkeit. Und um womöglich irgendwann erzählen oder singen oder im Schweigen gegenwärtig halten zu können den, der das aushält. Weil er das alles kennt. Weil er bei ihnen ist. Und von da ins Licht geführt hat und führt.

Sich selbst verlieren und dabei neu gewinnen: Der syrische Feldhauptmann Naaman

Bibelarbeit zu 2. Könige 5,1–27

Jürgen Kehnscherper

Die deuteronomistisch geprägte Naaman-Geschichte lässt erkennen, dass dessen »Aussatz«, das heißt seine Einsamkeit und Verlorenheit, primär keine somatischen, sondern theologische Wurzeln hat. Aufgrund ihrer Entstehungszeit und Eigenheiten lädt die Erzählung dazu ein, sie mit dem Schema der »Achsenzeit« zu deuten. Der mit diesem Begriff verbundene interkulturelle Ansatz für das Verständnis der Geistesgeschichte wurde 1949 von Karl Jaspers entwickelt und gewinnt im gegenwärtigen Diskurs in vielfältigen Bezügen wieder neu an Bedeutung.

Die Erzählung von der Heilung des syrischen Feldhauptmanns Naaman ist, wie die gesamte Elisa-Tradition, in der Literatur des Alten Orients ohne Vorbilder und Parallelen.[1] Dies ist wohl auch kaum zu erwarten, denn sie dokumentiert für Israel das, was in Anschluss an Karl Jaspers[2] die »Achsenzeit« genannt wird: Eine qualitativ neue Wahrnehmung der Welt, wie auch der menschlichen Identität, führt in der Zeit vom neunten bis zum dritten vorchristlichen Jahrhundert weltweit zu ganz unterschiedlichen Entwicklungen, die bis heute maßgeblich geblieben sind. Im griechisch-ionischen Kulturkreis beginnen die Vorsokratiker Heraklit und Parmenides sich vom Denken in festgelegten Horizonten zu lösen und bereiten so den Weg für Philosophie und Naturwissenschaft. Nicht »das Seiende«, sondern »das Sein« selbst kommt in den Blick. Das Denken wird reflexiv und entdeckt sich selbst als Gegenstand. Alle bis dahin unbewusst geltenden Anschauungen, Sitten und Zustände werden in Frage

---

1 »Inzwischen hat eine intensive Suche nach literarischen, religions- oder traditionsgeschichtlichen Vorbildern für die Elischaerzählungen ergeben, dass es ... ›keinerlei Vorbilder für Wundertäter bzw. Magier-Erzählungen in den Literaturen des Alten Orients gibt, die auch nur annähernd Ähnlichkeiten zur Typologie Elischas im Grundbestand der biblischen Elischa-Erzählungen aufweisen‹ (R. Sauerwein).« Zenger et al. 2015, 309.

2 Jaspers, Karl, *Vom Ursprung und Ziel der Geschichte*, 1949.

gestellt und alle »Privatwelten«[3] zugunsten der Idee einer einzigen, allen Menschen gemeinsamen Welt überwunden. Der Mensch wird »sich selber ungewiss, (und) damit aufgeschlossen für neue, grenzenlose Möglichkeiten.«[4]

In Israel führt die besondere Wahrnehmung der Welt in der Achsenzeit hingegen zum Durchbruch einer transzendenten Gottesvorstellung. Der Glaube der Tora wird reflexiv und gewinnt Klarheit über sich selbst.[5] Dokumentiert ist dies in der deuteronomistischen Geschichtsschreibung, zu der auch die Königsbücher gehören. Die Erfahrung des einen, absolut unanschaulichen, universalen und unverfügbaren Gottes korrespondiert mit der menschlichen Selbstwahrnehmung als Individuum. Die Würde des Einzelnen, selbst die des Fremdlings, wird nicht länger durch seine Sippe, sondern durch eine universale Sozialgesetzgebung geschützt. Gleichzeitig ist der Einzelne verantwortlich gegenüber dem kräftigen Anspruch des universalen und unverfügbaren Gottes – auch das ist beispiellos. Geburtshelfer in diesem Prozess sind die Propheten. Der biblische Glaube profiliert sich in einer über Jahrhunderte andauernden Auseinandersetzung mit dem Polytheismus seiner vorderorientalischen Nachbarn. Die Propheten stehen dabei in der ersten Reihe. Untrennbar verbunden mit ihrem Auftrag ist der Widerstand gegen die sozialen Verwerfungen, die der ebenfalls für die Achsenzeit charakteristische wirtschaftliche Aufschwung mit sich gebracht hatte. Die Geldwirtschaft war zu einem mächtigen Widerpart für die monotheistische Religion herangewachsen. Die Warnung vor »Mammon« ist eine Konstante in der Tradition der Propheten, in der auch Jesus steht.

Die Elia- wie auch die Elisa-Tradition ist das frühe Zeugnis einer transzendenten Gotteserfahrung. Sie geht einher mit einem neuen Verständnis des Menschseins sowie einem scharfen Blick für soziale Ungerechtigkeit.[6] So ist es nicht verwunderlich, dass die synoptischen Evangelien in Elia und Elisa Blaupausen für das prophetische Wirken Jesu erkennen mussten. Auch Jesus selbst scheint dies so gesehen zu haben, denn »dort, wo Jesus das Wesen seines eigenen Wirkens erläutert, wird er als jemand porträtiert, der dabei Elia und Elisa als Vorbilder verwendet.«[7] Jesus bezieht sich in einer besonders exponierten Situation in der Synagoge von Nazareth[8] direkt auf diese Tradition: »Es waren viele Witwen in Israel zur Zeit des Elia [...] und zu keiner von ihnen wurde Elia

---

3 Auch heute noch kennen wir zum Beispiel die »Welt der Arbeit« oder die »Welt des Sports« als begrenzte Sichtweisen oder Horizonte, in denen wir uns gewohnheitsmäßig und in der Regel unreflektiert orientieren. Vgl. Held 2018, 14f.

4 Jaspers 1949, 21.

5 Held 2018, 78ff.

6 Den beiden Söhnen der Witwe in 2. Kön 4 droht die Schuldknechtschaft, die Witwe von Sarepta in 1. Kön 17 ist mit ihrem Sohn vom Hungertod bedroht.

7 Wright 2013, 207.

8 Lk 4,14–30.

gesandt als allein nach Sarepta im Gebiet von Sidon zu einer Witwe. Und viele Aussätzige waren in Israel zur Zeit des Propheten Elisa, und keiner von ihnen wurde rein als allein Naaman, der Syrer.« Die Ablehnung durch die Zuhörer könnte dramatischer nicht sein, es droht ein Lynchmord. Das zeigt, wie quer die Naaman-Geschichte mittlerweile zu den gültigen Narrativen in Jesu Heimatstadt lag. Die unanschauliche Transzendenz und Unverfügbarkeit Gottes war im Alltag der religiösen Praxis nicht durchgehalten worden, sondern hatte sich – wie es auf Dauer wohl unvermeidlich scheint – schon längst wieder in anschaulichen innerweltlichen Horizonten wie dem der »Nation« abgebildet. Viele Zeitgenossen Jesu verstehen die Pointe der großen Erzählung nicht mehr. Den Universalismus der Naaman-Geschichte empfinden sie als subversiv, er unterläuft bzw. transzendiert ihre innerweltlichen Maßstäbe und Identitäten. Denn nicht die nationalen Symbolfiguren Abraham und Sara benennt Jesus als Vorbilder des Glaubens, sondern eine namenlose Witwe aus Phönizien, die wegen ihrer bitteren Armut vom Hungertod bedroht ist und Naaman den Syrer, dem all sein Geld nicht zum Leben hilft.

»Naaman, der Feldhauptmann des Königs von Aram war ein trefflicher Mann [...] ein gewaltiger Mann, jedoch aussätzig.« – Aus dem Akteur ist ein Patient geworden. Er sei »aussätzig«, heißt es. Die Schilderung der Krankheit ist jedoch verwirrend. »Die genaue Art der Hautkrankheit Naamans zu bestimmen, bereitet der Exegese erhebliche Schwierigkeiten«.[9] Anders als es zu erwarten wäre, ist Naaman nicht sozial isoliert. Er kann umherreisen und hat Kontakte sogar mit Königen. Dennoch bleibt der Schrecken des Wortes »Aussatz« an ihm haften: Isolation, Einsamkeit, Todesnot.

Da die Krankheit Naamans auf der leiblichen Ebene in einer auffälligen Unanschaulichkeit verbleibt, kann sie als Hinweis auf seine existenzielle Befindlichkeit gelesen werden. Naaman ist offensichtlich herausgerissen aus der Geborgenheit seiner Welt. Sein »Ethos« ist erschüttert. Das griechische Wort »Ethos«[10] bezeichnet in der vorphilosophischen Sprache den »gewohnten Aufenthaltsort« von Lebewesen. Für Tiere ist das der »Weideplatz«. Für den Menschen wird die jeweilige Heimwelt wesentlich durch bestimmte sittliche Gewohnheiten, durch einen gemeinsamen, ganz selbstverständlichen »Habitus« (lat. habitare = wohnen) im Handeln zusammengehalten. Durch seine »Krankheit« ist die lebensweltliche Normalität des Naaman brüchig geworden, er verliert seine Koordinaten und Handlungsoptionen. Eine derartige, nicht geographische oder soziale, sondern »virtuelle« Heimatlosigkeit ist eine radikale Erfahrung von Einsamkeit. Da die Erschütterung primär nicht auf der Ebene lebensweltlicher Horizonte, also z. B. durch den Verlust an Orten oder Zugehörigkeiten verursacht

---

9 McKenzie, Steven L., *1. Könige 16 – 2. Könige 16., Internationaler Exegetischer Kommentar zum Alten Testament (IEKAT)*, Hrsg. Dietrich et al. 2021, 348.

10 Held 2018, 134 ff.

ist, kann sie auch nicht so ohne weiteres durch deren Wiederherstellung geheilt werden. In diesem radikalen Verloren-Sein liegt jedoch auch eine Chance. Denn die gewohnte Heimwelt konstituiert als Normalität in Abgrenzungen zugleich immer auch die Fremdwelt. Die Erschütterung seines »Ethos« und »Habitus« eröffnet dem Naaman die Möglichkeit, kulturelle und religiöse Horizonte hinter sich zu lassen und seine Existenz in Beziehung zu dem letztlich alle denkbaren Horizonte, alle Fremd- und Heimwelten transzendierenden Gott Israels setzen zu lassen.

Die Geschichte erzählt dies, indem sie zwei von ihrem Status her unscheinbare Nebenfiguren einführt, die in der Dramaturgie der Erzählung jedoch zu Hauptfiguren werden: Eine Sklavin und ein Knecht. Zuerst tritt die junge Kriegsgefangene aus Israel im Haus des Naaman auf: »Ach, dass mein Herr wäre bei dem Propheten in Samaria! Der könnte ihn von seinem Aussatz befreien.« Hier geschieht Wunderbares schon vor dem Wunder. Denn später, nach dem Tauchbad im Jordan, wird nur sichtbar, was vorher längst schon vollzogen war. Ein »gewaltiger Mann« begegnet einer Frau und Vertreterin einer Fremdwelt auf Augenhöhe. Er folgt ihrem Rat und wird den Propheten des unbekannten Gottes aufsuchen.

Die Krankheit des Naaman ist ganz offensichtlich nicht von der Art, der mit Salben und Tinkturen beizukommen wäre – mit Geld allerdings auch nicht, doch das wird Naaman erst später erfahren.

Durch die Figur der Dienerin aus Israel kommt der Gottesbezug ins Spiel. Naamans Leiden hat unübersehbar eine theologische Wurzel.

Naaman ist Polytheist. Was bedeutet das? Klaus Held hat als Philosoph in der Tradition der Phänomenologie Edmund Husserls die Erlebniswelt des Polytheismus plausibel beschrieben.[11] Die alten Griechen wären ebenso wie ihre orientalischen Nachbarn nicht auf die Idee gekommen, dass die Existenz der Götter etwas wäre, woran man glauben müsste. Denn der polytheistische Gottesbezug wurzelte in der unmittelbaren Welterfahrung und bildet sich in einem *prädikativen* Gottesbegriff ab. In der christlichen Tradition bildet »Gott« in der Regel das Subjekt des Satzes, dem eine Prädikat zugesprochen wird: »Gott ist Liebe« oder »Gott ist Mensch geworden«. In der griechischen Literatur, so Klaus Held,

> »finden wir nun oft das Merkwürdige, dass das Wort »Gott« [...] nicht an der Subjektstelle im Satz steht, sondern die Stelle des Prädikates einnimmt. Es ist beispielsweise von der leidenschaftlichen Liebe eines Menschen oder von einem erschreckenden Krieg die Rede, sie bilden das Subjekt der Aussage, nun aber wird über dieses Subjekt ausgesagt: »das ist der Gott«.«[12]

---

[11] Held 2009, 74 ff.

[12] Held 2009, 79.

Dem prädikativen Gottesverständnis kann alles Mögliche als »der Gott« erscheinen und Thales von Milet daher behaupten: »Alles ist voll von Göttern!«[13] Denn im Alltag bewegt sich die menschliche Aufmerksamkeit und Handlungsmöglichkeit stets innerhalb bestimmter Horizonte (Liebe, Arbeit, Fruchtbarkeit, Krieg, Polis, Natur). Bis zu einem gewissen Grad kann der Mensch Einfluss nehmen auf das, was ihm widerfährt. Immer wieder werden jedoch Vorkommnisse auch als übermächtig erlebt. Diese spezifische Erfahrung von Übermacht in unterschiedlichen weltlichen Horizonten kann »der Gott« oder »die Göttin« genannt werden. Die Götter erweisen ihre Macht darin, dass sie von einer besonderen Erfahrung her das gesamte Erleben unter ein bestimmtes Vorzeichen stellen. So rückt die Verliebtheit die ganze Welt in ein strahlendes Licht – oder in Verzweiflung: *Das* ist Aphrodite. Der Krieg mit seinem Schrecken gibt der Welt ein düsteres Vorzeichen – oder aber, in der Erfahrung des Sieges, ein glänzendes: *Das* ist Ares, *das* ist Nike. Die überwältigende Erfahrung des Lichtes, des kreativen Einfalls oder der zerstörerischen Kraft der Natur: *Das* sind Apoll, Athene, Poseidon. Dass sie dem unmittelbaren Erleben zugänglich sind, ist ihre Stärke. Diese Göttinnen und Götter sind allerdings nicht jenseitig, sondern irdisch. Sie teilen sich die Welt und ihre Gestalt mit den Menschen. »Die Menschen der Antike [...] sehen sich an dem einen Ende einer Linie, an deren anderen Ende sich die Götter befinden, und der Weg von der einen Seite zur anderen ist gangbar und wird begangen.«[14] Die Gottheiten sind durchweg ambivalent, sie sind nicht moralisch, sie legen sich nicht fest. Es bleibt zufällig, ob ihr Walten den Menschen zum Heil oder Unheil ausschlägt. »Jedes Zuhausesein in der Lebenswelt als Heimwelt ist im Polytheismus durch die Unberechenbarkeit des Göttlichen zutiefst von innen her gefährdet.«[15] Dies scheint bei Naaman der Fall zu sein. Daher der hellsichtige Wunsch der Magd: »Ach dass mein Herr wäre bei dem Propheten in Samaria!« – Die ganze Farbigkeit, Lebendigkeit und Ambivalenz der polytheistischen Götterwelt wird in der Erfahrung des alle Horizonte transzendierenden und absolut unanschaulichen Wüsten-Gottes Israels »gleichsam zur entbehrlichen Staffage werden«.[16] Die Sklavin aus Israel weiß dies bereits, Naaman wird es erleben.

Im Falle Naamans hat der prädikative Gottesbezug offensichtlich versagt. Sein Pantheon kennt keine Gottheit, die mit seinem so merkwürdig unbestimmten Leiden korrespondieren würde. Naaman findet kein göttliches »*Das* ist...« als Gegenüber zur Rat- und Hilflosigkeit, die ihn heimgesucht hat. Sein Leiden übersteigt jeden innerweltlichen Horizont. Es wurzelt in der grundle-

13 *Die Vorsokratiker I*, Hrsg. und Übers. Jaap Mansfeld, Reclam, Fragment 14.

14 Victor, Ulrich et al., *Antike Kultur und Neues Testament*, Basel 2003, 89.

15 Held 2018, 87.

16 Held 2018, 98f.

genden Bindung alles Seienden an Raum und Zeit.[17] Denn die Zeit, die uns zur Verfügung steht, ist unweigerlich begrenzt. Die Zukunft ist prinzipiell unbekannt und wir können uns jeweils nur der Gegenwart sicher sein. Auch im intersubjektiven Raum gibt es nur perspektivische Erfahrungen. Eine Person kann sich noch so sehr einer anderen annähern, sie wird in ihrem Erleben nie deckungsgleich mit ihr sein – sonst wäre die andere Person keine andere mehr, sondern lediglich die Verdoppelung der eigenen Person. Aus dem »Dort« kann nie ein »Hier« werden.

Der Spielraum, in dem diese fundamentale Erfahrung möglich wird, ist nicht mehr die Wahrnehmung einzelner Horizonte, sondern der Einzigkeit des Weltganzen. Das Weltganze ist etwas qualitativ anderes als die Summe aller Horizonte. Im griechisch-ionischen Kulturkreis hat diese neuartige Wahrnehmung der Welt in der Achsenzeit Philosophie und Naturwissenschaft hervorgebracht. In Israel hat sie ihren Ausdruck in der Reflektion und im Ringen um die Transzendenz Gottes gefunden. Der Gott Israels ist kein oberster Gott. Er ist nicht Herr eines Pantheons, wie der syrische Rimmon oder der griechische Zeus. Sein Universalhorizont besteht nicht in der Summe, sondern liegt *jenseits* aller möglichen Horizonte. Er ist transzendent und im Gegensatz zum Pantheon absolut unanschaulich und unverfügbar. Nicht ohne Grund lassen die biblischen Autoren den Gott Israels zuerst in der anschauungsarmen Wüste »erscheinen«. Das Problem, das sich daraus ergibt, ist klar: Wie kann von einem Gott geredet werden, der sich jeder Anschaulichkeit entzieht: Du sollst Dir kein Bild machen?

Die Erzählung von Naaman bedient sich verschiedener Elemente, um die Unverfügbarkeit und Transzendenz Gottes aufrecht zu erhalten. So ist die Unbestimmtheit der Krankheit des Naaman gewiss keine Ungeschicklichkeit der Erzähler, sondern ein Hinweis auf die besondere Qualität sowohl des Leidens als auch seiner Heilung. Auch Elisas Umgang mit dem mächtigen Feldhauptmann signalisiert Unverfügbarkeit. Was er dem Naaman ausrichten lässt, scheint nicht nur dreist, sondern auch absurd zu sein: »Geh hin und wasche dich siebenmal im Jordan.« – Wie aber sollte Unanschauliches vermittelt werden, wenn nicht durch Irritation? Die Umwelt durch Andersartigkeit zu *irritieren*, das ist die Rolle, die das biblische Israel in der Welt der Völker einnimmt.[18]

Am Jordan droht Naamans Heilung zu scheitern. Für die deuteronomistischen Erzähler ist der Jordan theologisch hoch aufgeladen als Übergang in das gelobte Land. Für Naaman ist er nur das, was er vor Augen hat: »Sind nicht die Flüsse von Damaskus besser als alle Wasser in Israel?« – Auch hier rettet Naaman, dass er sich herbeilässt, auf seinen treuen Diener zu hören. »Lieber Vater,

---

17 Zu den vier grundsätzlichen »Entzügen« in der phänomenologischen Analyse siehe Held 2018, 90ff.

18 Ruster, 2007. Ruster denkt und argumentiert (256ff) aus der Perspektive der Systemtheorie: In sich geschlossene Systeme können durch »Irritation« verändert werden.

wenn dir der Prophet etwas Großes geboten hätte, würdest du es nicht tun? Wie viel mehr, wenn er zu dir sagt: Wasche dich, so wirst du rein!« Sklavin und Diener, von ihrem sozialen Status her als Nebenfiguren prädestiniert, werden zu Schlüsselfiguren. Naaman gewinnt den Zugang zum transzendenten, alle innerweltlichen Horizonte übersteigenden Gott, indem er sich einlässt und weit herablässt – bis auf den Grund des Jordan hinab. Sein Übergang gelingt.

Naaman führt eine gewaltige Menge an Gold und Silber mit sich. Selbstverständlich kann Elisa diese Weihegaben nicht annehmen. Denn mit solch einem Vermögen bezahlt man keine Menschen, sondern stiftet einer Gottheit einen Tempel samt Kult. Die zwei Talente Silber hingegen, die Elisas Diener Gehasi dem Naaman später abschwatzen wird, sind schon wieder das, was an Reichtum für eine Privatperson denkbar ist. Hier geht es nicht mehr primär um den Gottesbezug. Die Erfahrung, die Gehasi machen muss, ist die bekannte und durch empirische Forschung hinlänglich abgesicherte Tatsache, dass »Geld einsam macht«.[19]

Naaman jedoch will sich in den Kult des unverfügbaren Gottes »einkaufen«. Hier wird schon erkennbar, dass der frisch von seinen irdischen Göttern bekehrte Syrer das transzendente Gottesverständnis kaum durchhalten wird. Und in der Tat: Wenn er schon keinen neuen Tempel stiften darf, dann möge man ihm doch bitte gestatten, zwei Maultierladungen Erde aus Israel mit nach Damaskus zu nehmen, auf dass er darauf einen Altar baue. Der universale Gott wird sentimental oder gar magisch an Heimaterde gebunden, an einen »Taschen-Altar« quasi. Der Mensch braucht etwas, woran er sich festhalten kann. Auch im sozialen Alltag wird Naaman Probleme mit seinem neuen Glauben bekommen. Denn in den Tempel des Rimmon wird er auch weiterhin gehen, dieser sozialen Verpflichtung wird er sich nicht entziehen können – seine ebenso wie er frisch vom Polytheismus bekehrten Nachfahren in Korinth lassen grüßen (1. Kor 8 ff).

Dies scheint jedoch der natürliche, allzu menschliche Lauf der Dinge zu sein. Denn nicht die transzendente, sondern die innerweltliche und irdische Gotteswahrnehmung scheint die selbstverständlichere zu sein. Schon die Bibel dokumentiert in beiden Testamenten das unablässige Ringen um die Transzendenz des einen Gottes. Auch die Kirchengeschichte ist bis in die Gegenwart hinein von diesem Kampf bewegt – und im Islam hält der mehrmals am Tag wiederholte Gebetsruf der Muezzin nicht ohne Grund diese Anstrengung beständig in lebendiger Erinnerung.

Aus der Einsamkeit in die Zugehörigkeit des Bundesvolkes. Die meisten, wenn nicht sogar alle Heilungen Jesu, so der anglikanische Bischof und Neutestamentler N.T. Wright, konnten von den Zeitgenossen als Taten verstanden werden, durch die Menschen wieder in das Volk Israel eingegliedert werden: »Die

---

19 Spitzer, Manfred, *Aufklärung 2.0. Gehirnforschung als Selbsterkenntnis*, Stuttgart 2010, 186 ff: *Das Geld, die Einsamkeit und der Schmerz.*

Heilungen hatten daher eine exakt parallele Funktion wie das Willkommenheißen der Sünder, und wir können ziemlich sicher sein, dass Jesus selbst dies beabsichtigte.«[20] Die Vorlage hierfür liefert bereits die Naaman-Geschichte. Auch der Heide und Feind Naaman wird in seiner Verlorenheit willkommen geheißen und eingegliedert in das Volk des Bundes. Die Erfahrung des gänzlich unfassbaren und unverfügbaren Gottes geht einher mit einer neuen Offenheit, mit einem Universalismus, der alle bis dahin gültige Verstehenshorizonte, kulturellen Pfadabhängigkeiten und Frontstellungen überschreitet.

Literatur

Held, Klaus, *Treffpunkt Plato. Philosophischer Reiseführer durch die Länder des Mittelmeers*, Stuttgart 2009 [1990].

Held, Klaus, *Der biblische Glaube. Phänomenologie seiner Herkunft und Zukunft*, Frankfurt/M. 2018.

Ruster, Thomas, *Von Menschen, Mächten und Gewalten. Eine Himmelslehre*, Ostfildern 2007.

Wright, Nicolas Thomas, *Jesus und der Sieg Gottes. Die Ursprünge des Christentums und die Frage nach Gott Bd. II*, Marburg 2013.

Zenger, Erich et al., *Einleitung in das Alte Testament.* 9. aktualisierte Auflage, Hrsg. Christian Frevel, Stuttgart 2015.

20 Wright 2013, 233.

»Herr, ich habe keinen Menschen«
(Joh 5, 1–7)

Ingolf Hübner

Wir Menschen sind Beziehungswesen. Nicht nur, weil wir gesellig, auf Austausch und Nähe angelegt sind, sondern weil wir in vielen Lebenslagen und Situationen einander beistehen und Nächste sind. Wir sind aufeinander angewiesen. Wenn wir uns in einer Notlage auf niemand verlassen können, dann wird der Satz »Herr, ich habe keinen Menschen« zu einer bitteren Feststellung.

1. Ausgangssituation

Diese resignierende Antwort stammt aus einer Komposition von Wundergeschichten, mit denen der Verfasser des Johannesevangeliums Jesu Wirken und die ständig wachsenden Konflikte zwischen Jesus und den nicht an ihn glaubenden Juden thematisiert.

> Joh 5, 1–7:
> 1 Danach war ein Fest der Juden, und Jesus zog hinauf nach Jerusalem.
> 2 Es ist aber in Jerusalem beim Schaftor ein Teich, der heißt auf Hebräisch Betesda. Dort sind fünf Hallen;
> 3a in denen lagen viele Kranke, Blinde, Lahme, Ausgezehrte.
> 3b–4 Sie warteten darauf, dass sich das Wasser bewegt. Denn der Engel des Herrn fuhr von Zeit zu Zeit herab in den Teich und bewegte das Wasser. Wer nun zuerst hineinstieg, nachdem sich das Wasser bewegt hatte, der wurde gesund, an welcher Krankheit er auch litt.
> 5 Es war aber dort ein Mensch, der war seit achtunddreißig Jahren krank.
> 6 Als Jesus ihn liegen sah und vernahm, dass er schon so lange krank war, spricht er zu ihm: Willst du gesund werden?
> 7 Der Kranke antwortete ihm: *Herr, ich habe keinen Menschen*, der mich in den Teich bringt, wenn das Wasser sich bewegt; wenn ich aber hinkomme, so steigt ein anderer vor mir hinein.
> (Lutherbibel 2017)

Eingeleitet wird dieser Abschnitt durch die Bemerkung, dass Jesus zu einem Fest hinauf nach Jerusalem zog. Kontrastierend zur Erwartung zum Zusammentreffen mit vielen kommt es zu einer Begegnung, in der Einsamkeit und Hilflosigkeit im Mittelpunkt stehen. Dem dynamischen, Menschen anziehenden Festtag wird ein erstarrter, in Einsamkeit festsitzender Mensch gegenübergestellt.

Geschildert wird eine Begebenheit am Teich Betesda. Betesda ist eine auch bei Euseb (260–339) belegte Zisternen- und Teichanlage im Nordosten Jerusalems. Zur Anlage sollen zu neutestamentlicher Zeit fünf Säulenhallen rund um ein oder mehrere Wasserbecken gehört haben. In den fünf Säulenhallen am Teich lagerten viele kranke, blinde, lahme oder ausgezehrte Menschen. Sie alle warteten auf Heilung und es ist davon auszugehen, dass sie für ihren Lebensunterhalt bettelten. Der Teich Betesda am Schaftor liegt an der nördlichen Stadtmauer, in der Nähe der von den römischen Besatzungstruppen besetzten Burg. Für die Kranken und Bettelnden hatte man einen Ort gewählt, an dem sie wenig auffielen.

Die Kranken und Bettelnden lagerten um den Teich, durch dessen bewegtes Wasser sie hofften wieder gesund zu werden. Wie Textvergleiche zeigen, wurde die frühere Legende, die hinter der Heilungserwartung der Menschen stand, in späteren Bibel-Überlieferungen ergänzt. Joh 5,3b–4 übernimmt die Legende vom Engel, der ab und zu das Wasser berührte. Nach der volkstümlichen Erzählung warteten die Menschen auf dieses Zeichen, denn derjenige, der – nachdem sich das Wasser bewegt hatte, zuerst hineinstieg, durfte auf Heilung hoffen. Die eingeschobene Ergänzung erklärt einerseits die Heilungserwartung, macht aber andererseits die Hoffnung auf Heilung von den Regeln einer zeitlichen Abfolge abhängig. Die Einsamkeit durch eine Erkrankung oder Behinderung wird durch Regeln, deren Befolgung allein (fast) unmöglich ist, gesteigert.

Zugleich geraten alle am Teich Wartenden und Hoffenden in eine Konkurrenzsituation. Eine Konkurrenzsituation isoliert die betroffenen Menschen. In existenziell herausfordernder Situation kommen Menschen an ihre Grenzen, miteinander solidarisch zu sein und einander zu helfen. Schwäche und Krankheit trennen hier die Menschen, jeder wartet sehnsüchtig auf den einen rettenden Augenblick, die eine große Chance im Leben. Wenn immer nur einer geheilt werden kann, dann ist das weder göttlich noch menschlich, es birgt neue Einsamkeit in sich. Konkurrenz ist ein Einsamkeitsmotor.

In dieser Situation wird geschildert, wie Jesus am Schaftor vorbeikommt und davon hört, dass dort ein Kranker schon besonders lange liegt. Es wurde also über den Kranken gesprochen. Das Über – jemanden – Reden beendet Jesus, indem er sich direkt an ihn wendet. Allerdings konfrontiert er den Kranken mit einer provokanten Frage: »Willst Du gesund werden?« Eigentlich überflüssig bedeutet diese Frage, dass der Kranke selbst aktiv werden muss. Jesus ermuntert den Kranken, seine Situation zu reformulieren und ein Stück weit aus ihr herauszutreten. Trotz der Krankheit und Einsamkeit ist aufgrund der langen Zeit davon auszugehen, dass sich die Person dort eingerichtet hat. Irgendwoher werden die

Kranken mit Essen versorgt, irgendwie anscheinend auch gepflegt. Betteln geht nur mit Krankheit, ohne gibt's kaum Einnahmen. Das alles gibt der Kranke auf, wenn er gesund wird. Er muss dann selbst aktiv werden. Jesus nimmt ihn in die Verantwortung für sich selbst und damit würden seine Krankheit und auch seine Einsamkeit enden.

Die Antwort »Herr, ich habe keinen Menschen«, verbunden mit einer kurzen Erklärung, wobei er Hilfe benötigt, ist eine nüchterne Situationsschilderung. In der Nüchternheit schwingt Resignation, aber auch eine Bereitschaft zur Kontaktaufnahme und zur Veränderung der Situation mit. Joh 5, 7b enthält eine genaue Beschreibung, was der Kranke erwartet.

Mit der in der Folge geschilderten Heilung antwortet Jesus dem Kranken auf einer Ebene, die außerhalb seines Erwartungshorizontes lag. Obwohl die Hoffnung auf ein Wunder der Grund für seinen Aufenthalt am Teich Betesda war, blieben für den Kranken Wunder an Bedingungen gebunden. Die voraussetzungslose Heilung überbietet diese Erwartung. Historisch-kritisch ist das geschilderte Wunder in die Kategorie der Überbietungswunder einzuordnen. Jesus erweist sich wirkmächtiger als alttestamentliche oder heidnische Wundertäter. Diese Überbietung wird dadurch unterstrichen, dass das Heilungswirken Jesu in keinem Zusammenhang mehr zum Wasser steht. Allein seine Anwesenheit und seine Worte bewirken die Heilung. Dass der Evangelist die Heilung an einem Sabbat stattfinden lässt, ordnet die Erzählung in den Kontext der sogenannten »Sabbatkonflikte« ein, in denen sich Jesus mit dem Sabbatgebot in der Tora und seiner Auslegung auseinandersetzt. In den folgenden Versen (Joh 5, 9b–18) wird dieser Konflikt weiter beschrieben.

Gerade weil die Wundererzählung kein historischer Bericht ist, hat sie beispielhaften Charakter, bezogen nicht auf das Wunder, sondern auf die geschilderte Begegnung. Dies erklärt auch, warum die Erzählung auf eine Person fokussiert und keine Massenheilung stattfindet. Jesus durchbricht mit seinem Handeln die Konkurrenzsituation. Unterstrichen wird das Beispielhafte, wenn es im griechischen Original heißt: »den sah Jesus dort liegen ...« – hier wird ein Fokus auf den Menschen und damit exemplarisch auf die gerichtet, die die Geschichte hören oder lesen.

2. Einordnung

Die Antwort des Kranken »Herr, ich habe keinen Menschen, der mich an den Teich bringt«, ist zunächst die Schilderung eines konkreten Mangels an Unterstützung. Allerdings kann impliziert werden, dass mit dem Kranken solidarische Menschen zu solch einem Gefallen bereit gewesen wären. Dass niemand zu einer Hilfeleistung bereit gewesen wäre, steigert die eigene Hilflosigkeit zur Einsamkeit. Dramatisiert wird dies durch die am Beginn der Erzählung stehende – etwas erratische – Zeitangabe, dass der Mensch bereits achtunddreißig Jahre krank war.

In der geschilderten Lebenslage ist Einsamkeit mit Krankheit und körperlichen Einschränkungen verbunden. Einerseits sind die eigenen Möglichkeiten, mit anderen Menschen in Kontakt zu treten, eingeschränkt. Andererseits gibt es eine Tendenz zur Ausgrenzung von kranken oder pflegebedürftigen Menschen. Schon die äußere Situation am Teich Betesda unterstreicht, dass Krankheit ein soziales Ereignis ist. Nicht erst in der Moderne sind mit der Unterscheidung von Gesunden und Kranken Einschränkungen und Regulierungen verbunden, die bis zur Separierung gehen können. Ein in der Bibel geschildertes besonderes drastisches Beispiel für den Umgang mit Erkrankten ist die Lepra (Mk 1, 40–45 par.).

Die Tendenz, den Kontakt mit Kranken zu vermeiden – sei es aus medizinischen Gründen um Ansteckungen zu vermeiden oder sei es aus Gründen, emotionaler Verdrängung – verstärkt die Korrelation von Krankheit und Einsamkeit. »Einsam macht krank, und krank macht einsam« – so fasst Friedrich Weinreb die unheilvolle Wechselwirkung zusammen.[1]

In der geschilderten Begegnung am Teich Betesda wird diese Korrelation durch die Heilung des Kranken umgekehrt. Obwohl der Kranke nicht einmal um Unterstützung bat, ihm beim Weg zum Wasser zu helfen, wenn es sich bewegt, heilt Jesus ihn von seinen Gebrechen. Obwohl in der Bibel die weitere Geschichte des Geheilten nicht berichtet wird, so wird doch angedeutet, dass der Geheilte wieder unter Menschen ging (Joh 5, 15). Er berichtet von seiner Heilung und tritt wieder mit Mitmenschen in Kontakt.

Es kann angenommen werden, dass der Wunsch, gesund zu werden, wie ein Wunsch zweiter Ordnung hinter dem geschilderten Mangel an Unterstützung und der Einsamkeit des Kranken stand. Wünsche zweiter Ordnung beziehen sich nach Harry Frankfurt nicht auf ein bestimmtes Verhalten oder eine bestimmte Handlung, sondern selber auf Wünsche erster Ordnung.[2] Die formulierte Einsamkeit »Herr, ich habe keinen Menschen« zielt zwar auf den Wunsch um Unterstützung und Beistand eines anderen Menschen. Aber hinter diesem vordergründigen Bitte geht es um Gesundheit und Überwindung von Einsamkeit.

---

1 https://weinreb-tonarchiv.de/wege-der-heilung/ (Abruf 30.11.2021).

2 Frankfurt, Harry, *Willensfreiheit und der Begriff der Person. In Freiheit und Selbstbestimmung:* Ausgewählte Texte. Berlin 2001, 65–83.

3. Folgerungen

3.1. Einsamkeit und Kairos

Schon beim Lesen der Erklärung, dass die Kranken am Teich Betesda auf eine Bewegung des Wassers durch einen Engel warteten, stellt sich die Frage, ob die Wunderkraft eines Engels, der nur dann und wann herabsteigt, willkürlich ist. Das Herabsteigen des Engels hilft nur einigen wenigen Menschen zu einigen wenigen Zeiten. Die Menschen am Teich Betesda warten auf den rechten Zeitpunkt, auf Griechisch *kairos*. Als *kairos* wird im Zweiten Testament die erfüllte und gesegnete Zeit sowie der rechte Zeitpunkt bezeichnet.

Einsamkeit ist nicht nur eine andauernde Lebenslage. Einsamkeit ist mit Zeit und Timing verbunden. Zur Einsamkeit gehören verpasste Chancen für Begegnungen, Momente der Berührung, die nicht ergriffen werden oder übersehene Gelegenheiten für Veränderungen. Wie eine Mauer blockiert Einsamkeit die Überwindung der erstarrten Situation. Die Hemmung betrifft beide Seiten, die/den Vereinsamten oder das Gegenüber. Beide sind nicht in der Lage, sich bietende Gelegenheiten zu ergreifen.

In dieser Situation ist die Eröffnungsfrage Jesu, so trivial und selbstverständlich sie erscheint, die entscheidende Initiative. Vorbereitet wird diese Initiative durch Jesu Aufmerksamkeit. Er nimmt wahr, er sieht hin. Die in der Folge geschilderte Heilung zeigt paradigmatisch, welche Dynamiken sich aus solchen Anfängen ergeben können. Fokussiert auf die Situation wird das Potential deutlich, dass hinter dem menschlichen Vermögen steht, Anfänge zu setzen.[3] Der Anfang, den Jesus setzt, rekurriert nicht auf besonderen Gaben. Allein die Aufmerksamkeit für den richtigen Augenblick und die Bereitschaft, sich auf die Situation der/des Anderen einzulassen, lösen den Veränderungsprozess aus. Die sich ergebende Offenheit durchbricht die mit der Vereinsamung verbundene Erstarrung.

3.2. Einsamkeit und Anonymität

Der Kranke am Teich von Betesda ist ein Einsamer in der Masse. Physische Nähe stiftet noch keine Verbindung zwischen Menschen. Selbst die gleiche Betroffenheit derer, die auf Heilung hoffen, durchbricht nicht die Schranken zwischen ihnen.

Erst das Heraustreten aus der Masse, das Ansprechen, das Ansehen, das Zuwenden verändert die Situation. Mit der Ansprache eines zum Fest ziehenden

---

3 Augustinus: *De Civitate Dei XII*,20: »Initium ut esset, creatus est homo, ante quem nullus fuit.« »Damit ein Anfang sei, wurde der Mensch geschaffen.«

Reisenden an den Kranken eröffnet sich eine neue Situation. Zwei Menschen begegnen sich und treten aus der anonymen Masse heraus. Der Einzelne geht nicht mehr in der Masse unter. Der Zusammenhang von Krankheit und Getrenntsein kann thematisiert werden, ohne dass absehbar ist, was sich daraus ergeben wird. Entscheidend ist, dass die Anonymität durch ein Gespräch aufgebrochen wird. Ohne die Beziehung zu überladen entsteht eine Art von Verbundenheit. Später wird in der Wundererzählung deutlich, dass Jesus und der Kranke trotz des herausragenden Ereignisses der Heilung einander anonym bleiben. »Der Geheilte aber wusste nicht, wer es war; denn Jesus hatte sich zurückgezogen, da so viel Volk an dem Ort war.« (Joh 5, 13) So wie der Kranke in der Erzählung keinen Namen hat, so wenig kannte der Geheilte den Namen Jesu.

In Joh 5, 14b deutet sich an, dass trotz dieser weitgehend anonym bleibenden Situation die Heilung über die Überwindung eines körperlichen Leidens hinausgeht. Formuliert in der Terminologie eines Zusammenhanges von Tun und Ergehen wird der Kranke angehalten, nicht mehr zu sündigen. Die berichtete Heilung wird in dieser Wundererzählung interessanterweise nicht an den Glauben an Jesus Christus gebunden. Auch der Bezug auf die Sünde spielt eher indirekt auf Vergebung an. Ganz grundsätzlich steht hinter dem Geschilderten die Figur, dass durch die Heilung eine neue Beziehung zwischen Diesseits und Jenseits gestiftet wird, die nicht wieder zerstört werden soll.

3.3. Einsamkeit und Respekt

Beispielhaft sieht Jesus den Menschen mit seinen Bedürfnissen. Aufmerksam und einfühlsam fragt er nach und hört hin. Angeboten wird nicht einfach ein Hilfekonzept, sondern schon durch die Nachfrage wird die betroffene Person einbezogen. Damit wird eine Fokussierung auf Äußerlichkeiten vermieden. Nicht das äußere Gebrechen, der vordergründige äußere Hilfebedarf, der antizipiert wird, bildet den Ausgangspunkt. Sondern mit der Wahrnehmung des ganzen Menschen auf seelsorgerliche Weise begegnet Jesus ihm mit Respekt. Der Einsame fühlt sich ernst genommen und angenommen. Diese innere Berührung weckt Vertrauen, der Kranke öffnet sich und erzählt, was ihn bedrückt. Der Satz: »Herr, ich habe keinen Menschen« klingt wie eine Zusammenfassung seiner Situationsbeschreibung.

Zugleich fixiert eine respektvolle Begegnung den Menschen nicht auf seine Situation. Die Verzweiflung, die Enttäuschung über das Leben und über das Verhalten der Mitmenschen, die Einsamkeit, gehören zwar zum Menschsein. Sie machen es aber nicht aus. Sich trotz solcher Lebenslagen berühren zu lassen, geht darüber hinaus. Das durchbricht Zustände wie Einsamkeit oder Hilflosigkeit.

In der Begebenheit Jesu mit dem Kranken am Teich Betesda schwingt – in der zutiefst menschlichen Begegnung – ein Berührtwerden von der Liebe Gottes in Christus mit. Die respektvolle Begegnung im Sinne und im Geiste Jesu öffnet die Vereinsamung zur Zuwendung Gottes. Im Ansehen und im sich Gegenübersein von Menschen erhält die Liebe Gottes ein Gesicht. Der menschgewordene Gott ist anwesend, wenn Menschen sich respektvoll einander zuwenden. In der Zuwendung wird die Verheißung erfahrbar, dass Gottes Nähe auch einsame Lebenslagen überwölbt.

4. Zusammenfassung

An der Wundererzählung ist bemerkenswert, dass ein Gespräch der entscheidende Einstieg in die Veränderung der Lebenslage und der Einsamkeit ist. Auch im Fortgang der Erzählung spielt sich das Entscheidende auf kommunikativer Ebene ab. Hier beginnt die Überwindung von Einsamkeit. Anders als in anderen Heilungserzählungen wird in Joh 5 keine Berührung geschildert.

Joh 5 belegt die große Verheißung, die darin liegt, wenn Menschen sich im Sinne und im Geiste Jesu ansprechen und berühren lassen. Sie öffnet für die Zuwendung Gottes und ermöglicht die Fürsorge für andere.

Die Einsamkeit Gottes und die Sologamie des Menschen

Tobias Kirchhof

> *»Rund um mich eine weite versteinerte Menschheit - In der finstern unbewohnten Stille glüht keine Liebe, keine Bewunderung, kein Gebet, keine Hoffnung, kein Ziel - Ich so ganz allein, nirgends ein Pulsschlag, kein Leben, nichts um mich und ohne mich nichts als nichts - Mir nur bewußt meines höhern Nicht-Bewußtseins - In mir den stumm, blind, verhüllt fortarbeitenden Dämogorgon, und ich bin er selber - So komm' ich aus der Ewigkeit, so geh' ich in die Ewigkeit - Und wer hört die Klage und kennt mich jetzt? - Ich. - Wer hört sie, und wer kennt mich nach der Ewigkeit? - Ich. -«*[1]

Mit diesen Worten formulierte Jean Paul (1763–1825) in seiner Auseinandersetzung mit der Philosophie des Deutschen Idealismus die Selbstwahrnehmung Gottes in seiner Einsamkeit. Mit der »anthropologischen Wende« der europäischen Geistesgeschichte in der Neuzeit und vor allem mit der Aufklärung und dem Deutschen Idealismus veränderte sich die Auffassung Gottes und seiner christlich geglaubten Dreieinigkeit. Statt des mittelalterlichen Seins- und Substanzbegriffes, der sich in drei Personen offenbart und existiert, fand eine Identifizierung Gottes mit dem Subjektbegriff statt.[2] Gott wurde zum Subjekt. Wie für das Subjekt Mensch konnte ihm jetzt subjekttheoretisch der Prozess einer Selbstunterscheidung zugesprochen werden. Gott und Mensch besitzen aufgrund ihres Subjektseins die Fähigkeit, sich zugleich als Subjekt und Objekt wahrzunehmen. Durch die Fähigkeit zur Selbstunterscheidung können sie jeweils in einen Prozess der Selbsterkenntnis eintreten, sich zu sich selbst in Beziehung setzen und fortschreitend selbst verstehen. Diese Fähigkeit bildet gleichzeitig die Bedingung der Möglichkeit, den Zustand eigener Einsamkeit wahrzunehmen bzw. als einsam wahrgenommen zu werden. Die für den Menschen plausible Situation, entbehrt Gott gegenüber jedoch nicht einer gewissen Provokation:

---

1 Paul 1800, 173 f.

2 Vgl. Greshake ^{5}2007, 127 ff.

Kann der christliche Gott einsam sein bzw. als einsam gedacht oder geglaubt werden?
Im Folgenden soll dieser Frage anhand der spekulativen Philosophie und Theologie nachgegangen werden. In den Systemen von Georg Friedrich Wilhelm Hegel (1770–1831) und Karl Barth (1886–1968) ist die Frage nach der Einsamkeit Gottes offen thematisiert und aus ihrer Perspektive jeweils unterschiedlich beantwortet worden. Dabei haben sie einen negativen Einsamkeitsbegriff verwendet, der dem Einsamkeitsbegriff der modernen Sozialwissenschaften nahekommt. Schließlich soll diese schrittweise Annäherung an die Einsamkeit Gottes bzw. seiner prozesshaften Überwindung mit dem modernen Phänomen der Sologamie in Beziehung gesetzt werden, das wiederum Parallelen zur idealistischen Trinitätstheologie aufweist.

Einsamkeit im Widerspruch

Nimmt man die biblisch bezeugten historischen Einsamkeitserfahrungen der zweiten trinitarischen Person Gottes aus,[3] und bleibt bei der ersten trinitarischen Person bzw. dem übergeschichtlichen trinitarischen Wesen vor und nach Beginn der Schöpfung, so ist die theologische Tradition ebenso antwortarm wie widersprüchlich hinsichtlich einer göttlichen Einsamkeit: Ja und Nein lauten die wenigen wenig befriedigenden Aussagen – teilweise von den gleichen Autoren.[4]

Dabei ist die biblische Tradition eindeutig: Wenn es im jüdischen Glaubensbekenntnis »Sch'ma Jisrael« (Dtn 6,4) heißt: »Höre, Israel, der HERR ist unser Gott, der HERR ist einer.«, dann impliziert dieses אֶחָד die Einsamkeit Gottes. »Er ist der große Einsame, neben dem nichts Platz hat und der in sich unbegreiflich ist und bleibt.« Auch die Zehn Gebote setzen Einzigkeit mit Einsamkeit in Beziehung: »Wer die Einsamkeit Gottes antasten will, verstößt gegen das 1. Gebot: Ich bin der Herr, dein Gott, du sollst nicht andere Götter neben mir haben. Es liegt im Begriff der Gottheit Gottes, daß er einsam ist.«[5] Dem Monotheismus ist es wesentlich, dass Gott einsam gedacht werden muss. Dieser Zustand ändert sich erst mit der Schöpfung, in der sich Gott ein kommunikatives Gegenüber im Menschen schafft und zu ihm in Gemeinschaft tritt.

Die christliche Trinitätstheologie beginnt allerdings schon eher – vor der Schöpfung –, die Einsamkeit Gottes in Frage zu stellen. So formulierte bspw. Karl

3 Bspw. die Einsamkeit im Garten Gethsemane (Mt 26, 36 ff.; Mk 14,32 ff.), als seine Jünger ihn mehr sozial als physisch allein ließen, indem sie schliefen statt gemeinsam mit ihm zu wachen. Oder seine Bezugnahme auf Ps 22 als er am Kreuz formulierte: »Mein Gott, warum hast Du mich verlassen.« (Mt 27,46; Mk 15,34). Vgl. auch Lohmann 1960, passim.

4 Bspw. Karl Barth, siehe im Folgenden dieses Aufsatzes.

5 Uhsadel 1967, 147.

Barth, dass Gott als der »Eine«, bevor er die Gemeinschaft mit den Menschen bzw. der Welt sucht, Gemeinschaft in sich selbst schafft. »In sich selber will er [Gott] ja nicht für sich, nicht einsam sein, ist er vielmehr der Vater, der Sohn und der Heilige Geist und also […] nicht in der Einsamkeit, sondern in der Gemeinschaft.«[6] Der Dreieine ist darum der »auch in sich selbst nicht einsame Gott«.[7] Es bleibt festzuhalten, dass die Antworten auf die Frage nach der Einsamkeit Gottes widersprüchlich sind.

Einsamkeit und Einsamkeitsgefühl

Diese Widersprüchlichkeit verweist auf ein dahinterliegendes Problem. Problematisch ist es nicht, sich Gott als einsam vorzustellen. Problematisch ist es, dass diese göttliche Einsamkeit als negativ empfundenes Einsamkeitsgefühl oder negative Einsamkeitserfahrung beschrieben und geglaubt wird. Dem verweigert sich die Theologie größtenteils.

Deshalb verwundert es nicht, dass auch die Einsamkeit des Menschen in der theologisch-anthropologischen Interpretation kein rein negativer Begriff ist. Einsamkeit ist der Ort, wohin sich der Mensch zurückzieht, um ganz bei Gott zu sein. Die Wertschätzung der Einsamkeit als Ort der Gottesbegegnung wurde besonders in der Mystik bzw. in Teilen der monastischen und pietistischen Frömmigkeitsströmungen betont.[8] Allerdings ist dieses Alleinsein keine Einsamkeit im theologischen Sinne, sondern im anthropologisch-sozialen, denn sie entspricht ja keiner Beziehungslosigkeit. Sie ist Beziehungskonzentration auf Gott hin. Sie ist ein erwünschter und nicht gefürchteter bzw. erlittener Zustand und exklusive Gemeinschaft mit Gott.

Auch soziologisch bzw. psychologisch kann Einsamkeit wertneutral mit einer »Reduktion der Aktivitäten und der sozialen Interaktionen« beschrieben werden. »Ob Einsamkeit leidend als Vereinsamung oder als Chance für Individualisierung und Unabhängigkeit von sozial genormten Lebensformen empfunden wird, hängt ab von spezifischen Prägungen der Persönlichkeit aufgrund früher sozialer Erfahrungen«. Allerdings wäre es zu wenig, Einsamkeit nur als individuelle Interpretation eines Mangels an Verbundenheit mit anderen Individuen zu beschreiben. Sie hat daneben äußerliche Ursachen, die in modernen Industriegesellschaft zugenommen haben, wie bspw. die Trennung von Wohnen und Arbeiten, die Entwicklung von der Groß- zur Kleinfamilie, die räumliche Trennung der Generationen u. a. Diese äußerlich-tatsächlichen sozialen Verlustsituationen führen zu zunehmend negativ erlebter Einsamkeit. Umgekehrt

6 Barth KD II/1, ^{4}1958, 308.

7 Barth KD IV/2, ^{2}1964, 473.

8 Vgl. Emmel 1972, 407; Stotz-Ingenlath 2005, 318 f.

kann innere Isolierung und Einsamkeit aber auch bei äußerlicher sozialer Integration erlebt werden.[9]

Die ernsthafte Auseinandersetzung der emotional negativen Erfahrungen von Einsamkeit und ihrer Folgen hat sich erst in der jüngeren Zeit entwickelt. »Erst als im 20. Jahrhundert Einsamkeit als eine krankhafte Isolierung von der sozialen Umwelt verstanden wird, dient Einsamkeit auch zur Erklärung des Entstehens psychischer Krankheiten.«[10] In diesem Zusammenhang fällt auf, wie wenig Beachtung dem Problem der menschlichen Einsamkeit (von der göttlichen ganz zu schweigen) die Theologie, aber auch die Sozial- und Diakoniewissenschaften im 20. und noch im 21. Jahrhundert geschenkt haben.[11]

Im Folgenden soll unter Einsamkeit eine Form der Isolierung verstanden werden, die als negativer Zustand erlebt und durch kommunikative Gemeinschaft überwunden wird. Inwieweit Gott ein »Einsamkeitsgefühl« unterstellt werden kann, muss offenbleiben. Dennoch soll der Einsamkeitsbegriff leitend sein, so wie er in den Sozialwissenschaften definiert ist:

»Einsamkeitsgefühl [ist] das als Unlust empfundene kognitiv-emotionale Gewahrwerden des Alleinseins verbunden mit dem Auftreten von Affiliationsmotivation«[12] bzw. Einsamkeit ist »das quälende Bewusstsein eines inneren Abstandes zu den anderen Menschen und die damit einhergehende Sehnsucht nach Verbundenheit in befriedigenden, sinngebenden Beziehungen.«[13]

Drei Aspekte sind konstituierend. Einsamkeit ist

- ein wahrgenommenes Defizit an sozialen Kontakten (Gemeinschaft),

---

9 Hillmann ^{5}2007, 172 f.

10 Peters ^{6}2007, 153.

11 In folgenden Lexika gibt es keinen Artikel »Einsamkeit« bzw. »soziale Isolation« (bzw. wird sie nur im Sinne einer Isolierung von Gefährder:innen dargestellt): *Theologische Realenzyklopädie* (TRE); *Evangelisches Kirchenlexikon* (EKL); *Die Religion in Geschichte und Gegenwart* (RGG^{4}); *Pschyrembel*, 161. Auflage, Berlin, New York 2007; *Evangelisches Soziallexikon*, hrsg. von Jörg Hübner u. a., Stuttgart ^{9}2016; *Handbuch soziale Arbeit*, hrsg. von Hans-Uwe Otto und Hans Thiersch, München ^{5}2015; *Handwörterbuch der Psychologie*, hrsg. von Roland Asanger und Gerd Wenninger, Weinheim ^{4}1992; *»Ich will Euch tragen«. Handbuch für die Seelsorge in der Altenpflege*, hrsg. von der Ev. Landeskirche in Württemberg und dem Diakonischen Werk der ev. Kirche in Württemberg e.V., Stuttgart 2006; *Wörterbuch der sozialen Arbeit. Aufgaben, Praxisfelder, Begriffe und Methoden der Sozialarbeit und Sozialpädagogik*, hrsg. von Dieter Kreft und Inge Mielenz, Weinheim ^{8}2017; *Diakonie-Lexikon*, hrsg. von Norbert Friedrich u. a., Göttingen 2016.

12 Städtler 2003, 221.

13 Schwab 1997, 22.

- ein subjektives wahrgenommenes Phänomen und
- ein negatives Erleben dieses Zustandes.[14]

Unter der Annahme, dass der Mensch als soziales Wesen auf Gemeinschaft hin angelegt ist und nur in Gemeinschaft überleben kann, wird unterstellt, dass ihm negativ empfundene Einsamkeit - im Gegensatz zum punktuell gewünschten Allein- und Unabhängig-Sein - nicht entspricht und durch positiv erfahrene Gemeinschaft überwunden sein will - wie schon begrifflich der Zusammenhang von »einsam« und »gem-einsam« nahelegt.

Ebenso soll bei der Anwendung auf Gott, Einsamkeit als negativer, gottuneigentlicher und zu überwindender Zustand begriffen werden. Gelöst wird Einsamkeit dann auch bei ihm entsprechend der Definition durch die Erfahrung bzw. Herstellung von einer kommunikativen Gemeinschaft, die als positiver bzw. ihm wesensentsprechender Zustand gedeutet wird.

Trinität und Schöpfung als Indikatoren der Einsamkeit Gottes

Worin begründet sich die Frage nach einem negativen und durch Gemeinschaft zu überwindenden Einsamkeitszustand des göttlichen Subjekts? Die Frage resultiert deduktiv aus zwei Glaubensüberzeugungen: der Trinität und der Schöpfung. Ihre geglaubte Realität birgt den Gedanken in sich, dass Einsamkeit Gott wesensfremd ist, trotz seiner Einzigkeit. Beide, Trinität und Schöpfung, dokumentieren den göttlichen Prozess der Gemeinschaftsherstellung, die durch ihn auch nicht wieder zurückgenommen wird.

Kann aber aus der geglaubten Tatsache, dass Gott einerseits überzeitlich und ewig eine trinitarische Gemeinschaft in sich selbst bildet und andererseits durch die Schöpfung sich ein Gegenüber schafft, rückgeschlossen werden, dass er damit seine eigene Einsamkeit überwindet, weil sie ihm nicht entspricht? Hier liegen die theologischen Probleme auf der Hand: Unterstellt man ein Motiv, eine Ursache für die Trinität und die Schöpfung, so würde dies ggf. das unbedingte Handeln Gottes bzw. seine absolute Freiheit negieren.[15] Stattdessen könnte angenommen werden, Schöpfung wie auch die trinitarische Gemeinschaft wären unter den Zwang einer Notwendigkeit gestellt, die Gottes Freiheit begrenzt. Aus diesem Grund warnt bspw. das katholische Kirchenlexikon »Wetzer/Welte« ge-

---

[14] Schwab nach einem Vergleich verschiedener Einsamkeitsdefinitionen in L. A. Peplau u. D. Pearlman, *Perspectives of loneliness research*, in: M. Hojat u. R. Crandall (Hgg.), *Loneliness, Theory, research and applications*, (Special Issue), Journal of Social Behavior and Personality 2:1982, 17–26 in Schwab 1997, 19.

[15] Vgl. Pannenberg 1991, 35 u. 43f. sowie ders. 1972 passim.

radezu davor, die Einzigkeit »nicht als eine traurige Einsamkeit Gottes zu denken«. Die intendierte negative »Einsamkeit« widerspräche der »unendlichen Vollkommenheit« Gottes.[16]

Warum aber ist es nicht möglich, eine solche »traurige Einsamkeit« in Gott selbst anzunehmen? Gerade die christliche Religion begann mit der Einschränkung bzw. Erweiterung des jüdischen Gottesbildes um Negativerfahrungen bzw. der Infragestellung eben jener absoluten Freiheit Gottes. Das in Jesus Christus erfolgte Leiden und Sterben Gottes war der jüdischen – wie auch späteren monotheistischen und sonstigen Gottesideen – denkunmöglich und zog den Vorwurf der Entgöttlichung bzw. Vermenschlichung des unendlichen und allmächtigen Gottes nach sich. Die Kreuzes- und Sühnetheologie des Mittelalters machte Gott von sich selbst abhängig, so dass er zur Rettung der Welt seinen eigenen Sohn opfern musste, da kein anderes Opfer einen adäquaten Ausgleich für den Sündenfall des Menschen erbracht hätte. Im 20. Jahrhundert begann die Theologie mit einer Umformulierung des göttlichen Allmachtbegriffes. Hier war es u.a. nach den Erfahrungen des Holocausts und in der Behandlung der Theodizeefrage mit einem Mal möglich, den Allmachtsbegriff dahingehend zu transformieren, dass die Möglichkeiten Gottes weniger in einem geschichtlichen Determinismus bestehen, als (nur) in der unendlichen Beziehungsaufrechterhaltung zu seiner Schöpfung.

Sollte die Theologie nicht auch hinsichtlich der Einsamkeitserfahrung das christliche Gottesbild neu interpretieren? Beantwortet man diese Frage mit »ja«, so schließen sich zwei weitere an: Kann Gott als einsam in der Ewigkeit und kann er als einsam im Gegenüber zu seiner zeitlich existierenden Schöpfung gedacht werden? Beide Fragen sollen im Folgenden getrennt voneinander betrachtet werden.

Gemeinschaft in der Ewigkeit – Die Trinität als Ausweg aus der göttlichen Einsamkeit?

Wenn die negativ empfundene Einsamkeit u. a. auf einen Mangel an empfundener Gemeinschaft verweist, so kann das Vorhandensein von Gemeinschaft, zumal wenn es sich prozesshaft vollzieht, als Behebung des Einsamkeitsdilemmas gedeutet werden. Beides, Gemeinschaft und ihr bewusstes prozesshaftes Entstehen, lassen sich mit dem christlichen Gottesbegriff selbst identifizieren und legen damit den Verdacht nahe, dass ein gemeinschaftsbildender Gott zumindest ein negatives Verhältnis zur Einsamkeit hat – sie vielleicht selbst sogar durchlitt.

Anders als im Judentum oder dem Islam glaubt das Christentum den einen Gott als personale Dreiheit in sich selbst – als sogenannte immanente Trinität. Die

---

[16] Becker 1888, 872.

biblische Offenbarung Gottes in Vater, Sohn und Heiliger Geist wird als ewig gleichzeitige und gleichberechtigte Gemeinschaft behauptet, allerdings nicht als prozesslos. Der Sohnbegriff Jesu definiert seine Beziehung zum Vater, aus dem er entstanden ist. Im nicäno-konstantinopolitanischen Glaubensbekenntnis, das für die meisten Kirchen nach wie vor maßgeblich ist, geht der Geist »aus dem Vater hervor« (»τὸ ἐκ τοῦ πατρὸς ἐκπορευόμενον«).[17]

Das Prozesshafte der immanenten Trinität ist also Gegenstand des christlichen Glaubens und verweist damit auf eine sich in Gott herausbildende Gemeinschaft, deren Ursprung der Vater ist. »Gott als bloß der Vater ist noch nicht das Wahre (so ohne Sohn [...]), er ist vielmehr Anfang und Ende; er ist seine Voraussetzung, macht sich selbst zur Voraussetzung [...], er ist der ewige Prozeß.«[18] Dieser Prozess beginnt für Hegel mit der Selbstunterscheidung des Sohnes aus dem Vater heraus. »Das ewige Anundfürsichsein ist dies, sich aufzuschließen, sich zu bestimmen, zu urteilen, sich als Unterschiedenes seiner zu setzen.«[19] Die sich vollziehende Unterscheidung von Vater und Sohn entspricht der oben beschriebene Auffassung Gottes als Subjekt im Deutschen Idealismus. Im Selbsterkenntnisprozess Gottes wird der Sohn zum Gegenstand der Selbstbetrachtung – zum gewussten Selbst Gottes.

Ungefähr 100 Jahre später ging Karl Barth mit seiner trinitarischen Theologie noch einen Schritt weiter. In einem durchaus idealistischen Trinitätsverständnis beschrieb auch er »Trinität als Reflexionsstruktur der absoluten Subjektivität«.[20] Indem er wörtlich aber die Verbindung zwischen dem sich zu sich selbst in Beziehung setzenden Gott als Negation seiner Einsamkeit behauptete, verstand er das Selbstverhältnis Gottes als wirkliche Gemeinschaft und nicht nur als gewusstes Selbst:

> »In sich selber will er [Gott] ja nicht für sich, nicht einsam sein, ist er vielmehr der Vater, der Sohn und der Heilige Geist und also lebendig in seinem eigensten Miteinander, Füreinander und Ineinander, ist die ungebrochene Einheit seines persönlichen Seins, Wissens und Wollens [...] nicht in der Einsamkeit, sondern in der Gemeinschaft.«[21]

Weniger optimistisch blieb Hegel in seiner Einschätzung der trinitarischen Gemeinschaft und ihrer Lösung des göttlichen Einsamkeitsproblems. Für ihn bot die

---

17 Kelly 1972, 296. Auf den Streit um das Filioque, also ob der Geist auch aus dem Sohn hervor geht, wie es nur in den westlichen Kirchen bekannt wird, kann hier nicht eingegangen werden.

18 Hegel 1832–1845, Bd. 17, 223.

19 Hegel 1832–1845, Bd. 17, 242.

20 Moltmann 1980, 155, Anm. 277. Vgl. auch Greshake [5]2007, 149.

21 Barth KD II/1, [4]1958, 308.

Selbstunterscheidung Gottes in seinen Sohn (und den Geist) noch keine wirkliche kommunikative Gemeinschaft. Gemeinschaft wäre erst möglich durch die Beziehung zu einem Anderen: Der Sohn ist aber nicht ein Anderes Gottes, »sondern das Unterschiedene ist unmittelbar nur das, von dem es geschieden worden«[22] bzw. »zuerst Vater, Macht, abstrakt Allgemeines, das noch eingehüllt ist, zweitens ist er sich Gegenstand, ein anderes seiner Selbst, ein sich Entzweiendes, der Sohn. Dieses Andere seiner selbst ist aber ebenso unmittelbar er selbst«.[23] Damit sind Vater und Sohn nicht zwei, sondern nur ein Subjekt bzw. »Momente der Selbstkonstituierung des absoluten Subjekts«.[24] Das absolute Subjekt realisiert damit keine wirkliche Intersubjektivität. Zwischen Vater und Sohn gibt es kein wirkliches Kommunikationsgeschehen - es bleibt ein Selbstgespräch.[25] Die Unterscheidung des ewigen Sohnes vom ewigen Vater löst damit nach Hegel nicht das Einsamkeitsdilemma Gottes.

Deshalb bedarf es auch der Schöpfung, damit sich Gott mit einem wirklich Anderen in Beziehung setzen kann und seiner Einsamkeit entflieht. Im Schluss der »Phänomenologie des Geistes« macht Hegel das explizit: »Ohne Geschöpf wäre Gott [...] ›das leblose Einsame‹«.[26] Dennoch bedurfte es zuvor der Selbstunterscheidung Gottes im Sohn, der die Bedingung der Schöpfung darstellt.[27] Mit dem Sohn beginnt der Prozess der Gemeinschaftbildung Gottes.

Gemeinschaft in der Zeit – Die Schöpfung als Ausweg aus der göttlichen Einsamkeit?

Für Hegel ist es die Schöpfung, mit der sich Gott in eine wirkliche lebendige und kommunikative Beziehung begibt und damit aus seiner ewigen Einsamkeit befreit. In der spekulativen Theologie lässt die Frage nach dem »Warum« der Schöpfung die Einsamkeit Gottes als mögliche Ursache der Welt erscheinen.

Im spekulativen Denken Hegels ereignet sich erst mit der Erschaffung der Welt die Erschaffung des wirklich Anderen, das mit Gott in Beziehung treten kann:

---

22 Hegel 1832–1845, Bd. 17, 223.

23 Hegel 1822/23 ff., 58.

24 Oeing-Hanhoff 1977, 339. Bei Hegel bleiben die trinitarischen Personen Seinsweisen des einen Subjekts und entsprechen damit nach der Auffassung Greshakes einem trinitarischen Modalismus. Vgl. Greshake [5]2007, 140.

25 Vgl. Hösle 1988, 435 und Greshake [5]2007, 137.

26 Greshake [5]2007, 225 und Hegel 1807, 591.

27 Pannenberg ST 2, 1991, 35 f.

> »Gott schafft die Welt aus dem Nichts; d. h. außer der Welt ist nichts Äußerliches da, denn sie ist die Äußerlichkeit selbst. Nur Gott ist; Gott aber nur durch die Vermittlung seiner mit sich; er will das Endliche; er setzt es sich als ein Anderes und wird dadurch selbst zu einem Anderen seiner, zu einem Endlichen, denn er hat ein Anderes sich gegenüber. Dies Anderssein aber ist der Widerspruch seiner mit sich selbst.«[28]

Im Unterschied zur innertrinitarischen Unterscheidung Gottes in Vater, Sohn und Heiligen Geist ist die Welt ein wirklich anderes und damit ein »Widerspruch« zu Gott, ein wirkliches Gegenüber. Das verbindet sich mit der Überlegung, dass wirkliche und isolationsbefreiende Gemeinschaft notwendig das anstrengende Potential des Widerspruches in sich tragen muss. Sie kann deshalb nur aus selbständigen und getrennten Subjekten bestehen, die miteinander unabhängig und frei kommunizieren. In der Selbstbeziehung des Subjekts – egal ob göttlich oder menschlich – ist vielleicht sogar Widerspruch möglich, jedoch nicht durch ein Anderes – eine:n Andere:n –, sondern nur durch das eigene Selbst. Insofern bietet erst die Schöpfung die Möglichkeit, dass Gott sich in wirkliche Gemeinschaft, d. h. in widersprüchliche Gemeinschaft begeben kann.

Karl Barth konnte in der Schöpfung nur eine Übertragung der Lösung des Einsamkeitsproblems auf den Menschen erkennen, denn für ihn war das Einsamkeitsdilemma Gottes bereits in der Trinität gelöst. Die ewige innergöttliche Gemeinschaft galt ihm als Blaupause für die Gemeinschaftsbildung in der Schöpfung bzw. des Menschen: In der Auslegung des Schöpfungsbefehls »Lasset uns Menschen machen!« (Gen 1,26) vermutete Barth einen »Ausruf der innergöttlichen Einmütigkeit«, der ein innertrinitarisches und kein nach außen gerichtetes Kommunizieren darstellt, und damit die »Nicht-Einsamkeit Gottes« vor der Schaffung des Menschen, also noch im Zustand der Ewigkeit illustriert.[29]

Die göttliche Nicht-Einsamkeit wird dann zum Schöpfungsziel des Menschen. Er ist auf Gemeinschaft hin angelegt, weshalb er einen einsamen Zustand auch als negativ empfindet. Allerdings geschieht die menschliche Gemeinschaftserfahrung nicht durch ein In-Beziehung-treten mit dem ganz Anderen. Das Andere muss dem Menschen zumindest darin entsprechen, dass es kommunikationsfähig – widerspruchsfähig – ihm gegenüber ist. Die Beziehung zu einer Pflanze oder einem Tier löst deshalb die menschliche Einsamkeit nicht auf: »Wäre es nur verschieden von ihm, ein Wesen ganz anderer Art, dann wäre seine

---

[28] Hegel 1832–1845, Bd. 16, 191. Dem Vorwurf an Hegel, dass im Anderssein der Welt sich Gott wiederum nur selbst betrachtet und entwickelt und sie ihm deshalb kein Gegenüber und damit keine Möglichkeit von Gemeinschaft ist, kann hier leider nicht nachgegangen werden. Vgl. dazu Fritzsche 1982, 8; Greshake ^{5}2007, 138 u. 140; Pannenberg ST 2, 1991, 43 f. »Der Mensch erkennt sich [bei Hegel] als eine Stufe der Selbstverwirklichung Gottes.« Haudel 2006, 200 f.

[29] Barth KD III/1, ^{4}1970, 204.

Einsamkeit wieder nicht behoben«. Damit der Mensch nicht einsam ist, bedarf es eines Mitgeschöpfes, »das ihm gleich, aber auch von ihm verschieden« ist. Er muss sich in ihm selbst wiedererkennen können, denn nur so kann es ihm zum »Du« werden und umgekehrt. Diese zwischenmenschliche Beziehung begründet sich für Barth in der Beziehung Gottes zum Menschen. Sie entspricht neben der ewigen bzw. vor- und überzeitlichen innertrinitarischen Beziehungssituation Gottes seinem Verhältnis zur Welt bzw. zum Menschen.[30] Der Mensch ist auf Gemeinschaft hin geschaffen, weil Gott nur in Gemeinschaft existieren will. Gemeinschaft ist das Schöpfungsziel schlechthin. In der Auslegung der biblischen Schöpfungsgeschichten und der Schaffung des Menschen als paarweise aufeinander verwiesenes Wesen in Mann und Frau (Gen 2,24) formulierte Barth, dass der Mensch des zweiten Schöpfungsberichtes als einsames Wesen »nicht gut« geschaffen wäre, da »Alleinsein kein gutes Ziel der ganzen Schöpfung« ist. Ein einsamer Mensch wäre nicht nach Gottes Bilde geschaffen, »weil Gott selbst nicht einsam ist.«[31] Man kann sogar noch weiter gehen als Barth: Die Möglichkeit zur Einsamkeit ist Teil der Gottebenbildlichkeit des Menschen und keine Folge des Sündenfalls, wie Tod, Krankheit u. a. Noch im Urstand erschließt sich Gott das Einsamkeitsdilemma des Menschen – weil er es aus sich selbst kennt – und er löst es durch die Schöpfung eines weiteren menschlichen Gegenübers. Der Mensch ist erst im Plural, als Menschen oder Menschheit, gut geschaffen. Gott weiß auch darum, dass die exklusive Beziehung Gott-Mensch eine unzureichende Gemeinschaft für sein Geschöpf darstellt. So wie Gott selbst, kann sich der Mensch in Einsamkeit wiederfinden, sie als ihm unangemessen und unangenehm erkennen und in der Begegnung mit dem Anderen überwinden. Der Einzige, dem Einsamkeit wesenhaft entsprechen würde, wäre der Teufel, als einer »allein sich selbst setzenden und wollenden, einsam selbstherrlichen« Existenz.[32]

Umgekehrt ließe sich Barth mit Hegel weiterdenken. Denn in der Beziehung zwischen Gott und Mensch wäre für Gott Beides erfahrbar: das Andere und das Gleiche, sein Ebenbild, das dennoch von ihm verschieden und nicht eines Wesens mit ihm ist. Die göttliche Selbstbeziehung wäre erst durch den Menschen – nicht durch die Schöpfung – um ein wirkliches Gegenüber ergänzt und führt auch für Gott zu wahrer Gemeinschaft. »Nun aber sagt die Bibel von Gott, der allein der Herr und wahrer Gott ist, daß er die von seinem Wesen unablösbare Einsamkeit zugunsten einer Partnerschaft aufgegeben hat«. Der Mensch wird Gott zum Partner und damit ermöglicht er ihm Gemeinschaft. »Durch die Schöpfung im Ganzen wird die Einsamkeit Gottes nicht tangiert, wohl aber durch die Erschaffung dieses einen Geschöpfes, des Menschen.«[33] Andererseits gilt

30 Barth KD III/1, ^{4}1970, 331. Vgl. auch ders. 2014, 328 f.

31 Barth KD III/1, ^{4}1970, 330 f.

32 Barth KD IV,1, 1960, 469.

33 Uhsadel 1967, 147.

diese Gottesbeziehung umgekehrt als exemplarisch für die zwischenmenschlichen Beziehungen bzw. ist sie deren Ermöglichungsgrund.

Die Fähigkeit des Menschen als einziges Geschöpf mit Gott kommunizieren zu können und sich zu ihm in Widerspruch zu begeben, lässt die Vermutung zu, dass sich erst mit ihm Gott aus seiner Einsamkeit befreit. Die reine Selbstunterscheidung in Vater, Sohn und Geist kann diese widersprüchliche Gemeinschaft nicht leisten. Außerdem offenbart Gott durch die Beziehung zum Menschen, dass Einsamkeit schöpfungs- und gottesinadäquat ist.[34]

Der theologische Gemeinschaftsbegriff, der die Einsamkeitserfahrung auflösen will, qualifiziert sich damit durch ein notwendiges Gegenüber,

- das ein Anderes, von mir Unterschiedenes ist,
- das mir aber gleich ist, damit wir in kommunikativer Verbindung stehen können und
- das zu mir frei in Widerspruch treten kann.

Damit wäre das Einsamkeitsdilemma Gottes zumindest in der Zeit gelöst.[35] Das widersprüchliche Wesen, das er sich geschaffen hat, müsste ihm eine Gemeinschaft zumindest bis zum Ende der Welt bzw. bis zum Ende der Menschheit garantieren und unter Berücksichtigung des offenbarten und geglaubten ewigen Lebens auch darüber hinaus. Wiederum ist es Karl Barth, der dem widerspricht und behauptet, dass auch unter den Bedingungen der Schöpfung Gott einsam sein kann.

Einsam in der Zeit

Die Schöpfung des Menschen als Weg zur Überwindung der göttlichen Einsamkeit birgt das Potential in sich, dass Gott auch in der Zeit einsam sein kann. Im Gegensatz zur Selbstunterscheidung in der Trinität bietet der Mensch, als wirklich Anderes, überhaupt erst die Möglichkeit zur Gemeinschaft mit Gott. Es gehört aber zum Anderssein, dass diese Gemeinschaft frei gewählt ist und somit auch frei und im Widerspruch zum Schöpfungswillen Gottes versagt werden kann. Exemplarisch wird dies in den Einsamkeitserfahrungen des Gottessohnes

---

34 Vgl. Barth KD IV/2, ^{2}1964, 473.

35 Dagegen Uhsadel, der auch mit der Schöpfung weder das Einsamkeitsdilemma Gottes behoben sieht, noch dem Menschen in seiner Beziehung zu Gott Hoffnung macht, seiner Einsamkeit zu entfliehen: »Es bleibt eine unergründliche Frage, warum Gott sich einen Partner geschaffen hat, der die Einsamkeit Gottes zwar nicht aufhebt, weil er nicht Gott ist, aber seinerseits in menschlicher Einsamkeit innerhalb der Schöpfung seinem Schöpfer gegenübersteht.« Es ist eine »einsame Partnerschaft. [...] Die einsame Partnerschaft mit Gott hebt den Menschen aus aller Kreatur heraus.« Uhsadel 1967, 148.

in seiner Passion. Für Barth zeigt sich in der Einsamkeit Jesu die Einsamkeit Gottes selbst.[36] In den Geschehnissen »von Gethsemane und Golgatha« offenbart er sich als zutiefst einsam – um sich auch dadurch seinem Geschöpf ganz gleich zu machen. So wie der Mensch solche Einsamkeit erlebt, so ist sie auch ein Zustand Gottes, damit beide – Mensch und Gott – auch in dieser Not »dann auf einmal zusammenrücken.«[37] Die Passion ermöglicht es, dass einsamer Gott und einsamer Mensch zusammenfinden und so ihre Einsamkeit durch Gemeinschaft überwinden.

Gott ist aber nicht erst durch seine Selbstoffenbarung in Jesus Christus von dem Dilemma der Einsamkeit in der Zeit bzw. mit der sich ihm versagenden Menschheit betroffen. In der Vorbereitung zu einer Predigt am 3. Juni 1917 in Safenwil kündigte Barth einen Tag zuvor seinem Freund Eduard Thurneysen (1888–1974) an: »Morgen Jes. 59,16 ›Die Einsamkeit Gottes‹«.[38] Der Predigttext bestand nur aus einem Vers: »Gott siehet, daß niemand da ist, und verwundert sich, daß niemand ins Mittel tritt.«[39] Der Vers beschreibt für Barth die Einsamkeit Gottes, des Vaters bzw. des Dreieinigen.[40] Während sich der Mensch sicher sein kann – so Barth –, dass Gott immer für ihn da ist, dass er ihn nicht allein lässt, gilt dies nicht umgekehrt. Der Mensch kann in seiner Freiheit Gott allein lassen und sich seiner Gemeinschaft entziehen: »Es ist um Gott herum etwas wie eine Zurückhaltung, wie eine große Verlegenheit. Es tritt niemand herzu. Wir sagen vielleicht: ja, ja natürlich Gott, Gott ist – ja, Gott ist, aber er ist einsam, wir sind nicht bei ihm.«[41] Barths Vorwurf ist, dass sich das Gottesverhältnis nur einseitig gestaltet. »Wir denken zwar sicher gelegentlich oder sehr oft an Gott. Aber immer so, daß Gott für uns zu haben sein sollte, nie so, daß wir uns ihm einmal zur Verfügung stellen.«[42] Die gegenseitige partnerschaftliche Bedingung von Gemeinschaft scheint im Verhältnis Gott-Mensch nicht oder nicht immer gegeben zu sein: »O diese Einsamkeit Gottes!«[43]

So gesehen lösen weder trinitarisch-kommunikative Selbstunterscheidung noch Schöpfung das Einsamkeitsdilemma Gottes endgültig. Der dem Gemeinschaftsbegriff innewohnende Charakter, dass Gemeinschaft nur dann aus Einsamkeit befreien kann, wenn ich mich mit jemand ganz anderem, der mir den-

---

36 Vgl. Barth KD IV/3,1, 1959, 479.

37 Barth KD IV/3,1, 1959, 480.

38 Barth GA/V, 1973, 206.

39 So die Übersetzung wie Barth sie in der Predigt verwendet hat. Barth 1999, 214.

40 Exegetisch würde man in der Auslegung dieser Stelle eher zurückhaltend formulieren bzw. spielt die Frage nach der Einsamkeit Gottes keine Rolle. Vgl. Westermann [3]1976, 279 u. Goldingay 2014, 219 ff.

41 Barth 1999, 215.

42 Barth 1999, 215.

43 Barth 1999, 216.

noch gleich ist, in Freiheit verbinde, macht Gemeinschaft unsicher. Einsamkeit behält ihren latent bedrohlichen Charakter, weil ihre Überwindung von einem »Anderen« abhängig ist. Das gilt für menschliche Gemeinschaft ebenso wie für göttliche. Das Geschöpf gleicht darin dem Schöpfer. Beide tragen – obwohl auf Gemeinschaft hin ausgerichtet bzw. geschaffen – die Anlage zur Einsamkeit und dem Leiden daran in sich.

Die Sologamie des Menschen

Seit den 70er Jahren des vergangenen Jahrhunderts ist der Trend zur Sologamie dokumentiert. Sologamie meint eine Eheschließung mit sich selbst – eine Selbstheirat. Das gilt nicht im rechtlichen Sinne, aber im rituellen. In den USA, Großbritannien und in Japan entwickelt sich dieser Trend besonders. »So richtig angekommen in der Popkultur ist die Sologamie durch die Serie ›Sex and the City‹. Da beschließt Carrie, also Sarah Jessica Parker, sich selbst zu heiraten.«[44] Die Tatsache, dass fast ausschließlich Frauen diese Form bzw. Feier der Selbstbeziehung praktizieren, lässt vermuten, dass es nicht nur eine freie Entscheidung, sondern auch eine Reaktion auf den Druck der Umwelt ist, sich (als Frau) mit sich selbst zu verheiraten.

Dennoch können die Motive für eine Selbstheirat so unterschiedlich sein wie ihre rituelle Praxis. »Manche machen eine richtige Party mit weißem Kleid, leckerem Essen und vielen Gästen. Andere schwören sich ihre Liebe zu sich selbst ganz privat zu Hause bei einem Glas Wein und schöner Musik.« Für die einen geht es mit der Sologamie um das Erleben des »Brautseins«, mit allem »was zu einer Hochzeit gehört, [...] das Kleid, das Fotoshooting« usw. »Einmal Prinzessin sein? Oder sich selbst [...] lieben und sich daran [...] erinnern?«[45] In der (japanisch) patriarchalen Gesellschaft ist es aber auch eine Möglichkeit für Frauen, dem sozialen Stigma einer Unverheirateten zu entgehen bzw. dem erwarteten Rollenwechsel den eine Ehe bzw. die »Monogamie« für sie bedeutet (Hausfrau und ggf. Mutter) zu entfliehen. »Die, die sonst ausgestoßen waren, machen sich einen Brauch zu eigen, der ihnen als Alleinstehenden eigentlich verwehrt bleibt. Damit lösen sie sich selbständig vom Stigma der Alleingelassenen.«[46] »Die Alternative, sich bis zum Ende aller Tage verzweifelt durch Tinder zu wischen oder sich immer wieder aufs Neue vor seinen Eltern rechtfertigen zu müssen, klingt schließlich auch nicht sonderlich verlockend.«[47]

---

44 Hielscher/von Lieben 2017. Die Serie endete 2004. Es ist überraschend, dass die meisten Beiträge zum Thema »Sologamie« in Deutschland im Jahr 2017 erschienen sind.

45 Krause 2017.

46 Dürrholz 2017.

47 Blum 2017.

Im Kontext dieses Aufsatzes soll es nicht um die Wahrnehmung der Sologamie als Antwort auf die gesellschaftliche Erwartung einer monogamen Paarbeziehung oder als Höhepunkt einer narzisstischen Selbstbezogenheit gehen. Sondern es geht um die Beobachtung, dass in einer Hochzeit mit mir selbst ich mich in analoger Weise von mir selbst unterscheide, wie es die trinitarische Interpretation für Gott behauptet. Sologamie ist die Chiffre für eine Beziehung zu und mit mir selbst, die aber nicht zur Überwindung des Alleinseins führt – sondern dieses bestenfalls meiner Umwelt, schlimmstenfalls mir selbst vorgaukelt. Insofern ist sie ein erfolgloses Bemühen, sollte sich damit die Absicht verbinden, einer Einsamkeit zu entfliehen, die meiner Lebenssituation zugeschrieben oder von mir selbst so empfunden wird. Einer Gemeinschaft mit mir selbst fehlt die oder der Andere, die sich freiwillig zu mir in Beziehung setzen und mich gerade durch ihr Anderssein ergänzen.

Sologamie verdient aber umgekehrt jenen Respekt, mit dem der christliche Glaube die Selbstunterscheidung Gottes in Vater, Sohn und Heiliger Geist bekennt, der sich darin selbst erkennt und zu sich in Gemeinschaft tritt – wenn auch unvollständig. Sie kann als Form der Auslegung des biblischen Gebotes gelten – sich selbst (wie seinen Nächsten) zu lieben.[48] Dass es bereits »›Pastor[*innen] für Selbstheirat‹«[49] gibt, ist so gesehen nachvollziehbar und bekräftigt die transzendente Dimension der Entscheidung für mich selbst.[50] Im »Ja zum Ich« findet eine Selbstunterscheidung statt, die das Selbst zum Ich in Beziehung setzt und das gelebte Binnenverhältnis, die Gemeinschaft in mir, sichtbar und ggf. entwickelbar macht und darüber hinausgeht: »wenn man sich selbst heiratet, legt man im Grunde einen Standard fest, was eine gute Beziehung ausmacht.«[51]

Vor dem Hintergrund erlittener Einsamkeit, die durch die modernen Entwicklungen weiter zunehmen wird, ist Sologamie nicht nur ein gesellschaftliches Symptom, sondern der erste Schritt zu deren Überwindung. So wie Gott selbst in einen Prozess zur Gemeinschaftsbildung eintritt, der die oben beschriebenen Schritte durchläuft, und mit seiner Selbstunterscheidung beginnt, so ließe sich auch die Sologamie als Symbol und Form der menschlichen Selbstunterscheidung begreifen, als Anfang selbstbestimmter Gemeinschaftsbildung, die sich aber erst in der Verbindung mit anderen, widersprechenden freien Menschen realisiert, egal ob in Ehe, Freundschaft, Gemeinde o. ä.

---

48 Vgl. Lev 19,18+34; Mt 19,19 + 22,39; Mk 12,31; Lk 10,27; Röm 13,9; Gal 5,14; Jak 2,8 und Sir 10,28.

49 Vgl. Wilk 2017.

50 Vgl. Wilk 2017.

51 Vgl. Wilk 2017.

Literatur

Barth, Karl, *Kirchliche Dogmatik II/1, Die Lehre von Gott*, Zollikon-Zürich [4]1958.

Barth, Karl, *Kirchliche Dogmatik III/1, Die Lehre von der Schöpfung*, Zollikon-Zürich [4]1970.

Barth, Karl, *Kirchliche Dogmatik IV/1, Die Lehre von der Versöhnung*, Zollikon-Zürich 1960.

Barth, Karl, *Kirchliche Dogmatik IV/2, Die Lehre von der Versöhnung*, Zollikon-Zürich [2]1964.

Barth, Karl, *Kirchliche Dogmatik IV/3,1 Die Lehre von der Versöhnung*, Zollikon-Zürich 1959.

Barth, Karl, *Gesamtausgabe V. Briefe, Karl Barth - Eduard Thurneysen Briefwechsel Bd. 1, 1913-1921*, bearb. und hrsg. von Eduard Thurneysen, Zürich 1973.

Barth, Karl, *Predigt über Jes 59,16 am 3. Juni 1917 in Safenwil*, in: ders., *Gesamtausgabe I. Predigten, Predigten 1917*, hrsg. von Hermann Schmidt, Zürich 1999, 210-216.

Barth, Karl, *Gesamtausgabe, Unveröffentlichte Texte zur Kirchlichen Dogmatik*, hrsg. von Hinrich Stoevesandt und Michael Trowitzsch, Zürich 2014.

Becker, J. A., *Gott*, in: *Wetzer und Welte's Kirchenlexikon oder Enzyklopädie der katholischen Theologie und ihrer Hülfswissenschaften*, 2. Aufl., hrsg. von Joseph Cardinal Hergenröther und Franz Kaulen, Bd. 5, Gaal bis Himmel, Freiburg 1888, 861-891.

Blum, Steven, *Warum sich manche Menschen einfach selbst heiraten*, 19.6.2017, https://www.vice.com/de/article/new5aw/warum-sich-manche-menschen-einfach-selbst-heiraten (Abruf 17.9.2021).

Dürrholz, Johanna, *Ich will! Mich!*, 15.6.2017, https://www.faz.net/aktuell/gesellschaft/menschen/vom-trend-sich-selbst-zu-heiraten-15059288.html (Abruf 17.9.2021).

Emmel, Hildegard, *Einsamkeit I*, in: *Historisches Wörterbuch der Philosophie*, Hrsg. von Joachim Ritter, Bd. 2, Darmstadt 1972, 407 f.

Fritzsche, Helmut, *Der christliche Gott als der trinitarische Gott*, in: ThLZ 107:1 (1982), 1-38.

Goldingay, John, *Critical and exegetical commentary on Isaiah 56-66*, London; New Delhi, New York, Sydney 2014.

Greshake, Gisbert, *Der dreieine Gott. Eine trinitarische Theologie*, Freiburg, Basel, Wien [5]2007.

Haudel, Matthias, *Die Selbsterschließung des dreieinigen Gottes, Grundlagen eines ökumenischen Offenbarungs-, Gottes- und Kirchenverständnisses*, Göttingen 2006.

Hax-Schoppenhorst, Thomas (Hg.), *Das Einsamkeits-Buch, Wie Gesundheitsberufe einsame Menschen verstehen, unterstützen und integrieren können*, Bern 2018.

Hegel, Georg Wilhelm Friedrich, *Phänomenologie des Geistes*, Werke Bd. 3, [EA 1807], Frankfurt 1996.

Hegel, Georg Wilhelm Friedrich, *Vorlesungen über die Philosophie der Weltgeschichte 1822/23ff., Bd. 1, Die Vernunft der Geschichte*, hrsg. von Johannes Hoffmeister, Hamburg 1994.

Hegel, Georg Wilhelm Friedrich, *Vorlesungen über die Philosophie der Religion I, Werke von 1832-1845, Bd. 16*, Frankfurt 1995.

Hegel, Georg Wilhelm Friedrich, *Vorlesungen über die Philosophie der Religion II, Werke von 1832-1845, Bd. 17*, Frankfurt 1969.

Hielscher, Diane/von Lieben, Matthias, *Sologamie. Heirate dich doch selbst!*, 15.6.2017, https://www.deutschlandfunknova.de/beitrag/sologamie-heirate-dich-doch-selbst (Abruf 17.9.2021).

Hillmann, Karl-Heinz, *Einsamkeit*, in: *Wörterbuch der Soziologie*, Stuttgart [5]2007, 172–173.

Hösle, Vittorio, *Hegels System. Der Idealismus der Subjektivität und das Problem der Intersubjektivität*, Hamburg 1988.

Jean Paul, *Clavis Fichtiana seu Leibgeberiana, Anhang zum I. komischen Anhang des Titans*, Erfurt 1800.

Jüngel, Eberhard, *Gott als Geheimnis der Welt. Zur Begründung der Theologie des Gekreuzigten im Streit zwischen Theismus und Atheismus*, Tübingen [2]1977.

Kelly, John Norman Davidson, *Altchristliche Glaubensbekenntnisse, Geschichte und Theologie*, Göttingen 1972.

Krause, Annika Eliane, *Sologamie: Ich will mich lieben und ehren*, 11.6.2017, https://www.spiegel.de/panorama/sologamy-ich-will-mich-lieben-und-ehren-warum-immer-mehr-menschen-sich-selbst-heiraten-a-00000000-0003-0001-0000-000001416444 (Abruf 17.9.2021).

Lohmann, Theodor, *Die Einsamkeit Jesu*, Berlin 1960.

Moltmann, Jürgen, *Trinität und Reich Gottes*, München 1980.

Oeing-Hanhoff, Ludger, *Hegels Trinitätslehre*, in: ThPh 52 (1977), 378–407.

Pannenberg, Wolfhart, *Die Bedeutung des Christentums in der Philosophie Hegels* [1970], in: *Gottesgedanke und menschliche Freiheit*, Göttingen [2]1978, 78–113.

Pannenberg, Wolfhart, *Systematische Theologie*, Bd. 2, Göttingen 1991.

Peters, Uwe Henrik, *Einsamkeit*, in: *Wörterbuch der Psychiatrie und medizinischen Psychologie*, München, Wien, Baltimore [6]2007, 153.

Schwab, Reinhold, *Einsamkeit. Grundlagen für die klinisch-psychologische Diagnostik und Intervention*, Bern, Göttingen, Toronto, Seattle 1997.

Städtler, Thomas, *Lexikon der Psychologie, Wörterbuch - Handbuch - Studienbuch*, Stuttgart 2003.

Stotz-Ingenlath, Gabriele, *Einsamkeit als Stachel,. Anschauungen eines Phänomens*, in: Wege zum Menschen, Zeitschrift für Seelsorge und Beratung, heilendes und soziales Handeln, Jg. 57 (2005), 309–321.

Uhsadel, Walter, *Der einsame Mensch in biblischer Sicht*, in: *Einsamkeit in medizinisch-psychologischer, theologischer und soziologischer Sicht. Ein Tagungsbericht*, Hrsg. von Wilhelm Bitter, Stuttgart 1967, 144–159.

Westermann, Claus, *Das Buch Jesaja, Kapitel 40–66*, ATD 19, Göttingen [3]1976.

Wilk, Elvia, *Selbstheirat: Ich liebe mich bis an mein Lebensende*, 7.6.2017, https://www.zeit.de/kultur/2017-06/selbstheirat-hochzeit-amerika-feminismus-10nach8?utm_referrer=https%3A%2F%2Fde.wikipedia.org%2F (Abruf 17.9.2021).

II. Kirchliche / Diakonische Perspektiven

Einsamkeit und Gemeinschaft – Theologische Erkundungen und kirchliche Herausforderungen

Kristina Kühnbaum-Schmidt

I

»All is loneliness before me./Loneliness before me./Loneliness.« Liedzeilen, gesungen von einer Stimme voller Traurigkeit, Sehnsucht und Trostlosigkeit. Komponiert und getextet hat sie der blinde Künstler Louis Thomas Hardin. Sein Künstlername ist Moondog. 1951, irgendwo auf einer New Yorker Straße, die seine Bleibe ist, nahe der Carnegie Hall, hat er es erstmals gesungen, begleitet von einem monoton sich wiederholenden Trommelrhythmus. Passanten und Künstler werfen ihm dafür einige Münzen zu.[1] Mitten im kulturellen Zentrum einer der bevölkerungsreichsten Metropolen der Welt klagt dieses Lied von der Erfahrung hoffnungslosen Einsam-Seins.

Wie hell erklingt der Epheserbrief dagegen:

> »Und er ist gekommen und hat im Evangelium Frieden verkündigt euch, die ihr fern wart, und Frieden denen, die nahe waren. Denn durch ihn haben wir alle beide in einem Geist den Zugang zum Vater. So seid ihr nun nicht mehr Gäste und Fremdlinge, sondern Mitbürger der Heiligen und Gottes Hausgenossen« (Eph 2, 17–19).

Paulus preist, wie Christus Gemeinschaft wachsen lässt. Trennendes zwischen Menschen verschwindet. Zäune der Gleichgültigkeit werden abgebaut. Und durch die Kraft des Evangeliums entsteht Raum für eine Kirche als Gemeinschaft der Unterschiedlichen. Es gehört zum Auftrag der Kirche, dieses »Ineinanderfügen« (V. 21), dieses Community Building in die Gesellschaft hinein zu fördern. Wobei Einsamkeit und Fürsichsein einerseits und Gemeinschaft andererseits zwei aufeinander bezogene Pole menschlicher Existenz sind, die zum Ausdruck

---

1 https://www.youtube.com/watch?v=i2DqLucTDww. Vgl. Crockett, Zachary, *The Genius of Moondog*, New York's Homeless Composer, https://priceonomics.com/the-legend-of-moondog-new-yorks-homeless-composer/ (Abruf 8.10.21).

bringen »dass der Mensch je einmalige Person und als solche zugleich ein soziales Wesen ist«[2].

II

Anders als Alleinsein, das die physische Gegebenheit, nicht mit anderen zusammen zu sein, beschreibt, bezeichnet Einsamkeit ein individuelles und sehr persönliches Gefühl. Während in Soziologie und Psychologie Einsamkeit vor allem als leidvolles Widerfahren thematisiert wird und dieses kategoriale Verständnis den gegenwärtigen Einsamkeits-Diskurs bestimmt, unterscheidet Theologie seit jeher[3] und auch die neuere praktische Philosophie klar zwischen positiver und negativer Einsamkeit. Der norwegische Philosoph Lars Svendsen spricht von der »schlechten Einsamkeit [...] (und der) guten Einsamkeit [...], die unserem Leben etwas an Wert hinzufügt«[4] und versucht eine Phänomenologie beider Formen. Jede(r) kennt, schreibt er, ihre negative Seite, etwa

> »[...]von der Nacht, in der Sie neben Ihrem Partner lagen, wohl wissend, dass die Beziehung in Wirklichkeit vorüber war [...] In der Einsamkeit sind Sie auf bedeutungsvolle Weise von anderen losgerissen und dadurch sind Sie (es) auch [...] von wichtigen Seiten Ihres Selbst, die nur existieren und sich entwickeln können, wenn Sie Bindungen zu anderen haben.«[5] Die distinkten Definitionen dieses Gefühls weisen grundsätzliche Gemeinsamkeiten auf: eine Stimmung »von Schmerz oder Traurigkeit, eine Selbstauffassung als isoliert oder allein sowie einen gefühlten Mangel an Nähe zu anderen [...](der) innere oder äußere Ursachen hat«[6].

Es deutet sich in dieser Beschreibung aber auch die Möglichkeit einer guten Einsamkeit an, die für die geistige Entwicklung eines Menschen wichtig ist und die ebenso mit Abschied, Trennung und Alleinsein verbunden ist. Der Rat Rainer Maria Rilkes an den jungen Dichter Franz Xaver Kappus ist gleichsam die Brücke dorthin: »Darum [...] lieben Sie Ihre Einsamkeit, und tragen Sie den Schmerz, den sie Ihnen verursacht, mit schön klingender Klage [...], freuen Sie sich Ihres

---

2 *Für eine Zukunft in Solidarität und Gerechtigkeit.* Wort des Rates der Evangelischen Kirche in Deutschland und der Deutschen Bischofskonferenz zur wirtschaftlichen und sozialen Lage in Deutschland (1997), Abs. 115. https://www.ekd.de/24153.htm (Abruf 15.10.21).

3 Vgl. Köhler, Josef, *Art. Einsamkeit,* in: *Lexikon für Theologie und Kirche, Bd. 3,* 554f, 3. Aufl. Freiburg 2006.

4 Svendsen, Lars, *Philosophie der Einsamkeit,* Berlin 2020, 181.

5 Ebd. 15.

6 Ebd. 33.

Wachstums, in das Sie ja niemanden mitnehmen können, und seien Sie gut gegen die, welche zurückbleiben«[7]. Der Philosoph Odo Marquard erkennt einen »positiven Einsamkeitsbedarf«[8], um sich anderer zu entziehen, die die Identität der Einzelnen stets mitdefinieren. Walter Schmidtbaur schreibt als Psychoanalytiker:

> »In der Einsamkeit begegnet man seiner Fähigkeit oder seiner Unfähigkeit, innere Bilder von Menschen oder von Beziehungen festzuhalten [...]. Der Gegensatz von Einsamkeit ist ja nicht die Beziehung, sondern die Symbiose, also die Unfähigkeit, Trennung überhaupt zuzulassen.«[9]

Einsamkeit, so Svendsen, kann »pathologisch werden [...], aber Einsamkeit als solche ist kein pathologisches Phänomen,[10] [...] sondern ein allen gemeinsames Phänomen.«[11] Sie ist auch theologisch eine »anthropologische Grundbefindlichkeit des Menschen«[12].

Auch wenn im Alltag dabei positive und negative Seiten der Einsamkeit gesehen werden – die Coronajahre 2020 und 2021 haben die Waagschalen der Ambivalenz auf eine Seite sinken lassen. Wohl alle Menschen haben gespürt, wie sehr es schmerzen kann, von anderen getrennt zu sein, wie wichtig vertraute Nähe ist. Ältere Menschen haben massiv unter Isolation gelitten, für junge Menschen wurde es schwer, soziale, kognitive und emotionale Fähigkeiten zu entwickeln. Allerdings: Während manche unter Einsamkeit leiden, weil sie allein bleiben, leiden andere, wenn sie unter Menschen sind – wenn es ihren Beziehungen an Aufmerksamkeit, Zugewandtheit und Resonanz mangelt.

III

Auch im Garten Eden ist Alleinsein ohne Resonanz auf Dauer nicht gut. Erst als Gott Adam in Eva sein Gegenüber schafft, kann das Leben gelingen (Gen 2, 1–24). Doch die Wertschätzung von Einsamkeit, gewissermaßen als Gegenpol zur Gemeinschaftsbedürftigkeit des Menschen, gehört ebenso zur Praxis Pietatis des

---

7 Rilke, Rainer Maria, *Briefe an einen jungen Dichter* (16.7.1903). http://www.rilke.de/briefe/160703.htm (Abruf 19.9.21).

8 Marquard, Odo, *Plädoyer für die Einsamkeitsfähigkeit*, https://www.herder.de/el/hefte/archiv/2012/10-2012/plaedoyer-fuer-die-einsamkeitsfaehigkeit/(Abruf: 18.9.21).

9 Schmidtbaur, Wolfgang, *Beziehung braucht Einsamkeitsfähigkeit*, https://www.herder.de/el/hefte/archiv/2012/10-2012/beziehung-braucht-einsamkeitsfaehigkeit/(Abruf 9.10.21).

10 Ders. 53.

11 Ders. 52.

12 Köhler 2006, 555.

Christentums und aller Religionen. Für die Mystiker*innen ist Einsamkeit sowohl »die Voraussetzung für das Einfließen Gottes in die Seele« als auch der »Gnadenstand in dem sich die mystische Vereinigung vollzieht«, deren Voraussetzung nicht äußerliche Isolation sein muss. Sie bezeichnen diesen Zustand metaphorisch als »einoede« oder »wüste«. Im Pietismus wird die Unio Mystica zu »ein(em) Zustand der Fülle«, des »beglückenden Bewusstseins der Erwählung«. Seit der Aufklärung wandelt sich die religiös konnotierte Einsamkeit zum »Selbstgenuss« der Abgeschiedenheit und wird auf die *Voraussetzung* der Unio Mystica reduziert. »Wo späterhin Gott aus dem Spiel geriet, war der Mensch dann nur noch abgeschieden, nur noch allein mit sich selber: eben im heutigen Wortsinne »einsam«. Aber auch und gerade diese ›bloße‹ Einsamkeit kann positiv erfahren und darum gesucht werden.«[13] Es gibt also geistesgeschichtlich bis heute zwei affirmative Konnotationen von Einsamkeit: als christlich-theologischen und als genauso religions- wie säkularphilosophischen Begriff. Es sei nur auf die Existenzphilosophie hingewiesen, der in verschiedener Weise das Fürsichsein als Voraussetzung für Selbstwerdung, mitmenschliche Begegnung, Erfahrung von Gott oder Chiffren der Transzendenz bedeutsam ist. Für Karl Jaspers verweisen Einsamkeit und Kommunikation wechselseitig aufeinander: »Ich selbst sein heißt einsam sein. Doch [...] ich kann nicht ich selbst werden, ohne in Kommunikation zu treten und nicht in Kommunikation treten, ohne einsam zu sein.«[14] Einsamkeit also als Voraussetzung für Ich-Sein, das aber nur durch liebevoll-existenzielle Kommunikation als lebenslange Aufgabe realisiert werden kann. Ähnlich denkt heute die Kulturphilosophin Barbara Schellhammer: »(I)n der Fähigkeit, mit sich einsam sein zu können, ruht die Voraussetzung einer erfüllten Gemeinsamkeit.«[15] Wer in ein Exerzitienhaus einkehrt, in der Gemeinschaft von Taizé ins Schweigen geht oder den Jakobsweg pilgert, unterwegs zu einer tieferen Verbundenheit mit sich, der Mitschöpfung und Gott, spürt genau das.

IV

Zu einem gesellschaftlichen Massenphänomen wird Einsamkeit dort, wo sie unfreiwillig geschieht, beispielsweise durch Alter oder Exklusion von der Arbeitswelt. Arbeitslosen, Care-Arbeit leistenden Frauen, Rentner*innen, aber auch

---

13 Marquard 2012.

14 Jaspers, Karl, *Philosophie Bd. 2: Existenzerhellung*, Berlin 1956, 61 f.

15 Schellhammer, Barbara, *Eine phänomenologische Annäherung an die Erfahrung der Einsamkeit*, 1. http://www.izpp.de/fileadmin/user_upload/Ausgabe_2_2018/004_Schellhammer_2_2018.pdf (Abruf 10.9.21).

Jugendlichen ohne Bildungsabschlüsse fällt es nicht selten schwer, ohne Erwerbstätigkeit soziale Zusammenhänge aufrecht zu erhalten.

Dabei wären gerade die Potentiale dieser Gruppen für gemeinschaftsstiftendes Engagement groß, allein schon im Blick auf die Zahl der ›junggebliebenen Alten‹. Aber Menschen, die am Rand stehen, zweifeln oft daran, gebraucht und überhaupt akzeptiert zu werden. Hier liegen auf der kirchengemeindlichen grassroots-Ebene mit ihren »Gehstrukturen« große Chancen: Pfarrer*innen, Kirchenälteste und Diakon*innen kennen einsame oder vereinsamte Menschen, laden sie nicht nur zur Mitarbeit ein, sondern begleiten sie auch auf dem Weg dorthin. Kirchengemeinden bieten Bürger*innenarbeitsplätze und Bundesfreiwilligendienste mit strukturierender Begleitung an. Gerade für vom Arbeitsmarkt Exkludierte ist dies eine Möglichkeit, wieder Zugang zu Gemeinschaft *und* Erwerbstätigkeit zu erhalten.

Dies auch in andere Teile der Gesellschaft zu kommunizieren, ist Aufgabe von Kirche. Denn Kirche hat von ihrem Beginn an Inklusion praktiziert und Trennungen überwunden, aber auch sich einschleichende Ausgrenzung zugelassen. Die Erzählungen und Metaphern von der Grenzen aufbrechenden Liebe und der Gemeinschaft Unterschiedlicher gehören zur Tiefenstruktur neutestamentlicher Narrative. Sie begegnen in der schon interkulturellen Jerusalemer Urgemeinde, die gemeinsam isst, Gottesdienst feiert, Güter teilt – und wenig später die Witwen der christusgläubigen Diasporajuden gegenüber denen der hebräischen Judenchristen bei eben dieser Verteilungsgerechtigkeit benachteiligt. Erst eine diakonische Lobby schafft Abhilfe.

V

Dort wo die Menschen wohnen, wo sie verwurzelt sind, ist der Ort ihres guten Lebens und soll es bleiben bzw. wieder werden, gerade wenn sie alt werden oder aus sozialen Bindungen herausfallen. Dort in den Sozialräumen erkennen sich die Menschen als Expert*innen in eigener Sache.

Durch Bürgerengagement entstehen im Gemeinwesen Netzwerke für gegenseitige Hilfe, die Einsamen, Alten, Menschen mit Behinderungen und Jugendlichen mit Problemen Unterstützung anbieten: Das sind sorgende Gemeinschaften. Das ist Subsidiarität. Schon 1997 forderten evangelische und katholische Kirche in Deutschland gemeinsam: »Die gesellschaftlichen Strukturen müssen [...] so gestaltet werden, dass die einzelnen und die kleineren Gemeinschaften den Freiraum haben, sich eigenständig und eigenverantwortlich zu entfalten.«[16] Solche Caring Communities fördern gelebte Wertschätzung von Menschen in ihren Quartieren.

---

16 Rat der EKD/DBK, *Für eine Zukunft in Solidarität und Gerechtigkeit*, Hannover/Bonn 1997, Abschn. 120.

Dabei spielen Kirchengemeinden und kirchliche Werke eine wichtige Rolle – gerade auch in ländlichen Räumen.[17]

> »›Sorgende Gemeinschaften‹ stehen für Zugehörigkeit, gemeinsame Werte und Verantwortungsbeziehungen, wie wir sie aus Familien und Freundeskreisen oder aus religiösen Gemeinschaften kennen. Sie leben alle aus einem gemeinsamen Wertesystem [...]. Kirchengemeinden bringen viel mit, damit das gelingt: Sie haben öffentlich zugängliche Räume, ihre Häuser sind fußläufig, es gibt viele, die sich ehrenamtlich engagieren, aber auch hauptamtliche Ansprechpartner, Kirchengemeinden haben eine lange gewachsene Erfahrung und eine professionelle Verwaltung. Und sie genießen hohes Vertrauen«,[18]

schreibt Cornelia Coenen-Marx. Und mehr noch: Kirchengemeinden, kirchliche Gemeinschaften sind seit jeher Orte der Konvivenz,[19] wo Menschen miteinander leben, lernen, teilen und feiern als Gemeinschaft der Unterschiedlichen, die Gottes und einander bedürfen. Im Anerkennungsgeschehen durch Jesus Christus eröffnet sich die Möglichkeit, Grenzen zu überwinden – sich und den Anderen anzuerkennen und anzunehmen, Unterschiede auszuhalten und die Verschiedenen zu versöhnen. Caring Communities, in denen diese Form des convivere eingeübt wurde, waren schon die ersten christlichen Gemeinden. Hier lebten Menschen aus verschiedenen Milieus zusammen, teilten Speise, das Evangelium und Güter, besuchten Gefangene. Hier entstand eine revolutionär neue Wohlfahrtsökonomie aus einer *societas civilis*, einer »Zivilgesellschaft« heraus, die die Menschen im Römischen Reich aufhorchen, hinschauen und dazukommen ließ. Diese Dynamik entfalten vernetzte Kirchengemeinden, die sich als Teil des Sozialraums verstehen, auch heute.

VI

Verfasste Kirche lebt einen anderen Zeitrhythmus als säkulare Anbieter sozialer Dienste, auch als ihre Geschwister in der Diakonie, die sich viel stärker mit der Logik des Marktes, der Refinanzierung und der Effizienzsteigerung auseinan-

---

[17] Vgl. Klie, Thomas: *Caring Community. Leitbild für Kirchengemeinden in einer Gesellschaft des langen Lebens?*, in: Kirche im ländlichen Raum 3/2013, 16–21.

[18] Coenen-Marx, Cornelia, *Keiner stirbt für sich allein – Sorgende Gemeinde im Quartier*, in: Jahrbuch Diakonie Schweiz Bd 3 (2019), 30. Vgl. ihr aktuelles Buch, dem mein Aufsatz Anregungen verdankt: Dies., *Die Neuentdeckung der Gemeinschaft. Chancen und Herausforderungen für Kirche, Quartier und Pflege*, Göttingen 2021.

[19] Vgl. Feldtkeller, Andreas, *Art. Konvivenz* in: *Religion in Geschichte und Gegenwart* 4. Aufl. Bd. 4, hg. v. Betz, Hans Dieter et al. Tübingen 2001, Sp. 1654.

dersetzen müssen. Wo anders schon kann man sich am Sonntagvormittag geistig und geistlich anregen lassen und anschließend zusammen beim Kaffee plaudern – gleich ob zu zweien oder dreien, zu hundert oder zweihundert? Ein Theater, das beständig solch offene und öffentliche Matinees anböte, wäre wohl bald finanziell am Ende.

Die besondere Zeitrhythmik der Kirche macht auch ihre große Nähe zu Menschen aus. Wo anders ist prinzipiell immer jemand da als Gesprächspartner*in? Und wenn wirklich einmal keiner in der Nähe zu sein scheint, sind ökumenisch aufgestellte Telefon- und Chatseelsorger*innen kommunikationsbereit. Eine wichtige Ressource, die der Kirche zur Verfügung steht, ist ihre genuine Fähigkeit, Veränderung und Neuerfindung mit der Bewahrung bewährter Modelle von Verkündigung und Gemeinschaft zu verknüpfen. Das haben die Corona-Jahre 2020 und 2021 gezeigt: Gottesdienste in Kirchengebäuden, Bibelkreise und Seniorennachmittage wurden, wo immer möglich, genauso liebevoll und professionell angeboten wie digitale spirituelle Angebote und Begegnungen in Sozialen Medien. Mit Kultur- und Flüchtlingskirchen, Hospizen und Sharehouses, in den Menschen aus unterschiedlichsten Milieus zusammenleben, und vielem mehr reagieren Christ*innen auf neue gesellschaftliche Herausforderungen

VII

Moondog, der blinde Sänger auf New Yorks Straßen, der so intensiv die Einsamkeit besungen hat, war übrigens kein einsamer Mensch. Vielleicht, weil er mit seiner Musik dem Ausdruck verliehen hat, was ihn bewegte und so Brücken der Verständigung gebaut hat. Brücken der Verständigung, die aus Einsamkeit und Isolation herausführen, bauten und bauen auch Christenmenschen, die Gottes Heiliger Geistkraft Raum geben. Damals wie heute schenkt sie Kraft und Orientierung zum gemeinschaftlichen Handeln wie zur stillen Kontemplation.

Einsam im Pfarramt

Sabine Habighorst

Einleitung

Wie kann man in einem Beruf, in dem man es immer mit Menschen zu tun hat, einsam sein? Anhand von sieben Situationsbeschreibungen werden berufsspezifische Einsamkeitsmomente von Pfarrer*innen eingefangen und mögliche Schritte heraus beschrieben.

»Im Pfarramt kann man doch nicht einsam sein!«, sagt eine Mitarbeiterin im Kirchenamt fast empört, als ich vom Inhalt dieses Kapitels berichte. Vermutlich spiegelt diese Reaktion bereits etwas wider von der spezifischen Einsamkeit im Pfarramt: Wer dieses Amt nicht von innen kennt, tut sich schwer mit dem Verstehen.

1. Einsamkeit gegenüber Bildern und Projektionen

Das Berufsbild einer Pfarrerin[1] scheint bisweilen im 19. Jahrhindert steckengeblieben zu sein. Der Pfarrer (!) lehnt an Gartenzäunen und redet mit den Leuten. Er predigt am Sonntag in der Kirche, steht ab und zu auf dem Friedhof, taucht leutselig, aber irgendwie auch ungelenk bei Festen auf und spricht in Entscheidungssituationen ein letztgültiges Machtwort. Zu tun hat er eigentlich nichts. Er verdient zu viel und verfügt über unlautere Privilegien wie Dienstwohnung und Pensionsansprüche.

Dass dies ein Zerrbild ist, dass die Verpflichtungen im Pfarrdienst, die den Privilegien im »package deal«[2] gegenüberstehen, nicht gesehen werden, das wissen alle, die diesen Beruf ausfüllen.

---

1 Um der Lesbarkeit willen wird meist nur ein Geschlecht verwendet, im Plural mit Gendersternchen. Wenn das Genus bewusst gewählt wurde, ist es mit (!) markiert.

2 Karle 2001, 274 ff.

Gegenwärtig erleben sich Pfarrer*innen aber häufig als eine Art Haut-den-Lukas für den Frust über Mitgliederschwund in den Kirchen und das Desinteresse an klassischen kirchlichen Formaten. Ihre Privilegien werden massiv in Frage gestellt und bisweilen wird ihnen als einzige die »Inkompetenz-Kompensations-Kompetenz« zugeschrieben. Mehr Bashing geht kaum.

Offenbar wurde versäumt, in der Fülle der stetig anwachsenden Aufgaben im Pfarrberuf deutlich zu beschreiben, was die eigentliche Kompetenz von Theolog*innen ausmacht, was ihr Alleinstellungsmerkmal ist, wofür man sie also »braucht«.

Als Gegenüber können Pfarrer*innen maximal einsam werden angesichts der unterschiedlichsten Erwartungen und Projektionen. Am häufigsten begegnet sicherlich der Wunsch, eine gute Elterngestalt sein zu sollen, eine fürsorgliche Mutter, die alle im Blick behält oder ein gerechter Vater, der klug entscheidet. Aber es kann durchaus auch darum gehen, enge Vertraute oder beste Freundin zu werden oder auch eine Art verlässlicher Familienkaplan, der auch die nachfolgenden Generationen noch pastoral betreut.

Die quasi-familialen Strukturen des Gemeindelebens[3] lassen das zu, ja sie befördern derartige Erwartungen.

Bei jungen Kolleginnen kann man das leicht am raschen Wechsel zum vertrauten Du in der Kommunikation ablesen. Das Bedürfnis nach Nähe und nach Signalen der Vertrautheit ist offenbar groß – vermutlich auf beiden Seiten. Auch darin mag sich etwas von der erlebten Einsamkeit spiegeln.

Doch die – vermeintliche – Zugehörigkeit und Vertrautheit setzt Pfarrer*innen oft auch enge Grenzen: Du gehörst zu uns. Du sollst in unserer Gemeinde wohnen, nicht dort bei den anderen. Du sollst für uns da sein und nicht noch andernorts Aktivitäten entfalten. Wenn wir dich brauchen, erwarten wir, dass du funktionierst. Du wohnst in unserem Haus – das mindeste ist, dass du dich kümmerst und die Türen öffnest.

Mit all dem geht ein Beiklang der Versorgung einher – die Erwartung einer Art professioneller Care-Arbeit. Dabei scheint mir die emotionale Aufgeladenheit der Erwartungen anders zu sein als sonstige »professionsethische Verhaltenszumutungen«.[4]

Den Gemeindegliedern ist daraus kein Vorwurf zu machen, sind sie doch ebenfalls in Bildern gefangen als Geschwister und Kinder des Vaters im Himmel.

---

3 Vgl. Böhmer 1995, 290 f.

4 Karle 2001, 73 ff.

2. Einsamkeit beim Ankommen auf einer Stelle

Oft steht nur eine eingeschränkte Stellenauswahl zur Verfügung, wenn Pfarrer*innen sich bewerben müssen, weil der Probedienst ausläuft, ein Befristungszeitraum endet oder ein massiver Konflikt einen Wechsel nahelegt.

Also, hinfahren und mit allen Sinnen wahrnehmen: Wie würde man leben, wo wohnen? Wie weit ist es bis zu den Liebsten und Freundinnen, zur Familie? Wie schnell lässt sich die nächste Stadt erreichen? Oft sind diese Erkundungen mit hoher Emotionalität besetzt. Man will nicht weg, wo man ist – und muss doch.

Dienste sind zeitlich befristet. Kaum angekommen, muss man zarte Wurzeln wieder aus der Erde ziehen. Das ist nicht notwendig leichter mit Familie. Da trägt man schwer am Heimweh der Kinder, an ihrer Unsicherheit, weil sie in der Klasse plötzlich die Neuen sind.

Was man beim Ankommen auch erleben kann: Wenig Einladendes, ein Garten, riesig und verwildert, die Gemeinderäume im Haus, der Kindergarten befindet sich unter der Pfarrwohnung. Alles viel zu groß für eine Person. Freiwillig würde man nicht einziehen.

Um jede Veränderung im und am Haus eine Debatte: »Ach, das tut es doch noch, das müssen Sie nur reinigen«.

»Das braucht es doch nicht für eine Frau allein.« Die für Bausachen Zuständigen sind ältere Männer, reden väterlich, Tenor: Vom Bauen versteht eine Frau doch nichts. Ja durchaus kann das Ganze auch mit der Einsamkeit als Frau allein unter Männern zu tun haben oder mit einem Generation-Gap – lauter Elternfiguren!

Erste Kontakte vor Ort. »Ach, so schade, dass der Herr Pfarrer X gegangen ist!« Wichtige Sätze zur inneren Selbsthilfe: Er ist nicht wegen mir gegangen. Ich bin hier, weil er wegging. Schwer anzukommen, wenn das System noch gar nicht bereit ist, eine Neuankommende zu empfangen.

Erst viel später kann man verstehen, dass da so viel Trauer ist – um einen vertrauten Menschen, eine Seelsorgerin, mit der man lange Jahre eigenen Lebens geteilt hatte. Vielleicht käme man als Nachfolgerin besser erst über (Trauer) Jahr und Tag?

3. Einsamkeit in Entscheidungen

Als Gemeindepfarrer*in kommt man in Gebilde, die lange vor einem bestanden und weit nach einem bestehen bleiben werden. Zwar ändern sie ihre Größe und bisweilen auch die organisationale Gestalt, in ihrem Wesen bleiben sie aber auf eine ganz eigene Art beständig. Das ist der tiefere Grund, warum manche Prozesse nicht gelingen: Jahrhundertealte, unsichtbar gewordene Trennlinien bleiben systemische Grabenbrüche. Das nächste Erdbeben kommt, man weiß nicht wann, man weiß nicht wodurch, vielleicht, wenn das Pfarrhaus verkauft oder das Gemeindehaus einer neuen Nutzung zugeführt werden soll.

Meist sind es Verantwortliche einer nächsthöheren Ebene, die weitreichende Entscheidungen treffen. Der Kirchenkreis beschließt Stellenpläne und Immobilienkonzepte. Die Pfarrerin wird dann in der Gemeinde vor Ort gescholten, dass sie nicht beherzter gefochten, klüger argumentiert, zielbewusster verhandelt hat. Vielleicht noch schlimmer, weil sie dann[5] tatsächlich die Handelnde ist, die die Beschlüsse umsetzen, ihre Unterschrift unter den Verkaufsvertrag setzen muss.

Wir und die da – die das so entschieden haben – wird dann rasch zu: Wir und du da. Metaphern von zerschnittenen Tischtüchern und Sätze, die verlorenes Vertrauen beinhalten, gehören regelhaft dazu. Ebenso wie Vorwürfe: Dafür wäre doch sicher noch Geld da gewesen, das hätte man doch mit Sicherheit noch anders lösen können. Aus Trotz treten Gemeindeglieder aus oder lassen sich umgemeinden.

Häufig werden Pfarrer*innen dann persönlich dafür verantwortlich gemacht.[6] Gern wird dabei die generelle Problematik von kirchlichem Mitgliederschwund und abnehmender Akzeptanz personalisiert und zum Vorwurf gemacht: Wäre deine Jugendarbeit engagierter, wären deine Gottesdienste ansprechender – alles wäre gut!

4. Einsamkeit in der Fülle

Der Gemeinschaft der Gemeindeglieder wird bei einem Stellenantritt einer Pfarrerin eine Person hinzugefügt, deren Berufsbild schillernd und maximal unspezifisch ist. Bei der folgenden holzschnittartigen Charakterisierung sind nicht gut organisierte multiprofessionelle Teams mit präziser und fachspezifischer Aufgabenteilung im Blick, sondern eine Gemeindesituation, in der sich eine Pfarrperson allein wiederfindet.

Schnell kann sie in die Rolle geraten Hausmeisterin, IT-Sachverständiger, Moderatorin, Befähiger, Werbe- und Pressefachkraft, Finanzwirt, Hauswirtschaftsleiterin, Verwaltungsfachkraft, Organisatorin, Bausachverständige, Handwerker, bisweilen auch Musiker und – manchmal erst zuletzt – Predigerin, Seelsorger, Theologin sein zu sollen.

Manche Stellenausschreibungen lesen sich wie ein langer Wunschzettel – und brauchten zur Erfüllung eigentlich den Heiland selbst.

---

5 Diese Form der Einsamkeit betrifft alle Führungskräfte, vgl. Hax-Schoppenhorst (Hg.) 2018, 365 ff.

6 Mangelnde Unterstützung in Arbeitszusammenhängen ist einer der Hauptstressoren, der massive Einsamkeitsgefühle auslösen kann. Vgl. Spitzer 2018, 103 ff.

In vielen Supervisionen habe ich das Ringen von Pfarrerinnen damit begleitet. Was muss ich wirklich tun? Welchen Vorgaben muss ich nachgehen? Welchen Rollenbildern muss ich entsprechen? Traue ich mich abzulehnen, Nein zu sagen? Ich werde dann Menschen enttäuschen. Darf ich das und wie kann ich damit zurechtkommen? Ich lebe doch mit der Gemeinde!

Dazu kommt das Ausgeliefertsein an die eigenen inneren Ansprüche: Eine Pfarrerin ist immer im Dienst. Eine Pfarrerin muss zu allen nett sein. Ein Pfarrer muss für alle da sein. Ein Pfarrer muss doch Nächstenliebe vorleben.

5. Einsamkeit nach der Fülle

Oft ist man im Pfarrberuf mittendrin im Leben, mitten im Beziehungstrubel. Nicht ohne Grund ist eine der neueren Werbekampagnen für den Pfarrberuf überschrieben mit: Voll das Leben.

Familiengottesdienste mit Kindergartengruppen bringen generationenübergreifend Menschen zusammen, Krippenspiele sowieso. Große Trauungen, jahreszeitliche oder örtlich traditionsgebundene Feste bringen Menschen zusammen. Pfarrerinnen sind mittendrin. Um einen her die ganze Fülle des Lebens. Lächeln und Lachen, Rührung und Gesang, Umarmungen, Grüße hin und her. Dann leert sich die Kirche, die Festhalle, ein Summen, das verebbt, die Kerzen gelöscht, der Talar eingepackt – und dann kommt da dieses schale Gefühl, eine Art Blues.

Ähnlich bei manchen Kasualien oder in der Seelsorge – so nah kommt man anderen Menschen. Zugleich muss Distanz bleiben – immer. Das gebieten Professionalität und Berufsethik. Es gibt viele Versuchungen, Rollen und Grenzen zu überschreiten. Man muss aktiv dagegenhalten, damit es keine Verwechslungen gibt. Ich bin nicht Mutter, Freundin, Tochter, Geliebte. Ich bleibe Pfarrerin, oft genug voll von anvertrauter Schwere, bisweilen fassungslos – und zugleich gebunden an das Schweigen. Den Lebensmenschen, der Familie, den Freunden darf man nicht davon berichten. Das macht oft genug sehr einsam.

6. Einsamkeit auf der Kanzel und vor dem Wort

Menschen meiner Generation hörten von älteren Amtsbrüdern (!): »Selig die Beene, die am Altar steh'n alleene«. Mir hat das nie eingeleuchtet. Ich arbeite – zumindest in meinem Selbstbild – sehr gern mit anderen. Im Austausch mit ihnen komme und denke ich weiter als allein, im Hinterfragen kann sich meine eigene Position verdeutlichen, werden meine Sätze klarer. Gottesdienstteams und Dialogpredigten habe ich geliebt. Natürlich gab es dort nicht zu knapp Konflikte, und es dauerte! Aber was am Ende werden konnte, war es wert.

Auf der Kanzel stehe ich allein. Es ist nicht so schlimm wie auf dem Zehnmeterbrett, aber mir reicht es. Wer bin ich, dass ich all jenen dort unten in den Bänken etwas zu sagen hätte? Nicht wenige Kollegen haben Schreibblockaden oder werden von ihren eigenen Ansprüchen so geknechtet, dass sie sich nur mit fremden Predigtentwürfen raustrauen.

Als Pfarrerin wurde ich berufen, das Wort zu verkündigen. Ich muss es auch in Zeiten, in denen ich gefühlt keine Worte mehr habe, wo ich mich leer gepredigt fühle, vielleicht weil ich Sonntag für Sonntag dran war und gefühlt nichts Neues mehr zu sagen weiß, wo ich so erschöpft bin, dass auch die Quellen der Kreativität versiegt sind.

Auch das Aus-, Auf- und Wieder-Einatmen muss organisiert werden. Habe ich Exerzitien geplant? Gibt es jährlich die Woche im Kloster, den kleinen Pilgerweg am Wochenende, das freie Wochenende im Garten oder auf dem Fluss, den Chor?

Und zuletzt: Die Einsamkeit vor dem biblischen Wort, die Fremdheit mancher biblischen Texte! Meine eigene Ratlosigkeit kann ich den Hörerinnen fairer Weise nicht zumuten.

Und was ist in Zeiten des Zweifels, wo mir Gott so unendlich fremd ist? Berufen wurde ich, die Traurigen zu trösten, den Hoffnungslosen Hoffnung zu spenden. Wie, wenn ich selbst so sehr ringe?

Da ist das Wort einsam zu flach, um diesen persönlichen Zustand vor dem Text zu beschreiben. In solchen Zeiten gehe ich in der Aufgabe zu predigen verloren.

Was dann helfen kann, ist ein Predigtverbund, d. h. Kolleg*innen zu haben, mit denen ich regelmäßig einen anstehenden Predigttext beackere. Menschen also, mit denen zusammen ich ungeschützt einen Text zerkaue, zerlege, mich freue, verzweifle, entdecke, erkenne, juble – oder manchmal einfach ganz still bin und den anderen lausche. Diesen anderen kann ich auch Versatzstücke schicken, Fingerübungen. Ich werde Kritik erleben – und kann sie manchmal sogar hören. Eines bin ich dabei aber sicher nie: einsam.

7. Einsamkeit im Quadrat

Alle bislang aufgeführten Einsamkeitsphänomene haben die Tendenz, sich zu intensivieren bei Pfarrer*innen, die allein leben.

Da kommt ein Mensch in eine Gemeinde – allein. Wird argwöhnisch betrachtet oder es werden hektische Aktivitäten entfaltet, ihn zu versorgen oder sie zu verkuppeln. Wie der wohl lebt? Viel lieber hätten wir eine nette junge Familie gehabt! Wo kauft dieser Mensch ein und was? Hält sie den Garten in Schuss? Wer parkt vor dem Pfarrhaus und vor allem wie lange? Inmitten der Sozialkontrolle eines Dorfes oder einer Kleinstadt kann man maximal einsam sein.

Zusätzlich gibt es zuhause keine selbstverständlich vorhandene Möglichkeit zur emotionalen Entlastung. Das ist auf keinen Fall ein Plädoyer für eine emotionale Druckentlastung über eine*n Partner*in! Aber allein schon zu wissen, dass da ein anderer Mensch ist, für den ich als Person eine ganz andere Bedeutung habe als die meiner professionellen Rolle, hat etwas tief Entlastendes.

Umgekehrt dient »Familie« für diejenigen, die eine haben, bisweilen als massives Argument der Abgrenzung: »Da kann ich nicht, da ist meine Frau nicht da«. »Da bringe ich mein Kind ins Bett«. »Das mache ich nicht auch noch, sonst kriege ich Ärger zuhause.« Plötzlich ist man chancenlos, wenn ein Kollege einem mit den Worten: »Du hast ja keine Familie!« auch noch den letzten Weihnachtsgottesdienst übergeholfen hat. Ist jemand ohne Familienmitglieder ein asoziales Wesen, ein Mensch ohne Beziehungsleben? Eine rhetorische Frage.

Umgekehrt wirkt eine Pfarrerperson ohne Beziehungssystem direkt vor Ort von außen betrachtet frei und komplett selbstbestimmt – sehr zu beneiden!

Es gibt das Phänomen, vor allem das zu begehren, was man selbst nicht hat. Doch natürlich kann niemand, der es nicht von innen erlebt, wissen, wie es sich wirklich und mit den jeweiligen Schattenseiten anfühlt. Weder kann man alleinlebend wissen, dass man als Elternteil Familie bisweilen auch zum Davonlaufen findet, noch können junge Mütter wissen, wie krass sich Alleinsein an einem Feiertag anfühlen kann.

Aber umso dringlicher brauchen alleinlebende Pfarrer*innen ein soziales Netz, auch »Buddies«, in der gleichen Situation Erfahrene, die kurzfristig erreicht werden können, um sich auszutauschen und beruflich zu entlasten. Sie brauchen sie ebenso wie professionelle Begleitung in Gestalt von Supervision, Coaching, geistlicher Begleitung, kollegialer Beratung.[7]

Das Argument alleinlebender Pfarrer*innen, dass eine Pfarrstelle so beschaffen sein muss, dass das persönliche soziale Netz erreicht werden kann, muss Gehör finden.

Aber Alleinlebende brauchen auch sehr viel eigene zusätzliche Energie.[8] Man muss sich Begegnungen mit vertrauten Menschen in die Arbeitswoche hinein terminieren, Wochenende und gemeinsame Aktivitäten festlegen, Feiertage sorgfältig planen, sich Menschen organisieren, die einem beim Übergang vom großen Fest zum Alleinsein noch ein bisschen Gesellschaft leisten. Man muss sich was Feines ausdenken für den langen Sonntagnachmittag. Vor allem muss man das alles real erleben, nicht virtuell.[9]

Das ist Arbeit. Aber ohne sie werden Einsame immer einsamer.[10]

---

7 Solche Wege der professionellen Begleitung erachte ich generell für Pfarrpersonen als unerlässlich.

8 Die Einsicht, dass vor allem sie selbst aktiv etwas an ihrer Einsamkeit ändern können, ist für manche Supervisand*innen hart.

9 Vgl. Spitzer 2018, 133 ff.

10 Vgl. Spitzer 2018, 115. Bisweilen müssen die Wurzeln der Einsamkeit therapeutisch aufgespürt und bearbeitet werden; vgl. Baer/Frick-Baer 2018, 40 ff.

Literatur

Baer, Udo/Frick-Baer, Gabriele, *Wege finden aus der Einsamkeit*, Weinheim [4]2018.
Böhmer, Annegret, *Arbeitsplatz Evangelische Kirche*, in: Bauer, Annemarie/Gröning, Katharina (Hg.), *Institutionsgeschichten. Institutionsanalysen. Sozialwissenschaftliche Einmischungen in Etagen und Schichten ihrer Regelwerke*. Tübingen 1995, 281–307.
Hax-Schoppenhorst, Thomas (Hg.), *Das Einsamkeitsbuch. Wie Gesundheitsberufe einsame Menschen verstehen, unterstützen und integrieren können*. Bern [1]2018.
Karle, Isolde, *Der Pfarrberuf als Profession. Eine Berufstheorie im Kontext der modernen Gesellschaft*, Gütersloh 2001 (Praktische Theologie und Kultur: 3).
Spitzer, Manfred, *Einsamkeit. Die unerkannte Krankheit*, München 2018.

Einsamkeitssensible Kommunikation des Evangeliums: Pastoraltheologische Perspektiven

Traugott Roser

Zusammenfassung

Aktuelle pastoraltheologische Entwürfe schließen sich an das Programm Praktischer Theologie als Kommunikation des Evangeliums an. Sie richten sich, sowohl im katholischen als auch im evangelischen Raum zunehmend an einem auf Teamarbeit angelegten Verständnis von Pastoralgemeinschaft aus. Dabei kann die grundlegende subjektive Erfahrung von Einsamkeit im pastoralen Amt übersehen werden. Diese gehört jedoch zu den mystischen Traditionen im Verständnis religiöser Berufe. Einsamkeit im pastoralen Beruf wird deshalb sowohl in pastoralpsychologischer Hinsicht als auch als Folge von Nähe beschrieben. Zielpunkt ist die Überführung von Einsamkeit in die Praxis des Gebets als Resonanzereignis, in das Gebet als Einzelne und der Pastoralgemeinschaft.

1. Pastoraltheologie als Berufstheorie

Das Verständnis der Pastoraltheologie ist vieldeutig und bedarf, zumal im Zusammenhang mit Phänomenen der Einsamkeit, einer Klärung: in der katholischen Theologie kommt dem Begriff der »Pastoral« seit dem Zweiten Vatikanischen Konzil im Sinne von Papst Johannes XXIII. eine prinzipiell alles praktische Handeln von Kirche und kirchlichem Personal bestimmende Bedeutung zu, nämlich »dort zu sein und zu wirken, wo Gott ist und wirkt, nämlich wo die Menschen sind und für sie da zu sein, und so Gott die Ehre zu geben«.[1] Einsamkeit stellt sich aus dieser Perspektive als eine Situation dar, in der Menschen heilsamer Beziehung bedürfen und damit dem Doppelgebot der Liebe (Mk 12,29–31) entsprechen. Kirche ist wesentlich Gemeinschaft, in der Christinnen und Christen als »Pastoralgemeinschaft« handeln.

---

1 So formuliert dies Norbert Mette und hält fest, dass dieses Verständnis von Pastoral das Wesen der Kirche ausmache. Mette 2005, 29.

Die Pastoraltheologie in evangelischer Tradition war lange Zeit auf den Dienst des Pfarrers oder der Pfarrerin bezogen, erfährt aber in jüngster Zeit eine Neuausrichtung. Peter Bubmann, Praktischer Theologe in Erlangen und Synodaler der Bayerischen Landeskirche, bestimmt Pastoraltheologie als eine »kritische Theorie der Praxis der in der kirchlichen bzw. gemeindlichen Arbeit Tätigen«[2]. Für alle Arbeitsbereiche kirchlicher und damit pastoraler Tätigkeit gilt als Ziel die »Kommunikation des Evangeliums«. Der in den 1960er Jahren von Ernst Lange geprägte und aus der Kirchenreformbewegung stammende Leitbegriff bringt die Herausforderung zum Ausdruck, die das Thema Einsamkeit für eine Theorie des Pfarrberufs und darüber hinaus alle kirchlichen Berufe mit sich bringt. Der Kommunikationsbegriff wirft die Frage nach den Sozialformen auf, in denen kommuniziert wird. Hat Einsamkeit hier überhaupt Platz? Ist Einsamkeit eine zu überwindende Defizit-Situation? Oder weist der Begriff »Einsamkeit« darauf hin, dass zum kirchlichen Beruf auch das Sein der einzelnen Person vor Gott gehört? Was bedeutet Einsamkeit in der eine Pastoraltheologie bestimmenden Kommunikation des Evangeliums?

1.1 Kommunikation des Evangeliums als pastoraltheologischer Leitbegriff

Christian Grethlein, der Kommunikation des Evangeliums als adäquaten, auf gesellschaftliche und kirchliche Transformationsprozesse reagierenden Programmbegriff bezeichnet hat, formuliert: »Praktisch-theologisch ermöglicht Rückgriff auf ›Kommunikation‹ die Integration der traditionellen pastoraltheologischen Perspektive, jetzt aber unter den skizzierten veränderten Bedingungen dieses Berufs.«[3] Pastoraltheologie ist die wissenschaftliche Reflexion des Wesens, des Amtes und Berufs sowie der Rolle der Pfarrperson als solcher. Fragen des Verhältnisses von Person und Amt, pastoraler Identität, Amtsperson und Institution gehören zu den prinzipiellen Bestandteilen der Pastoraltheologie, verbunden mit professionssoziologischen und -theoretischen Aspekten, humanwissenschaftlichen Zugängen wie der Pastoralpsychologie und kommunikationswissenschaftlichen Fragen analoger und digitaler Kommunikation. Zunehmend gehört ja auch die Fähigkeit von Pfarrerinnen und Pfarrern zu Verkündigungs-, Bildungs- und Seelsorgearbeit in »social media« zu zentralen Kompetenzen. Dort, wo die Menschen sind, wo Bedürfnisse und Fragen geäußert werden, ob im digitalen oder analogen Raum, geht es darum, Gemeinschaft und Beziehung herzustellen, »die konstitutiv ist für Kommunikation, an der freilich Einzelne partizipieren«[4]. In den

2 Bubmann 2019, 26.

3 Grethlein 2012, 9.

4 A. a. O. 145.

drei Modi der Kommunikation des Evangeliums – im »Lehren und Lernen«, im »gemeinschaftlichen Feiern« und im »Helfen zum Leben« – ist die Sozialität pastoraler Existenz und pastoralen Handelns leitend. Aktuell findet dies seine Umsetzung in strategischen Programmen von Landeskirchen und Entwicklungsprozessen zur Einbettung des Pfarrberufs in multiprofessionelle Teams bis hin zum Kirchengesetz über das »Gemeinsame Pastorale Amt«, das die Evangelische Kirche im Rheinland 2005 unter Berufung auf die 4. These der Barmer Theologischen Erklärung von 1934 erlassen hat.[5] Gunther Schendel, wissenschaftlicher Referent des Sozialwissenschaftlichen Instituts der EKD, überlegt angesichts dieses Trends zum Team, Abschied vom klassischen Professionsbegriff zu nehmen: stattdessen scheint es sinnvoller, auf das Konzept der *Professionalität* zu rekurrieren, das z. B. im Rahmen des kompetenztheoretischen Ansatzes formuliert wurde«.[6]

1.2 Alternative Leitbilder: Pastorale Identität und Mystik

Die Leitvorstellung einer – um die katholischen und evangelischen Reformprogramme zu bündeln – Pastoralgemeinschaft ist allerdings keineswegs selbstverständlich. Die Sozialformen des Christentums, in denen sich Auftrag und Verständnis des Pfarrberufs und anderer kirchlicher Berufe herausbilden, sind diverser. Ernst Troeltsch differenzierte in seinen 1922 erschienenen Soziallehren der christlichen Kirchen und Gruppen zwischen Kirche, Sekte und Mystik, ohne sie einander unterzuordnen oder ineinander aufgehen zu lassen. Vor allem die Sozialform Mystik ist für das Thema »Einsamkeit« einer Reminiszenz lohnend, um nicht von vornherein der Ausschließlichkeit eines auf Gemeinschaft angelegten Idealbildes aufzusitzen. 1910 hat Troeltsch auf dem Ersten Deutschen Soziologentag erstmals Mystik als eigenständige christliche Sozialform zur Diskussion gestellt, u. a. vor Martin Buber, Max Weber und Georg Simmel:

> »Das Sozialideal, wie es aus der christlich-religiösen Idee grundlegend hervorgeht, lässt sich leicht und einfach bestimmen. Es ist der radikale religiöse Individualismus einer Gott sich im sittlichen Gehorsam hingebenden und dadurch das Individuum zugleich metaphysisch verankernden und unzerstörbar machenden Gläubigkeit.«[7]

Der Individualismus wird bei Troeltsch verbunden mit einer Liebesgemeinschaft, die alle Individuen vor und in Gott verbinde. Mystik ist verbunden mit Unmittelbarkeit, Gegenwärtigkeit und Innerlichkeit des religiösen Erlebnisses mit zahlreichen Vorbildern im Urchristentum und anderen Phasen der Kirchen- und

---

5 Vgl. EKiR 2005/2020.

6 Schendel 2020, 3.

7 Zitiert nach Daiber 2014, 4.

Sozialgeschichte des Christentums. Martin Buber hatte in Reaktion auf Troeltschs Vortrag noch die Frage gestellt, ob es sich nicht um eine ausschließlich psychologische Kategorie handle. Troeltsch dagegen beruft sich in weiteren Schriften auf Jesus selbst, dessen Evangelium freie personalistische Religiosität »mit dem Drang nach innerstem Verstehen und Verbinden der Seelen, aber ohne jede Richtung auf kultische Organisation, auf Schaffung einer Religionsgemeinschaft«[8] gewesen sei; christliche Mystik als eine Idealgestalt des Christentums zielt darum auf Innerlichkeit, einen rein-persönlichen ›Gemütsbesitz‹. Religiöser Individualismus kann durchaus kirchendistanziert, spiritualistisch, romantisiert und ästhetisiert gelebt und vorgebildet werden.

Im Protestantismus hat diese Tradition bildhafte Gestalt genommen in der Romantik, insbesondere im Werk Caspar David Friedrichs, der nicht nur Zeitgenosse Friedrich Schleiermachers war, sondern von dessen theologischer Romantik auch maßgeblich geprägt war.[9] In seinen Bildern, insbesondere der Mönch am Meer (1810) oder im Tetschener Altar (1808) ereignet sich religiöse Erfahrung ohne Gemeinschaftsbildung oder kirchliche Kommunikation. Selbst das professionelle religiöse Personal findet in der einsamen Naturbetrachtung, vielleicht noch in der Nähe ruinenhafter kirchlicher Gemäuer zu einem »schweigende[n], tiefste[n] Erleben«, wie dies Rudolf Otto beschrieben hat.[10] Die Einsamkeit subjektiven Naturerlebens, insbesondere der existenziellen Ausgesetztheit angesichts der Unendlichkeit, wird zum Bild einer subjektiven, zutiefst existenziellen Religiosität, bei der religiöse Archetypen als »einsame Wanderer in karger Umgebung«[11] begegnen, ohne deren Präsenz (im Bild) gar kein Zugang zu Religiosität mehr möglich wäre. Der schottische Maler Henry Raeburn hat dieser Vorstellung als einsam auf glattem Eis seine Kreise ziehenden Pastor auf Leinwand gebannt: Vor dem Hintergrund einer in transluzendem Glanz erstrahlenden Gebirgslandschaft gleitet der elegant gekleidete Reverend Robert Walker auf Schlittschuhen über eine spiegelglatte Fläche, mit sicherem Stand und in die Ferne gerichteten Blick.[12]

Es ist dies das Gegenbild des Gemeinsamen Pastoralen Amts, aber es gemahnt an eine Tradition, die zum Pfarrberuf und wohl auch zu anderen kirchlichen Berufen gehört und die gelegentlich in pastoraltheologischen Entwürfen aufgegriffen wird. Der Berliner Praktische Theologe Wilhelm Gräb beispielsweise

---

8 A. a. O., 5.

9 Vgl. zum Folgenden Lauster 2015, 486 ff.

10 Zitiert bei Lauster 2015, 489.

11 Lauster 2015, 491.

12 Sir Henry Raeburn (1756–1823): *Reverend Robert Walker beim Schlittschuhlaufen*, um 1795, Edinburgh, Scottish National Gallery Kat. 183. Lizenzfrei unter https://de.wikipedia.org/wiki/Reverend_Robert_Walker_beim_Schlittschuhlaufen#/media/Datei:The_Skating_Minister.jpg (Abruf 29. 11. 2021).

Sir Henry Raeburn (1756–1823): *Reverend Robert Walker beim Schlittschuhlaufen*, um 1795

erinnert daran, dass »der religiöse Beruf von der ihn ausübenden personalen Subjektivität zugleich als (religions)produktive Gestaltungsaufgabe verstanden wird«[13] und gerade darin die protestantische Freiheit in der Ausübung des Amts beruht. Manfred Josuttis brachte es auf einprägsame Formeln: Pfarrer*innen sind anders, zu ihrem Beruf gehört

13 Gräb 1998, 326.

»eine strukturelle Schwierigkeit, die sie immer wieder erleben. Menschen suchen ihre Nähe, sorgen aber auch für Distanz. [...] Das ist deswegen so, weil Pfarrer und Pfarrerinnen Repräsentanten des Heiligen sind. Und die Macht wirkt, wie schon R. Otto betont hat, als mysterium tremendum wie als mysterium fascinosum, verlockend und bedrohlich zugleich.«[14]

2. Die Einsamkeit des pastoralen Berufs

Einsamkeit ist berufsbedingt und verlangt die Bereitschaft, sich in geistliche Exerzitien, Selbsterforschung, Gebet und Meditation zu begeben und sich so der »verborgenen und verbotenen Zone des Heiligen«[15] auszuszusetzen. Es ist die Fähigkeit, die Subjektivität des Glaubens zu leben und zu reflektieren, um sie dann als christlich-religiösen Lebensstil, als gelebte Lebensdeutung und eigene Lebenspraxis transindividuell zu kommunizieren, die Pfarrpersonen zu Musterprotestant*innen macht, um noch einmal einen Begriff Wilhelm Gräbs aufzugreifen.

2.1 Einsamkeit als Distanzierung

Empirische Studien lassen Einsamkeit als Haltung erkennen, die sich negativ auf die Bereitschaft zum Teamwork auswirkt, wenn Pfarrer*innen in der Realität sich in ihrer Arbeit und ihrem Selbstverständnis »individuell ausrichten und auf ihre persönliche Erfahrung vertrauen. Sie orientieren sich vor allem an ihren eigenen Überzeugungen«[16] und lassen eine gewisse Selbstabschließung als Berufsgruppe erkennen: »die hochgradige Individualisierung der Pfarrer und Pfarrerinnen [begünstigt] nicht nur eine eigenständige Berufsausübung, sondern nicht selten auch eine Unwilligkeit, mit anderen zu kooperieren und dabei eigene Vorstellungen und Arbeitsweisen zur Disposition zu stellen.«[17] Jenseits der stilisierten Figur des einsamen Mystikers leuchtet auch ein Aspekt auf, der von Psychologen, insbesondere Fritz Riemann, als schizoider Persönlichkeitstyp, als Distanz-Typ beschrieben wurde: distanziert, kühl, sachlich, unpersönlich bis kalt, Nähe und Vertrautheit meidend, mit einer Angst vor Liebe, Bindung und Hingabe.[18] In der Distanznahme kann es zu Übersteigerungen kommen, zu romantischer Selbststilisierung als Mystiker*in. Hans-Georg Lubkoll warnt ent-

---

[14] Josuttis 1996, 19 f.

[15] A. a. O., 26.

[16] Wagner-Rau 2017, 112.

[17] Ebd.

[18] Vgl. die knappe Darstellung bei Klessmann 2004, 572 f.

sprechend: »Das gelegentliche Alleinsein ist ein Segen, die Einsamkeit ist es nicht.«[19] In den genannten pastoraltheologischen Entwürfen sind diese Aspekte auf den Pfarrberuf bezogen. Wenn sie jedoch nicht primär am Bild des Priesters, Propheten und Gurus orientiert sind, lassen sie sich auch auf andere kirchliche Berufsgruppen beziehen, insbesondere dann, wenn die Begegnungen mit anderen Menschen in existenziellen Situationen Folgen haben für Erfahrungen von Einsamkeit.

2.2 Einsamkeit als Folge von Nähe

Zur Subjektivität des Glaubens gehören Glaubenszweifel und Gewissenskonflikte, Situationen der Anfechtung von Lebens- und Glaubensgewissheiten. Es sind nicht zuletzt berufsspezifische Situationen, die zu immer wiederkehrenden Erfahrungen spiritueller Krisen führen, denn es gehört sowohl zu den Kennzeichen des Pfarrberufs als klassischer Profession als auch aller beratenden und helfenden kirchlichen Berufen, dass sie in Situationen existenzieller Fragen und Bedrohungen gefragt sind, in Situationen, wo es mitunter im Wortsinn um Leben und Tod geht. Viele der Situationen, in denen pastorales Handeln gefragt und geboten ist, sind mit Marginalisierung, Isolation und einem sich selbst verstärkenden Einsamkeitsgefühl verbunden, das gesundheitsmindernde Folgen haben kann, was wiederum diakonische, gesundheitsberufliche und pastorale Angebote erfordert.

Genau diese Situationen werfen grundlegende Fragen nach Sinn und Sinnlosigkeit auf und setzen Begleitende, Beratende, Sorgende selbst existenziellen Fragen bis hin zu Empfindungen der Verzweiflung aus. Für Henning Luther durchbrechen diese Situationen Alltagsroutine, Alltagsgewissheiten, sind Brüche der Alltagswelt; sie sind der Ausgangspunkt seines praktisch-theologischen Denkens. Es gilt gerade, »diese Unterbrechungen und Übergänge als die entscheidenden und fruchtbaren Anknüpfungspunkte religiöser Erfahrung wahrzunehmen« und sich in den Begegnungen mit Anderen dem Schmerz und der Sehnsucht auszusetzen. Die subjektive religiöse Erfahrung stellt sich nach Henning Luther nicht dann ein, wenn ein religiöses Subjekt im Rahmen seiner Professionalität sich in Bibelstudium, Meditation, Ekstase oder einer außerordentlichen Naturerfahrung vertieft, sondern wenn er sich in die Nähe zum Mitmenschen begibt, sich dem Angesicht des anderen Menschen stellt. Luther verweist dabei auf Emmanuel Lévinas und Karl Rahner. Die menschenfreundliche Nähe zum andern wird zum Quellort einer mystischen Erfahrung, wenn sie erfährt, dass in ihm »›Gott schon längst am Werk ist, als seine innerste

---

19 Lubkoll 1988, 54.

Sehnsucht‹ – und ich ergänze: als sein innerster Schmerz«.[20] Es ist die Konsequenz dieser Nähe, dass sie zu einer Beunruhigung der Seelsorgenden, Begleitenden und Beratenden führt – bevor sie den Anderen beruhigen, trösten oder versöhnen können. Es ist die Beunruhigung eines durch den christlichen Glauben, durch das Kreuzesereignis gebotenen Leidens an unserer Welt, die letztlich Ausdruck der Liebe zur Welt ist. Pastorale Unterstützung als soziale Unterstützung ist dabei nicht in erster Linie die Ermöglichung von Nähe, sondern die Vermittlung von Solidarität in Schmerz und Sehnsucht. Das Dasein, Aushalten und Dabei-Bleiben sind die Voraussetzung, die es dem anderen Menschen möglich machen, Vertrauen zu fassen, (professionelle) Nähe zuzulassen und schließlich eine Beziehung einzugehen, die therapeutischer und seelsorglicher Art sein kann. Kommunikation des Evangeliums baut auf der Solidarität mit Einsamen auf, ist »einsamkeitssensible Kommunikation«[21]. Ihr Ziel kann die Befreiung aus Isolation, der Einspruch gegen Einsamkeit sein, aber letztlich bleibt es unverfügbar, ob sich dieses Ergebnis einstellt. Darin bleibt Evangelium immer und grundlegend Geschenk, nicht herstellbares Ereignis oder – reformatorisch gesprochen – kein Werk.

3. Gebet als gestalteter Weg aus der Einsamkeit

Das theologische Ziel der Erfahrung von Nähe in der Begegnung mit anderen ist es, die Einsamkeitsgefühle von Schmerz und Sehnsucht in eine praxis pietatis, in das einsame Gebet zu überführen. Beten rechnet damit, dass Gott hört, gerade dann, wenn Gott als fern, schweigend und abwesend erfahren wird. Gebet gestaltet geradezu die Einsamkeit des Menschen vor Gott, benennt eigenen und fremden Schmerz, eigene und fremde Not und sehnt Gottes Handeln und Eingreifen herbei. Die Systematische Theologin Magdalene L. Frettlöh beschreibt in einer lesenswerten Begegnung mit Psalm 77, dass im Gebet auch das Nicht-Beten-Können formuliert und in die Gottes-Beziehung aufgenommen werden kann.[22] Die tiefste Erfahrung von Einsamkeit in der religiösen Subjektivität wird im Beten Bestandteil einer anhaltenden Beziehungskommunikation, die mit einer Anrede (»Unser Vater«) beginnt und die hofft, in einer Doxologie enden zu können.

Gebetspraxis ist deshalb die vielleicht vornehmste pastorale Handlungsform, durchaus als einsames Gebet im stillen Kämmerlein, in dem die existenziellen Widerfahrnisse von der bedrängten Seele geredet und in Fürbitte für andere überführt werden. Aber es kann auch das gemeinsame Gebet in der Seelsorgebegegnung sein bis hin zum gemeinsamen Gebet im multiprofessionellen Team

---

[20] Luther 1992, 252.

[21] Lorenzen/Noth 2017, 83.

[22] Vgl. Frettlöh 2021, 79.

kirchlicher Berufsgruppen (einschließlich der Ehrenamtlichen). Erst durch die Praxis des gemeinsamen Gebets werden multiprofessionelle Teams zu einer Pastoralgemeinschaft. Dabei ist nicht nur an das gesprochene, sondern gerade auch das gesungene und »in Klang gegossene Gebet« (Martin Schleske)[23] zu bedenken. Im Gebet ereignet sich die Kommunikation des Evangeliums als horizontale und vertikale Kommunikation, als Thematisierung der gegenwärtigen Situation, Erinnerung der Vergangenheit und Herbeisehnen der Zukunft. Es eröffnet Resonanz zwischen allen Beteiligten in der Erwartung von Nähe im Wissen um Differenz und Differenzen.

Literatur

Bubmann, Peter, *Pastorale Identität im Miteinander der Berufsgruppen,* in: Mikusch, Stephan/Proksch, Alexander (Hgg.), *Identitäten im Pfarramt. Denkanstöße aus Theorie und Praxis*, Leipzig 2019, 25–45.

Daiber, Karl-Fritz, *Mystik – Ernst Troeltschs dritter Typ der Sozialgestalt des Christentums*, Deutsche Fassung, Marburg 2014 (https://doi.org/10.17192/es2014.0004, (Abruf 29.11.2021)); Erstveröffentlichung in Social Compass 49 (2002), 329–241.

Evangelische Kirche im Rheinland, *Kirchengesetz über das Gemeinsame Pastorale Amt vom 13. Januar 2005, geändert durch Kirchengesetz vom 15. Januar 2020* www.kirchenrecht-ekir.de/document/3043 (Abruf 29.11.2021).

Frettlöh, Magdalene L, *Das Nicht-Beten-Können ins Gebet nehmen. Biblisch- und systematisch-theologische Beobachtungen und Reflexionen im Gespräch mit Psalm 77,* in: Beintker, Michael/Philipps, Albrecht (Hgg.), *Das Handeln Gottes in der Erfahrung des Glaubens. Ein Votum des Theologischen Ausschusses der Union Evangelischer Kirchen in der EKD (UEK),* Göttingen 2001, 79–102.

Gräb, Wilhelm, *Lebensgeschichten, Lebensentwürfe, Sinndeutungen*, Gütersloh 1998, 319–333.

Grethlein, Christian, *Praktische Theologie,* Berlin/Boston 2012.

Josuttis, Manfred, *Die Einführung in das Leben. Pastoraltheologie zwischen Phänomenologie und Spiritualität,* Gütersloh 1996.

Klessmann, Michael, *Pastoralpsychologie. Ein Lehrbuch,* Neukirchen-Vluyn 2004.

Lorenzen, Stefan/Noth, Isabelle, *Religionspsychologische Forschung zur Förderung praktisch-theologischer Sehschärfe. Einsamkeit und spätmoderne Kirchlichkeit,* in: Beckmayer, Sonja/Mulia, Christian (Hgg.), *Volkskirche in postsäkularer Zeit. Erkundungen und theologische Perspektiven*, Stuttgart 2017, 81–94.

Lubkoll, Hans-Georg, *Leib und Seele. Vom ganzheitlichen Denken in Bibel und Medizin,* München 1988.

Mette, Norbert, *Einführung in die katholische Praktische Theologie,* Darmstadt 2005.

[23] In seinem Beitrag zu Peng-Keller 2017, 251.

Peng-Keller, Simon, *Gebet als Resonanzereignis. Annäherungen im Horizont von Spiritual Care*, Göttingen 1917.

Roser, Traugott (Hg.), *Handbuch der Krankenhausseelsorge*, Göttingen 2019.

Roser, Traugott, *¡Hola! bei Kilometer 410. Mit allen Sinnen auf dem Jakobsweg*, Göttingen 2021.

Schendel, Gunther, *Multiprofessionalität und mehr. Multiprofessionelle Teams in der evangelischen Kirche – Konzepte, Erfahrungen, Perspektiven*, Hannover 2020 (SI Kompakt Nr. 3 2020).

Troeltsch, Ernst, *Die Soziallehren der christlichen Kirchen und Gruppen*, Gesammelte Schriften, Band 1, Tübingen 1922.

Not und Chancen des einsamen Menschen aus seelsorglicher Perspektive

Peter Zimmerling

Einsamkeit stellt sich seelsorglich als ambivalentes Phänomen dar. Deshalb sollten in der Seelsorge nicht nur die Not der Einsamkeit mit Betroffenen ausgehalten, sondern auch ihre Chancen in den Blick genommen werden. Ziel ist es, das Schicksal der Einsamkeit auf die in ihm verborgenen Segenspotenziale abzuhören.

1. Beispiele von einsamen Menschen aus Geschichte und Gegenwart. Annäherungen

Der preußische König Friedrich der Große ist ein prominentes Beispiel für einen einsamen Menschen. In der Biografie Christian Graf von Krockows trägt ein Kapitel die ungewöhnliche Überschrift »Aufklärung und Einsamkeit«.[1] Der Autor vertritt die These: Nähme man die immer mehr wachsende und am Ende undurchdringliche Einsamkeit zum Ausgangspunkt der Betrachtung über das Leben von Friedrich, würde vieles erklärbar, was sonst unerklärlich bliebe. Zuerst ist an die unaufhörlich sprudelnde Versproduktion Friedrichs zu denken. Sie waren für ihn ein Mittel der Ablenkung und der Betäubung. Der König schrieb einem Freund, dass das Verseschreiben bei ihm dem Trinken eines Alkoholikers entspräche. Es war eine Flucht in den Rausch, um der Einsamkeit zu entgehen. Auch die bekannten Tafelrunden Friedrichs in Sanssouci waren ein Mittel gegen die Einsamkeit. Sie entwickelten sich im Laufe seines Lebens zu vielstündigen, bis zur Erschöpfung und Verzweiflung der Partner ausgedehnten Gesprächsmarathons. Dahinter stand ein ungeheures Redebedürfnis des Gastgebers. Er musste unaufhörlich reden, um seine Einsamkeit zu übertönen. Friedrich vollbrachte in seinem Leben eine Arbeitsleistung, die unglaublich erscheint. Die Arbeitslust wurde zu einer preußischen Tugend. Der König selbst beurteilte seine

---

1 Krockow, Christian Graf von, *Friedrich der Große. Ein Lebensbild*, Bergisch-Gladbach, [2]1994, 126 u. ö.

Arbeitsleistung sehr viel nüchterner. Er wusste, dass sie ein Mittel war, seine unerträgliche Einsamkeit zu ertragen. Überwunden hat Friedrich sie letztlich nicht. In seinem Testament verfügte er, bei seinen Windhunden beerdigt zu werden. Selbst im Tod ertrug er keine menschlichen Gefährten.

Nun ein Sprung in die Gegenwart: Vor einiger Zeit besuchte ich eine ungefähr 50jährige Frau. Sie hatte ganz plötzlich durch Krankheit ihren Mann verloren. Von heute auf morgen musste sie lernen, allein zu leben. Am meisten machte ihr zu schaffen, dass sie Sehnsucht nach Zärtlichkeit hatte und nicht wusste, wie sie damit umgehen sollte.

Ein 65 Jahre alter Witwer litt besonders darunter, dass er die Mahlzeiten ohne das Gespräch mit seiner Frau für sich allein einnehmen musste.

Nach 15jähriger Ehe trennt der Ehemann sich von seiner Frau. Während der seelsorgerlichen Begleitung eines Mitarbeiterehepaares hatte er sich in die andere Frau verliebt. Mit 40 Jahren steht die Ehefrau mit zum Teil noch kleinen Kindern alleine da. Sie fühlt sich in der Erziehung völlig überfordert. Außerdem fragt sie sich permanent, was sie gegenüber ihrem Mann falsch gemacht hat.

Ein ungefähr 25jähriger Mann sagte nach einem langen Gespräch am Abend unvermittelt zu mir: »Ich bin doch nicht dumm; wie es wirklich in mir aussieht, zeige ich keinem Menschen.« Entsprechend sah sein Leben aus. Immer wenn er eine nähere Beziehung zu einer Frau begonnen hatte, packte er – wie er sich ausdrückte – die Koffer und reiste ab.

Nach turbulenten und arbeitsreichen Tagen in der Kommunität, in der ich damals lebte, diskutierten wir, was wir am Abend machen könnten. Spontan meinte jemand: »Ich hätte Lust, mir ein Video reinzuziehen.« Dem haben sich die meisten angeschlossen. Es gab nur eine Ausnahme. Eine Mitarbeiterin sagte: »Nein, heute Abend möchte ich endlich einmal wieder für mich auf meinem Zimmer sein. Nach fünf Abenden Programm habe ich mich schon ganz irrsinnig darauf gefreut.« Tatsächlich ist sie in ihr Zimmer gegangen, um allein zu sein.

Die Beispiele aus Geschichte und Gegenwart zeigen, dass Einsamkeit zum Menschsein von jeher gehört. Neben einer unfreiwilligen, schicksalhaft verhängten Einsamkeit, die eine Herausforderung und eine Gestaltungsaufgabe darstellt, gibt es das freiwillig gewählte Alleinsein.

2. Einsamkeit gehört zum Menschsein

2.1 Einsamkeit – eine Grundbefindlichkeit des Menschen

Es gibt zwei Einbruchstellen im Verlauf des Lebens, wo diese Grundbefindlichkeit besonders deutlich zu spüren ist.[2] Die erste Einbruchstelle ist die Pubertät. Die

2 Vgl. dazu Erikson, Erik H., *Kindheit und Gesellschaft*, Stuttgart [6]1976, 255–258.

Pubertierenden entdecken, dass sie total anders sind als die anderen, zunächst völlig anders als die anderen Familienangehörigen. Das Gefühl der Zugehörigkeit, das in der Kindheit selbstverständlichen Halt bot, zerbricht plötzlich. Als Rettung aus der Einsamkeit wird eine neue Zugehörigkeit zu einer Gruppe von Gleichaltrigen erlebt, der Jugendliche sich häufig auf Gedeih und Verderb anschließen.

Die zweite Einbruchstelle ist die so genannte zweite Pubertät oder Midlife-Crisis, die Wechseljahre, die Frauen und Männer gleichermaßen erleben. In dieser Phase geht es darum, die ungelöste Ureinsamkeit nicht mehr durch Zugehörigkeit zu einer Peergroup zu überwinden, sondern Geborgenheit in sich selbst, und für einen Christen heißt das, Geborgenheit in der persönlichen Gemeinschaft mit Gott zu finden.

2.2 Unterschiedliche Formen der Einsamkeit

Es gibt ein Urverlangen des Menschen, nicht allein zu sein. Bereits in 1Mose 2,18 sagt Gott über den Menschen: Es ist nicht gut, dass er allein sei. Aristoteles bezeichnete den Menschen im ersten Buch seiner »Politik« als zoon politikon, als geselliges, als soziales Wesen. Gleichzeitig jedoch gibt es eine *notwendige* Einsamkeit. Wer die Biographien wichtiger biblischer Personen von Mose über David bis zu Jesus, Paulus und Johannes anschaut, stellt schnell fest, dass sie alle lange Phasen der Einsamkeit durchlebt haben. Mose beispielsweise hat jahrzehntelang in der Wüste die Viehherden seines Schwiegervaters gehütet. David musste vor Saul in die Wüste fliehen, wo er viele Jahre verbracht hat. Jesus wurde am Beginn seiner Wirksamkeit vom Geist in die Wüste geführt. Paulus hat aller Wahrscheinlichkeit nach seiner Bekehrung 12 Jahre in der arabischen Wüste gelebt. Johannes der Apokalyptiker schließlich hat seine Offenbarungen in der Einsamkeit einer Inselhöhle empfangen. Diese notwendige Einsamkeit diente ihnen allen zur Vorbereitung auf eine bestimmte Lebensaufgabe oder auf einen neuen Lebensabschnitt.

Daneben existiert eine *selbstgewählte* Einsamkeit. Das frühe Mönchtum entstand aus der Sehnsucht, in der Wüste mit Gott allein zu sein.[3] Heute haben es manche Menschen satt, sich mit anderen auseinanderzusetzen; anderen wächst

---

3 Grundlegend: *Weisung der Väter. Apophthegmata patrum, auch Gerontikon oder Alphabeticum genannt* (Sophia, Quellen östlicher Theologie, Bd. 6), Trier ^{3}1986; vgl. auch Schulz, Günther/Ziemer, Jürgen, *Mit Wüstenvätern und Wüstenmüttern im Gespräch*, Göttingen 2010; Seitz, Manfred, *Wüstenmönche. Menschen, die den Eindruck machen, dass sie beten*, in: Möller, Christian (Hg), *Geschichte der Seelsorge in Einzelporträts, Bd. 1: Von Hiob bis Thomas von Kempen*, Göttingen/Zürich 1994, 81–111.

alles über den Kopf, so dass sie sich in ihre Wohnung zurückziehen. Wieder andere suchen im »Kloster auf Zeit« bewusst die Einsamkeit.

Eine weitere Form der Einsamkeit ist die *eingeredete* Einsamkeit. Es gibt Menschen, die unentwegt behaupten, dass sie keinen Menschen hätten. Bei genauerem Hinsehen stellt sich jedoch heraus: Es gibt eine Nachbarin, die regelmäßig zu Besuch kommt, oder der vermeintlich ganz einsame Mensch gehört zu einem Kreis von Menschen, der sich regelmäßig trifft. Ein biblisches Beispiel dafür findet sich in Joh 5. Dort wird von einem Gelähmten berichtet, der zu Jesus sagt, er habe keinen Menschen. Der Gelähmte hat jedoch schon über 30 Jahre am Teich Bethesda gelegen, ohne sich rühren zu können. So muss zumindest irgendjemand dagewesen sein, der ihm gelegentlich Essen gebracht hat. Wahrscheinlich hat ihn Jesus deswegen zunächst gefragt: »Willst du gesund werden?«, um das Fünkchen eigenen Willens, das in ihm noch vorhanden war, zu entfachen.

Es gibt auch eine *selbstverschuldete* Einsamkeit, die viele Ursachen besitzt. Eine möchte ich nennen: Wenn Menschen etwas zu verbergen haben, eine Schuld, die sie drückt, die sie aber nicht aussprechen wollen und sich darum in das Schneckenhaus ihrer Einsamkeit zurückziehen. 1Joh 1,5–7 führt ein Gegenprogramm vor Augen: »Wenn wir im Lichte wandeln, wie er, Gott, im Lichte ist, dann haben wir Gemeinschaft untereinander.« Ein Mensch, der es wagt, seine Schuld in das Licht der göttlichen Vergebung zu bringen, gelangt automatisch aus der Einsamkeit in die Gemeinschaft mit Gott und Menschen.

Natürlich gibt es auch die *unverschuldete* Einsamkeit. Sie trifft Menschen durch den Tod des Ehepartners oder der Eltern, durch Scheidung oder durch Partnerlosigkeit. Unverschuldete Einsamkeit kann einem Menschen auch dann widerfahren, wenn er schwer krank wird und längere Zeit ans Bett gefesselt ist. Solche Menschen können sich am Anfang kaum retten vor Besuchenden. Je länger die Krankheit jedoch dauert, desto weniger Menschen kommen. Die in unserer Gesellschaft am weitesten verbreitete Ursache für unverschuldete Einsamkeit ist das Alter. In Seniorenheimen schaut manchen Bewohnerinnen und Bewohnern die Einsamkeit regelrecht aus den Augen heraus. Abgeschoben und vergessen von der Verwandtschaft, warten sie auf den Tod.

3. Die Not der Einsamkeit

GESTERN

»Gestern kam keiner.
Keiner rief.
Mich hat keiner erwartet.
An einer Böschung saß ich mit keinem.
Fuhr weiter zu keinem.
Keinem zulieb.

Am Meer auch keiner.
Kein Wort gesagt hat jemand.«
Gabriele Wohmann[4]

Dichter haben häufig eine Begabung dafür, das Empfinden einer ganzen Zeitepoche in Worte zu fassen. Gabriele Wohmann besitzt diese Begabung. Viele Menschen unserer Gesellschaft fühlen sich aus verschiedenen Gründen einsam, ungeborgen: »Ich fühle mich von Gott und der Welt verlassen, mutterseelenallein.« Andere sagen es schlichter: »Die Decke fällt mir auf den Kopf.« Aufgrund ihrer Einsamkeit geraten viele in Angst und Panik. Sie haben nicht gelernt, mit ihrer Einsamkeit positiv umzugehen, sie zu gestalten. Die zunehmenden Freiheitsgewinne der westlichen Gesellschaften gehen einher mit einem forcierten Individualismus und einer Schwächung der Sozialsysteme wie Familie, Freundschaft und Nachbarschaft. Einer größer werdenden Anzahl von Menschen gelingt es kaum noch, zunehmenden Individualismus und kontinuierlich wachsende persönliche Freiheit mit der Bereitschaft zu Gemeinschaft und Bindung zu verbinden. Wachsende Einsamkeit scheint der Preis für die modernen Freiheitsgewinne zu sein. Eine Ursache für die Einsamkeit liegt auch darin, dass vielen Menschen heute nicht deutlich ist, dass Beziehungs- und Liebesfähigkeit nicht automatisch gegeben sind, sondern eingeübt werden müssen. Ein weiterer Grund liegt darin, dass viele Menschen der Begegnung mit sich selbst ausweichen. Ich kenne eine Reihe von Menschen, die erst nach dem vierten oder fünften Glas Bier sagen, wie ihnen wirklich zumute ist. Dann fangen sie plötzlich an, über sich selbst zu reden. Im normalen Alltag jedoch geschieht das nicht.

An dieser Stelle liegen wesentliche Herausforderungen für die seelsorgliche Begleitung. Sie hat die Aufgabe, Menschen Hilfestellungen für den Umgang mit ihrer Einsamkeit zu geben.

4. Chancen der Einsamkeit

Einsamkeit kann das Leben positiv verändern, wenn Menschen diese aushalten, ohne sie vorschnell zu beseitigen. Wir können sie als Quelle der Kraft entdecken. Albert Einstein meinte einmal, dass er in jener Einsamkeit lebe, die peinvoll in der Jugend sei, aber köstlich in den Jahren der Reife. Einsamkeit ist eine wesentliche Voraussetzung, um Erkenntnis zu gewinnen und durch diese Erkenntnis andere zu bereichern.

---

4 Wohmann, Gabriele, *Ausgewählte Gedichte 1964–1982*, Darmstadt 1983, 6f.

4.1 Einsamkeit als Ort der Selbsterkenntnis

Die Einsamkeit kann zur Chance werden, nicht länger vor sich selbst davonzulaufen. Dadurch bietet sie einen Freiraum, in dem Selbsterkenntnis zu wachsen vermag. Einsame Menschen können ihre Masken erkennen und diese ablegen. Denn vor wem sollte ein einsamer Mensch seine Maske aufbehalten wollen? Die Einsamkeit bietet die Möglichkeit, sich verletzlich zu zeigen und dadurch menschlicher zu werden.

4.2 Einsamkeit als Ort der Begegnung mit Gott

Charles de Foucauld, der viele Jahre allein in der Sahara gelebt hat,[5] beschreibt seine Erfahrung der Einsamkeit vor Gott:

> »Man muss einmal die Wüste durchquert haben und darin wohnen, um die Gnade Gottes zu empfangen. Diese Stille, diese Sammlung, dieses von sich Fortscheuchen all dessen, was nicht Gott ist, ist nötig für unser Herz, damit Gott sein Reich darin aufrichten und die innige Verbindung mit sich schaffen kann. Später werden wir genau in dem Maß Frucht bringen, wie der innerliche Mensch in uns gebildet ist. Man kann nur mitteilen, was man besitzt. Im Alleinsein und im Leben mit Gott allein schenkt Gott sich dem ganz, der sich in dieser Weise ganz ihm schenkt.«[6]

Dietrich Bonhoeffer hat in seinem Buch »Gemeinsames Leben« einen Abschnitt verfasst über die Segnungen der Einsamkeit, wobei er auch die Gefährdungen nicht verschweigt.[7] Auch er betont, wie wichtig die Einsamkeit ist als Ort, um Gott zu begegnen. Das persönliche Gebet setzt einen zeitlichen Freiraum des Alleinseins mit Gott voraus. Nur in der Einsamkeit gelingt ein echtes Hören auf das, was Gott uns sagen will. Meditieren kann nur, wer allein sein kann.

---

5 Vgl. dazu im Einzelnen: Zimmerling, Peter, *Der Ruf der Wüste. Charles de Foucauld - ein herausforderndes Leben, Gießen 2008*, bes. 13–35.

6 *Wasser aus der Wüste. Worte aus dem Leben von Charles de Foucauld*, hg. von Frische, Reinhard, Gießen 1983, 44 f.

7 Bonhoeffer, Dietrich, *Gemeinsames Leben/Das Gebetbuch der Bibel. Eine Einführung in die Psalmen*, hg. von Müller, Gerhard L./Schönherr, Albrecht, DBW, Bd. 5, München 1987, 65 -76 (wieder abgedruckt in: Bonhoeffer, Dietrich, *Gemeinsames Leben.* Mit einer Einführung von Zimmerling, Peter, Gießen ^{2}2020, 89–102).

4.3 Notwendiges Gegengewicht zur Gemeinschaft

Bonhoeffer nennt noch einen weiteren positiven Aspekt der Einsamkeit: Die Einsamkeit ist das notwendige Gegengewicht zur Gemeinschaft.[8] Ohne Phasen der Einsamkeit lösen Menschen sich auf, zerfasern sie. Die Einsamkeit bietet die Chance zur Stärkung des Selbstvertrauens. Wenn ich merke, dass ich - im Wissen um die bergende Gegenwart Gottes - allein sein kann, werde ich fähig, mein Leben in der Gemeinschaft mit Gott zu gestalten. Die Unabhängigkeit vom Urteil anderer wächst. Ich bin nicht mehr darauf angewiesen, einfach nachzusprechen, was mir von anderen vorgesagt wird. Die Fähigkeit wächst, mich zu unterscheiden - auch zu widerstehen. Vielleicht muss ich einen als richtig erkannten Weg eine Zeitlang ganz alleine gehen. Alleinsein zu können, gehört zur menschlichen Würde.

4.4 Weg zu Freiheit und Würde

Jeder Mensch steht vor der Herausforderung, seine Einsamkeit ertragen und gestalten zu lernen. Je früher er es lernt, desto besser. Kindern kann man helfen, spätere Einsamkeitsphasen zu ertragen, indem man sie zum schöpferischen Spiel anleitet und ihnen Zeit und Freiraum gewährt, ohne sich dauernd mit der Kraft einer überfürsorglichen Mutter oder eines überengagierten Vaters in das Spiel einzumischen. Erwachsen geworden haben sie es dann leichter, mit Lust und Liebe etwas zu erforschen, zu studieren, zu pflegen oder zu gestalten. Es geht darum, die Fähigkeit zu entwickeln, sich an etwas zu erfreuen, etwas mit Lust und Liebe zu tun.

Bei Besuchen in meiner Vikariatsgemeinde vor vielen Jahren hat mich beeindruckt, älter gewordene Menschen zu treffen, die mit Würde verstanden, ihr Leben zu gestalten, auch wenn sie allein leben mussten.

4.5 Voraussetzung zur Beziehungsfähigkeit

Wenn ich in der Einsamkeit vor Gott lerne, mich verletzlich zu machen, wenn ich Selbstvertrauen und innere Unabhängigkeit gewinne, werde ich beziehungsfähiger. Nur wer allein leben kann, ist auch in der Lage, eine dauerhafte Beziehung einzugehen. Umgekehrt sind tragfähige Beziehungen die Voraussetzung dafür, Einsamkeit auszuhalten.

---

8 »Wer nicht allein sein kann, der hüte sich vor der Gemeinschaft« (DBW, Bd. 5, 65; im Text hervorgehoben).

Was mache ich, wenn ich einsam bin und diese Beziehungen nicht habe? Ich kann mich umschauen nach Menschen, zu denen ich eine Beziehung aufbauen möchte. Freundschaften bauen kann jeder Mensch! Ich kann damit beginnen, indem ich einen anderen zum Abendessen einlade. Das macht ein wenig Mühe: Ich muss vorher einkaufen, vielleicht etwas kochen und schließlich das Geschirr spülen. Auch Freundschaften kosten ihren Preis. Es gibt auch viele Möglichkeiten, sich im Bekanntenkreis zu engagieren - und wenn ich nur anbiete, Kindern vorzulesen.

4.6 Einsamkeit als Form des Fastens

Bonhoeffer nennt in seinem schon erwähnten Buch »Gemeinsames Leben« eine weitere Chance der Einsamkeit: Einsamkeit hat mit Fasten zu tun.[9] Aus dem temporären Verzicht auf das Wort erwächst das rechte, das hilfreiche Wort. Ein geistlich verstandenes Fasten stellt ein Einüben von Verzicht zugunsten von etwas anderem dar. Deshalb kann Einsamkeit eine Form von Fasten sein: ein bewusster Verzicht auf Gemeinschaft, um Kraft und Zeit für etwas anderes frei zu haben, das gerade dran ist.

Die Einsamkeit lässt wesentlicher leben. In ihr lässt sich lernen, all das loszulassen, was uns vorher unentbehrlich erschien, aber aus dem Blickwinkel der Einsamkeit betrachtet als überflüssig, ja sogar hinderlich für erfüllendes Leben erkennbar wird. Einsamkeit führt dazu, dass man sich leichter fühlt. All das fällt ab, was vorher die Kehle zugeschnürt hat.

Schon um der seelischen Hygiene willen ist Einsamkeit unerlässlich: Jeder und jede braucht einsame Zeiten, um schwere Erlebnisse wie Verzicht und Enttäuschungen verarbeiten zu können.

Sämtliche Chancen der Einsamkeit kommen nicht automatisch über uns. Die grundlegende Frage ist, ob es gelingt, in der Einsamkeit offen zu werden für die Begegnung mit Gott, zu erkennen, was er uns zu sagen hat. Dag Hammarskjöld (1905-1961), der zweite Generalsekretär der UNO, fasst das Gemeinte in seinem geistlichen Tagebuch *Zeichen am Weg* folgendermaßen zusammen:

> »Immer unter Fremden, um dessentwillen, was dich formte - einsam.
> Immer dürstend nach Wasser aus der Quelle - gefangen, nicht frei, es zu suchen.
> Die Antwort - die harte, reine, schwere Antwort:
> in dem Einen bist du niemals einsam, in dem Einen bist zu allezeit zu Hause.«[10]

---

9 DBW, Bd. 5, 66-69.

10 München 1965, 84.

5. Ein Beispiel aus der Praxis: Seelsorgliche Begleitung von Singles[11]

Es geht für Seelsorgende vor allem anderen darum, die besondere Situation Alleinstehender wahrzunehmen, sich mit ihr vertraut zu machen. Da die kirchliche Arbeit immer noch primär auf Ehe und Familie konzentriert ist, ergibt sich an dieser Stelle eine dringend notwendige Erweiterung des seelsorglichen Blickfeldes.

Die Einzelseelsorge ergibt sich in der Gemeinde vor allem durch Geburtstagsbesuche bei älteren Singles (z.B. Verwitweten). Dabei geht es – wie in jedem seelsorgerlichen Gespräch – erst einmal darum, zuzuhören. Erst in einem nächsten Schritt sollte man helfen, die Ambivalenz des Singleseins wahrzunehmen, den Blick auch für dessen Chancen und Möglichkeiten zu öffnen: Bis vor kurzem waren verwitwete Frauen häufig erst nach dem Tod des Ehepartners frei, den eigenen Interessen nachzugehen. Ein weiterer Punkt könnte sein, zum Aufbau neuer Beziehungen zu ermutigen.

Eine andere Möglichkeit der Seelsorge an Singles stellen unterschiedliche Formen der Gruppenseelsorge dar. In den Landeskirchen gibt es seit einigen Jahren einige Arbeitsstellen, die sich speziell mit der Single-Thematik befassen und z.T. überregionale Seelsorgeangebote machen. Dazu gehört die Arbeitsstelle »Alleinstehende« im Evangelischen Regionalverband Frankfurt a.M.[12] An überregionalen Angeboten sind denkbar: offene und geschlossene Gesprächsgruppen, psychologische Gruppenberatungen, offene Treffs, Feste, Wochenendfreizeiten für Singles. Um einen Einblick in die inhaltliche Arbeit zu geben, hier einige Themen der verschiedenen Gruppen und Seminare:[13] »Ich bin allein, doch nicht einsam oder ›bewusstes Alleinsein‹«; »Ich möchte mein Alleinsein verändern und weiß noch nicht wie«; »Ich lebe allein in Frankfurt«; »Beziehungen [...] aufnehmen, gestalten, aushalten, abbrechen, klären [...]«; »Aufhören – Anfangen«; »Kontakt- und Kommunikationstraining für Alleinstehende«; »Wege zu mir«; »Ich bin allein – wie gehe ich mit meiner Einsamkeit um?«; »Alleinleben – eine Gott-gewollte Lebensform?!« –

Auf Gemeindeebene bietet es sich z.B. an, einen »Treffpunkt für Singles« zu gründen. Dabei sollten Seelsorgende sich klarmachen, dass die Schwierigkeiten mit dem Alleinsein von ledigen, geschiedenen und verwitweten Singles ganz ähnlich erlebt werden.[14] Solche »Treffpunkte« durchlaufen unterschiedliche Phasen des Miteinanders: zunächst dominiert das Erzählen, der gegenseitige

---

11 Standardwerk ist hierzu immer noch: Liebau, Irmhild, *Alleinstehende. Probleme, Chancen, seelsorgerliche Begleitung* (Arbeiten zur Pastoraltheologie, Bd. 27), Göttingen 1994.

12 Liebau 1994, 215ff.

13 Zit. nach Liebau, 1994, 216.

14 Liebau 1994, 211.

Austausch; später kommt es zu Verabredungen und beginnen sich neue Beziehungen zu bilden; daraus folgt häufig ein Stückweit das Teilen des Alltags.

Insgesamt eröffnet sich ein weites Feld an Möglichkeiten der seelsorgerlichen Begleitung von Singles, wobei ich ausdrücklich darauf hinweisen möchte, dass gerade in diesem Zusammenhang Laien zur verantwortlichen Mitarbeit ermutigt werden sollten. Es leuchtet ohne weiteres ein, dass eine Witwe besser geeignet ist, einer anderen verwitweten Frau seelsorglich beizustehen als ein junger Pfarrer mit Frau und drei kleinen Kindern.

Zwischen neuer Einsamkeit und fluider Gemeinschaft – Perspektiven für Kirche und Diakonie

Holger Böckel

1. Neue Einsamkeit und Gesellschaft

Der Begriff Einsamkeit hatte infolge seines Ursprungs beim mittelalterlichen Mystiker Meister Eckhart, der ihn als *unio mystica*, als mystische Vereinigung mit Gott entwarf, eine durchaus positive Konnotation. Auch heute gibt es Stimmen, die dafür plädieren, »Einsamkeitsfähigkeit« neu zu erlernen und als positive Kraft zu sehen.[1] Allerdings ist die Gottesbeziehung für viele nicht mehr relevant. Entscheidend am negativ konnotierten modernen Gefühl der Einsamkeit ist die Einschätzung, *unfreiwillig* und auf unabsehbare *Dauer* alleine bzw. sozial *vereinzelt* zu sein, ohne dass dies für den einzelnen nennenswert beeinflussbar zu sein scheint.[2] Einsamkeit ist weder gleichzusetzen mit dem Zustand sozialer Isolation oder Vereinzelung (Alleinsein), wenngleich sie damit einhergehen bzw. daran anschließen kann, noch ist die gewählte Form (temporärer) sozialer Abgeschiedenheit bzw. Reduktion sozialer Kontakte im Blick. Vielmehr geht es um die *subjektive Einschätzung*, dass die vorhandenen sozialen Beziehungen bzw. Kontakte nicht die gewünschte Qualität bzw. Intensität besitzen. Dies führt zu der nur vordergründig paradoxen Einsicht, dass man gerade unter vielen Menschen in der unmittelbaren Umgebung, etwa in einem urbanen Kontext und unter Umständen sogar (digital) »kontaktreich« einsam sein kann. Ebenso ist es denkbar, die (vorübergehend) gewählte Abgeschiedenheit bei einer »einsamen« Tour im Himalaya positiv wahrzunehmen.

Mit der Diskussion um »neue« Einsamkeit ist somit zugleich die Frage nach der – vermeintlich – verlorenen, oder zumindest vermissten sozialer Einbindung im Spiel, woran sich meist die Suche nach gesellschaftlichem Zusammenhalt, nach Intimität bzw. nach neuen Formen der *Gemeinschaft* anschließt. Diana Kinnert und Marco Bielefeld analysieren in diesem Sinne Vereinsamung und Unverbundenheit in modernen Gesellschaften gerade im Angesicht digitaler

---

1 Markwart 2021.

2 Kinnert/Bielefeld 2021, 62 f.

Konnektivität.[3] Kontaktarmut, Verlassenheit, Isolierung seien Kennzeichen einer »neuen Einsamkeit«, demgegenüber das Gemeinwesen gerade in Großstädten wenig entgegenzusetzen habe und wovon gerade junge Menschen der »Generation Z« betroffen seien.[4] Haltlos »auseinanderindividualisiert« führen, so die Autoren, vielmehr gerade Smartphones (»Vereinzelungsapparate«) die gefühlte Unverbundenheit bei gleichzeitig hoher Kontaktrate vor Augen. Hintergrund dieser Entwicklung hin zu einer »überindividualisierten« Gesellschaft, in der jeder sich selbst als Handlungszentrum, als »Designer seiner sozialen Realität« begreife, seien vor allem die Anforderungen eines »flexiblen Kapitalismus«, der Verbindlichkeit und Einbindung unterlaufe.[5] Die »neue Einsamkeit« ist in dieser Perspektive ein kollektives Phänomen im globalen Maßstab und in England ebenso wie in Japan, in den USA ebenso wie hierzulande zu finden, wobei vor allem die im Zuge des westlichen Kapitalismus beeinflusste Moderne im Blick zu sein scheint.[6]

Daher ist es angezeigt, das Verhältnis von *Gemeinschaft und Einsamkeit in der modernen, westlichen Gesellschaft* näher zu betrachten. Hier soll dies gerade angesichts des Anspruchs geschehen, wonach sowohl für Kirche als auch für Diakonie Gemeinschaft als ein programmatischer Begriff gebraucht wird: Kirche versteht sich wesentlich als »Gemeinschaft« der Gläubigen, Diakonie als »Dienstgemeinschaft« im Blick auf Notlagen in der Gesellschaft. Wie gehen also Menschen, wie gehen Organisationen in Kirche und Diakonie mit »Einsamkeit« konfrontiert um? Besteht hier ein entsprechendes, möglicherweise besonderes Sensorium? Gibt es Gemeinschaftspotenziale, die im Blick auf das moderne Phänomen der Einsamkeit ins Spiel gebracht werden können?

Zunächst gilt es festzuhalten, dass weder Einsamkeit einseitig negativ konnotiert sein muss, noch Gemeinschaft, gleichsam als Gegenteil, einseitig positiv aufgeladen werden darf.

2. Idealisierte Gemeinschaft und Moderne

Im Unterschied zum relativ neu untersuchten Phänomen Einsamkeit ist im Falle der Gemeinschaft eine längere Theoriebildung zu verzeichnen, zumal sich soziologische Fragestellungen in ihren Ursprüngen Anfang des 20. Jahrhunderts

---

3 Ebenda.

4 Ebenda, 26f, 131ff.

5 Ebenda, 82, 168f u.ö.

6 In globaler Perspektive nennt der Inder und ehemalige IWF-Chefökonome Rhaguram G. Rajan (2020) Globalisierung, Finanzkrise und digitale Transformation als Ursachen eines »Ungleichgewichts«, wogegen er vor allem die Stärkung lokaler, inklusiver Gemeinschaften als Gegengewicht empfiehlt.

vor allem am Auseinandertriften von Gemeinschaft und Gesellschaft entzündeten.[7] Maßgeblich war die von Ferdinand Tönnies u. a. postulierte These, dass in der modernen kapitalistischen, als »kalt« empfundenen funktionalen Gesellschaft der mit Gemeinschaft verbundene soziale Zusammenhalt allmählich schwindet. Eine zunehmende Dynamisierung und Komplexität sowie Ausdifferenzierung in voneinander unabhängige gesellschaftliche Sphären führten im Unterschied zu vormodernen (vor dem Hintergrund einer Agrargesellschaft vor allem groß-familiär gedachten) »Gemeinschaften« im Laufe des 19. Jahrhunderts zu Entfremdung (Marx), Sinnverlust (Weber), Anomie (Durkheim), Quantifizierung bzw. Gleichgültigkeit (Simmel). Gemeinschaft beinhaltete vor diesem Hintergrund all das, was im Gesellschaftsbegriff nicht aufging. Sie stand für eine »romantische Sehnsucht und eine grundlegende Kritik der Moderne« – und erwies sich gerade darin selbst als zutiefst modern.[8] Beispielhaft hierfür können die – auch für diakonische Initiativen und Unternehmen bis heute wirksamen Vereinsgründungen Anfang des 20. Jahrhunderts genannt werden. Denn sie organisieren jetzt Gemeinschaft, zu der man deshalb freiwillig beitritt (oder nicht beitritt). Moderne Gemeinschaften erscheinen so – paradoxerweise – als *Organisationen* zum Zweck der Zugehörigkeit. Auch das bis heute wirksame Konzept der Volkskirche kombinierte im Kontext der Weimarer Reichsverfassung (WRV) – für die damalige Zeit revolutionär – das organisationale Moment der prinzipiell freiwilligen Mitgliedschaft mit dem der (Religions-)*Gemeinschaft*, freilich bei fortbestehenden staatsanalogen Elementen und einer entsprechenden institutionslogischen Mentalität.

Nach den totalitären Erfahrungen im Laufe des 20. Jahrhunderts und der Korrumpierung des Begriffs im Zuge der »Volksgemeinschaft« während der NS-Diktatur[9] kam es erst sehr zögernd zu einer neuen, eher neutralen Annäherung an die Gemeinschaftsidee. Moderne Gemeinschaften besitzen immer – ambivalente – imaginäre Züge, was am Konzept der Nation aufzeigbar ist.[10]

Heute entstehen *posttraditionale* Gemeinschaften »weniger durch die Nähe ihrer Mitglieder im sozialen Raum oder durch gemeinsame Wertüberzeugungen als vielmehr aufgrund von ähnlichen Lebensstilen, geteilten Konsumpraktiken oder ästhetischen Ausdrucksweisen«. Abstammung, Geschichte oder Tradition spielten demgegenüber kaum noch eine Rolle. Stattdessen könne man fünf Kennzeichen für moderne Gemeinschaften nennen: »Abgrenzung gegenüber einem Nicht-Wir, ein Gefühl der Zusammengehörigkeit, ein geteiltes Interesse,

---

7 Vgl. Rosa u. a. 2010.

8 Ebenda, 32 f, 38.

9 Gegen Tendenzen des um sich greifenden Gemeinschaftsradikalismus in der Weimarer Republik hat vor allem Helmuth Plessner vor den »Grenzen der Gemeinschaft« (1925) gewarnt – siehe Rosa u. a., 2010, 44.

10 Vgl. Anderson 2005.

eine intersubjektiv anerkannte Wertsetzung sowie den Zugang zu gemeinsamen Interaktions(zeit)räumen.«[11] In diesem Sinne ist der »Vergemeinschaftungsmodus« des postmodernen »Neo-Tribalismus« durch eine hohe »Fluidität und Situativität« gekennzeichnet, wonach sich der Einzelne temporär für die Zugehörigkeit zu einer Gemeinschaft entscheide, ohne sich hier dauerhaft zu verpflichten.[12] Moderne Gemeinschaften, so könnte man paradox formulieren, organisieren heute *vorübergehende* Zugehörigkeiten.

Die Gefahr im Blick auf die gefühlte »Einsamkeit« vereinzelter Individuen besteht indes ohne Frage darin, dass die Mechanismen sich als exklusiv verstehender Gemeinschaften als *Kompensation* für erfahrene Einsamkeit bzw. mangelnde gesellschaftliche oder soziale Teilhabe bilden.[13]

In einer solchen Perspektive interpretiert die New-York-Times Kolumnistin Michelle Goldberg den »Trumpismus« als ein Mittel gegen die Einsamkeit vieler seiner Anhänger. Einsamkeit sei ein fruchtbarer Nährboden für eine bedingungslose Gefolgschaft des Ex-Präsidenten, aber auch Organisationen wie QAnon und die dortige Gemeinschaftserfahrung.[14] Goldberg bezieht sich dabei auf eine Dokumentation von Michael C. Bender[15], der über Menschen berichtet, die Trump 2020 autoritätsgläubig von einer Kundgebung zur nächsten folgten. Viele von ihnen waren, bevor sie zu Trump-Fans (Selbstbezeichnung: »front-row-Joes«) wurden, »frisch verrentet, hatten Zeit und nicht viel, was sie zu Hause hielt«, manche hatten keine Kinder, andere hatten sich von ihren Familien entfremdet. Indem sie sich der Trump-Bewegung anschlossen, fanden sie sowohl Gemeinschaft als auch Orientierung, ihr Leben war »dank Trump zu etwas Größerem geworden«. Die zunehmende Vereinsamung vieler fand daher schon, so die Autorin, vor der Covid-19-Pandemie statt.[16] Mit Rückgriff auf Hannah Arendt konstatiert Goldberg, dass totalitäre Ideologien auf einsame, entwurzelte oder kontaktlose Menschen in der »Massengesellschaft« generell eine besondere Anziehungskraft hätten.[17] Die sich überlagernden Missstände in der US-amerikanischen Gesellschaft seien dabei zwar nicht monokausal zu erklären, aber Einsamkeit sei eine der wesentlichen Faktoren. Schließlich sei auch der Anteil der Trump-Fans unter denen, die sich gesellschaftlich abgekoppelt fühlten und »keine einzige Person in ihrem sozialen Kernnetzwerk« hatten, besonders hoch, wogegen Menschen mit stabileren persönlichen Netzwerken« Trumps

---

11 Rosa u.a. 2010, 62, mit Verweis auf Roland Hitzler u.a.

12 Ebenda, 63, mit Rückgriff auf Michel Maffesoli.

13 Kinnert/Bielefeld 2021, 436.

14 Vgl. im Folgenden Goldberg 2021.

15 Bender 2021.

16 Ebenda. Vgl. dazu bereits Putnam, Robert D., 2001 bzw. Kinnert/Bielefeld 2021, 96f.

17 Vgl. Goldberg 2021.

Wiederwahl wesentlich weniger häufig unterstützt hätten.[18] Ähnliches gelte für die QAnon-Bewegung, die sich von einer Internetplattform für Verschwörungstheorien zu einer Ersatzreligion entwickelt habe, in der das »digitale Gemeinschaftsgefühl« zentraler Faktor gerade für viele alleinlebende Baby-Boomer sei.[19]

Solche Einschätzungen unterstützen die These der Kompensation im Verhältnis von neuer Gemeinschaft und Einsamkeit. Die gezeigten Beispiele weisen jedoch darüber hinaus. Mit der Suche nach neuer Gemeinschaft in der Moderne ist offenbar immer auch ein Orientierungsversprechen verbunden. Moderne Gemeinschaften sind offenbar nicht nur interessen-, sondern auch sinngeleitet. Sie kombinieren – in unterschiedlicher Intensität – eine neue Zugehörigkeit mit neuen Deutungs- und Bedeutungsangeboten und stellen gerade so eine soziale Bindung her, die für den einzelnen hochattraktiv ist. Sie versprechen Verlässlichkeit, Einbettung, Sicherheit, aber eben auch neuen Lebenssinn.

3. Neue Gemeinschaft in der postsäkularen Gesellschaft

Die ersten beiden Schritte führen daher zu der Frage, welche konstruktive Bedeutung Gemeinschaft heute haben könnte und welche Impulse seitens Kirche und Diakonie dazu beitragen könnten.

Dazu ist es notwendig, Gemeinschaft gegenüber dem Individuum nicht als etwas Sekundäres, vertraglich Entworfenes oder politisch-ethisch gewolltes Phänomen zu begreifen (Liberalismus), sondern gerade als Voraussetzung gelingender Persönlichkeitsentwicklung als primär und notwendig anzusehen (Kommunitarismus). Erst in dieser Perspektive kann und muss individuelles Handeln und Wollen vor allem auch »aus dem Zustand des Gemeinwesens« heraus erklärt werden.[20] Aber nicht nur das einzelne Individuum, auch die Gesellschaft selbst bedarf in der Organisation ihrer Prozesse »übergreifender Gemeinschaftsbeziehungen«, einer »kollektiven Gemeinschaftsressource, die erst das notwendige wechselseitige Vertrauen und die Erwartungssicherheit zwischen den Interaktionspartnern zu gewährleisten vermag.« Diese unter dem Stichwort des *Sozialkapitals* bzw. der Zivilgesellschaft subsumierten Phänomene lassen moderne Gemeinschaft in ihren verschiedenen Ausformungen geradezu als Basis der Gesellschaft erscheinen.[21]

---

18 Ebenda, mit Bezug auf Daniel Cox.

19 Ebenda, mit Verweis auf Mike Rothschild. Dies habe sich durch die soziale Isolation infolge von Covid-19 noch verstärkt.

20 Vgl. Rosa u.a. 2010, mit Verweis auf Charles Taylor u.a.

21 Ebenda, 102.

Unsere Ausgangsfrage, welchen Beitrag Kirche und Diakonie also im Blick auf die Verhältnisbestimmung von Einsamkeit und Gemeinschaft leisten können, ist daher unter Zuhilfenahme einer dritten Perspektive, der des gesellschaftlichen Zusammenhalts, konstruktiv zu bearbeiten. Die Frage nach dem gesellschaftlichen Zusammenhalt in der postmodernen Gesellschaft muss dafür jedoch präzisiert werden. Da es sich bei der verfassten Kirche und der Diakonie um Organisationen handelt, die funktional dem gesellschaftlichen Teilsystem der Religion zugeordnet werden müssen, ist es sinnvoll, die Rahmenbedingungen der Moderne bzw. Postmoderne anhand der Leitkategorien der Säkularisierung bzw. *Postsäkularität* zu konkretisieren.[22] Dabei wird davon ausgegangen, dass auch im Zeitalter später bzw. fortgeschrittener Säkularität Religion und damit auch das Christentum, wenn auch in modifizierter Gestalt, eine wesentliche Rolle im Leben Einzelner und der Gesellschaft spielen.[23] Abschließend sollen hierzu drei grundlegende Perspektiven für die kirchlich-diakonische Praxis skizziert werden.

3.1 Christliche Kommunikationspraxis als genuin religiöser Beitrag

Kirche und Diakonie finden in einer polyphonen Gesellschaft dann Gehör, wenn sie ihren Beitrag in einer postsäkularen Gesellschaft ebenso anschlussfähig (»öffentliche Theologie«), als auch als genuin religiös konturieren, und zwar als *christliche Kommunikationspraxis*. Ferdinand Sutterlüty hat aus einer soziologischen Außenperspektive darauf hingewiesen, dass im Christentum transportierte biblische Traditionen im Blick auf die Gesellschaft sowohl innovativ-gesellschaftskritische als auch affirmative Potenziale besitzt. Im ersten, positiven Falle bildeten entsprechende kognitive Vorstellungen eine für christlich-religiös orientiertes Handeln »kraftvolle Motivationsquelle«, und dies könne erhebliche positive Auswirkungen für den gesellschaftlichen Zusammenhalt haben.[24] Angesichts der »völlig gesicherte(n) Säkularität der wichtigsten Funktionsbereiche und Handlungssphären« könne sich Religion in der Zivilgesellschaft allerdings nur dann als »Korrektiv einer möglichen entgleisenden Modernisierung« einbringen, wenn es gelingt, die »semantischen Potenziale« der christlichen Religion selbst als »Quellen der Solidarität, der Sinnstiftung und der moralischen Moti-

---

22 Der Begriff der postsäkularen Gesellschaft geht – im Anschluss an Jürgen Habermas – davon aus, dass eine »residuale Kraft von Religion« auch in einer auf rationale Verständigung gründenden Gesellschaft besteht, die einen wesentlichen Beitrag zum gesellschaftlichen Zusammenhalt beizutragen vermag. Siehe Lämmlin 2021 (1), 10.

23 Vgl. Taylor 2012, 716ff, 730, und, davon ausgehend, im Blick auf Spiritualität und Diakonie Böckel 2020, 25ff.

24 Sutterlüty 2021, 22ff, 34.

vation« ins Spiel zu bringen. Es gelte daher, einen »Sinn für die Artikulationskraft religiöser Sprache« zu bewahren.[25] Voraussetzung für ein solches Vorhaben sei zum einen ein Glaubensverständnis, das die innerweltliche Verantwortung und nicht nur die jenseitige Erlösung oder nur das individuelle Wohlergehen (psychologisierend, therapeutisierend) betont. Zum anderen jedoch »können nur solche Ideen einen sozialkritischen Aktivismus christlicher Gemeinschaften stützen, die es vermögen, der gesellschaftlichen Erfahrung ihrer Mitglieder eine stark religiöse Dimension zu verleihen«. Deshalb sei es notwendig, dass von ihnen ausgehend »mehr als nur vage religiöse Deutungsressourcen mobilisiert« werden.[26] Christliche Kommunikation muss daher gerade in der postsäkularen Gesellschaft als genuin religiöser Beitrag christlicher Gemeinschaften verstanden werden, da nur so der »Sinnüberschuss religiöser Kommunikation« (Habermas), etwa im Blick auf die Erfahrung von Verletzung und Beschädigung, Versöhnung und Sozialität[27] wirksam werden kann.

Die Notwendigkeit, das Vorhandensein und die »Dichte« anschlussfähiger christlich-religiöser Kommunikation kann mithilfe semiotischer Kategorien analytisch rekonstruiert und pragmatisch für die orientierende Kontextualisierung diakonischer Dienstleistungen, aber auch zur Mitgliederbindung und -gewinnung der Kirche zu Anwendung gebracht werden.[28]

3.2 Fluidität neuer christlicher Gemeinschaftsformen

Angesichts von im Blick auf die Mitgliedschaftsentwicklung immer deutlicher werdenden »ekklesiologischen Reproduktionskrisen« und zuletzt im Blick auf die durch die digitale Revolution ausgelöste Notwendigkeit einer »ekklesiologischen Neuformatierung des Christentums« wird die Frage nach ekklesiologischen Neuansätzen bzw. Innovationen gerade auf der Ebene »neuer« Gemeinschaftsbildungen virulent.[29]

Dabei ist neuerdings gerade vielen gemeinschaftsbildenden Ansätzen die erwähnte Sozialraumorientierung gemeinsam, d.h. die »Ausrichtung auf Beziehungen, Ressourcen, Strukturen und Bedarfe des lebensweltlichen Sozialraums«. Die Orientierung am Kontext der jeweiligen gemeindlichen Praxis kann missionarisch, als auch sozial- oder gemeinwesen-diakonisch, oder aber in einem »öffentlichen Auftragsverständnis« begründet sein.[30] Die Diskussion um neue

---

[25] Ebenda, 39, mit Verweis auf Jürgen Habermas.

[26] Ebenda, 40.

[27] Lämmlin 2021 (1), 10.

[28] Vgl. Böckel 2020, 61ff, 220ff, mit Rückgriff auf Steffen Merle 2014.

[29] Vgl. Lämmlin 2021 (2), 116ff.

[30] Lämmlin 2021 (2), 118f.

Gemeindeformen wurden in der Anglikanischen Kirche unter anderem durch den von Pete Ward geformten Begriff »Liquid Church« geprägt, den er bisherigen Formen der »solid church«, welche sich den Zumutungen der »liquid modernity« entzieht, entgegensetzt. Er greift sachlich die angeführten »fluiden« Kennzeichen moderner Gemeinschaften auf. Charakteristisch ist die Ausrichtung einerseits auf »Flow«, in Anspielung an entsprechende, ursprünglich im Kontext charismatischer Bewegungen angesiedelten Erfahrung im Zusammenhang moderner Worship-Musik, und andererseits auf »Network«. Letzteres betrifft die im vorherigen Abschnitt erwähnte verbindliche Kooperation verschiedener Akteure im gesellschaftlichen bzw. sozialen Raum, die theologisch in einem inkarnatorischen Ansatz begründet wird.[31] Daraus folgt übrigens, dass ein entsprechendes Gemeinschaftsverständnis nur inklusiv verstanden werden kann, um der Gefahr einer exklusiven bzw. idealisierenden Abschottung zu entgehen. In diesem Zusammenhang sind auch die hierzulande vielfach rezipierten programmatischen Versuche der aus dem englischen Kontext stammenden fresh Expressions of Church (freshX) zu nennen, die allerdings nur zusammen mit ihrer dortigen konzeptionellen gesamtkirchlichen Einbindung im Sinne einer »Mission Chaped Church« (2004) verstanden werden können. FreshX sind ihrem Selbstverständnis nach durch das Vorhandensein von vier Eigenschaften gekennzeichnet: missional, kontextual, lebensverändernd (engl. formational) und gemeindebildend (engl. ecclesial).[32] Dabei ist jedoch zu beachten, dass es sich bei FreshX ursprünglich um einen Programmbegriff handelt, durch den man – teilweise nicht ohne Erfolg – versuchte, seitens der anglikanischen Kirche die Vielzahl unabhängiger gemeindlicher Basisinitiativen und Projekte, die im angeführten Sinne als »liquid church« beschreibbar sind, mit den institutionellen Strukturen der anglikanischen Kirche zu verbinden.

Eine für unseren Zusammenhang spannende Frage ist dabei sicherlich die nach der Bedeutung von Zugehörigkeit, mithin von »belonging« im Verhältnis zu »believing«. Aus einer klassischen Mitgliederperspektive kann diese im Falle von freshX nur als defizitär beschrieben werden. Interessanterweise ist in vielen neu gegründeten Gemeinden hierzulande eine formale Mitgliedschaft gar nicht mehr vorgesehen, oft ebenso wenig wie die institutionelle Assoziation mit einer der bestehenden konfessionellen Landes- oder Freikirchen. Dies belegt, dass das für moderne Gemeinschaften bisher noch gültige Paradigma der Mitgliedschaftskirche in seiner Ausschließlichkeit künftig in Frage gestellt sein wird.

Legt man den angeführten liquiden Gemeinschaftsbegriff zugrunde, so liegt aus der Sicht des Einzelnen weder ein »Believing without Belonging« vor, noch

31 Ebenda.

32 Ebenda, 120, mit Verweis auf Michael Moynagh. Vgl. dazu ausführlich und zur Netzwerklogik: Böckel 2016, 143 f.

geht Zugehörigkeit in »kommunikativer Anschlussfähigkeit« auf.[33] Vielmehr entstehen hier neue Formen »liquider« Zugehörigkeit, die sich temporär verstehen, teilweise über räumliche Grenzen hinweg digital formatiert sind, aber dennoch nicht weniger intensiv erfahren werden.

Die Erforschung dieser Formen steht sicherlich erst am Anfang. Bisher muss man m. E. allerdings festhalten, dass das eigentlich Neue in der Adaption von freshX hierzulande wohl weder in der unter dem Aspekt von »Kontextualität« und »Netzwerk« beschriebenen Sozialraum- und Akteursorientierung, noch in der Adaption kultureller Szenen und Milieus (Kneipen, Fitnesstudios, Clubs...) als andere »kirchliche Orte« besteht. Auch wurde die inkarnatorische und zugleich missionarische Ausrichtung, die auf eine für den einzelnen wie die Gesellschaft »lebensverändernde Kraft« des Evangeliums zielt, als »Missio Dei« schon früher thematisiert, wie auch die sozialdiakonische Ausrichtung vieler Ansätze und Projekte.[34] Das gewissermaßen Innovative besteht vielmehr darin, die vier Aspekte, insbesondere den missionarischen und gemeinwesenorientiert-diakonischen Impuls nicht gegeneinander auszuspielen, sondern synergetisch zu kombinieren und mit einem zumeist inklusiv verstandenen, in jedem Fall lokalen und »fluiden« *Gemeinschaftsprinzip* zu verbinden, welches hohe *Netzwerkplausibilitäten* besitzt. Die Suche nach neuen Formen von (lokal) erfahrbarer, inklusiver christlicher Gemeinschaft und Vernetzung erscheint zudem als integraler Bestandteil einer meist durch *Ehrenamtliche* getragenen kirchlich-diakonischen Basisarbeit.

Neue (lokale) Gemeinschaften sind in dieser Kombination durchaus in der Lage, zur Gestaltung des Gemeinwesens beizutragen, insofern es die beiden von Sutterlüty geforderten Voraussetzungen der konstruktiven Wirkung religiöser Deutungsressourcen aufgreift: ihre Anschlussfähigkeit und ihre religiöse Erkennbarkeit. Demgegenüber hat sich – mit wesentlich besser ausgestatteten finanziellen Voraussetzungen – hierzulande Kirche und Diakonie viel stärker professionalisiert und in Verkündigung, Seelsorge, Bildung, Hilfehandeln etc. funktional differenziert. Der lokale, für den Einzelnen unmittelbar relevante Gemeinschaftsaspekt indes bliebt konzeptionell lange vernachlässigt. Dies betrifft auch den für die Diakonie maßgeblichen Begriff der Dienstgemeinschaft, der in vieler Hinsicht heute »aus der Zeit« gefallen erscheint und aufgrund des faktischen Auseinanderfallens von Glaubens- und Dienstgemeinschaft erst neu konstruiert werden müsste.[35] Es spricht vieles dafür, auch hier eine inklusive Gemeinschaft von Mitarbeitenden in konkreten Dienstleistungskontexten und ihren Klientinnen und Klienten anzunehmen. Voraussetzung dafür ist allerdings

33 Entgegen der Tendenz bei Lämmlin, ebenda, 212.

34 Eine der verfassten Diakonie hierzulande analoge Institution ist in England ohnehin nicht vorhanden.

35 Vgl. dazu Böckel 2020, 184 f, 277 ff.

ein relationales (und nicht bereichsontologisch) bestimmtes Kirchenverständnis, was erst das Gemeinschaftsverständnis inklusiv präzisiert. Auch hier könnten die Erfahrungen »fluider« Gemeinschaft bzw. »liquider« Kirche fruchtbar gemacht werden,[36] um »Diakonie und Fresh X im Sozialraum«[37] neu zu denken.

3.3 Netzwerkfähigkeit als kritischer Steuerungsfaktor

Institutionslogische Selbstbilder sind immer weniger geeignet, gesellschaftlichen Zusammenhalt seitens Kirche und Diakonie zu garantieren oder auch nur zu thematisieren. Vielmehr geht es darum, einen, wenn auch gewichtigen, so doch stets begründungsnotwendigen Beitrag neben anderen zu leisten, in einer modernen Zivilgesellschaft pluriformer Akteure. Relevant kann dieser sein, weil die Reflexion über Normen des Zusammenlebens zum Kernbestand kirchlich-diakonischer Praxis selbst zählt (»öffentliche Theologie«). Dazu wird es jedoch entscheidend sein, dass kirchliche Akteure ihre gleichsam staatsanalogen Leitvorstellungen religiöser Versorgungs- und Bereitstellungslogik hinter sich lassen. Notwendig ist es vielmehr, sich in der Selbststeuerung stärker anhand der Plausibilität von Netzwerken zu orientieren. Dies bedingt, die Charakteristika in der Steuerung von *interorganisationalen* Netzwerken auf allen Ebenen zu bejahen: Wie moderne Gemeinschaften sind auch Netzwerke aus Sicht der daran Teilnehmenden hochgradig interessengeleitet, durch relativ autonome Akteure betrieben, die »auf Augenhöhe« miteinander interagieren und schließlich durch einen offenen Rand bestimmt, durch den der Zutritt, aber auch das Verlassen des Netzwerkes leicht wird.[38] Eine wesentliche Voraussetzung hierfür liegt jedoch darin, institutionslogische Steuerungsmechanismen zugunsten von *organisationslogischen* Selbstbildern aufzugeben. Mit ihnen sind überdies moderne Gemeinschaften ohnehin besser kompatibel.

Dies gilt gerade auch für die Fähigkeit, zu den Plausibilitäten der zuvor genannten »neuen Gemeinschaften« anschlussfähig zu sein. Dass auch sie eine Vernetzung zu landes- (genauso wie frei-) kirchlichen institutionellen Akteuren suchen, erscheint keineswegs von vornherein ausgemacht, denn die Vernetzungsplausibilitäten erscheinen aus ihrer Sicht, in der sich christliche Religion ganz anders zu formatieren scheint, nicht unbedingt (groß-)kirchlich kompatibel.

Organisationslogisch agierende kirchlich-diakonische Gemeinschaften hingegen sind von sich aus, und so auch als Akteurinnen in Netzwerken, in hohem Grade umweltresponsibel, sowie an ihren Rändern orientiert. Sie werden – im

---

36 Siehe ebenda, 283, 285.

37 So der Titel einer von midi (Evangelische Arbeitsstelle für missionarische Kirchenentwicklung und diakonische Profilbildung) initiierten Tagung im Oktober 2021.

38 Vgl. Böckel 2016, 137.

Gegensatz zu kirchlichen Institutionen – in ihren Leistungen nicht verwaltungs- oder bereitstellungsorientiert, sondern im Blick auf ihre gesellschaftliche Umwelt auftrags- und wirkungsbezogen gesteuert, sind meist eigenständig und agieren »im Markt« postsäkularer Gesellschaften.[39]

Es reicht daher kaum aus, seitens der verfassten Kirche Vernetzung zum normativen Anspruch zu erheben (»Vernetzte Vielfalt« Titel der KMU V – Veröffentlichung), wie es auch nicht ausgemacht ist, dass Institutionen verfasster Kirche automatisch die Rolle eines Netzwerkadministrators zukommt. Vielmehr ist es angezeigt, auch als organisationaler Akteur »vielfältige Vernetzung« zu suchen (organisationale Akteursperspektive).[40] Solche Vernetzungserfahrungen können dann durchaus zu temporären Gemeinschaftserfahrungen, beispielsweise im Blick auf ein gemeinsames gesellschaftliches Anliegen, verdichtet werden. Allerdings basieren solche Netzwerke auf der funktional weitaus besser darstellbaren Koppelungsfähigkeit von modernen Organisationen und Gemeinschaften, denn moderne Gemeinschaften existieren bzw. überleben aufgrund einer Zugehörigkeit aus Wahl und der Freiwilligkeit des Engagements faktisch unter den für Organisationen maßgeblichen marktbezogenen Umweltbedingungen. Demnach entscheiden auch individuelle Akteure stets selbst über die Attraktivität eines Versprechens (fluider) Zugehörigkeit und über ein Angebot (temporärer) aufgabenbezogener Beteiligung.

Für Gemeinschaften jeder Provenienz ist die Gefahr einer Binnenorientierung, die sich dann nach außen exklusiv versteht, stets virulent. Im kirchlichen Hybrid von Organisation und Gemeinschaft kommen wiederum beide Aspekte synergetisch zusammen: Die Gemeinschaft stellt der Organisation ihre Ressourcen in Form freiwilliger Leistungserbringung zur Verfügung. Die Organisation wiederum bewahrt die Gemeinschaft vor Selbstabschottung, da sie sie an ihren umweltbezogenen Auftrag erinnert. Netzwerke stellen schließlich selbst ein solches hybridartiges Gebilde dar, denn sie verbinden die widersprüchliche Logik der organisationalen Ziel- und Zweckorientierung mit der Zugehörigkeit von Gemeinschaften, indem sie entlang der Verfolgung gemeinsamer Interessen entstehen.[41] *Vernetzungsfähigkeit* wird damit zum kritischen Erfolgsfaktor kirchlich-diakonischer Steuerungsversuche und das Evangelium erscheint so als »Alternative zum Markt auf dem Markt«.[42]

Im Blick auf die eingangs geschilderte Problemstellung erfahrener Einsamkeit können »liquide« kirchliche oder diakonische Gemeinschaften heilsame Räume mit niedrigschwelligem Zugang bieten, in denen Angenommensein, Nähe und Akzeptanz, Solidarität und Entwicklung – in aller Vorläufigkeit und tem-

---

39 Vgl. ebenda, 82f, 154f.

40 Vgl. ebenda, 120ff.

41 Vgl. ebenda, 112ff, 97f.

42 Siehe Böckel 2016, 119, unter Rückgriff auf Wolfgang Nethöfel.

porär bedingt – möglich werden. Dies geschieht allerdings nicht per se, und auch hier kann man möglicherweise »kontaktreich« vereinzelt sein. Daher kann die Lösung auch nicht in der Forderung höherer Verantwortlichkeit und Verbindlichkeit liegen.[43] Entscheidend ist vielmehr, dass mittels solcher Gemeinschaften persönliche Begegnungen mit jener Art möglich werden, die Hartmut Rosa mit dem *unverfügbaren* Geschehen des »*berührt und transformiert Werdens*« als Kern seines Resonanzbegriffs beschreibt. Dieser Zusammenhang erweist sich schließlich auch für eine praktisch-theologische Deutung von Spiritualität im weiteren Sinne und damit für den Kontext von Kirche und Diakonie als paradigmatisch anschlussfähig.[44]

Literatur

Anderson, Benedict, *Die Erfindung der Nation. Zur Karriere eines folgenreichen Konzepts,* 2005.

Bender, Michael C, *Frankly, We Did Win This Election: The Inside Story of How Trump Lost,* 2021.

Böckel, Holger, *Grundlagen der Führung in kirchlich-diakonischen Netzwerken. Praktisch-theologische Perspektiven auf dem Weg zu einer integrierten Netzwerktheorie,* in: Nethöfel, Wolfgang/Böckel, Holger/Merle, Steffen (Hg.), *Vielfältige Vernetzung. Hinauswachsen aus der Volkskirche,* 2016, 77–166.

Böckel, Holger, *Spiritualität und diakonischer Auftrag. Praktisch-Theologische Grundlagen für christliche Organisationen,* Berlin 2020.

Golberg, Michelle, *Loneliness is Breaking America,* The New York Times, July 19, 2021, www.nytimes.com/2021/07/19/opinion/trump-covid-extremism-loneliness.html. Zitate aus der deutschen Übersetzung von Christine Hardung: Gemeinsam einsam, in ipg-journal.de vom 27.07.2021, (Abruf beider Artikel 01.08.2021).

Kinnert, Diana/Bielefeld, Marc, *Die neue Einsamkeit. Und wie wir sie als Gesellschaft überwinden können,* Hamburg 2021.

Markwart, Odo, *Plädoyer für die Einsamkeitsfähigkeit,* in: einfach leben thema, Die Kraft der Einsamkeit, Heft 10–2021, 30–33.

Merle, Steffen, *Mitglieder gewinnen. Eine semiotische Rekonstruktion von religiösen Orientierungs- und Bindungsprozessen im Kontext der Evangelischen Kirche,* Berlin 2014.

Lämmlin, Georg, Einleitung: Zusammenhalt in der postsäkularen Gesellschaft, in: Lämmlin, Georg (Hg.), Gesellschaftlicher Zusammenhalt in der postsäkularen Gesellschaft. Soziologische und theologische Beiträge, Leipzig 2021, 9–13.

Putnam, Robert D., *Bowling alone. The Collapse and Revival of American Community,* New York 2001.

---

43 Entgegen Kinnert/Bielefeld 2021, 441 f.

44 Vgl. Böckel 2020, 43 f, mit Rückgriff auf Hartmut Rosa, 2016.

Rajan, Rhaguram G., *Die dritte Säule. Warum wir in einer globalisierten Welt lokale Gemeinschaften brauchen,* München 2020.

Rosa, Hartmut/Gertenbach, Lars/Laux, Henning/Strecker, David, *Theorien der Gemeinschaft zur Einführung,* Stuttgart 2010.

Rosa, Hartmut, *Resonanz. Eine Soziologie der Weltbeziehung,* 4. Aufl. Berlin 2016.

Sutterlüty, Ferdinand, *Kirchen zwischen Gesellschaftskritik, Affirmation und Eskapismus: Zur Rolle religiöser Ideen,* in: Georg Lämmlin (Hg.), *Gesellschaftlicher Zusammenhalt in der postsäkularen Gesellschaft. Soziologische und theologische Beiträge,* Baden-Baden 2021, 21–48.

Taylor, Charles, *Ein säkulares Zeitalter.* Aus dem Englischen von Joachim Schulte, Baden-Baden 2012.

III. Medizinische / Psychologische / Soziologische / Philologische / Gesellschaftliche Perspektiven

Einsamkeit aus schematherapeutischer Sicht

Martin Grabe

Wenn Menschen an Einsamkeit leiden, dann sind die aktuellen äußeren Umstände in der Regel nicht die eigentliche Begründung. Diese können Auslöser sein, aber viel wichtiger sind defizitäre frühe Bindungserfahrungen. In der therapeutischen Zusammenarbeit muss zunächst der Schmerz über kindliche Vernachlässigung und Vereinsamung spürbar werden, bevor den damit verbundenen immer noch bestehenden destruktiven Selbstverbalisationen Grenzen gesetzt werden können.

Ärztliche Verordnung: Einsamkeit

In der Psychotherapie-Abteilung, die ich seit vielen Jahren in der Klinik Hohe Mark leite, machen wir am Anfang mit all unseren Patienten etwas scheinbar Grausames: Wir schicken sie in die Einsamkeit.

Jedenfalls sieht es am Anfang so aus. Wir vereinbaren schon im Vorfeld der Therapie, dass zu Beginn eine dreiwöchige Kontaktsperre dazugehört. Das heißt: Kein Besuch, keine Post, kein Telefonieren, keine sozialen Medien und Nachrichten. Drei Wochen lang.

Ein Mensch, der zu uns kommt, ist auf sich geworfen. Das ganze soziale Umfeld, das ihn stützte, das ihn kontrollierte, das ihn forderte, das ihn ablenkte – ist weg. Auch für ihn selbst gibt es drei Wochen lang niemanden mehr, den er versorgen, stützen, kontrollieren könnte oder mit dem er altbewährte Kommunikationsschleifen drehen könnte. Nicht einmal den Ehestreit um das immer gleiche Grundthema kann er vom Zaun brechen.

Stattdessen ist plötzlich Freiraum da. Freiraum, um zu spüren, zu fühlen: Wer bin ich eigentlich? Was ist eigentlich noch da, wenn all das weg ist? Kein Netz mehr da ist, kein Korsett mehr da ist.

Damit sind wir bei dem wesentlichen Gewinn, den Einsamkeit bedeuten kann. Nur in der Einsamkeit kann ich ein Gefühl dafür entwickeln, wer ich wirklich bin, was ich möchte, was ich brauche, wonach ich mich sehne. Ich brauche diesen Freiraum, die Unabhängigkeit auf Zeit, um Distanz zu meinem

Alltag zu gewinnen und zu meiner angestammten Rolle. Gute Neuerungen für mein Leben kann ich nur gewinnen, wenn ich mich aus Alltagsfesseln löse, in die Distanz gehen kann und mein Leben aus dem Abstand sehe.

Natürlich, die Menschen bleiben bei uns nicht allein. Sie finden bald Kontakt zu ihrer Stationsgemeinschaft und zu ihrem therapeutischen Team. Aber was sich dann ereignet, wird immer wieder gemeinsam betrachtet. Wir üben mit ihnen geradezu ein, immer wieder innerlich in die Distanz zu gehen, in die Einsamkeit.

Denn eines ist für jeden unserer Gäste evident: Was auf der Station geschieht, kann nicht mit den bisher üblichen Erklärungen wegsortiert werden. Meine Mutter ist halt unglaublich anstrengend, das kann ja keiner aushalten. Oder: Wenn mein Junge ADHS hat, dann muss ich halt meine Nachmittage für seine Hausarbeiten opfern. Oder: Es lohnt sich einfach nicht, das mit meinem Mann zu besprechen, er versteht mich sowieso nicht. Diese Erklärungsträger für mein Verhalten sind alle gar nicht da.

Stattdessen hat das, was jetzt auf der Station mit diesen neuen Menschen dort passiert, mit diesen bisher »unbeschriebenen Blättern«, sichtlich zur Hälfte mit den Betreffenden selbst zu tun.

Es ist eine einmalige Chance, sich selbst kennen zu lernen – unter der Voraussetzung, dass man im Prozess immer wieder dabei angeleitet wird, in diese selbstreflexive Einsamkeit zu gehen, diesen Abstand zum Alltag.

Freiwillige und unfreiwillige Einsamkeit

Wir kennen alle Beispiele von Menschen, die auf dieser Welt Besonderes bewirkt haben. Oft nicht zuletzt deshalb, weil sie die Fähigkeit entwickelt hatten, immer wieder in diese konstruktive Einsamkeit zu gehen. Die aus der Selbst- und Weltdistanz heraus Dinge wahrnehmen konnten, die ihren Mitmenschen entgangen waren, nicht bewusst waren und deshalb diesen auf besondere Weise helfen konnten. Im Kleinen und im Großen. Einsamkeit bedeutet hier: Vita contemplativa – im Gegensatz zur Vita activa.

Aber – und das ist nun wichtig: Nur der bewusste, zeitweilige Rückzug in die Einsamkeit kann diese klärende, befreiende oder motivierende Wirkung haben. Unfreiwillige Einsamkeit kann meist nicht konstruktiv genutzt werden. Im Gegenteil, sie macht krank und hat tragischerweise eine Tendenz, sich selbst zu erhalten.

Wir haben inzwischen viele Patientinnen und Patienten in der Klinik, bei denen ein wesentlicher Faktor ihrer Depression die unfreiwillige Einsamkeit ist. Speziell jetzt in der Zeit der lang hingezogenen Corona-Einschränkungen, aber auch sonst. Besonders betroffen sind Alleinlebende, und hier noch einmal besonders Studierende. Es ist vor allem bei jüngeren Studierenden tragisch, wie sie keine Chance bekamen, altersgemäße Entwicklungsschritte zu gehen. Anstatt in eine neue Stadt zu ziehen, selbstständig werden zu dürfen, eine Vielzahl neuer Menschen kennen zu lernen, Freunde fürs Leben zu finden, mussten sie – meist im alten Kinderzimmer – allein vor dem Bildschirm sitzen. Oft konnten sie noch froh sein, wenn dort überhaupt etwas zu sehen war und das Einloggen klappte.

Sehr gelitten haben auch alte Menschen in den Seniorenheimen, wo über lange Strecken kein Besuch erlaubt war. Viele mussten selbst beim Sterben allein sein.

Vier emotionale Grundbedürfnisse, bei mindestens dreien davon sind wir auf andere angewiesen

Warum unfreiwillige Einsamkeit auf die Dauer so schädlich ist, kann man am einfachsten von den menschlichen Grundbedürfnissen herleiten. Da hat es unterschiedliche Zusammenstellungen gegeben, heutzutage am weitaus bekanntesten ist aber die von Klaus Grawe. Sie hat zudem den Vorteil, dass sie nicht intuitiv entstanden ist, sondern durch umfangreiche Studien gestützt wird. Grawe formulierte 1998 vier emotionale Grundbedürfnisse, die gleichwertig nebeneinanderstehen und nicht nur für eine gesunde Persönlichkeitsentwicklung, sondern ein Leben lang befriedigt werden müssen.

Es sind:
- Bindung
- Kontrolle und Orientierung
- Selbstwerterhöhung (bzw. Selbstwertschutz)
- Lust (bzw. Unlustvermeidung).

Und mindestens bei drei dieser Grundbedürfnisse sind wir auf andere Menschen angewiesen.

Vor allem bei der Bindung. Damit ist das Verbundensein mit liebevoll zugewandten Bezugspersonen gemeint. Unter Kontrolle können wir immerhin einiges allein. Aber Selbstwerterhöhung, das dritte Grundbedürfnis, meint schon wieder, vor sich und anderen gut dazustehen. Nur im Notfall, wenn es nichts Gutes bei den anderen zu holen gibt, zieht sich ein Mensch aus Selbstschutzgründen zurück. Und die Lust ist großenteils auch sozial bedingt.

Besonders Heinz Kohut, der Begründer der Selbstpsychologie, hat immer wieder betont, wie ein Mensch lebenslang darauf angewiesen ist, dass seine Grundbedürfnisse gestillt werden.[1] Auch wenn seine Zusammenstellung auf den ersten Blick anders aussieht, spricht sie doch die gleichen Grundbedürfnisse an wie Grawe – einschließlich der hohen Bedeutung sozialer Faktoren. Es besteht

---

[1] Vgl. dazu Wolf 1989, 27 ff.

weithin Einigkeit, dass es ganz besonders in der frühen Kindheit darauf ankommt, dass ein Mensch in allen diesen Grundbedürfnisdimensionen gefördert wird, weil seine Persönlichkeit sonst lebenslangen Schaden nimmt.

Frühe Erfahrungen wirken sich auf Einsamkeit aus

Und so ist das Erleben von Einsamkeit durchaus nicht nur aktuellen äußeren Faktoren geschuldet, auch wenn es zuerst so scheinen mag. Es ist sogar in der Mehrzahl der Fälle anders. Die entscheidenden Gründe für das quälende Erleben von Einsamkeit liegen meist in den psychischen Bedingungen eines Menschen. Sicher, wie schon gesagt: gerade in Zeiten des Lockdowns gab es objektiv und unausweichlich einsame Situationen. Ich erinnere an alte Menschen, die wochenlang nicht in ihren Seniorenheimen besucht werden durften.

Aber eine ganz wesentliche Rolle für das Erleben von Einsamkeit und auch für die Möglichkeiten, sich aus Einsamkeit zu befreien, spielen frühe Erfahrungen. Und zwar insbesondere im Bereich der Bindung. In der modernen Schematherapie wurden am übersichtlichsten die Folgen und Folgeschäden von nicht erfüllten Grundbedürfnissen erfasst. Dieses von dem Amerikaner Jeffrey Young begründete Psychotherapieverfahren basiert – etwas verkürzt gesagt – auf folgender Grundlage: Wenn Menschen in ihrer frühen Kindheit im Bereich bestimmter Grundbedürfnisse zu kurz gekommen sind, dann tragen sie das ihr ganzes Leben mit sich herum. Es sind Bereiche, wo sie in besonderer Weise verletzbar sind, wo sie sozusagen eine offene Wunde haben. Es sind alte Schemata (daher der Name Schematherapie), die im Hier und Jetzt durch Erinnerungsreize getriggert werden können. Menschen – so erwachsen sie sonst sind – werden dadurch in ein verzweifeltes, schmerzhaftes, hilflos-kindliches Empfinden hineinkatapultiert.

Aktivierung von Schemata aus dem Bereich Abgetrenntheit und Ablehnung

Für unser Thema ist wichtig, dass es diese triggerbaren offenen Wunden in Menschen gibt, mehr oder weniger, bei genauem Hinsehen in jedem irgendwo. Und wer im Bereich Bindung zu kurz gekommen ist, bei dem können zeitlebens Schemata aus dem Bereich Abgetrenntheit und Ablehnung aktiviert werden. Menschen, die hier kein Problem haben, fühlen schnell, wenn ihnen ein wenig einsam oder langweilig ist. Das ist dann Anreiz genug, eine Aktivität zu entwickeln, um diesen unschönen Zustand zu beenden. Vielleicht ruft eine Frau ihre beste Freundin an, oder ein Mann rafft sich auf, um mehr oder weniger notwendige Einkäufe zu erledigen. Er weiß, dass er dabei unter Menschen kommt und ihm das gut tut, wenn ihn solch ein Einsamkeitsgefühl beschlichen hat.

Bei wem aber ein Verlassenheitsschema aus der Kindheit getriggert wurde, empfindet das anders. Nämlich aus Kindperspektive. Er fühlt sich nicht nur momentan etwas einsam, wo man erwachsene Gegenmaßnahmen ergreifen könnte. Sondern er rutscht hinein in ein überwältigendes Gefühl, ganz allein zu sein, dass niemand sich ernsthaft für ihn interessiere, dass er höchstens lästigfallen könne, wenn er versuchen würde, Kontakt zu Bekannten aufzunehmen.

So schwindet auch jeder Mut, eine Aktivität zu entwickeln. Der Betreffende igelt sich in seiner Wohnung ein, und wenn nicht zufällig ein beherzter Freund zu Besuch kommt und ihn in die gesündere erwachsene Tagwelt zurückholt, dann kann das der Anfang einer ernsthaften depressiven Entwicklung werden. Es ist oft erstaunlich, wie wenig sich intelligente, ansonsten durchaus einsichtsfähige erwachsene Menschen gegen solche Gefühle wehren können, die alte, tief in ihnen verankerte Schemata auslösen.

Diese Art der Einsamkeit hat wenig mit objektiver sozialer Isolierung zu tun. Wer im Corona-Winter studieren musste, brauchte schon allerhand Resilienz und soziale Kompetenz, um nicht in eine Vereinsamung hineinzugeraten. Das war objektiv eine schwierige Zeit. Aber selbst hier entschieden letztlich nicht die äußeren Umstände, sondern die genannten inneren Faktoren darüber, wie stark jemand tatsächlich in Einsamkeit hineingeriet.

Gefühlte Einsamkeit ist sehr oft eine Negativspirale

Eine ganz andere Form von Einsamkeit ist ebenfalls die oben geschilderte freiwillige Bewegung in den inneren Abstand, um sich selbst und seine Lebensumstände besser wahrnehmen zu können. Am Anfang einer stationären Psychotherapie sind die Gefühle hier meist ambivalent, weil es ja nur ein teilweise freiwillig gewählter Zustand ist. Eine Patientin hat sich zwar bei Anmeldung auf das Setting insgesamt eingelassen, erlebt aber möglicherweise doch heftige Gefühle der Angst und Einsamkeit, wenn sie dann auf dem Stationsflur steht, unter lauter unbekannten Leuten. Sie braucht Unterstützung dabei, um sich auf diesen Experimentierraum der künstlich hergestellten Einsamkeit (der Abwesenheit bisheriger Bindungen) einlassen zu können – um sich selbst zu begegnen.

Wenn Menschen unter Einsamkeit leiden, dann geht es nach dem Gesagten in der Regel nicht um objektiv anzuerkennende Gegebenheiten. Stattdessen ist gefühlte Einsamkeit sehr oft eine Negativspirale, wo sich mangelhafte frühe Bindungserfahrungen und jetziger Rückzug gegenseitig verstärken. Bei genauerem Hinsehen können frühe Bindungsdefizite recht unterschiedlich aussehen. Dazu gehören die emotionale Vernachlässigung, wo einem Kind sehr wenig Aufmerksamkeit und Wärme entgegengebracht wurde, Erfahrungen des Alleingelassen- oder Verlassenwerdens, von anderen verletzt oder missbraucht zu werden, Ausgrenzung durch Gleichaltrige (z. B. aus ethnischen Gründen), sowie erlebte Entwertungen und Beschämungen.

Gelegentlich können spätere glücklichere Lebensumstände noch manche alten Wunden heilen, auch die Pubertät kann manche frühen Defizite einschmelzen, wenn sie zu einer guten Selbstbehauptung führt. Aber sehr oft bleiben solche frühen Defizite als lebenslange Wunde bestehen und können immer wieder - oft durch kleine Anlässe - getriggert werden.

Vielleicht hat z. B. nur eine Freundin der anderen kurzfristig ein Treffen abgesagt. Wenn die Adressatin ein Defizit im Bereich Abgetrenntheit/Ablehnung hat, könnte dieses Schema massiv aktiviert werden. Die Betroffene fühlt sich in diesem Moment tief abgelehnt, ist überzeugt davon, dass es daran liegt, dass sie so uninteressant ist, dass die Freundin abgesagt hat - und dass sich in Wahrheit niemand für sie interessiere. Es ist das hilflose Gefühl der Kindheit, den ungünstigen Umständen ohne eigene Steuerungsmöglichkeit ausgeliefert zu sein.

Bewältigungsmodi in der Schematherapie

Solch eine Schemaaktivierung ist für Betroffene aber oft kaum erträglich. Und so stellen sich auf unbewusster Ebene meist Bewältigungsmechanismen ein, die blitzschnell aktiviert werden, damit der Schmerz nicht so fühlbar wird. In der Tiefenpsychologie spricht man hier von Abwehrmechanismen, in der Schematherapie von Bewältigungsmodi.[2]

Menschen rutschen in einen solchen Modus hinein und haben dabei das Gefühl, angemessen und authentisch zu handeln. Diese Bewältigungsmodi können in drei Richtungen gehen.

- Zum einen ist die *Unterwerfung* möglich. Menschen tun hier alles dafür, damit andere beschwichtigt werden, ihnen nicht böse sind und auf diese Weise die Bindung erhalten bleibt.
- Dann gibt es auch die *Überkompensation*. Um sich stark und unabhängig zu fühlen, könnte jemand z. B. in die Selbsterhöhung gehen, sich wichtig machen, andere beeindrucken wollen. Oder er könnte in den Angreifermodus gehen, um das Problem und die schlechten Gefühle sozusagen in den Bereich des anderen zu verschieben.
- Für unser Thema ist allerdings der dritte Bereich der Bewältigungsmodi besonders interessant. Es sind die gefühlsvermeidenden oder Beschützer-Modi.

---

2 Guter Überblick in Roediger 2011, 88 ff.

- Hier gibt es zum einen den *»Distanzierten Beschützer«*. Menschen gehen auf Abstand, überzeugen sich durch innere Dialoge, dass ein Kontakt ja doch nur zu Enttäuschungen führen würde. Im Beispiel der kurzfristigen Terminabsage könnte die versetzte Freundin sich überlegen, dass die andere doch schon immer recht selbstbezogen gewesen sei, dass ein Treffen sicher wieder nervig geworden wäre - und das nächste Treffen ihrerseits hinauszögern oder absagen.
- Eine andere Möglichkeit wäre der *»Aggressive Beschützer«*. Das wäre beispielsweise eine Textnachricht, dass sie sie doch in Ruhe lassen solle, dass sie die Nase voll habe von der ewigen Unzuverlässigkeit.
- Als weitere Möglichkeit gäbe es noch den *»Distanzierten Selbstberuhiger«*. Damit ist Ablenkung und Gefühlsdämpfung gemeint. So könnte sich unsere Kandidatin zum Beispiel betrinken. Viele einsame jüngere Männer geraten auf diesem Weg in exzessives Computerspielen, auch Drogenkonsum hat sehr oft seine Wurzel im Distanzierten Selbstberuhiger.

Alle diese Mechanismen führen natürlich nicht zu langfristig befriedigenden Ergebnissen. Sie verschaffen allerdings tatsächlich eine kurzfristige Entlastung.

Wirklich einsame Menschen brauchen ein tiefes Verständnis und Hilfe, um an die Wurzeln heranzukommen

Bewältigungsmodi sind besser zu ertragen als frisch getriggerte schmerzhafte Kindzustände. Und so werden sie immer wieder genutzt. Weil das unbewusst geschieht, gibt es auch kaum Eingriffsmöglichkeiten für die Betroffenen. Auch die manchmal gehörte Klage darüber, dass einsamen Menschen nur schwer zu helfen sei, hat hier ihre Wurzel. Es ist kaum möglich, auf direktem Wege eine Auseinandersetzung mit unbewussten Mechanismen zu führen. Kognitiv sind Vernunftargumente jedem einsichtig und kaum zu widerlegen: Dass man zum Beispiel unter Menschen gehen müsse, wenn man einsam sei. Wenn aber ein unbewusster Schutz vor weiteren schweren Verletzungen dahintersteht, wird sich in der Lebenspraxis wenig ändern. So brauchen die meisten wirklich einsamen Menschen etwas ganz Anderes als gute Ideen und Anregungen für eine sinnvolle Freizeitgestaltung.

Sie brauchen ein tieferes Verständnis dafür, warum sie sich zurückziehen, und dann Hilfe, um die Ursachen dafür endlich bewältigen zu können.

Oft ist der erste Schritt, sich darüber bewusst zu werden, dass sie am jetzigen Zustand leiden. Dass sie unglücklich mit der Situation sind. Wenn dann psychotherapeutische Hilfe in Anspruch genommen wird, wird es zuerst darum gehen, das bisher durch den Bewältigungsmodus verdeckte frühkindliche Schema in den Blick zu bekommen. Wenn das Vernachlässigung oder Einsamkeit ist, dann wird dabei viel Schmerz fühlbar werden. Es ist oft Schmerz, der bisher nicht sein sollte und nicht sein durfte.

Dann erst folgt die Erkenntnis, dass die entwertenden, zurückweisenden, strafenden Botschaften aus der Kindheit ja immer noch aktiv sind. Sie bilden die negativen, »giftigen« Stimmen im Hinterkopf, die in Triggersituationen das Ruder in die Hand nehmen. So war es auch der Frau im Beispiel bei der Terminabsage gegangen. »Du bist doch völlig unwichtig, für dich interessiert sich doch keiner!« waren solche Selbstverbalisationen, die blitzschnell da waren - bevor die Bewältigungsmodi, unbewusst gesteuert, übernahmen.

Alte strafende und fordernde Stimmen aus der Kindheit müssen entmachtet werden

Und hier muss in der Therapie jetzt ein Kampf geführt werden. Die alten strafenden und fordernden Stimmen aus der Kindheit müssen endlich entmachtet werden. In der Schematherapie geht es dabei engagiert zu mit Imaginationen und Rollenspielen.[3] Und wenn es ein Schema aus dem Bereich Abgetrenntheit/Ablehnung war, dann steht jetzt der Weg dafür offen, sich vorsichtig, Schritt für Schritt, in ein lebendigeres, farbigeres Leben in der Gemeinschaft zu trauen.

Literatur

Grabe, Martin, *Wie funktioniert Psychotherapie? Ein Buch aus der Praxis für alle, die es wissen wollen*, Stuttgart 2018.

Roediger, Eckhard, *Praxis der Schematherapie, Lehrbuch zu Grundlagen, Modell und Anwendung*, 2. Aufl. Stuttgart 2011.

Wolf, Ernest/Ornstein, Anna/Ornstein, Paul u. a., *Selbstpsychologie, Weiterentwicklungen nach Heinz Kohut*, München/Wien 1989.

3 Vgl. Grabe 2018, 103 ff.

Einsamkeit und Gesundheit

Nico Dragano und Inken Fischer

Einleitung

Einsamkeit kann unter bestimmten Umständen Körper und Psyche belasten, Krankheiten mitverursachen und den Heilungsprozess verzögern oder sogar verhindern. Welches Ausmaß diese gesundheitlichen Folgen annehmen und wie sie entstehen, ist Thema dieses Beitrags. Die Grundlage des Textes ist der aktuelle Wissensstand der medizinisch-epidemiologischen Forschung (Was macht krank?) sowie der Gesundheitsforschung (Was hält gesund?). Uns ist jedoch bewusst, dass die Perspektive auf Gesundheit und Krankheit nur eine Facette des komplexen Phänomens Einsamkeit ist. Insofern ist es wichtig zu betonen, dass Einsamkeit nicht »pathologisiert« werden soll und so einseitig zu einem medizinischen Problem erklärt wird. Einsamkeit kann selbstgewählt, produktiv und inspirierend sein, wie verschiedene Beiträge in diesem Buch auch zeigen. Manchmal kann Einsamkeit sogar gesundheitsförderlich sein, beispielsweise wenn ein bewusster Rückzug bei der Erholung von einer Erkrankung hilft. Insofern ist Sensibilität im Umgang mit der medizinischen Seite gefragt und sicher ist nicht jeder Mensch, der sich einsam fühlt, akut von Krankheit bedroht. Gleichwohl ist die negative gesundheitliche Wirkung vor allem von unfreiwilliger und dauerhafter Einsamkeit nicht von der Hand zu weisen und daher gehört eben auch dieser Aspekt zu einer Bewertung der Einsamkeit dazu. Beginnen möchten wir unsere Darstellung mit einer Beschreibung des statistischen Zusammenhangs zwischen Einsamkeit und gesundheitlichen Problemen. Damit beginnen wir sozusagen am Ende, um danach zu erläutern, welche Mechanismen Einsamkeit und Gesundheit verbinden und welche Formen von Einsamkeit kritisch sind. Abschließend werfen wir noch einen Blick auf die aktuelle Forschung aus der COVID-19 Pandemie zu dieser Thematik.

Einsamkeit als gesundheitliches Risiko?

Einsamkeit ist, das zeigt eine große Zahl von Studien weltweit, ein Risikofaktor für Krankheit und frühzeitigen Tod. Das bedeutet, dass Menschen, die einsam oder sozial isoliert sind (zur Unterscheidung beider Konzepte siehe unten), statistisch häufiger krank werden und ihre Lebenserwartung verkürzt ist. Da es sehr viele Untersuchungen zu sich stark unterscheidenden Krankheitsbildern gibt, wollen wir hier nur exemplarisch einige Befunde zu häufigen Erkrankungen sowie zur Sterblichkeit vorstellen. Einen Eindruck von der Stärke des Zusammenhangs von Einsamkeit und Sterblichkeit gibt beispielsweise eine Meta-Analyse von Holt-Lundstad et al.[1] In einer solchen Analyse werden die Ergebnisse aus vielen Einzelstudien zusammengefasst und ausgewertet, um zu einem möglichst genauen (repäsentativen) Ergebnis zu kommen. Die Wissenschaftler:innen ermittelten in der Zusammenschau von 16 epidemiologischen Studien, dass Menschen, die sozial isoliert oder einsam waren, ein um 40–45 % höheres Risiko hatten frühzeitig zu versterben, als Menschen, die sozial besser integriert waren.

Untersucht wurden neben der Sterblichkeit auch verschiedene Einzeldiagnosen bzw. Krankheitsbilder. Für die häufigste Erkrankungsgruppe im Alter, die Herz-Kreislauf-Erkrankungen, wurde etwa in einer englischen Langzeitstudie mit älteren Menschen im Alter von 50+ gefunden, dass einsame Personen im weiteren Studienverlauf ein signifikant erhöhtes Risiko hatten, einen Herzinfarkt oder Schlaganfall zu erleiden.[2] Dieses Ergebnis wird von weiteren großen Studien aus anderen Ländern bestätigt, in denen Einsamkeit ebenfalls mit mehr Herz-Kreislauf-Erkrankungen einherging.[3] Weitere Hinweise kommen aus Untersuchungen, die Patientinnen und Patienten betrachtet haben, die bereits eine diagnostizierte Erkrankung hatten (beispielsweise einen Erstinfarkt). Hier zeigt sich, dass sich Einsamkeit ungünstig auf den weiteren Verlauf auswirkt und dass Menschen in Einsamkeit häufiger Re-Infarkte entwickeln.[4]

Beispielhaft für psychische Erkrankungen können Studien zum Depressionsrisiko herangezogen werden. Auch hierzu liegt eine Meta-Analyse vor (s. o.), die anhand der Ergebnisse von 88 Einzelstudien zeigen konnte, dass einsame Menschen eine erhöhte Depressionsneigung haben.[5] Interessanterweise scheint dies auf alle gesellschaftlichen Gruppen zuzutreffen, denn Einsamkeit wirkte sich sowohl bei Studierenden, als auch bei älteren Menschen oder Heimbewohner:innen negativ auf deren psychische Gesundheit aus. In die gleiche

---

1 Holt-Lunstad et al. 2010.

2 Valtorta et al. 2016.

3 Paul et al. 2021.

4 Ebd.

5 Erzen und Çikrikçi 2018.

Richtung weisen Ergebnisse von Studien zu kognitiven Einschränkungen. Einsame Menschen entwickeln demnach früher und häufiger als nicht-einsame Menschen kognitive Beschwerden (z. B. Vergesslichkeit) bis hin zu Demenzerkrankungen.[6]

Die Beziehung zwischen Einsamkeit und Gesundheit ist aber nicht eindimensional. So kann Krankheit zu einem Grund für Einsamkeit werden, wenn gesundheitliche Beschwerden dazu führen, dass Menschen in soziale Isolation geraten. Ein Beispiel sind chronische Schmerzen, die oft zur Folge haben, dass die betroffene Person nicht mehr unter Menschen gehen kann oder will.[7] Die Isolation kann dann wiederum dazu führen, dass sich die Erkrankung bzw. die Schmerzen verschlimmern. Ein solcher Fall ist besonders problematisch, weil sich hier in der Art eines Teufelskreises soziale und gesundheitliche Probleme gegenseitig verschärfen.

Mechanismen: was Einsamkeit und Gesundheit verbindet

Um solche Ergebnisse einordnen zu können, müssen die Mechanismen nachvollzogen werden, die zwischen dem sozialen Zustand »Einsamkeit« und einer körperlichen oder psychischen Schädigung vermitteln. Die Forschung spricht hier von einem bio-psycho-sozialen Prozess, bei dem – im Fall der Einsamkeit – ein soziales Ereignis eine psychische Reaktion zur Folge hat, die dann wiederum zu einer biologischen Antwort des Organismus führt. Ein wichtiger vermittelnder Mechanismus hierbei ist die Stressreaktion. Das humane Stresssystem ist ein biologisches Alarmsystem, das dafür zuständig ist, uns in einer Situation von Bedrohung, Unsicherheit oder Herausforderung körperlich »abwehrbereit« zu machen. Das ist wörtlich zu verstehen, denn die Stressreaktion zielt darauf ab, den Körper in kürzester Zeit auf einen Kampf oder eine Flucht vorzubereiten. Um das zu erreichen, werden beispielsweise Muskeln stärker durchblutet, Energiereserven freigesetzt und momentan nicht benötigte Funktionen (z. B. das Verdauungssystem) gedrosselt. Normale Stressreaktionen sind meist unproblematisch, jedoch kann insbesondere chronischer Stress die Gesundheit angreifen. Wird beispielsweise das Herz-Kreislauf-System über längere Phasen immer wieder durch Stress aktiviert, können langfristig Herz-Kreislauf-Erkrankungen gefördert werden. Stress ist dann auch bekanntermaßen mit zahlreichen anderen körperlichen (z. B. Diabetes, Muskel-Skelett-Erkrankungen) und psychischen Erkrankungen (z. B. Depressionen, Angststörungen) assoziiert.

---

[6] Holwerda et al. 2014, Boss et al. 2015,

[7] Loeffler und Steptoe 2021.

Bleibt die Frage, warum Einsamkeit eine Stressreaktion auslöst und damit ein sogenannter *Stressor* ist: Wie bereits erwähnt, wird die Stressreaktion ausgelöst, wenn wir eine Situation als Bedrohung oder zumindest als Herausforderung bewerten. Kann dies auch auf Einsamkeit zutreffen? Zweifellos. Der Mensch ist im Laufe seiner Evolution als soziales Wesen geprägt worden. Es gehört zu unseren ureigenen Bedürfnissen, Gemeinschaft zu erfahren, zu kommunizieren, zu interagieren oder Intimität zu spüren. Die Zugehörigkeit zu einer Gruppe war die längste Zeit der evolutionären Entwicklung sogar unmittelbar überlebenswichtig. Ein isolierter Mensch ohne Familie und Gruppe wurde in der feindlichen Umwelt der Früh- und Urzeit akut von Hunger, Durst und Angriffen bedroht. Auch wenn die Konsequenzen heute in wenigen Fällen so dramatisch sind, so sind die Bedürfnisse nach wie vor vorhanden. Werden sie nicht erfüllt, kann dies als Bedrohung empfunden werden und eine chronische Stressreaktion auslösen. Entsprechend konnten Studien zeigen, dass bei Menschen, die sich einsam fühlen, biologische Zeichen einer chronischen Stressantwort nachweisbar sind. Das sind beispielsweise die Stresshormone (z. B. Cortisol) im Blut, ein erhöhter Puls und Blutdruck, Entzündungsanzeichen oder auch ein geschwächtes Immunsystem.[8] Dauern diese Auswirkungen an, müssen sie gar nicht besonders stark ausfallen, um auf lange Sicht die Gesundheit zu schädigen.

Darüber hinaus werden weitere Mechanismen diskutiert. Zuvorderst ist ein Fehlen von sozialer Unterstützung zu nennen, das mit Einsamkeit einhergehen kann. Emotionale und soziale Unterstützung sowie Zuwendung durch relevante Andere haben generell eine gesundheitsförderliche Wirkung. Sie wirken sich nicht nur unmittelbar positiv auf körperliche Vorgänge aus (z. B. Ausschüttung von Bindungshormonen), sondern können auch den psychischen Druck durch negative Ereignisse mildern (z. B. Belastung durch Schulden, Trennungen und/oder Jobverlust). Zudem ist soziale Unterstützung und Integration hilfreich bei einer gesundheitsbewussten Lebensführung. Menschen, die sozial gut eingebunden sind, treiben beispielsweise häufiger Sport, ernähren sich gesünder und rauchen weniger. Vice versa sind Verhaltensweisen, die der Gesundheit eher schaden, häufiger bei sozial isolierten Menschen zu beobachten. Teils liegt dies daran, dass die Motivation für bestimmte Verhaltensweisen, wie z. B. Sport zu treiben, in Gemeinschaft höher ist. Teils sind bestimmte Verhaltensweisen auch als Reaktion auf Gefühle von Einsamkeit zu verstehen, z. B. der Konsum von Alkohol oder Nikotin, um Anspannungen zu reduzieren. Ein weiterer Aspekt ist die instrumentelle Unterstützung. Diese liegt z. B. als praktische Hilfestellung vor, die einerseits bei der konkreten Bewältigung von Problemen unterstützt, sodass diese weniger belastend sind (z. B. wenn man in einer finanziellen Notlage Geld geliehen bekommt). Andererseits fallen hierunter auch Unterstützungsleistungen durch Andere, die sich direkt auf die Gesundheit beziehen, wie

8 Valtorta et al. 2016, Brown et al. 2018.

z.B. Pflege bei Krankheit, Fahrten zur Arztpraxis oder die Vermittlung an kompetente Ärztinnen oder Ärzte.

Welche Formen von Einsamkeit sind problematisch?

Um erforschen zu können, ob Einsamkeit ein gesundheitlicher Risikofaktor ist, muss sie zusammen mit medizinischen Daten in großen Studien gemessen werden. Da dies in aller Regel über Befragungen erfolgt, sind die Einsamkeitskonzepte in der epidemiologischen Forschung vergleichsweise einfach. Grob skizziert misst die Forschung Einsamkeit häufig anhand zweier Phänomene, der *sozialen Isolation* oder der *subjektiven Einsamkeit.* Die Erhebung sozialer Isolation erfasst die objektive Kontakthäufigkeit bzw. die Größe des sozialen Netzwerks, über die ein Individuum verfügt. Unterschreitet dieses Netzwerk aus Freunden und Familienmitgliedern eine bestimmte Größe, gilt eine Person als sozial isoliert. Die Grenzen werden in Studien jedoch sehr unterschiedlich gezogen. Der häufig verwendete Fragebogen von Lisa Berkmann, einer der Pionierinnen im Bereich der Einsamkeitsforschung, stuft Menschen zum Beispiel dann als isoliert ein, wenn sie nicht in einer Partnerschaft leben, weniger als drei nahestehende Menschen und keine Mitgliedschaften in Vereinen haben.[9]

Die direkte Messung der »subjektiven« Einsamkeit fragt in der Regel nach der Selbsteinschätzung hinsichtlich der Größe der Lücke zwischen den vorhandenen und den gewünschten sozialen Kontakten. Für wissenschaftliche Messungen werden hierzu häufig Fragen zur Wahrnehmung des unmittelbaren sozialen Umfelds gestellt. Ein typisches Anwendungsbeispiel aus der Forschung ist die UCLA-Skala, bestehend aus drei Fragen: Befragte sollen angeben, (1) wie häufig sie das Gefühl haben, keine:n Ansprechpartner:in zu haben, (2) wie häufig sie sich ausgeschlossen und (3) wie einsam sie sich fühlen. Für jede Antwort werden 1 bis 3 Punkte vergeben, je negativer die Antworten ausgeprägt sind, umso höher ist die Punktzahl und die subjektive Einsamkeit.[10]

Jedoch gibt es noch viele weitere Methoden zur Messung von Einsamkeit. Einige Verfahren erheben beispielsweise, wie oberflächlich die eigenen Beziehungen wahrgenommen werden; andere leiten aus der Information, ob jemand allein lebt oder nicht, die Einsamkeit einer Person ab.[11] Es bleibt also eine gewisse Unschärfe in der Messung und es ist nicht einfach abzuschätzen, welche Formen der Einsamkeit potentiell krank machen können.

---

9 Berkmann et al. 2004.

10 Snape und Martin 2018.

11 Russel et al. 1980, Jong-Gierveld und van Tilburg 1999.

Einsamkeit und Gesundheit in der COVID-19 Pandemie

Während der COVID-19 Pandemie galt die Vermeidung sozialer Kontakte lange Zeit als einziges und effektivstes Mittel zur Eindämmung des Infektionsgeschehens. Entsprechende Maßnahmen, wie die Schließung von Kultur- und Bildungseinrichtungen sowie der Gastronomie oder Arbeiten im Homeoffice erfüllten diesen Zweck, veränderten aber zugleich das gesellschaftliche Zusammenleben und die individuellen Interaktionsbeziehungen. Könnte dies zu mehr Einsamkeit und in der Folge auch zu gesundheitlichen Problemen geführt haben?

Zu Beginn der Pandemie nahm das Einsamkeitsempfinden offenbar tatsächlich zu. In einer Erhebung von Lippke et al. im Juni 2020 berichteten beispielsweise 26,6 % der Befragten, sich mehrfach pro Woche oder täglich einsam zu fühlen (Vergleich 2019: 10,8 %). Inwiefern die negativen Folgen erhöhter Einsamkeitsgefühle während der Pandemie auch zu gesundheitlichen Folgen führten, deuten erste Studienergebnisse an. Für Menschen, die während der Phasen des Lockdowns unter Einsamkeit litten, verschlechterte sich demnach auch die mentale Gesundheit. Sie berichteten, vermehrt unter starker Angst- und Depressionssymptomatik sowie unter Stress und Schlafstörungen zu leiden.[12]

Die Auswirkungen der getroffenen Maßnahmen betrafen einzelne Bevölkerungsgruppen jedoch in unterschiedlichem Maß. Besonders junge Menschen, Frauen – bemerkenswerterweise selbst die in Partnerschaften – und Eltern kleiner Kinder scheinen stärker von Einsamkeitsgefühlen betroffen gewesen zu sein.[13] Ältere Menschen waren hingegen nicht per se stärker von Einsamkeit betroffen. Ausschlaggebender war hier die Wohnumgebung, da z. B. besonders Heimbewohner:innen aufgrund von Besuchsrestriktionen eine starke Isolation von ihren Angehörigen erlebten. Studien berichteten dann auch über eine Zunahme von Traurigkeit, Angst, Depression und Unruhe bzw. Aggression bei Heimbewohner:innen.[14] Es werden aber auch gegenteilige Effekte berichtet, z. B. dass Demenzerkrankte von der Ruhe in den Einrichtungen profitierten.[15]

Schlussbemerkungen: Wie kann den gesundheitlichen Folgen von Einsamkeit begegnet werden?

Da Einsamkeit als potentieller gesundheitlicher Risikofaktor weit verbreitet und durch die Pandemie noch zunehmen könnte, gilt es, dieser Herausforderung

---

12 Gaertner et al. 2021, Entringer und Kröger 2021.

13 Entringer und Kröger 2020, Lippke et a. 2021, Pai und Vella 2021.

14 Benzinger et al. 2021.

15 Madrigal et al. 2021.

zu begegnen. Zunächst erscheint es wichtig, dass Einsamkeit im medizinischen Kontext wahrgenommen und angesprochen wird. Das heißt beispielsweise, dass im ärztlichen Gespräch Einsamkeit thematisiert wird, wenn der Verdacht besteht, dass die gesundheitliche Situation der Patientin oder des Patienten durch Einsamkeit beeinflusst wird. Versorgungseinrichtungen sollten dann Netzwerke bzw. Kontakte bereithalten (z.B. Senioreninitiativen, Nachbarschaftstreffen, Sportvereine), an die sich Betroffene wenden können. In schwerwiegenderen Fällen können auch verhaltenstherapeutische Angebote vermittelt werden, in denen eine direkte Auseinandersetzung mit der Lebenssituation und den eigenen sozialen Beziehungen erfolgen kann. Vor allem durch die Reflektion und den Abbau negativer Einstellungen und Annahmen, wie Misstrauen oder Vorurteil über andere Personen, kann in solchen Therapien der Abbau von Einsamkeitsgefühlen gefördert werden.

Das Grundproblem kann so jedoch nicht völlig beseitig werden. Hier müssen gesellschaftliche und politische Initiativen hinzukommen. Beispiel hierfür gibt es: Als Vorreiter gründete etwa Großbritannien bereits 2018 eine regierungsübergreifende Arbeitsgruppe zur Bekämpfung von Einsamkeit in der Bevölkerung mittels Kampagnen und Hilfsprogrammen (Office for Civil Society 17.01. 2018). 2020 wurde die Arbeitsgruppe um einen Einsamkeitsfond zur Finanzierung der politischen Maßnahmen erweitert. Auch in Deutschland gibt es Bestrebungen, das Problem anzugehen. Im Land NRW tagt beispielsweise seit Mai 2020 die Enquetekommission IV »Einsamkeit« zur Bekämpfung sozialer Isolation und ihren psychischen und physischen Folgen. Zudem wird empfohlen, auch auf Bundesebene eine Struktur zur Organisation und Koordination struktureller Programme zu schaffen. Ziel sollte es sein, mit gruppenspezifischen Angeboten die Risikogruppen für Einsamkeit zu erreichen (junge Menschen, Menschen nach Verlust eines Partners etc.), technische Hilfsmittel zu finanzieren und, falls notwendig, therapeutische Unterstützung über einen langen Zeitraum zu ermöglichen.[16] Auch aus der Pandemie können Lehren gezogen werden: Unter den Maßnahmen zur sozialen Distanz im Lockdown konnten digitale Medien zum Aufrechterhalten sozialer Beziehungen Einsamkeitsgefühle lindern. Gerade bei älteren Menschen kann daher die Förderung von Medienkompetenz ein Hilfsmittel darstellen. Allerdings – auch das zeigt die Forschung – stellen soziale Medien keinen äquivalenten Ersatz für physische Kontakte dar. Insofern sind weitere Ideen und Initiativen gefragt, um nicht nur die Einsamkeit zu reduzieren, sondern auch die Gesundheit der Bevölkerung zu verbessern.

---

16 Entringer und Kröger 2021.

Literatur

Benzinger, P./Kuru, S./Keilhauer, A./Hoch, J./Prestel, P./Bauer, J.M./Wahl, H. W. (2021), *Psychosoziale Auswirkungen der Pandemie auf Pflegekräfte und Bewohner von Pflegeheimen sowie deren Angehörige – Ein systematisches Review.* Online verfügbar unter https://link.springer.com/content/pdf/10.1007/s00391-021-01859-x.pdf (Abruf 18.11.2021).

Berkman, Lisa F./Melchior, Maria/Chastang, Jean-François/Niedhammer, Isabelle/Leclerc, Annette/Goldberg, Marcel (2004), *Social integration and mortality: a prospective study of French employees of Electricity of France-Gas:* the GAZEL Cohort. In: *American journal of epidemiology* 159 (2), 167–174. DOI: 10.1093/aje/kwh020.

Boss, Lisa/Kang, Duck-Hee/Branson, Sandy (2015), *Loneliness and cognitive function in the older adult: a systematic review.* In: *International psychogeriatrics* 27 (4), 541–553. DOI: 10.1017/S1041610214002749.

Brown, Eoin G./Gallagher, Stephen/Creaven, Ann-Marie (2018), *Loneliness and acute stress reactivity: A systematic review of psychophysiological studies.* In: *Psychophysiology* 55 (5), e13031. DOI: 10.1111/psyp.13031.

Entringer, Theresa/Kröger, Hannes (2020), *Einsam, aber resilient: Die Menschen haben den Lockdown besser verkraftet als vermutet.* Online verfügbar unter https://www.econstor.eu/bitstream/10419/222876/1/1702052192.pdf (Abruf 18.11.2021).

Entringer, Theresa/Kröger, Hannes (2021), *Weiterhin einsam und weniger zufrieden. Die Covid-19-Pandemie wirkt sich im zweiten Lockdown stärker auf das Wohlbefinden aus.* Online verfügbar unter https://www.diw.de/documents/publikationen/73/diw_01.c.820781.de/diw_aktuell_67.pdf (Abruf 18.11.2021).

Erzen, Evren/Çikrikçi, Özkan (2018), *The effect of loneliness on depression: A meta-analysis.* In: *The International journal of social psychiatry* 64 (5), 427–435. DOI: 10.1177/0020764018776349.

Gaertner, Beate/Fuchs, Judith/Möhler, Ralph/Meyer, Gabriele/Scheidt-Nave, Christa (2021), *Zur Situation älterer Menschen in der Anfangsphase der COVID-19-Pandemie: Ein Scoping Review.* Unter Mitarbeit vom Robert Koch-Institut: Robert Koch-Institut. Online verfügbar unter https://edoc.rki.de/bitstream/handle/176904/7915/JoHM_S4_2021_Situation_Aeltere_COVID-19.pdf?sequence=1&isAllowed=y (Abruf 18.11.2021).

Holt-Lunstad, Julianne/Smith, Timothy B./Layton, J. Bradley (2010), *Social relationships and mortality risk: a meta-analytic review.* In: *PLoS medicine* 7 (7), e1000316. DOI: 10.1371/journal.pmed.1000316.

Holwerda, Tjalling Jan/Deeg, Dorly J. H./Beekman, Aartjan T. F./van Tilburg, Theo G./Stek, Max L./Jonker, Cees/Schoevers, Robert A. (2014), *Feelings of loneliness, but not social isolation, predict dementia onset: results from the Amsterdam Study of the Elderly (AMSTEL).* In: *Journal of neurology, neurosurgery, and psychiatry* 85 (2), 135–142. DOI: 10.1136/jnnp-2012-302755.

Jong-Gierveld, J. de/van Tilburg, T. G. (1999), *Manual of the Loneliness Scale. Methoden en technieken.* Online verfügbar unter https://research.vu.nl/ws/portalfiles/portal/1092113 (Abruf 18.11.2021).

Lippke, Sonia/Keller, Franziska/Derksen, Christina/Kötting, Lukas/Ratz, Tiara/Fleig, Lena (2021), *Einsam(er) seit der Coronapandemie: Wer ist besonders betroffen? - psychologische Befunde aus Deutschland.* In: *Prävention und Gesundheitsförderung*, 1-12. DOI: 10.1007/s11553-021-00837-w.

Loeffler, Anna/Steptoe, Andrew (2021), *Bidirectional longitudinal associations between loneliness and pain, and the role of inflammation.* In: *Pain* 162 (3), 930-937. DOI: 10.1097/j.pain.0000000000002082.

Madrigal, Caroline/Bower, Emily/Simons, Kelsey/Gillespie, Suzanne M./van Orden, Kimberly/Mills, Whitney L. (2021), *Assessing Social Functioning During COVID-19 and Beyond: Tools and Considerations for Nursing Home Staff.* In: *Journal of the American Medical Directors Association.* DOI: 10.1016/j.jamda.2021.07.022.

Office for Civil Society (17.01.2018), *PM commits to government-wide drive to tackle loneliness.* Online verfügbar unter https://www.gov.uk/government/news/pm-commits-to-government-wide-drive-to-tackle-loneliness, (Abruf 28.07.2021).

Pai, Nagesh/Vella, Shae-Leigh (2021), *COVID-19 and loneliness: A rapid systematic review.* In: *The Australian and New Zealand journal of psychiatry*, 48674211031489. DOI: 10.1177/00048674211031489.

Paul, Elise/Bu, Feifei/Fancourt, Daisy (2021), *Loneliness and Risk for Cardiovascular Disease: Mechanisms and Future Directions.* In: *Current cardiology reports* 23 (6), 68. DOI: 10.1007/s11886-021-01495-2.

Russell, Dan/Peplau, Letitia A./Cutrona, Carolyn E. (1980), *The revised UCLA Loneliness Scale: Concurrent and discriminant validity evidence.* In: *Journal of Personality and Social Psychology* 39 (3), 472-480. DOI: 10.1037/0022-3514.39.3.472.

Snape, Dawn/Martin, Georgina (2018), *Measuring loneliness: guidance for use of the national indicators on surveys.* Online verfügbar unter https://www.ons.gov.uk/peoplepopulationandcommunity/wellbeing/methodologies/measuringlonelinessguidanceforuseofthenationalindicatorsonsurveys, zuletzt aktualisiert am 05.12.2018 (Abruf 18.11.2021).

Valtorta, Nicole K./Kanaan, Mona/Gilbody, Simon/Ronzi, Sara/Hanratty, Barbara (2016), *Loneliness and social isolation as risk factors for coronary heart disease and stroke: systematic review and meta-analysis of longitudinal observational studies.* In: *Heart (British Cardiac Society)* 102 (13), 1009-1016. DOI: 10.1136/heartjnl-2015-308790.

Über Einsamkeit – Bindungspsychologische und gesellschaftliche Aspekte eines existentiellen Gefühls und Erlebens

Bettina Alberti

Als Menschen sind wir soziale Wesen, seit unseren Ursprüngen befähigt zu Gemeinschaft und auf sie angewiesen. Gute Beziehungen und Gemeinschaft schützen und sichern das Leben, machen es lebens- und liebenswert. Dieses tief in uns verwurzelte Wissen gibt der Einsamkeit eine existentielle Bedeutung.

Erlebt ein Mensch fortgesetzt das Fehlen guter Verbindungen mit anderen, so kann sein physisches und psychisches Dasein gefährdet sein. Darüber hinaus können verinnerlichte Erfahrungen von Einsamkeit Ursache sein von Depression, von Ängsten, Beziehungsproblemen und Schwierigkeiten, das Leben zu bewältigen.

Woher kommen wir und wohin gehören wir? Mit unserem Aufwachsen erfahren wir Beziehungen, Lebensbedingungen und Werte; die familiäre und die soziale Umwelt gestaltet die geistig-emotionale Entwicklung. Wir lernen, was sicher ist und was unsicher, was beantwortet wird und was ohne empathische Resonanz bleibt. Erleben wir ausreichend Lebens- und Bindungssicherheit, entstehen gute Ichkräfte und Resilienz, die wir für die Aufgaben des Lebens brauchen; wir bleiben verbunden mit unserem Selbst. Wenn nicht, entfernen wir uns davon, aus der Notwendigkeit der geforderten Anpassung an die Lebensbedingungen und an die primären Bezugspersonen, auf die insbesondere ein Kind angewiesen ist.

»Eleanor Rigby picks up the rice in the church
Where the wedding has been - lives in a dream
Waits at the window, wearing a face that
She keeps in a jar by the door - who is it for

All the lonely people
where do they all come from
All the lonely people
where do they all belong»

Diesen Song schrieben John Lennon und Paul McCartney in den 60er Jahren als Ausdruck der Einsamkeit ihrer Generation – auch heute noch aktuell.

Ein Hintergrundthema der Einsamkeit ist die Verbundenheit mit dem Leben. Das Leben in uns zu suchen und gleichzeitig in Kontakt zu sein mit dem existentiellen Verlust von Verbundenheit, kann beim Erleben von Einsamkeit uns zu uns selbst bringen. Verbundenheit ist ein Geschehen, eine Seinsweise, eine Handlung, ein Gefühl, ein aktiver und rezeptiver Prozess. Ein Spüren, Erahnen, Fühlen, ein (Seelen-) Schauen.

Die Lösungsversuche von Einsamkeit als Ausdruck des Verlustes von Verbundenheit spiegeln das jeweilige Strukturniveau eines Menschen oder auch einer Gesellschaft wider: Psychische Fähigkeiten wie Bindung, Kommunikation, Impulskontrolle, Selbst- und Fremdwahrnehmung, Integrität kommen hier zum Tragen. Verbundenheit ist begleitet von ihrer Seelenschwester Vertrauen. Verbundenheit endet dort, wo Vertrauen aufhört. Vertrauen basiert auf dem Potential der Zugänglichkeit zum menschlichen Erfahrungsraum des bedingungslosen Seins, und damit zur uns allen innewohnenden Kraft der Schöpfung. In diesem Sinne kann auch die heutige Säkularisierung, wenn sie sich nicht in anderer Weise auf die der Schöpfung zu Grunde liegenden Kräfte bezieht, Quelle von Einsamkeit sein.

Das Ungewollte, Belastende von Einsamkeit ist uns bekannt; unsere Seele umfasst jedoch polare Kräfte, die sich zu einer Ganzheit ergänzen. Auch das Alleinsein wird gebraucht, das nur mit sich Sein. Künstler haben schon immer Einsamkeit als Voraussetzung für ihre schöpferischen Fähigkeiten benannt, Mönche suchen die Einsiedelei auf zur Kontemplation und zum Finden zu Gott. Es braucht gute seelische Kräfte, um sich darauf einzulassen, es braucht Sammlung, nicht Zerstreuung, wie sie in unserer Kultur vorherrscht, um Einsamkeitsgefühlen nicht begegnen zu müssen. Die Sehnsucht nach einem guten Raum des mit sich Seins zeigt sich in der Beliebtheit fernöstlicher Traditionen wie Yoga und Meditation, auch in der Suche nach Natur und nach der »Einsamen Insel« als Synonym für Befreiung von überladenen, nicht wirklich nährenden Kontaktformen, die zum Teil Pseudobindungen suggerieren.

Das Grundgefühl der Lebenssicherheit, des sich Aufgehoben-Fühlens, braucht die Erfahrung zuverlässiger Bindungsbeziehungen.

Was bedeutet Bindung?

Alle Lebewesen leben in Verbindung mit anderen. Menschen entbinden ein neugeborenes Kind – in diesem Begriff zeigt sich das Wissen, dass eine Bindung schon vor der Geburt entsteht. Wir sprechen auch vom Band der Nabelschnur, genauso wie wir von einem emotionalen Band zwischen Menschen sprechen, die sich lieben. Bindung ist ein tiefes Beziehungsgeschehen, ein menschliches

Grundbedürfnis und Grundmotivation im Leben. Dies gilt für jedes Lebensalter und steht nicht im Gegensatz zu dem beschriebenen Bedürfnis nach für sich Sein.

Eine wichtige Grundbedingung für Leben ist die Gleichzeitigkeit der jedem Lebewesen innewohnenden autonomen Fähigkeiten und seine Angewiesenheit auf eine Umwelt. Bindung und Autonomie gehören von Anbeginn an zusammen und initiieren im Wechselspiel die physiologischen, seelischen und geistigen Kräfte, die ein Mensch für sein Aufwachsen braucht. So kann wie einst bei der Geburt auch vor späteren Entwicklungsschritten – z. B. bei der Einschulung, bei wichtigen Prüfungen, beim selber Eltern werden, beim Altern eine innere Sicherheit entstehen, gleichzeitig so autonom und unterstützt zu sein, dass Wandlung gelingen kann. Dies gilt auch für gesellschaftliche Herausforderungen wie zur Zeit der Umgang mit der Corona-Pandemie.

Für ein Kind sichert die Bindung an die Eltern oder entsprechende andere Menschen den nötigen Schutz, die Versorgung und die Zuwendung, die es für sein Überleben braucht. Es gibt ihm auch das Gefühl der Zugehörigkeit zu einer größeren Gemeinschaft, wie es eine Familie, eine Gruppe, ein Stamm oder eine Gesellschaft sein kann. Familiäre Bindungen halten meist ein Leben lang, was sich in Sprichwörtern wie »Blut ist dicker als Wasser« oder dem Begriff der »Familienbande« deutlich ausdrückt.

Sichere Bindungsbeziehungen können unser Leben von Beginn an tragen und unterstützen. Mangelndes oder gestörtes Bindungserleben ist eine Lebenserfahrung, die ursächlich zu seelischen Störungen und Krisen führt. Prägende Einsamkeitserfahrungen – sei es aus der Vergangenheit oder dem Jetzt – haben dabei eine besondere Relevanz. Eltern – Kind – Bindungen können nicht beendet werden, selbst wenn wir dies wollten. Genauso wenig können Eltern-Paare, die sich trennen, ihre Elternbindung lösen, was die Trennung oft schwer macht. Das Bindungsgeschehen unterliegt nicht unserem Willen, es hat einen komplexen, lebenserhaltenden biologischen Sinn, so wie es auch wieder Lebenssinn geben kann. Bindungserfahrungen wirken als Teil unserer inneren Welt und beeinflussen von dort den Kontakt zu uns selbst und zu anderen. Wir verinnerlichen sie und verhalten und fühlen uns entsprechend ihren Botschaften, Grenzen und Möglichkeiten.

Die Psychologie unterscheidet verschiedene **Bindungsstile:** Die **sichere Bindung**, in der Nähe und Distanzierung gleichermaßen erlaubt sind und das Kind eine feinfühlige Resonanz auf seine Signale erfährt. Später werden Menschen mit einer sicheren Bindungserfahrung in ihren Beziehungen Nähe und Distanz in angemessener Form leben und beantworten können. Mit einer sicheren Bindung wird ein Kind mit sich selbst so umgehen, wie seine Bezugspersonen es vorleben, den eigenen Gefühlen und Gedanken Aufmerksamkeit schenken, sie achten und als Quelle des Selbstempfindens wahrnehmen. So entsteht ein gesundes Selbst als Grundlage für ein gesundes, gemeinschaftsfähiges Ich.

Bei einer **unsicheren Bindung** bekommt das Kind keine feinfühlige Resonanz auf seine Bindungsbedürfnisse; es wird von den Bezugspersonen emotional vernachlässigt, wenig wahrgenommen, nicht unterstützt. Später werden Menschen mit einer unsicheren Bindungserfahrung entweder immer wieder übermäßig nach Sicherheit suchen oder als Selbstschutz nahe Beziehungen vermeiden.

Bei der **ambivalenten** Bindungserfahrung gibt es keine Zuverlässigkeit und Vorhersehbarkeit des Verhaltens der Bezugspersonen dem Kind gegenüber. So gerät es selbst in ambivalente Gefühle. Später kann ein Mensch mit ambivalenter Bindungserfahrung selbst unvorhersehbar werden für sich und für andere, abrupt wechseln zwischen Nähe und Distanz, nicht wirklich ja und nicht wirklich nein sagen können.

Die **emotionell missbräuchliche Bindung** ist geprägt von Parentifizierung, das Kind übernimmt psychisch die Elternrolle und wird zum emotional versorgenden Beziehungspartner. Dies kann sich projektiv schon auf Babys und das vorgeburtliche Kind richten, ein Thema der pränatalen Psychologie. Vor einigen Jahren berichtete eine Nachrichtensendung von 8 amerikanischen Mädchen aus einem Jugendheim, die gleichzeitig gewollt schwanger geworden waren – zu ihrem Motiv befragt, sagten sie: »Dann haben wie endlich jemanden, der uns liebt.«

Bei der **desorganisierten Bindung** sind es die Bezugspersonen und ihr Beziehungsverhalten, die Körper, Geist und Seele angreifen. Kinder, die mit häuslicher Gewalt, mit starker Vernachlässigung oder gravierenden psychischen Beeinträchtigungen eines Elternteils wie Sucht, Traumafolgestörungen oder psychiatrischen Erkrankungen aufwachsen, können davon betroffen sein. Später laufen sie Gefahr, innerlich ohne Orientierung und Halt auf Beziehungsangebote zu reagieren.

Mit der Erweiterung des lebensbiographischen Raumes um die Zeit von der Zeugung bis zur Geburt hat das Verständnis von Bindungsprozessen und Bindungsverstörungen und damit das Verständnis von tiefen Einsamkeitsgefühlen eine weitere Möglichkeit der Annäherung bekommen. Woher kommen wir und wohin gehören wir? Wann entsteht die Seele? Untrennbar verbunden mit der körperlichen Entwicklung und Ausdifferenzierung entfaltet sich in der pränatalen Lebenszeit auch die Psyche des ungeborenen Kindes.

Die Pränatale Psychologie beschäftigt sich mit den biologischen, sozialen und psychischen Bedingungen von Zeugung, Schwangerschaft und Geburt, sie versucht, die Situation der Mutter und des Vaters anzuerkennen in ihrer Bedeutung für das ungeborene Kind. Sie geht davon aus, dass es ein zunächst rudimentäres, sich immer weiter ausdifferenzierendes emotionales Erleben im ersten kommunikativen Lebensraum des Menschen gibt. Bezieht man in das familiäre Bindungssystem die vorgeburtlichen Erfahrungen mit ein, finden sich schon hier primäre lebensfördernde und lebenshemmende, lebensbejahende und lebensverneinende Kräfte.

Die frühe Lebenszeit kann für das werdende Kind eine Zeit der Sicherheit und der Annahme sein – Willkommen sein als erste seelische Heimat – oder sie ist eine Zeit der Ambivalenz, der Dominanz von Stressfaktoren und Ablehnung.

Hatten Kinder schon früh weniger Möglichkeiten, haltgebende innere Strukturen auszubilden, werden sie später stärker als andere Sicherheit in ihrer äußeren Welt suchen und diese Vorgehensweise beibehalten. Solche Kinder sind ängstlicher oder anklammernder, zurückgezogener oder wütender als andere. Sie brauchen besondere Zuwendung, Zeit und Verständnis, damit sie eingeschlagene ungünstige Wege langsam verlassen und Neues erfahren und aufbauen können. Sie enttäuschen oft die Erwartungen der Eltern, die diese sich von ihrem Kind gemacht haben, sie sind nicht zu verstehen, sie sind fremd.

Eltern mit einer eigenen unverarbeiteten psychischen Belastung aus ihrer Bindungsgeschichte werden das Kind eher als frustrierend erleben, wenn es ihren Bedürfnissen nach Geliebt-Sein nicht entspricht. Sie werden dann z. B. auf Schreien des Babys eher so reagieren, als würden sie angegriffen oder es als Angriff gegen ihre Elternkompetenz erleben – oder einfach nur als Stress, den es nicht elterlich-fürsorglich zu beruhigen, sondern auszuschalten gilt.

Die Mutter und der Vater sind selbst Teil eines komplexen sozialen Systems, in dem sie mehr oder weniger gut beheimatet sind. Einsamkeit in Form fehlender Unterstützung und Wertschätzung und Armut hat für junge Eltern und ihre Kinder eine große Bedeutung. Dies gilt insbesondere für Alleinerziehende.

Der Psychoanalytiker Dr. Ludwig Janus sagt:

> *»Jede menschliche Gesellschaft hat ihre ethische Basis in der Bindungsqualität der Eltern-Kind-Beziehung, die ein Fundament sozialer Systeme ist. Fähigkeiten zum sozialen Miteinander werden in der Triade gebildet und weitergegeben. Dies geschieht immer im historischen Feld politischer, wirtschaftlicher und sozialer Bedingungen und formt sich wechselseitig.«*

Je fürsorglicher und empathischer eine Gesellschaft mit Schwangerschaft, Geburt und der frühen Lebenszeit ihrer Kinder umgeht, umso fürsorglicher wird sich später auch der Umgang mit der Welt und ihren Lebewesen gestalten. Denn destruktive menschliche Denk- und Verhaltensweisen sind oft Folge von unverarbeiteten traumatischen Bindungserfahrungen und essentiellem Fürsorgemangel während sensibler psychischer Entwicklungsphasen. So leitet sich das Wort Delinquenz aus dem lateinischen »delinquere« ab, was »unverbunden sein« bedeutet. Gewaltbereitschaft, Dissozialität spiegeln nicht selten zutiefst verstörte und unbeantwortete Bindungsbedürfnisse nach Sicherheit und Geliebt sein wider. »Dazugehören« ist eine Sehnsucht, die uns allen vertraut ist.

Daher führt das Einbeziehen der gesellschaftlichen Dimension von Einsamkeit zu den Fragen: »Wie können wir fürsorgliche Qualitäten, liebevolle und wertschätzende Resonanzfähigkeit stärken? Welche sozialpolitischen Wirkfaktoren braucht es dafür?«

Die frühe Lebenszeit trägt in besonders prägender Weise Menschheitsthemen, die für uns alle gelten, gleich welchen Alters oder Lebenskontextes. Es geht dabei um:

- Beheimatung
- Nahrung und Versorgung
- Empathie als seelische Grundnahrung
- existentielle Abhängigkeit von anderen
- die Zerbrechlichkeit der Existenz
- die unmittelbare Begegnung mit dem Wunder des Lebens.

Die konsequente Gestaltung von gute Bindungen fördernden und das Erkennen von gute Bindungen hemmenden Lebensbedingungen ist für das Thema der Einsamkeit ein wichtiges sozialpolitisches Anliegen.

Einsamkeit im transgenerationalen Kontext

Belastende Bindungserfahrungen im Kontext sozial-gesellschaftlicher und politischer Bedingungen können über Generationen hinweg transgenerational weitergegeben werden. Traumatisierende Lebensbedingungen haben dabei einen besonderen Stellenwert. In Deutschland betrifft dies vor allem die psychischen Auswirkungen von Kriegs- und Fluchterfahrungen des Zweiten Weltkriegs und die Prägungen der NS-Zeit.

Die Nachkriegsgenerationen kennen Krieg, Flucht und Vertreibung meist nicht mehr aus eigenem Erleben. Dennoch finden sich noch heute oft unbewusste Gefühlserbschaften und Spuren traumatischer Erlebnisse. Eine transgenerationale Sichtweise, die die deutsche Zeitgeschichte einbezieht und dadurch Lebensbiographien erweitert, kann helfen, sich selbst und andere besser zu verstehen. Das Bemühen um Weiterentwicklung, Befreiung und Transformation braucht Anerkennung. 1945 lagen weite Teile Europas in Trümmern. Die Humanität lag in Scherben. Durch die Täterschaft war das Leid der deutschen Bevölkerung im Gegensatz zu anderen vom Krieg betroffenen Ländern einer Benennung und Verarbeitung nur schwer zugänglich, eine Form der mit Scham und Schuld verquickten Einsamkeit.

Neben den Erwachsenen waren viele Kriegskinder Traumatisierungen ausgesetzt: Sie erlebten das unmittelbare Kriegsgeschehen, den Tod von Eltern, Großeltern und anderen nahen Verwandten, erlitten nationalsozialistische Verfolgung oder hatten Kenntnis von nationalsozialistischer Täterschaft innerhalb der Familien. Manche wenige erlebten auch die Kraft des Widerstands. 2,5 Millionen Kinder hatten nach dem Zweiten Weltkrieg in Deutschland nur noch einen Elternteil, 100.000 wurden Vollwaisen. In der Übernahme der Verantwortung für Aufgaben, die eigentlich Erwachsene tragen, lernten sie früh, dass kaum jemand in der Lage war, sich ihrem Leid zuzuwenden. Alle mussten funktionieren. Dies ist für Kinder eine besondere Situation, die Erwachsene als gesunde Orientierung brauchen. Manche Kinder versuchen dann ihrerseits zu trösten, zu retten, eigene Bedürfnisse werden zurückgestellt. Sie werden seelisch erwachsen in einem kindlichen Dasein. Dies gilt auch für heutige Flüchtlingskinder aus Kriegsgebieten, die bei uns leben.

Ein weiterer bindungsbelastender Aspekt für die deutschen Kriegskinder war die seelenverleugnende Erziehungs-Haltung des Nationalsozialismus in Familien und staatlichen Erziehungsinstitutionen. Als Werte galten die Unterdrückung der emotionalen Welt und des Freiheitsstrebens, unbedingter Gehorsam, Selbstaufgabe für das Kollektiv. *Erziehung wurde politisiert, ein Organ dafür war die Hitler-Jugend. Die Verachtung für alles Schwache, das Schüren des Hasses für diejenigen, die innerhalb der vorgegebenen Maxime nicht zugehörig und damit Feinde waren, bereitete den Boden für Spaltung, Trennung, Unverbundenheit.* 1951 schrieb die deutsch-jüdische Philosophin Hannah Arendt (1906–1975) in ihrem Buch »Elemente und Ursprünge totaler Herrschaft«:

»Das Hauptmerkmal des Massenmenschen ist nicht Brutalität und Rückständigkeit, sondern seine Isolation und das Fehlen normaler sozialer Beziehungen«.[1] *Nationalsozialistische Erziehungsratgeber wurden an jede werdende Mutter geschickt, vor allem das Buch der Münchener Ärztin Johanna Haarer »Die deutsche Mutter und ihr erstes Kind.«* Es wurde bis 1986 unter dann leicht verändertem Titel verkauft. Auffällig ist die rigorose Abwesenheit von Mitgefühl und liebevoller Zuwendung für das Kind. Verletzlichkeit und Ängste wurden verachtet, das Äußern von Bedürfnissen war nicht erlaubt. Kindern wurde dieses selbstfeindliche Menschenbild von Geburt an vermittelt. Die Spuren dieses Denkens tragen wir noch in uns. Müssen wir immer noch vor allem funktionieren? Sind Selbstachtung und Selbstfürsorge Werte geworden? Fragen, die Wege aus der Einsamkeit aufzeigen können.

Die Kinder der Kriegskinder, die Generation der in den 50er- und 60er-Jahren Geborenen, waren noch weitgehend den alten Erziehungsprinzipien ausgesetzt. Auch wenn die Kinder der 50er- und 60er-Jahre im Außen gut versorgt waren, litten viele doch an fehlender Geborgenheit und Vertrauensverlust. Seelische Verschlossenheit der Bindungspersonen, Angst, die keinen Halt erfährt und Erziehungsgewalt, die immer auch die Seele missachtet, machen einsam. So kennen Einsamkeit heute viele Erwachsene, die in der Zeit des Wiederaufbaus

---

[1] Arendt, Hannah, *Elemente und Ursprünge totaler Herrschaft,* Frankfurt am Main 1955.

einerseits und der innerfamiliären Kriege andererseits ihre Kindheit und Jugendzeit verbrachten.

Auch traumatische Erfahrungen selbst machen einsam. Das Unaussprechliche kann nicht ausgesprochen, das Unfassbare nicht geteilt werden. Die Erfahrungen der kriegstraumatisierten Eltern ließen sich mit den Kindern oft nicht vermitteln und viele Eltern wussten nicht um die Einsamkeit ihrer Kinder oder wollten nichts davon wissen. So ist Einsamkeit in beiden Generationen eine bis heute wirkende Problematik.

Die 1960 geborene Barbara sagt dazu:

> *»Einsamkeit hat mein ganzes Leben durchzogen. Als Kind und Jugendliche fühlte ich mich eigentlich immer allein, obwohl meine Mutter den ganzen Tag zu Hause war. Sie war als 12-Jährige aus Ostpreussen geflüchtet, hatte alles verloren. Der Vater war mit 16 bei der Bombardierung Dresdens dabei und kam gerade noch davon. Ich konnte meinen Eltern nichts von dem mitteilen, was mich wirklich beschäftigte, sie wollten sowieso nur hören, dass es mir gut geht. Gehorchen, Anpassung, nicht auffallen, das war das Wichtigste zu Hause. Bei einer Feier zu meinem 60. Geburtstag merkte ich: ›Du bist gar nicht mehr einsam. So viele Menschen sind gekommen.‹ Ich konnte es nicht wirklich fühlen, eher sehen. Oft denke ich, ich werde immer draußen bleiben. Und doch merke ich, dass sich etwas geändert hat in meinem Leben, als würde sich ein Schleier heben und das, was jetzt vorhanden ist, langsam ankommen.«*

Ausklang

Dieser Artikel ist in der Zeit der Corona-Pandemie geschrieben – Einsamkeit ist eine der großen psychischen Folgen der Pandemie. Die Erfahrung des sonst relativ selbstverständlichen Zugangs zur Zugehörigkeit – im Alltäglichen, im Beruflichen, im Kulturellen, in Schule, Kindergarten und Universität, in Religionsgemeinschaften, im Krankenhaus, im Alten- und Pflegeheim – ist tiefgreifend in Frage gestellt worden.

Die Erfahrungen der Pandemie als weltweites Krisengeschehen mit ihren seelischen und sozialen Folgen kann auch eine Chance sein, die verschiedenen Gesichter von Einsamkeit wahrzunehmen, sie deutlicher zu benennen und ernst zu nehmen. Wie wollen wir leben als Menschen, die im Ursprung und in der Tiefe unserer Seele soziale, aufeinander angewiesene Wesen sind, und das im Besonderen in Krisen- und Bedrohungszeiten? Wieviel Einsamkeit ist zumut- und aushaltbar – plötzlich ein auf sich gestellter Same sein (ein sam) –, wo wir sonst Gemeinsamkeit suchen und brauchen. Das zum Schutz installierte Distanzgebot im Umgang mit der Pandemie steht auf einer bio-psychischen Ebene dem

Schutzbedürfnis und Verhalten bei Bedrohung durch physische und psychische Nähe diametral gegenüber. Ein doublebind, der nur schwer handhabbar ist.

Wir brauchen Bewusstsein über die seelische Bedeutung dieser Prozesse, Corona ist dabei nur ein – wenngleich schwerwiegendes – Feld. Das Wissen um die Notwendigkeit guter, tragfähiger sozialer Gemeinschaften und ihre Unterstützung kann helfen, der Einsamkeit individuell und auf der kollektiven Ebene zu begegnen und ihr die Resonanz zu geben, die sie braucht, und die aus innerer und sozialer Kälte, aus Dunkelheit und Schmerz herausführt.

Literatur

Alberti, Bettina, *Die Seele fühlt von Anfang an: Wie pränatale Erfahrungen unsere Beziehungsfähigkeit prägen.* Mit einem Vorwort von Ludwig Janus, München 2014.

Alberti, Bettina, *Seelische Trümmer: Geboren in den 50er- und 60er-Jahren. Die Nachkriegsgeneration im Schatten des Kriegstraumas.* Mit einem Nachwort von Anna Gamma. Überarbeitete und erweiterte Neuausgabe, München 2019.

Einsam in existenzieller Angst – ein Gespräch[1]

Christoph Kolbe und Astrid Giebel

AG: Dr. Christoph Kolbe ist Erziehungswissenschaftler und Psychologischer Psychotherapeut mit dem Schwerpunkt Tiefenpsychologie und Existenzanalyse in freier Praxis in Hannover. Zudem ist er Ausbilder für Existenzanalyse und Trainer für Führungskräfte im Mittelstand und in Non-Profit-Organisationen. Zugleich leitet er das Norddeutsche Institut der Akademie für Existenzanalyse und Logotherapie und ist Präsident der Internationalen Gesellschaft für Logotherapie und Existenzanalyse.

Existenziell kommunizieren … worum geht es?

AG: Christoph, es hat mich gefreut, als ich im Rahmen von Literaturrecherchen für das Projekt »Spiritual/Existential Care interprofessionell« (SpECi)[2] auf Deinen Beitrag »Existenzielle Kommunikation. Zugänge zum Wesentlichen in Beratung und Therapie« gestoßen bin, der für unser verbandsübergreifendes Projekt[3] ein hilfreicher Grundlagentext geworden ist. Schön, dass wir hierüber nun ins Ge-

---

[1] Das Gespräch führten Christoph Kolbe und Astrid Giebel am 13.12.2021 per ZOOM. Das Transkript der ZOOM-Aufzeichnung bildet die Grundlage dieses Beitrags. Es gilt das gesprochene Wort.

[2] Projekt Spiritual/Existential Care interprofessionell (2020–2023) https://speci-deutschland.de/ (Abruf 04.12.2021).

[3] Projekt der Diakonie Deutschland mit der Deutschen Gesellschaft für Palliativmedizin (DGP), dem Deutschen Hospiz und Palliativ Verband (DHPV), sowie dem Diözesan-Caritasverband für das Erzbistum Köln, getragen von den Kliniken Essen Mitte (KEM) in gleichberechtigter Partnerschaft mit der Universität Witten-Herdecke (UWH), gefördert durch die Stiftung Wohlfahrtspflege NRW, die Friede Springer Stiftung und die Diakonie Rheinland-Westfalen-Lippe (2020–2023).

spräch kommen können.[4] Existenzielle Kommunikation, – vorweg kurz zusammengefasst – was ist das eigentlich?

CK: Ja, spannend, dass sich dieser »Knotenpunkt« ergeben hat zwischen Eurem Projekt »Spiritual/Existential Care interprofessionell« und der Logotherapie und Existenzanalyse.

In einer existenziellen Kommunikation geht es immer um etwas, das für die Beteiligten persönlich bedeutsam ist. Wir erleben ein solches Gespräch als einen gelungenen Dialog – selbst dann, wenn noch keine Lösung gefunden werden konnte. Im Gegensatz zu Gesprächen, die an der Oberfläche bleiben, weil es in ihnen im Grunde um »nichts« geht, obwohl viele Worte gemacht und Meinungen hitzig diskutiert werden. Anders in existenzieller Kommunikation. Hier geht es nur um das, was wir persönlich als relevant erleben. Es geht um den Ausdruck von und die Suche nach unseren Beweggründen, die uns in unserem Erleben und Handeln leiten. Und so gelangen wir zu einem tieferen Verstehen unserer selbst und des Lebens. Wir gewinnen Einsichten und Erkenntnisse. Nur dies ist die Grundlage für menschliche Verhaltensänderungen. Diese Gespräche sind sehr belebend, weil sie so persönlich sind. Wir kommunizieren das, was uns angeht, auch wenn wir nicht alles sofort verstehen. Es ist also kein Reden über etwas, sondern ein Sprechen von etwas, das uns bewegt und wie wir dazu positioniert sind: wie es uns mit äußeren Ereignissen geht, die uns zugemutet werden, mit Verhaltensweisen, die wir nicht verstehen, mit Entscheidungen, die wir zu treffen haben, oder auch mit letzten Fragen, auf die wir unsere Antworten suchen. In dem Artikel lege ich dar, wie eine diesbezügliche professionelle Gesprächsführung gelingen kann und worauf dabei zu achten ist.

Existenzanalyse und Logotherapie

AG: Christoph, in Jugendjahren kannte ich Dich als Bandmitglied von Theophiles.[5] Heute stehst Du federführend für Existenzanalyse und Logotherapie. Was hat Dich bewogen, diesen Weg einzuschlagen, wieso hast Du Dich nicht einer der drei anderen »therapeutischen Schulen« (tiefenpsychologisch fundierte Psychotherapie, psychoanalytische Psychotherapie, Verhaltenstherapie[6]) verpflichtet, sondern der Logotherapie und Existenzanalyse[7]?

---

[4] Kolbe, Christoph, *Existenzielle Kommunikation. Zugänge zum Wesentlichen in Beratung und Therapie*, Hannover 2016, https://christophkolbe.de/content/uploads/2021/03/Existenzielle-Kommunikation.pdf (Abruf 04.12.2021).

[5] https://www.theophiles.com/ (Abruf 04.12.2021).

[6] Kassenärztliche Bundesvereinigung (KBV), *Richtlinien des G-BA* https://www.kbv.de/html/2924.php (Abruf 04.12.2021).

CK: Vielleicht darf ich dazu ein bisschen ausholen: In meinem Werdegang hat mich geprägt, dass ich schon früh viel über den Menschen und das Menschsein nachgedacht habe. Darüber, was den Menschen im Grunde prägt, was ihn bewegt, worum es ihm geht, woraufhin er ausgerichtet ist. Das sind Fragen, die mich immer sehr interessiert haben und deshalb auch zu meiner Studienwahl gebracht haben. Rückblickend kann ich sagen, dass ich ein lebenslanges Interesse an anthropologischen Themen hatte. Vornehmlich an der Frage: Was macht das Wesen des Menschseins aus? Ich bin der tiefen Überzeugung, dass die Weise, wie wir über den Menschen denken, unser Handeln leitet und damit auch die Begleitung von Menschen bzw. das psychotherapeutische Handeln.

In meinen Beschäftigungen haben mich zwei Fragestellungen fasziniert: Die eine Fragerichtung ist, das Verhalten, Erleben und Leiden des Menschen aus seinen intrapsychischen Konflikten zu verstehen, wie es die Tiefenpsychologie tut. Deswegen bin ich als Psychologischer Psychotherapeut tiefenpsychologisch fundiert approbiert. Und dann hat mich in besonderer Weise das Menschenbild Viktor E. Frankls fasziniert, weil er den Menschen auch verstanden hat als jemanden, der über sich selbst hinaus ausgerichtet ist, auf anderes also. Das meint, den Menschen nicht nur aus seinen inneren psychischen Prozessen, Bedürfnissen, Befindlichkeiten und Konflikten heraus zu verstehen. Denn dann würde ja letztlich alles, was wir tun, immer auf uns zurückverweisen und letztlich der eigenen Bedürfnisstruktur entspringen. Das war mir immer ein zu kurz gedachter Gedanke, denn wir Menschen glauben, lieben, hoffen ... Da geht es immer auch um etwas, das über uns hinaus auf anderes gerichtet ist. Und diese Sichtweise habe ich wiedergefunden in dem Ansatz Frankls. Deswegen hat er mich fasziniert und daher bin ich bis heute in diesem Umfeld sehr aktiv.

---

[7] Existenzanalyse: Phänomenologisch-personale Psychotherapie, mit dem Ziel, der Person zu einem (geistig und emotional) freien Erleben, zu authentischen Stellungnahmen und zu eigenverantwortlichem Umgang mit ihrem Leben und ihrer Welt zu verhelfen. Die Existenzanalyse als eigenständiges Psychotherapieverfahren wurde um das Konzept existentieller Fundamentalstrebungen erweitert und die Praxis durch eine phänomenologisch-dynamische Vorgehensweise, durch Arbeit mit Psychodynamik und Biografie ausgebaut. Logotherapie: Logos = das Geistige / der Sinn. Vom Wiener Psychiater und Neurologen Viktor E. Frankl (1905–1997), in den 30er Jahren als Ergänzung und Gegenüberstellung zur Tiefenpsychologie entwickelte Psychotherapie. Die psychologische Behandlung wird vom Motivationskonzept des »Willens zum Sinn« geleitet. Die Logotherapie bietet den Menschen in besonderen Krisensituationen ihre Hilfe zur Sinnfindung und Sinnrealisierung an. Siehe Kolbe, Christoph, *Existenzanalyse und Logotherapie*, https://christophkolbe.de/content/uploads/2021/03/EA_Detail.pdf (Abruf 18.12. 2021).

Sinn finden angesichts von Todesbedrohung

AG: Ein Text von Viktor E. Frankl hat mich besonders berührt. Es ist eine Passage aus seinem Band *Trotzdem Ja zum Leben sagen. Ein Psychologe erlebt das Konzentrationslager*, die existenzielle Angst in nuce beschreibt. Zitat:

> »Die Ausweglosigkeit der Situation, die täglich, stündlich, minütlich lauernde Todesgefahr, die Nähe des Todes anderer - der Majorität - machte es eigentlich selbstverständlich, dass nahezu jedem eine wenn auch noch so kurze Zeit lang der Gedanke an einen Selbstmord kam.«[8]

Was hat Frankl - auch angesichts der großen Verluste, die er erlitten hat, und in Zeiten großer persönlicher existenzieller Angst - durchgetragen durch diese Zeit im KZ? Und - wie kam es, dass er auch für seine Mithäftlinge, die ebenfalls daran dachten »in den Draht [Elektrozaun] zu laufen«, zu einem Hoffnungsträger geworden ist?

CK: Ich denke, es war der unerschütterliche Glaube an den Sinn, dieses unerschütterliche Vertrauen: Es gibt etwas, für das ich das hier aushalte. Es sind ja unvorstellbare Belastungen gewesen, denen diese Menschen ausgesetzt waren! Viktor Frankl schreibt davon, wie die Menschen im Konzentrationslager barfuß im Schnee zur Arbeit gehen mussten und völlig entkräftet waren. Sie waren an Fleckfieber erkrankt, hatten den beständig drohenden Tod vor Augen und standen vor der Frage: »Gebe ich mich auf?«, weil ihre physischen Kräfte am Ende waren. Woraus schöpft man dann noch Energie? Für ihn war es die tiefe Hoffnung, dass diese Zeit zu Ende geht und er seine Familie wiedersieht. Insbesondere seine Frau, die er vor seiner Kasernierung geheiratet hatte. Natürlich auch seine Familie. Er ist um seiner Eltern willen nicht in die USA emigriert vor Kriegsausbruch, sondern ist, um ihnen beizustehen, in Österreich geblieben, um dann schlussendlich doch ins KZ zu kommen. Ihn hat sehr motiviert, seine Familie wieder zutreffen. Und dann der Gedanke, später einmal Studierenden davon zu erzählen, wie man solch eine furchtbare Situation, wie er sie erlebt, überstehen kann: Indem man an etwas glaubt und auf etwas hofft. Seine Idee war, dass der Mensch ein zutiefst auf Sinn ausgerichtetes Wesen ist. Das ist immer in allem, was wir tun, letztlich die zentrale Frage: Macht das einen Sinn für mich? Wie ist eine Situation mit Sinn erfüllt? Frankl imaginierte sich in seiner Zeit im KZ in einen geheizten Hörsaal hinein. Um dort - gedanklich vorweggenommen - späteren Studentinnen und Studenten von dieser Erfahrung zu berichten. So ist es ihm möglich gewesen, das hat er im Nachhinein berichtet, neu Mut zu fassen und diese Zeit zu überleben.

---

8 Frankl ^{4}2012.

Sinn finden angesichts von Suizidalität

AG: Uns beschäftigt gerade in der Diakonie Deutschland angesichts anstehender gesetzlicher Regelungen in 2022 das mit vielen Ambivalenzen und Ambiguitäten einhergehende Thema »Assistierter Suizid / Beihilfe zur Selbsttötung«. Was meinst Du, hätte Viktor E. Frankl einem Menschen gesagt, der sich – mit oder ohne eine schwere Erkrankung – an ihn gewandt hätte, um – lebensmüde geworden und/oder bilanziert mit Hilfe eines Dritten – seinem Leben ein Ende zu bereiten?

CK: Frankl hätte in jedem Fall versucht zu fragen: Wie kann dein Leben auch unter diesen Bedingungen trotzdem noch einen Sinn haben? Und er hätte weiter mit ihm oder ihr nach der Möglichkeit gesucht, in der verzweifelten Situation Perspektiven zu finden. Um herauszufinden, welche Möglichkeiten bestehen, wie sich dieses Leben doch noch aushalten lässt. Im Grunde wäre Frankl, soweit habe ich ihn kennengelernt, der Überzeugung, dass es diese Möglichkeit immer gibt. Frankl glaubte nicht, dass ein Mensch letztlich nicht mehr leben will, sondern dass er verzweifelt daran ist, *so* leben zu müssen und darin keinen Ausweg mehr sieht. Ein Mensch möchte also, dass seine Situation ein Ende hat, so ist wie sie ist, aber nicht, weil er an sich nicht mehr leben will. Das ist ein wesentlicher Unterschied, dass der Mensch im Grunde eigentlich leben will, aber so verzweifelt ist, dass er seinen Sinn, eine persönliche Perspektive nicht mehr findet. Viktor Frankl würde mit diesem Menschen zusammen schauen, wie es möglich sein kann, trotzdem weiter zu leben.

Er hat einmal ein sehr eindrucksvolles Beispiel eines verzweifelten älteren Mannes erzählt, den er als Patient begleitet hatte. Er hatte damals Vorlesungen gehalten, bei denen er auch mit Patientinnen und Patienten coram publico arbeitete. Damals kam ein älterer Herr zu ihm. Seine Frau war verstorben und er war untröstlich, dass diese Frau, die er sehr geliebt hatte, nach einem langen gemeinsamen Leben nun verstorben war. Es stellte sich ihm die Frage, ob er weiterleben wolle oder nicht, und was er jetzt mit seinem Leben noch anfangen solle, da seine Frau nun nicht mehr da sei. Frankl fragte ihn, wie es eigentlich gewesen wäre, »wenn *Sie* verstorben wären und Ihre Frau jetzt leben würde«? Da sagte der ältere Herr: »Oh, das wäre ganz furchtbar für sie gewesen, denn sie hätte es alleine gar nicht ausgehalten, damit fertig zu werden.« Daraufhin sagte Frankl: »Dann leben Sie doch noch ein Weilchen für sie weiter ...!« – Das finde ich eine sehr beeindruckende Wende! Das ist eine unglaubliche Begabung von Frankl gewesen, in schier ausweglosen Situationen Menschen eine Perspektive zu geben und auch Mut zuzusprechen.

Dringlichkeit durch Endlichkeit und Tod

AG: Der existenzielle Psychotherapeut Irvin D. Yalom beschreibt: »Die Patientin [bemerkte] in einer Therapiegruppe, dass sie anfange zu verstehen, warum Selbstmord ihr immer als eine verlockende Möglichkeit erschienen war. Sie glaubte, wenn sie Selbstmord beginge, würden andere sehr, sehr lange an sie denken. In ihrer Sichtweise von Selbstmord gibt es keine Idee des Todes; im Gegenteil, sie begriff Selbstmord als eine Möglichkeit, den Tod zu vernichten – wie es der Fall sein mag, wenn man glaubt, dass man weiterleben kann, solange man im Bewusstsein eines anderen existiert.«[9]

Das klingt ziemlich paradox, oder?

CK: Ja. Diese Patientin sah die Selbsttötung als eine Möglichkeit, der Zumutung des Todes in seiner Endgültigkeit auszuweichen, indem sie so geht, dass andere sie in Erinnerung behalten. Es ist ein Ringen mit der Erfahrung der Kontingenz, der Willkürlichkeit und Zufälligkeit des Lebens. So ist ihr Leben nicht einfach nur zu Ende und vorbei, in der Erinnerung lebt sie weiter. – Ich meine, es gibt ein großes Ringen mit der zentralen Frage, dass es einmal mit jedem und jeder von uns zu Ende sein wird. Dieser letzten, zugespitzten existenziellen Frage müssen wir alle begegnen. Wir werden mit ihr vor eine Dringlichkeit gestellt, nämlich vor die Frage: »Wie will ich denn eigentlich *jetzt* leben? Kann ich zu diesem Leben, das ich lebe, »Ja« sagen?« Ohne den Tod gäbe es keine Endlichkeit. Ich kann alles auf später verschieben. Und ohne Endlichkeit gäbe es keine Dringlichkeit, keine Notwendigkeit. Deshalb ist es wichtig, die Tatsache des uns allen irgendwann bevorstehenden Todes nicht zu leugnen, sondern ihr gegenüber eine Haltung zu finden, um sich der Frage zu stellen: Worum soll es angesichts meiner Einmaligkeit und meiner begrenzten Lebenszeit in meinem Leben gehen? Was ist mir wirklich wichtig? Ist es wesentlich? Damit stellen wir uns dem Leben. Und mehr als das uns Wesentliche können wir nicht leben. Mehr brauchen wir auch nicht. Damit verliert der Tod seinen Schrecken. Das ist der Grund, dass viele Menschen weniger Angst vor dem Tod als viel mehr Angst vor dem Sterben haben.

Die ontologische Dimension des Sinns oder die existenzielle Sinnfrage

AG: Sinn finden angesichts existenzieller Angst, »einen ganz konkreten und einmaligen Sinn in einer konkreten Situation für eine konkrete Person«[10] – wie

---

9 Yalom ^{5}2010, 436.

10 Sinn ist die beste Möglichkeit vor dem Hintergrund der Wirklichkeit. Es geht nicht um einen allgemeinen Sinn des Lebens, sondern um einen ganz konkreten und einmaligen

geht das? Geht das überhaupt? Wäre das nicht *das* Patenrezept und die Lösung für viele Probleme, mit denen sich Menschen tagtäglich auseinandersetzen? Wie findet man Sinn?

CK: Es gibt hier zwei größere Diskussionsstränge; zum einen die Debatte, die »*die ontologische Dimension des Sinns*« erörtert. In ontologischer Hinsicht fragen wir: »Was ist *der* Sinn *des* Lebens?« Diese Frage richtet sich auf etwas oder an jemanden, von dem wir die Antwort auf diese Frage erhoffen oder erwarten. Wir treten hier ein in eine Dimension persönlicher Überzeugungen, seien sie religiös oder philosophisch motiviert. Es geht um die Frage: Wer oder was beantwortet uns diese Frage nach dem *Sinn des Ganzen?* Warum gibt es dieses Leid? Und warum gibt es den Tod? Und was ist der Sinn, dass wir Menschen leben? Wir können nicht anders, als dieser ontologischen Sinnfrage mit einer inneren Glaubensüberzeugung zu begegnen, ob es nun eine größere Instanz und Macht gibt, die will, dass wir leben, oder dass wir eben daran nicht glauben und dann ohne diesen Glauben leben und unser Leben gestalten, weil es humanistische Ideale sind, die unsere Lebensgestaltung leiten. Die Frage nach dem Sinn *des* Lebens ist deshalb nur auf der Basis persönlicher Überzeugungen zu beantworten.

In der Existenzanalyse machen wir diese große und grundsätzliche Frage etwas kleiner. Wir reflektieren sie als »*die existenzielle Sinnfrage*«, das ist die zweite Debatte, unter der die Sinnthematik erörtert wird. Dabei geht es um den eingegrenzteren, aber für den einzelnen Menschen nicht minder bedeutsamen Aspekt: Was ist im Hier und Jetzt des konkreten Lebens der Sinn, was ist der Sinn *im* Leben eines Menschen, also nicht des Lebens als Ganzem, sondern in der konkreten Gestalt meines Lebens? Wie kann ich hier und jetzt einen Sinn finden? Und genau das ist die Frage, die uns in der Existenzanalyse bewegt: Wie befähigen wir Menschen und helfen ihnen, Sinnerfahrung, ein erfülltes Leben im konkreten, alltäglichen Leben, wie auch immer es nun einmal für den einzelnen Menschen ist, zu finden und zu realisieren, – und lassen dabei diese ontologische Sinnfrage sowie die persönlichen Überzeugungen und Haltungen der einzelnen Menschen hierzu offen. In diesem Zusammenhang hat Frankl eine zentrale These eingebracht. Er spricht von einer kopernikanischen Wende der Sinnfrage gegenüber: Nicht der Mensch hat an das Leben die Warum-Frage zu stellen, um Sinnerfahrung machen zu können, sondern er hat sich dem Leben gegenüber zu öffnen, um seine existenziellen Möglichkeiten dieser Situation sehen zu können. »Das Leben fragt, der Mensch hat zu antworten.« Das ist einer der zentralsten Sätze Frankls. Es bedeutet, mit einer Haltung der dialogischen Offenheit dem Leben und seinen aktuellen situativen Gegebenheiten zu begegnen, um zu er-

---

Sinn in einer konkreten Situation für eine konkrete Person. Siehe Kolbe, Christoph, *Existenzanalyse und Logotherapie*, https://christophkolbe.de/content/uploads/2021/03/EA_Detail.pdf (Abruf 18.12.2021).

kennen, welche Möglichkeiten, Herausforderungen und Aufgaben diese Situationen enthalten, die für den einzelnen Menschen sinnstiftend sein können.

AG: Um es besser zu verstehen: Was ist genau mit Sinnerfahrung gemeint?

Drei Möglichkeiten der Sinnerfahrung

CK: Für Viktor Frankl sind drei Wege bedeutsam. 1. Es gibt die Möglichkeit, Sinn durch das *Erleben* zu finden. Das heißt, dass ich das, was ich tue, für mich in einer Weise erlebe, dass es mich berührt, dass es mich bewegt. Es bedeutet mir etwas; es ergreift mich; ich erlebe es als gut. Im Grunde geht es in der Sinnfrage immer um eine gute Möglichkeit, die ich in einer Situation sehe. Das kann eine schöne Musik sein, die ich höre. Das kann ein Sonnenuntergang sein, den ich beobachte und der mein Herz berührt, ein Spaziergang in der Natur, das spannende Gespräch mit Freunden, ein anregendes Buch, eine Reise. Das kann sein, dass ich Kinder sehe und merke, wie es mich erfreut, dass sie so selbstvergessen spielen. Frankl spricht von Erlebniswerten als einer Möglichkeit, Sinnerfahrungen zu machen.

2. Eine zweite Möglichkeit der Sinnerfahrung sind schöpferische Tätigkeiten, die wir tun. Das heißt, dass wir etwas gestalten, etwas schaffen, dass wir etwas in die Welt hineinbringen. Für viele ist das zum Beispiel der Beruf oder es sind Hobbys. Auch Aufgaben, die wir haben, z. B. in der Pflege Menschen zu begleiten. Oder uns um geliebte Menschen, Freunde, Nachbarn zu sorgen, wenn sie Unterstützung brauchen und entscheidende Lebenssituationen durchmachen müssen. Aber natürlich auch alles Kreative oder Handwerkliche oder Geistige, mit dem wir Neues schaffen. Unterstützen und begleiten, aber auch gestalten und erschaffen – das wären schöpferische Werte, und das ist eine zweite große Möglichkeit der Sinnerfahrung, die Viktor Frankl beschreibt.

3. Die dritte Möglichkeit, die mit Einstellungswerten zusammenhängen, sind Situationen – und über diesen Aspekt reden wir heute ja hauptsächlich – in denen ein Mensch in der Regel nichts mehr tun kann. Situationen, in denen ihr oder ihm keine Möglichkeiten mehr gegeben sind, sich auf den Weg zu machen und etwas zu gestalten. In diesen Situationen hat ein Mensch dann nur noch die Möglichkeit, eine Haltung zu dem Geschehen zu finden. Und diese Haltung ist es, die in dieser Situation die Aufgabe bereithält, eine Perspektive zu entwickeln – z. B. sich selbst oder auch anderen im Miteinandersein mit einer Haltung der Resignation oder der Zuversicht zu begegnen. Dies ist mit Sicherheit die anspruchsvollste Form der Sinnverwirklichung.

Das sind die drei großen Wege, wie wir Sinnerfahrung machen können. Und das braucht gewisse personale Voraussetzungen, die wir in der Weiterentwicklung der Existenzanalyse reflektiert haben, aber das wäre erst mal die Antwort, wie sie Frankl mit seiner Logotherapie gegeben hat.

Tragischer Optimismus trotz Tod, Leid, Schuld?

AG: Existenzielle Lebenssituationen, mit diesen gehen die ganz großen existenziellen Themen Tod, Leid, Schuld, Umgang mit Angst ... einher. Viktor Frankl hatte sich einmal einen tragischen Optimisten genannt. Angesichts dieser schweren Themen und seiner persönlichen Erfahrungen – wie kann er hier noch Optimismus an den Tag legen?

CK: Frankl war ein zutiefst hoffnungsorientierter Mensch, der an die Möglichkeiten des Menschen, an seine Werte, an das Gelingen, unter allen Umständen Sinn im Leben finden zu können, glaubte. Er sah ein großes Potenzial des Menschen darin, dass jeder Mensch sein eigenes Leben gestalten kann. Das ist ja ein wesentlicher Gedanke der Existenzphilosophie und der Frage nach dem, was es bedeutet zu existieren. Existieren heißt: Ich habe mein Leben zu gestalten, also ich lebe es nicht einfach nur aufgrund von Prägungen, gesellschaftlichen Normen und psychodynamischen Reaktionsmustern. Sondern ich kann meinem Leben eine Richtung geben. Das ist auch die Grundidee der Existenzphilosophie: Der Mensch hat die Möglichkeit, seinem Leben eine Gestalt und Richtung zu geben. Finde ich den Mut zum eigenen Sein? Oder lebe ich, wie man zu sein hat? – Wobei sich dann die Frage stellt »Will ich das auch? Stimmt das auch für mich?« – Wenn wir uns diesen Fragen stellen, wird es sehr persönlich. Wir müssen dann unsere ureigensten Antworten finden. Frankl war davon überzeugt, dass eine authentische Lebensgestaltung jedem Menschen möglich ist, dass er unter allen Bedingungen »trotzdem Ja zum Leben sagen« kann. Seine KZ-Zeit bezeichnet er hier als sein »experimentum crucis«. Natürlich ist der Mensch hierbei immer eingebettet in Zusammenhänge, denen er sich stellen muss. Neben den Prägungen und Anlagen ist das in existenzieller Hinsicht die »tragische Trias«, der jeder Mensch begegnet, die Erfahrung von Schuld, Leid und Tod.

Schuld: Wir Menschen sind frei und können (müssen) Verantwortung übernehmen; das steht immer auch in einem Zusammenhang mit der Erfahrung von Schuld. Wenn wir unsere Freiheit in Anspruch nehmen, können wir mit dem, was wir wählen und wie wir leben, gleichzeitig schuldig an jemand anderem werden. Deswegen haben wir uns als Menschen der Schuldfrage zu stellen. Diese Schuldfrage in existenzieller Hinsicht meint etwas anderes als die Schuldfrage in psychodynamischer Hinsicht: Hier sind Schuldgefühle aus Über-Ich-Erfahrungen kommend gemeint, die wir biographisch geprägt in uns tragen. In existenzieller Hinsicht ist hingegen die Erfahrung gemeint, dass ich durch meine Entscheidungen etwas in die Welt hineintrage, woran ich auch schuldig werden kann. Ein solches Thema wäre beispielsweise die ganze Auseinandersetzung mit der Klimakrise, wo wir im Grunde auch zu klären haben: Was haben wir eigentlich für einen Beitrag geleistet, dass die Welt jetzt so ist, wie sie ist? All dem haben wir uns zu stellen, das sind große Themen: der Komplex der tragischen Trias. Die Schuldfrage ist übrigens ein Thema, das mir häufig auch in meiner Praxis begegnet: wenn ältere Menschen zu mir kommen und berichten, wie sie ihre Kinder erzogen haben, die jetzt erwachsen sind. Und dann beobachten, welche Lebensschwierigkeiten diese Kinder haben. Sie thematisieren, dass ihre Erziehung maßgeblich zu diesen Schwierigkeiten mit beigetragen haben; weil sie damals nicht anders konnten und es nicht besser wussten. Und mit ihrem Verhalten ihren Kindern das Leben schwergemacht haben. Wie kann man mit der Tatsache umgehen, dass man für seine Kinder zu einer großen Bürde wurde? Wie kann man mit der Tatsache leben, Schuld auf sich geladen zu haben? Das ist die eine große Frage.

Leid: Wenn es denn einen Schöpfer gibt, würde ich ihm diese Frage gerne stellen: Wieso gibt es das Leid auf dieser Welt? Ich weiß schon, dass wir Menschen sehr zum Leid beitragen. Aber wieso ist das letztlich so? Warum gibt es Krankheiten? Warum widerfahren Menschen schlimme Dinge? Auch Hiob hat mit dieser Frage gerungen. Wir haben das Leid als uns schicksalhaft gegeben auf uns zu nehmen und uns im Grunde dieser Erfahrung zu stellen. Und insofern braucht es eine Perspektive in der Erfahrung von und im Umgang mit Leid.

Tod: Der Tod steht letztendlich über allen großen existenziellen Fragen. Er stellt uns vor die Endlichkeit unseres Daseins und dadurch erleben wir in unserem Dasein Dringlichkeit. Gäbe es keinen Tod, gäbe es keine Dringlichkeit. Wir besprachen das bereits. Und insofern stellt uns diese Tatsache, dass der Tod auf uns alle wartet, vor die große Frage: »Stimmt das, was du lebst? Stimmt es, wie du gelebt hast?« Das sind herausfordernde Fragen, die sich uns – glaube ich – in ihrer ganzen Bedeutung erst nach und nach stellen mit fortschreitendem Alter; wenn uns diese Tragweite immer mehr bewusst wird.

Die Corona-Pandemie als existenzielle Erfahrung

AG: Wir befinden uns gerade mitten in Zeiten der Corona-Pandemie mit all dem, was an Lasten und Herausforderungen auf den Mitarbeitenden im Gesundheitswesen liegt. Wir wissen um den Schrecken von Freund:innen und Bekannten, die an Covid 19 – auch mit einem schweren Verlauf – erkrankt waren oder gar daran verstorben sind. Und inmitten dieser weltweiten Pandemie legen Menschen ganz unterschiedliche Verhaltensmuster an den Tag. Anfänglich waren es Hamsterkäufe und Tauziehen um die letzten Pakete Nudeln im Regal; zurzeit sind es Demonstrationen oder auf Telegramm verabredete »Spaziergänge« von »Querdenkern«, die sich organisieren, um protestierend gegen Corona-Verordnungen durchs Land ziehen. Leute lassen sich allen Aufrufen und Angeboten zum Trotz nicht impfen, weil sie Verschwörungstheorien mehr glauben als Epidemiolog:innen und Virolog:innen ... Sind es nicht Urängste, die hier zum Vorschein kommen? Wie würdest du solch unterschiedliche Verhaltensweisen als Psychologe einordnen?

CK: Schauen wir zunächst auf die gesellschaftlichen Umgangsformen und Reaktionsmuster auf die Pandemie. Hier kann man zwei große Themenfelder unterscheiden, zu denen sich die Menschen mehr oder weniger personal verhalten. Wie war die Reaktion vor 1 ¾ Jahren, als diese Pandemie ihren Anfang nahm (wenngleich sie schon vorher begann) und für uns real wurde? Als wir merkten, wir können ihr nicht mehr entkommen? Das scheint mir ein wichtiges Signum dieser Krise zu sein, dass sie so zugespitzt war: dass es für alle – und zwar für die ganze Menschheit – kein Entkommen aus dieser Lage gab. Das hat mich sehr beeindruckt damals im letzten März, es mitzuerleben und zu denken, in meinem gesamten Leben habe ich eine solche Situation noch nie erlebt. Epidemien haben in früheren Zeiten einzelne Regionen und Völker getroffen, aber nie die gesamte Menschheit. Das war für mich ein sehr eindrückliches Erleben. Und dieses Virusgeschehen hat einen völlig offenen Ausgang: Was kommt da auf uns zu? Wie werden wir das überleben können? Welche Opfer wird es fordern? Wie lange wird das dauern? Was wird mit uns passieren, wann werden wir uns wieder begegnen können, usw.

AG: Diese weltweite Krise, diese Pandemie hat das Thema der Angst im Sinne der existenziellen Erfahrung massiv hervorgerufen ...

Die tiefe Erfahrung des Seinsgrunds

CK: Wir unterscheiden in der heutigen Existenzanalyse – wie sie von Alfried Längle[11] mit den Themen der Grundmotivation weiterentwickelt wurde[12] – verschiedene Themenkreise, die das Dasein des Menschen konstituieren und in die das Dasein eingebettet ist. Ein Themenkreis ist, dass wir als Menschen die Erfahrungen machen möchten, uns dort gehalten zu wissen, wo wir sind und leben: in einer ganz tiefen Erfahrung des Seinsgrundes. Und diese Erfahrung hilft uns,

---

11 Holzhey-Kunz, Alice/Längle, Alfried, *Existenzanalyse und Daseinsanalyse.* Reihe Psychotherapie, Ansätze und Akzente 3, Stuttgart 2007.

12 Seinsgrund: In der Existenzanalyse verwendete Bezeichnung für den letzten Halt, der durch die Erfahrungen in konkreten Situationen (situative Seinserfahrungen) erspürbar ist. Seinsgrund ist die ontologische Grunderfahrung, »daß da immer etwas ist«, das Halt gibt und das größer ist als man selbst – eine Welt, eine Ordnung, ein Kosmos, ein Gott. Der Seinsgrund vermittelt das Gefühl: »Wenn das Angstmachende anhält, so kann ich es annehmen, sogar wenn ich daran sterbe, weil ich mich letztlich aufgehoben fühle.« Die Erfahrung des Seinsgrundes führt zur Haltung der Gelassenheit und ist Voraussetzung für die Entwicklung des Grundvertrauens (Grundmotivationen), das über den Rahmen der Psychotherapie hinaus auch die Sphäre des persönlichen Glaubens betrifft (seelischer Halt). Längle, Alfried, *Lexikon der Psychologie,* https://www.spektrum.de/lexikon/psychologie/seinsgrund/13812 (Abruf 18.12.2021).

gesichert durchs Leben gehen zu können: dass nämlich etwas einschätzbar ist, dass etwas für uns abschätzbar ist, dass wir wissen, wohin es gehen wird, wenn uns die Erfahrung zugemutet wird, alles loszulassen. Und dann im Grunde nicht mehr zu wissen, was es bedeutet, wenn Gesundheit wegbricht oder beispielsweise auch die materielle Existenz. Für viele hat in der Pandemie der Staat da schnell gegengesteuert und dadurch hat sich vieles sehr beruhigt. Nicht erst jetzt, aber für viele sehr verdichtet, hat diese Pandemie die große Herausforderung, die Angst berührt, sich in dieser Welt gehalten zu wissen. Und deswegen sind alle Reaktionsmuster, die für dieses Thema typisch sind, von Menschen umgesetzt worden.

AG: Also flight, fight, freeze als Reaktionsmuster? Flight, mit Flucht antworten und sich zurückziehen, fight, im Kampf auf Abwehr gehen, oder freeze, erstarren, wie gelähmt sein und die Bedrohung bzw. Gefahr eher passiv über sich ergehen lassen? Gibt es also typische Verhaltensmuster im Umgang mit existenzieller Angst?

Typische Aktionsmuster im Umgang mit existenzieller Angst bei Krisen

CK: Das ist ein sehr weites Thema. Überall dort, wo wir uns bedroht fühlen, sind in unserem Social Brain Aktionsmuster angelegt, mit denen wir versuchen, dieser Situation zu entkommen, um ihr nicht länger ausgesetzt zu sein. Das können wir bis ins Tierreich beobachten. Diese Reaktionsmuster sind im Groben Flucht, Kampf und Totstellreflex. In der Existenzanalyse unterscheiden wir noch eine Aggressionsstufe dazwischen; wir sprechen von Flucht, Kampf, Aggressionsstufe und Totstellreflex. Und diese Reaktionsmuster kann man im Einzelnen wiederum untersuchen und sagen: Wie sieht denn der Fluchtreflex aus, wenn jemand sich in seiner Sicherheit, seiner Halt-Erfahrung gefährdet erlebt. Oder wie sieht der Kampfreflex aus, wenn jemand sich in seinem Freiheitsraum, eines der weiteren Daseinsthemen der Menschen, eingeschränkt erlebt? ... Wer sich darin etwas auskennt, sieht, in welcher Daseinsfrage ein Mensch sein Thema hat. So können wir erkennen, dass es in dieser ersten Phase der Pandemie maßgebliche Angstthemen waren, die Menschen bewegt haben, erkennbar an den Verhaltensmustern, wie sie mit der Situation umgegangen sind.

Das zweite Erscheinungsbild der Pandemie, wie wir es heute erleben, also 1 ¾ Jahre später, hat deutlich weniger mit dem Thema Angst in ihrer Ursprünglichkeit zu tun. Angst mit ihren Reaktionsmustern ist natürlich geblieben, insbesondere bei den Menschen, die vorerkrankt sind, die sich Sorgen um die neue Variante Omikron machen, die sich noch schneller ausbreitet, oder auch dem Impfstoff nicht vertrauen. Aber heute ist das Kernthema vieler Menschen, die jetzt auf die Straße gehen, die Empörung über die Freiheitseinschränkung. Und dieses ist eher ein Selbstwertthema. Diese Empörungsreaktionen würde ich eher dem Themenbereich der Selbststörungen zuordnen. Es geht um Menschen, die eine besondere Empfindlichkeit und Empfindsamkeit haben, sich bei dem Thema Freiheit und freier Selbstbestimmung eingeschränkt zu fühlen. Und die deshalb die Verhaltensmaßnahmen des Staates nicht als Schutz für die Gesamtbevölkerung sehen und als notwendige Bedingungen, damit wir als Gesellschaft in einem gewissen Frieden durch diese Zeit kommen. Sondern restriktive Maßnahmen zur Eindämmung der Inzidenzzahlen aus Sorge vor überlasteten Intensivstationen werden erlebt als Einschränkung des Rechts auf Selbstbestimmung. Und deswegen wird eher hysterisch reagiert im Horizont der typischen Strategien und Reaktionsmuster, die wir aus dem Bereich der Selbststörungen kennen. So wäre meine Einschätzung dieser Situation.

AG: Bilden sich in Zeiten der Pandemie also typische Grundmuster der Krise ab? Wird »das Wesen von Krise« im Kern sichtbar?

CK: Das kann mit Sicherheit gesagt werden. Es gibt einige Merkmale, die typisch sind für Krisen, z.B. dass sie eine lineare, eine fließende und kontinuierliche Entwicklung stören. Etwas radikal Andersartiges bricht in das bisherige Leben ein. Gleichzeitig hat dieses Neue und Andere eine Intensität und Mächtigkeit, die massiv und zutiefst als Zumutung erlebt werden. Für das, was jetzt unmittelbar passiert, gibt es (noch) kein Konzept, damit umzugehen. Die bisherigen Ordnungen und Möglichkeiten, das Gleichgewicht, mit einer solchen außerordentlichen Herausforderung zurecht zu kommen, sind zerstört. Zur Bewältigung braucht es deshalb eine Neuausrichtung und eine Entscheidung, die immer auch einen Bruch mit der bisherigen Lebensentwicklung darstellt. Das sind wesentliche Merkmale der Krise, und das erklärt, warum wir uns so schwertun, uns einer Krise gegenüber zu öffnen und gelassen und ruhig zu bleiben. Weil ein solches pandemisches Geschehen eine ganz massiv erlebte Gefahr für den einzelnen Menschen bedeuten kann; und diese wird versucht abzuwehren.

Deswegen ist ein typisches Reaktionsmuster auf eine Krise, dass wir sie leugnen und nicht wahrhaben wollen, bis sie uns einholt oder wir uns nach und nach in sie einfinden können. Das ist das Fluchtmuster, von dem wir vorhin schon sprachen. In personaler Hinsicht haben wir die Aufgabe, wahrzunehmen, was gerade das eigentlich Schlimme und Bedrohliche ist, das absolute und ganz andere, das gerade unser Leben durchkreuzt. Und dieses in seiner ganzen Tragweite erst einmal gelten zu lassen, um es dann anzunehmen und schließlich die Situation neu zu gestalten. Dies ist eine sehr anspruchsvolle, personale Aufgabe, vor der wir auch in dieser Corona-Krise stehen.

Existenzielle Angst bei Einsamkeit

AG: Um die Brücke zu schlagen von dem Thema ›existenzielle Angst‹ zum Thema ›Einsamkeit‹: Es starben und sterben gerade viele Menschen in Kliniken oder Altenpflegeeinrichtungen, die aus Schutzgründen in den ersten Wellen der Pandemie nicht mehr besucht werden durften. Und auch jetzt können viele Menschen in Krankenhäusern oder Altenpflegeeinrichtungen nur eingeschränkt Besuch empfangen. Die Pandemie geht mit einer hohen Zunahme von Einsamkeit einher, bei alten Menschen, aber auch bei Kindern und Jugendlichen. Es hat sich aber auch gezeigt, dass alleinlebende Menschen nicht unbedingt die Einsameren sind, weil sie es zumeist gewohnt sind, alleine zurecht zu kommen. Worin würdest Du den Zusammenhang zwischen existenzieller Angst und Einsamkeit sehen? Wie hängen beide zusammen?

CK: Also erst einmal ist die Unterscheidung wichtig, die du machst, dass Alleinsein nicht zwangsläufig ein Gefühl von Einsamkeit nach sich zieht. Alleinsein heißt ja zunächst nur, dass man im Moment für sich ist, ohne andere Menschen um sich herum. Trotzdem wissen sich alleinlebende Menschen häufig verbunden mit denen, die sie lieben. Sie haben teil an Gemeinschaft und erleben sich eingebettet in Zusammenhänge, die für sie so in Ordnung sind. Deshalb fühlen sie sich nicht einsam. Zur Einsamkeit wird das Alleinsein erst dann, wenn diese Verbundenheit innerlich und äußerlich nicht mehr erlebt, gefühlt und erfahren wird, wenn wir sie brauchen. Schlimm ist Einsamkeit dann, wenn dieses Miteinander, diese Teilhabe nicht erfahren werden, weil es sie nicht gibt, weil es nicht möglich ist, sie ganz praktisch miteinander zu leben, wenn Unterstützung fehlt von Menschen, die wir bräuchten.

Dann wird erkennbar, wie wichtig ein Wort ist, das Hoffnung gibt, das Halt stiftet, das Zuversicht gibt. Besonders wichtig ist es, dass auch ansonsten fremde Menschen Beistand leisten, wenn jemand getrennt ist von ihm nahestehenden Menschen. Es ist schlimm, wenn wir in einer an sich schon schrecklichen Situation des Leidens an einer schweren Erkrankung, die vielleicht zum Tod führt, auch noch aushalten müssen, Menschen nicht nahe sein zu können, die wir lieben und denen wir uns verbunden fühlen. Auch von ihnen nicht mehr Abschied nehmen zu können, das ist furchtbar und schlimm. Darüber hinaus stellt uns die pandemische Situation in ihrer Zuspitzung vor weitere sehr existenzielle Themen: dass wir nämlich Abschied nehmen müssen, der Endlichkeit realistisch ins Auge zu sehen haben, den Fragen von Hoffnung und Glauben zu begegnen, vielleicht Bilanz des eigenen Lebens zu ziehen, und sich der Ohnmacht zu stellen, nicht mehr das ausgesprochen haben zu können, was man noch gerne einem anderen Menschen gesagt oder mit ihm ausgetauscht hätte, – vielleicht auch über Verabsäumtes zu sprechen. Das alles sind letzte, sich zuspitzende Themen und Fragen, die uns deshalb auch Angst machen, wenn wir sie nicht lösen können.

Der Endlichkeit seines Todes begegnet jeder Mensch allein

AG: Wenn man ins Leben hinein geboren wird, wird man ja in eine Gemeinschaft hineingeboren, die Mutter ist da, Familie ist da ... Hingegen, wenn man stirbt, dann geht man diesen letzten Weg allein, in den Akt des Sterbens hinein. Irvin Yalom hat sich ja in seiner therapeutischen Arbeit intensiv mit dem Tod auseinandergesetzt. Das ist Thema in vielen seiner Fachbücher wie in seinen Romanen, und auch Grundtenor in seinen therapeutischen Gesprächen mit Klient:innen. Yalom hat einmal gesagt: Die *Physis des Todes* zerstört uns, aber die *Idee des Todes* rettet uns, wenn wir uns selber mit unserem Tod auseinandersetzen. Was würdest Du als Existenzanalytiker und Logotherapeut dazu sagen? Sind es nicht (allzu-) schwere Gedanken, sich in einer Therapie mit dem Thema Tod auseinanderzusetzen und darauf einzulassen?

CK: Ich kann dem sehr zustimmen, was Irvin Yalom sagt. Ich bin auch der Meinung, dass wir diesem Gewahrwerden des Todes und dieser Thematik nicht ausweichen und sie uns ins Bewusstsein rufen sollten für ein authentisches und erfülltes Leben: Wie will ich leben? Ist das mein Leben? Und stimmt dieses Leben so für mich? Über den Tod wird uns die Endlichkeit unseres Daseins bewusst. Wir stehen deshalb vor der Frage, dass wir eigentlich keine Minute unseres Lebens zu verschenken haben. Wenn wir jünger sind, nehmen wir das vielleicht noch nicht so bewusst wahr. Aber eigentlich gilt es für den jüngeren Menschen genauso wie für den älteren Menschen, nur dass wir als ältere Menschen uns der Begrenztheit von Lebenszeit deutlicher und bewusster sind. Dann ist diese Frage vielleicht noch einmal dringlicher: Soll ich diese Reise jetzt machen? Oder soll ich diesem Projekt eine Zusage geben? Oder geht es darin um gar nichts Bedeutsames für mich? Was will ich eigentlich tun? – Und so verstehe ich auch Irvin Yalom, wenn er sagt: Durch den Tod und indem wir dieser Frage nach der Endgültigkeit unseres Seins nicht ausweichen, diese radikale Zumutung nicht mehr leugnen und nicht illusionär verdrängen, werden wir uns dieser unmittelbaren Fragen unseres Menschseins gewahr. Woran glaube ich, worauf vertraue ich, worauf hoffe ich? Das sind die zentralen Fragen unseres Lebens. Viktor Frankl würde diese Frage noch mit der Sinn-Thematik verknüpfen. Er würde sagen: Dort, wo wir diese Endlichkeit, diesem Tod begegnen, sind wir von der Frage herausgefordert: »Wie wollen wir leben? Was ist *jetzt* sinnvoll für mich?« Frankl äußert diesbezüglich einen ganz kostbaren Gedanken: »Was wir als sinnvoll erlebt haben, das ist in die Scheunen unseres Lebens eingefahren! Das lebt ewig, es kann uns nicht mehr genommen werden.« Dieser Satz hat mich sehr beeindruckt, dieser Gedanke, die Ewigkeit so zu verstehen. Im Grunde verstehe ich mich selbst in meinem Nachdenken über den mir bevorstehenden Tod so. Kann ich zu dem stehen, was ich gelebt habe und wie ich gelebt habe? Kann ich Rechenschaft ablegen und mich ernsthaft dem stellen? Ich glaube nicht, dass wir Menschen alles leben und alles erleben müssen, was möglich ist. Wir sollten vielmehr das tun, was wir als sinnstiftend für uns und andere erleben. Wenn wir uns fragen, ob das, was und wie wir leben, mit einer Sinnerfahrung einhergeht, dann führen wir ein erfülltes Leben. Und wenn wir am Ende unseres Lebens so auf unser Leben zurückschauen können, dass wir sagen können, es war erfüllt, dann können wir auch gut und lebenssatt gehen.

Ich bleibe an Deiner Seite – einsame Menschen begleiten mit einem schweren Krankheitsverlauf

AG: Schwere Themen, die wir heute angesprochen haben: Existenzielle Angst, Angst in einer Pandemie, das Wesen einer Krise, Todesangst, Einsamkeit ... Du sagtest, dass in diesen Fragen die Sinnfrage von grundlegender Bedeutung ist, und dass es ein zentrales Anliegen ist, gemeinsam Hoffnungsstiftendes in einem existenziellen Gespräch zu finden. Ich habe bei diesen existenziellen Themen und Fragen konkret Mitarbeitende im Gesundheitswesen vor Augen, die nicht nur jetzt, in Zeiten der Pandemie Menschen auf einer Intensivstation begleiten, Menschen, die eventuell in die Beatmung gehen und dabei Todesangst empfinden. Sondern Mitarbeitende, Ärzt:innen, Pflegekräfte, Therapeut:innen, die immer schon in ihrem Alltag tagtäglich Patientinnen und Bewohnern in ihren existenziellen Ängsten beistehen; ältere oder auch jüngere Menschen, die sich krank und einsam fühlen, manchmal von Gott und der Welt verlassen ... Wie eingangs gesagt, haben wir verbandsübergreifend in einem Team dieses Curriculum *Spiritual/Existential Care interprofessionell* entwickelt, das gerade von mehreren diakonischen und caritativen Trägern in der Praxis erprobt wird. Es gibt in diesem Curriculum zwei Module, die handeln von Hoffnung und Trost. Als Existenzanalytiker und Logotherapeut sind Dir diese Themen seit vielen Jahren vertraut: Wie kann es gelingen, Patientinnen, Bewohnern und deren An- und Zugehörigen in der medizinisch-pflegerischen Praxis Hoffnungsworte und Trostbilder zu vermitteln? Wie kann man trösten angesichts von existenzieller Angst? Was kann man einem Menschen Hoffnungsvolles sagen, der sich einsam fühlt?

CK: Ich habe großen Respekt vor all diesen Menschen, die diese Arbeit jetzt tun und schon so lange tun mit dieser unglaublichen Zuspitzung. Die oft auch mit Überlastung zu tun haben, weil zum Teil auch unsere Politik es nur bedingt hinbekommt, diese Krise anders zu managen. Es ist unglaublich, wie diese Menschen schwer Erkrankte in dieser Weise begleiten, wie du es jetzt hier geschildert hast; das verdient meinen größten Respekt. Ich glaube, dass die Begleitung von Menschen, die jetzt in diesen Situationen als Patientinnen und Patienten stehen, damit beginnt, dass man anerkennt und aushält, dass jeder dieser Menschen diesen Weg zunächst allein gehen muss. Und dass man – egal wie gut man ihn begleitet – ihm die Bewältigung dieser letzten Fragen letztlich nicht abnehmen kann. Fragen wie: »Ist das jetzt mein Ende?« Oder: »Bin ich angesichts dieser Tatsache meiner Endlichkeit verzweifelt oder nicht?« »Wie schaue ich auf mein Leben?« Das sind Fragen, denen muss sich jeder Mensch stellen. Eine Begleitung kann deshalb nicht darin bestehen, diese Fragen aus der Welt zu schaffen, sondern nur darin, im Horizont dieser Fragen Begleitung anzubieten. Diese Unterscheidung ist sehr wichtig. Denn wenn man dies für sich nicht geklärt hat, dann legt man sich etwas auf seine Seele – als Mensch, der andere Menschen an dieser Stelle begleitet –, das eine Unmöglichkeit ist. Ich kann mich gut erinnern, wie ich so etwas erlebt habe, als eine meiner ersten Patientinnen vor einer schlimmen Frage für sich stand, und wie ich am liebsten dieses Schlimme habe wegnehmen wollen. Und während ich fast den Satz sagte, dass dieses doch so vielleicht oder wahrscheinlich nicht passieren würde, habe ich mir auf die Zunge gebissen und mir gesagt: »Ich weiß ja gar nicht, ob ihr das passiert oder nicht passiert ...« – Was will ich damit sagen? Ich glaube, die Begleitung besteht in etwas Anderem, nämlich darin, sich an die Seite dieses Menschen zu stellen. Ihr Beistand zu leisten, mit ihm durch dieses Schlimme seines Lebens, diese Hölle zu gehen. Ihr oder ihm die Hand zu halten. Vielleicht das zu sagen, was man aus dem Moment heraus sagen kann, weil es wahr ist. Und ich glaube, dass übrigens gerade auch körperliche Berührung an dieser Stelle etwas ganz Wichtiges ist: dass Menschen spüren, da ist jemand, den kenne ich zwar nicht gut, aber sie oder er zeigt mir Nähe; ich bin nicht alleine gelassen mit dem Ganzen. Da fragt jemand: »Wie geht es Ihnen jetzt? Was brauchen Sie jetzt? Wie kann Ihnen im Moment helfen?«

Ich glaube, es geht um diese kleinen Gesten – und ich weiß das von vielen, die mir das nachher berichtet haben –, Gesten, die von den Menschen, die in diesen Situationen standen, als gar nicht klein empfunden wurden. Gesten, die tröstend und hilfreich waren. Wenn man das Glück hat, diesen Menschen ein bisschen besser zu kennen, kann man vielleicht noch differenzierter auf ihn eingehen. Vielleicht weiß man, welches Lied sie oder er mag, und singt oder spielt dieses. Vielleicht weiß man, woran sie oder er glaubt und es gibt einen Text, der für sie oder ihn eine Bedeutung hat, etc. Im Grunde ist dieses Dabeisein und Nahesein das Eigentliche. So dass jemand spürt, ich bin nicht allein, da ist jetzt noch jemand anderes, der trägt das mit mir und hält es ebenfalls aus, er kann mir mein Geschick nicht abnehmen, aber er geht mir nach, hat mich im Blick, gibt mir Halt, stiftet stellvertretend Hoffnung und lässt mich selbst in der eigenen Sprachlosigkeit nicht allein – das ist das hilfreiche Gute.

Einsam in einer existenziellen Krise

AG: Zum Schluss möchte ich noch einmal die Frage aus der Perspektive eines Menschen stellen, der tatsächlich einsam ist in seiner existenziellen Angst. Wie kann sie oder er mit Einsamkeit umgehen, die sich vielleicht nicht so ganz schnell abändern lässt, weil ihre oder seine Bezugspersonen vielleicht schon lange nicht mehr da sind? Wo jemand vereinsamt ist, vielleicht, weil das Umfeld sie oder ihn ausgeschlossen hat? Das haben wir ja häufig auch in religiösen Kontexten – wenn jemand beispielsweise seine Gleichgeschlechtlichkeit zu erkennen gibt – und Menschen dann auf einmal aus Gemeinschaften herausfallen und eine Wegstrecke vor ihnen liegt, die sehr einsam sein kann? Was kann man einem Menschen Mutmachendes sagen, der noch einen langen Weg vor sich hat, bis er aus seiner Einsamkeit wieder herausgefunden hat?

CK: Ich würde ihn – glaube ich – sehr ernsthaft und ruhig (also mit ruhig meine ich jetzt ihm Zeit gebend) fragen: »Was war gut in deinem Leben?« Kannst du dich an dieses Gute erinnern und kannst du diesem Guten, diesem Wertvollen, das du gelebt hast, das für dich bedeutungsvoll war – Menschen, Hobbies, Initiativen, Engagements, usw. – kannst du dich damit verbinden? Kannst du etwas wegschauen von deiner Verzweiflung und den Fragen, die dich unglücklich machen? Und hinschauen, auf das gelungene, gelebte Leben. Das wäre das Erste, was ich fragen würde. Und das zweite, was ich sagen würde: »Kannst du zu dir stehen? Dort, wo es Brüche gab, dort, wo du empfunden hast, dass sich andere distanziert haben? Aber möglicherweise hast du dich auch selbst verändert und wolltest gehen? Und das bisherige hat so nicht mehr gepasst?« Ich würde ihn – glaube ich – zu sich rufen und fragen: »Kannst du dazu stehen, dass du diesen Weg so gegangen bist, dass das *dein* Leben war und ist, kannst du dich damit verbinden?« Ich würde versuchen, Fragen zu stellen, die es ermöglichen, aus der Einsamkeit herauszufinden, zu dem hin, womit er sich verbinden kann. Im Wissen um das, was wahr war und ist. Um das, was jetzt auch noch gilt, nach wie vor gültig ist. Und vielleicht werde ich fragen: »Gibt es auch etwas, auf das du in dieser Situation hoffen kannst?«

AG: Herzlichen Dank, Christoph, für das Gespräch zum Thema »Einsam in existenzieller Angst«.

Literatur

Bandelow, Borwin/Lichte, Thomas/Rudolf, Sebastian/Wiltink, Jörg/Beutel, Manfred, *S3-Leitlinie Angststörungen*, Heidelberg 2015.

Choron, Jaques, *Modern Man and Mortality*, New York 1964.

Frankl, Viktor E., … *trotzdem Ja zum Leben sagen. Ein Psychologe erlebt das Konzentrationslager.* München 2009.

Frankl, Viktor E., *Logotherapie und Existenzanalyse. Texte aus sechs Jahrzehnten.* Weinheim 2010.

Herden, Manuela, *Der Mut zur Angst. Existenzielle Angst in Psychotherapie und Seelsorge.* Masterarbeit an der Evangelischen Hochschule Tabor. Marburg 2020, https://manuelaherden.com/wp-content/uploads/2020/10/Masterarbeit-Der-Mut-zur-Angst.pdf. (Abruf 04. 12.2021).

Holzhey-Kunz, Alice/Längle, Alfried, *Existenzanalyse und Daseinsanalyse.* Reihe Psychotherapie, Ansätze und Akzente 3, Stuttgart 2007.

Jaspers, Karl, *Allgemeine Psychopathologie,* 2. Teil: Verstehende Psychologie; 4. Kap. Charakterologie, § 4 Versuche charakterologischer Grundeinteilungen, b) Idealtypen. Berlin ^{9}1973.

Kierkegaard, Sören, *The Concept of Dread. Princeton,* NJ: Princeton University Press. Deutsch (1971): *Der Begriff der Angst.* In: Werkausgabe I. Köln 1957.

Körtner, Ulrich HJ, *Weltangst und Weltende. Eine theologische Interpretation der Apokalyptik.* Göttingen1988.

Kolbe, Christoph/Dorra, Helmut, *Selbstsein und Mitsein. Existenzanalytische Grundlagen für Psychotherapie und Beratung.* Gießen 2020.

Längle, Alfried, *Wenn das Leben pflügt. Krise und Leid als existenzielle Herausforderung.* Göttingen 2016.

Längle, Alfried, *Existenzanalyse und Logotherapie.* Stuttgart 2021.

Lifton, Robert Yay, *Der Verlust des Todes,* München 1986.

Richter, Horst-Eberhard, *Umgang mit Angst,* Hamburg 1967.

Roser, Traugott, *Spiritual Care. Der Beitrag von Seelsorge im Gesundheitswesen.* Stuttgart ^{2}2017.

Simmank, Jakob, *Einsamkeit, eine tückische Trenddiagnose,* Zeit online 22. April 2018, https://www.zeit.de/wissen/gesundheit/2018-04/psychologie-einsamkeit-manfred-spitzer-gefuehl-krankheit-alleinsein-isolation (Abruf 04. 12.2021).

Yalom, Irvin D., *Existenzielle Psychotherapie.* Bergisch-Gladbach ^{5}2010.

Zur Mehrdimensionalität von Einsamkeit – soziologische Perspektiven

Daniel Hörsch

Der norwegische Philosoph Lars Swendsen legt eindrücklich dar, dass »die derzeitige Beschäftigung mit dem Thema Einsamkeit und die gängige Beschwörung einer ›Einsamkeitsendemie‹ von einem grundlegenden Missverständnis bestimmt wird«[1]. So wird von der empirisch belegbaren Zunahme an Alleinlebenden automatisch auf ein höheres subjektives Einsamkeitsempfinden geschlossen. Die folgenden Überlegungen zur Mehrdimensionalität von Einsamkeit zeigen, dass diesem vermeintlichen Zusammenhang empirisch die Substanz fehlt. Des Weiteren gehen die folgenden Überlegungen von der Grundannahme aus, dass Einsamkeit für jeden Einzelnen etwas anderes heißt, also von subjektiven Erfahrungs-, Bezugs- und Deutungshintergründen determiniert ist. Schließlich versuchen die folgenden Ausführungen aus der soziologischen Perspektive das Phänomen der Einsamkeit in den Blick zu nehmen.

1. Soziologische Annäherungen

Soziologisch wird unter Einsamkeit »*eine soziale Situation eines Menschen verstanden, welche durch eine permanente, zeitlich befristete oder aus bestimmten sozialen Lagen sich ergebende Reduktion der Aktivitäten und der sozialen Interaktion gekennzeichnet ist*«[2]. Einsamkeit kann dabei

> »vom Individuum selbst gewählt oder eine Folge sozialer Ausgliederungsprozesse sein. Einsamkeit kann ferner leidend als Vereinsamung oder als Chance für Individualisierung und für Unabhängigkeit von sozial genormten Lebensformen empfunden werden.«

---

1 Vgl. Schreiber, Daniel, *Allein*, München 2021, 60f.

2 Vgl. hierzu und im Folgenden Hillmann, Karl-Heinz, *Wörterbuch der Soziologie*, 5. überarbeitete Auflage. Stuttgart 2007, 172.

Damit ist der ambivalente und mehrdimensionale Charakter der Einsamkeit soziologisch näher bestimmt.

Es liegt auf der Hand, dass der Mensch je nachdem, in welcher Epoche und unter welchen Bedingungen er lebt, ein differenzierteres Einsamkeitsempfinden aufweist, Einsamkeit also dem Wandel der Zeit unterliegt.[3]

Gegenwärtig ist in der sozialpsychologischen Forschung und der jüngst aufkeimenden Einsamkeitsforschung der Begriff der Einsamkeit überwiegend negativ konnotiert. Dabei wird Einsamkeit als ein unangenehmes Gefühl definiert, das Menschen erleben, wenn sie ihre sozialen Beziehungen als qualitativ oder quantitativ unzureichend empfinden,[4] wobei der Qualität der sozialen Beziehungen eine größere Bedeutung beim Einsamkeitsempfinden zugemessen wird.[5]

Die oben eingeführte soziologische Begriffsbestimmung verzichtet hingegen auf eine negative Zuschreibung und stellt lediglich einen Umstand begrifflich ins Zentrum, der mit der Einsamkeit soziologisch bestimmbar ist: den der Reduktion sozialer Interaktion, die zeitlich beziehungsweise sozialstrukturell bedingt sein kann und sich individuell in einer Situation manifestiert.

Anders als im Deutschsprachigen gibt es im Englischsprachigen unterschiedliche Begriffe für das, was im Deutschen unter Einsamkeit gefasst wird. Hier ist die Rede von Loneliness, der negativ konnotierten Variante der Einsamkeit, und von solitude oder aloneness, die eher neutral oder positiv konnotiert im Sinne eines gewollten Rückzugs verstanden, das Alleinsein umschreiben.

Einsamkeit kann somit nicht eindimensional verstanden, sondern mehrdimensional in emotionaler, sozialer und kollektiver Hinsicht beschrieben werden.

2. Empirisch betrachtet: keine Anzeichen für eine ›Einsamkeitsepidemie‹

Die ›Einsamkeitsepidemie‹ war ein heißes Thema, bevor das Corona-Virus die Welt in Atem hielt. Im Zuge der Covid-19-Pandemie scheint diese Chiffre nachgerade Konjunktur bekommen zu haben. Allerdings ohne empirisch valide belegbar zu sein. Vielmehr ist zu beobachten, dass der Prozentsatz an Menschen,

---

3 Vgl. Dierse, Ulrich, *Einsamkeit.* In: *Historisches Wörterbuch der Philosophie,* hrsg. von Ritter, Joachim. Band 2:D-f, Darmstadt 1972, 410–414.

4 Vgl. Perlman, Daniel/Peplau, Letitia Anne, *Toward a Social Psychology of Loneliness.* In: *Personal Relationships, 3. Relationships in Disorder,* London 1981, 31–56.

5 Vgl. Hawkley, Louise, *loneliness (psychology).* In: *Encyclopedia Britannica,* https://www.britannica.com/science/loneliness (Abruf 5.1.2022).

die der Aussage »ich fühle mich oft einsam« zustimmen, seit Anfang der 90er Jahre kaum verändert, in der Tendenz sogar etwas abgenommen hat.[6]

Empirische Annäherungen an das Phänomen der Einsamkeit lassen sich aus unterschiedlichen Datengrundlagen her speisen, die allesamt das subjektive Einsamkeitsempfinden zu eruieren versuchen.[7] Im Sozio-ökonomischen Panel (SEOP) des Deutschen Instituts für Wirtschaftsforschung (DIW) wurde Einsamkeit mit drei Items 2013 und 2017 gemessen. Im paifam Panel wurde Einsamkeit seit 2016 in drei Erhebungen mit einem Item gemessen. Schließlich gibt auch der Deutsche Alterssurvey des Deutschen Zentrums für Altersfragen in den Jahren 2008, 2011, 2014 und 2017 Auskunft über das Einsamkeitsempfinden der 45- bis 84-Jährigen. Hierzu wurden sechs Items zur Messung der Einsamkeit verwendet.[8]

Fasst man die empirischen Ergebnisse zusammen, so ergibt sich, dass zwischen 5 und 10 Prozent der Erwachsenen in Deutschland häufig unter Einsamkeit leiden. Schließt man auch diejenigen ein, die sich manchmal einsam fühlen, steigt dieser Wert auf 10 bis 15 Prozent.

Verschiedene Altersgruppen sind unterschiedlich stark betroffen. Die durchschnittlich empfundene Intensität der Einsamkeit steigt bei den Hochaltrigen ab 80 Jahren stark an und ist bei den sogenannten ›jungen Alten‹ am geringsten ausgeprägt. Erhöhte Einsamkeitswerte lassen sich zudem für die Gruppe der jungen Erwachsenen und für Menschen in den 50ern nachweisen.

Es lassen sich regionale Signifikanzen mit Blick auf die Einsamkeit festmachen.[9] Nicht alle Regionen in Deutschland sind gleichermaßen von Einsamkeit betroffen. In östlichen Regionen Deutschlands ist eine durchschnittlich höhere Einsamkeit feststellbar. Dies korreliert mit dem Befund, dass je stärker eine Region von Bevölkerungsfluktuation betroffen ist, desto höher die durchschnittliche Einsamkeit der Personen in der Region ist. Dasselbe trifft zu mit Blick auf die Distanz einer Region zum nächsten Oberzentrum. Ein Stadt-Land-Gefälle lässt sich nicht nachweisen. Soziostrukturelle Bedingtheiten sind für die subjektive Einsamkeit entscheidender als Eigenschaften des Wohnortes.

---

6 Vgl. Schobin, Janosch, *All The Lonely People? Warum uns moderne Gesellschaften (noch) nicht einsamer machen.* epd-Dokumentation 23/2020, 34–53. Hier: 47.

7 Elbing, Eberhard, *»Einsam« und »allein«, empirische Befunde zum Verständnis zweier Begriffe. Psychologische Berichte und Befunde.* PAB 24. München 1988; Bohn, Caroline, *Einsamkeit im Spiegel der sozialwissenschaftlichen Forschung.* Dissertation. Dortmund 2006 https://d-nb.info/997491426/34 (Abruf 5.1.2022).

8 Vgl. Brücker, Susanne, *Einsamkeit – Erkennen, evaluieren und entschlossen entgegentreten. Schriftliche Stellungnahme für die öffentliche Anhörung.* Bundestagsdrucksache 19/25249. 8f.

9 Vgl. die Einsamkeitskarte unter https://katapult-magazin.de/artikel/die-unsichtbaren (Abruf 5.1.2022).

Betrachtet man die Entwicklung der Einsamkeit in den zurückliegenden 30 Jahren, so kann festgehalten werden, dass sich gesellschaftliche Modernisierungsprozesse auf die Verfügbarkeit und die Qualität von sozialen Nahbeziehungen auswirken. Die emotionalen Unterstützungsnetzwerke von Menschen bestehen heute zu einem großen Teil aus Beziehungen, die stark selektiert, selbstgewählt und jederzeit kündbar sind. Damit einher geht eine hohe Qualität dieser Nahbeziehungen und ein geringer Grad an Vereinsamung, der sich für Deutschland wie Europa nachweisen lässt. Ein Trend zu einem Mehr an Einsamkeit lässt sich nicht ablesen.[10]

3. Korrelationen: was beeinflusst Einsamkeit?

Es lassen sich gemeinhin allgemeine und gruppenspezifische Risikofaktoren ausmachen, die für den Grad des Einsamkeitsempfinden von Bedeutung sind. Hierunter fallen: Arbeitslosigkeit, geringes Einkommen, Migrationshintergrund, Unverheiratet-Sein, gesundheitlich vulnerable Menschen und soziale Isolation. Neben diesen allgemeinen Risikofaktoren, die einen direkten oder indirekten Einfluss haben können, spielen auch gruppenspezifische Faktoren wie die Wohnsituation, das Geschlecht, die Nutzung sozialer Medien oder spezifische Beziehungen, etwa zur Peer Group, eine wichtige Rolle.

Konsistent zeigt sich in den unterschiedlichen Studien zur Einsamkeit, dass ein höheres Einkommen mit geringerer Einsamkeit einhergeht. Weitere für Einsamkeit relevante Merkmale wie Bildung, Haushaltsgröße und Berufstätigkeit korrelieren stark mit dem des Einkommens. Betrachtet man diese isoliert vom Einkommen, so zeigt sich, dass weder Bildung noch Haushaltsgröße oder die Art der Arbeitstätigkeit mit Einsamkeit zusammenhängen.[11] Hingegen hat der Partnerstatus eine Auswirkung auf das Einsamkeitsempfinden. Personen in einer Partnerschaft berichten im Durchschnitt von einer geringeren Einsamkeit als Alleinstehende beziehungsweise Singles. Das bedeutet allerdings nicht, dass Partnerschaft oder familiärer Kontext automatisch vor Einsamkeit schützt. Befunde zeigen, dass junge Menschen, obwohl sie mit ihren Familien zusammenleben, sich zu einem Drittel einsam fühlen. Auch junge Menschen in Wohngemeinschaften fühlen sich einsam (41 %).[12]

---

10 Vgl. Schobin, Anm. 6.

11 Vgl. Luhmann, Maike/Hawkley, Louise C. (2016), *Age differences in loneliness from late adolescence to oldest old age.* In: *Developmental Psychology 52* (6). 943–959.

12 Vgl. Thomas, Severine, *Einsamkeit – Erkennen, evaluieren und entschlossen entgegentreten. Schriftliche Stellungnahme für die öffentliche Anhörung.* Bundestagsdrucksache 19/25249, 4.

Durch die Selektion von selbstgewählten und jederzeit kündbaren und zugleich starken tragenden Beziehungen im sozialen Nahbereich kommt der Aufrechterhaltung dieser Beziehungen im familialen Nahumfeld für den Einzelnen eine große Bedeutung zu. Je besser solche Beziehungen gestaltet und aufrechterhalten werden, umso geringer der Grad an Einsamkeit. Nicht ohne Grund findet sich gegenwärtig eine Vielzahl an Abhandlungen, die das Thema Freundschaft in den Mittelpunkt rücken.[13]

4. Bedeutung von Gelegenheitsstrukturen – auch während der Covid-19-Pandemie

Nachweislich sind diejenigen, die regelmäßig zur Schule, zur Ausbildungsstätte, zur Arbeit gehen oder anderweitigen Aktivitäten in Vereinen, Gruppen, Initiativen oder Institutionen nachgehen, weniger von Einsamkeit betroffen. Dabei spielt der Aspekt der sozialen und physischen Nähe, der zur Herstellung eines Zugehörigkeitsgefühls notwendig ist, eine entscheidende Rolle.

Während der Covid-19-Pandemie sind durch die Kontaktbeschränkungen zur Eindämmung des Pandemiegeschehens diese Gelegenheitsstrukturen für viele Menschen zeitlich befristet oder permanent weggebrochen. Die Mehrheit der Menschen musste lernen, mit dem so genannten Social Distancing umzugehen und sich andere Gelegenheitsstrukturen zu schaffen oder auf andere Weise bisherige Gelegenheitsstrukturen qualitativ zu kompensieren. Die Evangelische Arbeitsstelle midi hat zusammen mit der Diakonie Deutschland, der Theologischen Fakultät der Universität München, der Evangelischen Kirche in Deutschland und AGAPLESION gAG in einer qualitativen Langzeitstudie zum »Lebensgefühl Corona« nachzeichnen können, wie dies den Menschen im Einzelnen gelungen ist.[14]

---

13 Vgl. Weiss, Johannes, *Freundschaft in Einsamkeit. Eine soziologische Grenzbetrachtung.* In: Junge, Kay/Suber, Daniel/Gerber, Gerold (Hg.), *Erleben, Erleiden, Erfahren: Die Konstitution sozialen Sinns jenseits instrumenteller Vernunft*, Bielefeld 2015; Kinnert, Diana, *Die neue Einsamkeit: Und wie wir sie als Gesellschaft überwinden können*, Hamburg 2021; Schück, Jo, *Nackt im Hotel. Wie Freundschaft der Liebe den Rang abläuft.* München 2020.

14 Vgl. Lilie, Ulrich/Hörsch, Daniel (Hg.), *Lebensgefühl Corona. Erkundungen in einer Gesellschaft im Wandel. Eine qualitative Langzeit-Studie.* Berlin 2021. https://www.mi-di.de/corona-studie (Abruf 5.1.2022), hier vor allem das Kap. 6.1.

Minimierung des sozialen Radius

Für den Menschen im 21. Jahrhundert, der gewohnt ist, mobil, global und selbstbestimmt zu entscheiden, wann er mit wem wo zusammenkommt, bedeutete das Social Distancing eine enorme Veränderung der alltäglichen Lebensführung. Vielfach musste ein Großteil des sozialen Lebens auf ein Minimum an sozialen Beziehungen und Kontakten beschränkt werden.

Typische Aussagen

- *»Die Coronasituation selbst, also ich glaub, ich habe mich verändert. Ich bin nicht mehr so krass draußen, wie ich es mal war. Also ich habe jetzt weniger ein Problem damit, auch mal einen Abend zuhause mehr zu verbringen. Das ist ganz interessant.«*
- *»So vom Lebensgefühl her fühle ich mich wie eingeschränkt, wie ein großes Gefängnis, weißt du, man darf halt keinen sehen, ja, du darfst schon wen sehen, aber das ist ja dann alles, ja, reduziert halt, ne.«*
- *»Ich bin ein Mensch, der sich gerne mit sehr vielen Leuten trifft und das fehlt mir auch sehr und diese Freiheit, dass man sich auch unbeschwert mit Leuten treffen kann, ohne Angst zu haben, die in Gefahr zu bringen.«*
- *»Ruhe. Einsamkeit. Zurückhaltung, das hat mir Freude gemacht. Weil umso mehr ich mich zurückgehalten habe und meine sozialen Kontakte eingeschränkt habe, die sozialen Beziehungen verringert habe, hatte ich weniger Probleme. Das war schön.«*

Für die einen hat die Entschleunigung im Socializing zu einer neuen Wertschätzung vorhandener stabiler Beziehungen, wie etwa der Familie oder dem Freundeskreis geführt. Für andere war es die Möglichkeit, aus dem Dickicht an fluiden, flüchtigen Beziehungen die sie tragenden gesunden Beziehungen herauszufiltern.

Typische Aussagen

- *»Durch Corona hat sich der soziale Radius auch verkleinert. Man trifft sich jetzt nicht mehr so wirklich mit Bekannten. Es sind eigentlich immer die ähnlichen Freundeskreise.«*
- *»Wie schafft man es irgendwie, dass man gemeinsam gut miteinander leben kann, auch wenn man die ganze Zeit auf einem Haufen ist, Nähe-Distanz-Verhältnisse. Und für mich auch ganz viel so Selbstwertübungen letzten Endes. Dadurch, dass ja alles andere weg war, so den Wert irgendwie in sich selber zu finden, auch mit dieser Stabilität und was man eigentlich auch alles ganz gut hinbekommt.«*
- *»Man sortiert unbewusst. Dadurch, dass ich schon aussuche, mit wem ich weiter Kontakt habe, wenn man sich bei mir meldet und ich habe keine Lust auf dich, dann melde ich mich auch nicht unbedingt zurück.«*

Schließlich gab es allerdings auch Menschen, die sich durch das Social Distancing vereinsamt gefühlt haben. Für diese Menschen bedeutete Social Distancing häufig ein Leben in Isolation. Monotonie und Langeweile infolgedessen waren häufig Wegbegleiter.

Typische Aussagen

- *»Meine Einsamkeit, das ist eigentlich so das Schlimmste. Die ist noch schlimmer als die Angst vor Corona.«*
- *»Wenn ich raus bin und die ganzen Geschäfte waren geschlossen. Ich muss nicht reingehen und ich muss auch nichts kaufen, aber ich muss das Gefühl haben, dass sie da sind. Das hat mir zu schaffen gemacht. Ich dachte, was gehst du jetzt hier, es ist doch alles geschlossen. Und kein Mensch auf der Straße. Allein bin ich zuhause, da brauch ich nicht auf die Straße zu gehen.«*

Alltag

Der Alltag war in vielfacher Hinsicht ein anderer während der Pandemie. Homeoffice, Homeschooling als Folgen der Risikominimierung forderten gerade in Zeiten des Social Distancing insbesondere Partnerschaften und das Familienleben heraus. Der Verzicht auf sonst gewohnte soziale Umgangsformen, häufig verbunden mit körperlichen Gesten, empfanden nicht wenige Menschen als belastend. Bestimmte Berufsgruppen, etwa Menschen in der Pflege, waren mehrfach durch das Distancing herausgefordert. Zum einen, was den Berufsalltag betrifft und den Umgang mit den pflegebedürftigen Menschen. Zum anderen, was den Alltag im sozialen Nahumfeld betrifft, der unter Risikoabwägungen immer mit unter der sozialen Distanz gelitten hat. Selbst Zufallsbegegnungen im Alltag, etwa beim Einkaufen werden als deutlich distanzierter wahrgenommen.

Ältere Menschen und Risikogruppen

Vor allem war das Social Distancing für die älteren Menschen und andere Risikogruppen, die auf soziale Nähe in besonderer Weise angewiesen sind, ein dramatischer Einschnitt und ein Verlust an Lebensqualität. Für Angehörige war das Social Distancing streckenweise schwer erträglich.

Kinder und Jugendliche

Haben zu Beginn der Pandemie vornehmlich die sogenannten Risikogruppen im Fokus gestanden, die es zu schützen galt, so rückten ab Herbst 2020 verstärkt Kinder und Jugendliche ins Bewusstsein, die nicht nur unter den Kontaktbeschränkungen zu leiden hatten. Vor allem der fehlende Unterricht im Regelbetrieb sorgte während der Pandemie zunehmend für Unmut und Unverständnis.

Nähe statt Zoom

Ob in den Kindergärten oder in der Jugendhilfe, in der Arbeit mit Menschen mit Handicap, in Beratungsstellen und natürlich in Krankenhäusern, Altenpflegeeinrichtungen oder Hospizen: Das Arbeiten unter Coronabedingungen geht an die Substanz, auch in diakonischen Kontexten.

Menschliche Nähe zu leben, eine Kultur der Empathie, das ist in allen diakonischen Handlungsfeldern zentral: Während der Notbetreuung im Kindergarten und für die eigenen Kinder daheim, in der Wohngruppe, in der sehr unterschiedliche Jugendliche beim Homeschooling Hilfe brauchen, bei der Assistenz einer körperbehinderten Studentin oder beim Senior in Zimmerquarantäne. Zoom ist hier keine Lösung.[15]

Kompensation des Social Distancing[16]

Mit der Langzeitstudie konnten auch Kraftquellen im Alltag und Zuversichts-Anker identifiziert werden, die die Menschen während der Pandemie stabilisiert und durchgetragen haben. Im Vordergrund steht dabei die Frage, worauf das Vertrauen beruht, das Zuversicht und tragende Perspektiven in unübersichtlichen, ungewissen und widersprüchlichen Zeiten schafft. Kurzgefasst: Wo und bei wem finden Menschen Kraft und Zuversicht?

Das Spektrum, das sich aus dem empirischen Material ergibt, ist bunt: Es reicht von sportlichen Aktivitäten, der Bewegung im Freien und der Natur, dem Zuhause-Sein im vertrauten familialen Nahumfeld bis hin zu religiösen Praktiken. Zuversichts-Anker greifen auf verschiedene Ressourcen zurück, die dem/der Einzelnen in schwierigen Zeiten ein gutes Leben ermöglichen.

Ranking der Zuversichts-Anker	
1	Familie/Partnerschaft
2	Freundeskreis
3	Natur/im Freien sein

15 Vgl. den Blogbeitrag von Diakonie-Präsident Ulrich Lilie: https://praesident.diakonie.de/2021/02/05/soziale-superkraefte/#more-2679 (Abruf 26.10.2021).

16 Vgl. Lilie/Hörsch, Anm. 14, hier vor allem Kap. 6.2.

4	Bewegung, Sport, Fitness
5	Spirituelles im weiteren Sinne (Yoga, Meditation, Gebet)
6	Garten-/Heimarbeiten
7	Lesen, Kultur
8	Urlaub
9	Musik, Informationen/Nachrichten
10	Kochen, Job

Blickt man auf die Rangliste der am häufigsten genannten Zuversichts-Anker, so sind es vor allem das soziale und familiale Nahumfeld, das Draußen-Sein und sich Bewegen sowie Praktiken, die dem Spirituellen zuzuordnen sind, die den Menschen in erster Linie Kraft gaben.

5. Fazit

Soziologisch für die Bestimmung des Phänomens Einsamkeit relevant ist die Reduktion von sozialen Interaktionen. Dieser quantitative Blick auf das Phänomen Einsamkeit lenkt zugleich den Blick auf die Qualität der Beziehungen, die im 21. Jahrhundert von erheblicher Bedeutung ist. Es scheint für künftige sozialwissenschaftliche Studien durchaus spannend zu sein, den Korrelationen zwischen dem subjektiven Einsamkeitsempfinden und dem, was dem Einzelnen Zuversicht respektive Hoffnung gibt und bei wem er diese in seinem sozialen Nahumfeld erfährt, verstärkt Aufmerksamkeit zu schenken. Dadurch würde man auch der Mehrdimensionalität des Phänomens Einsamkeit eher gerecht, als sie weiter negativ als Mangelerscheinung zu konnotieren, wie es vornehmlich in der psychologischen Forschung vorherrschend ist. Vielmehr würden vermutlich Charakteristika der Einsamkeit in den Blick geraten, wie sie Henri Nouwen herausgearbeitet hat.[17] Demnach käme nicht nur das in den Blick, was bisher schon unter Einsamkeit gefasst wird, nämlich die loneliness. Zum einen würde der neutralere Zustand des aloneness, das Alleinsein, und zum anderen die solitude, das Mit-sich-selbst-allein-Sein im positiven Sinn besser wahrnehmbar werden.

[17] Nouwen, Henri, *Gottes Clown sein. Spiritualität und Dienst*, Freiburg i.B. 2014, 27.

Einsamkeit begegnen durch soziale Teilhabe

Johannes Eurich und Stefanie Wiloth

Einsamkeit kann als Vulnerabilität verstanden werden, die sozial bedingt auftritt und in emotionale, soziale und kollektive Einsamkeit unterteilt werden kann. Zur Reduktion von Einsamkeitserleben stellt sich die Frage, wie Teilhabe und Teilgabe von vulnerablen Menschen in ihrem Lebensumfeld gestärkt werden können. Um dies zu ermöglichen, ist die Initiierung bzw. Förderung von sozialen Netzwerken zum Aufbau von Gemeinschaften vonnöten, die jedoch für die Kommunen Herausforderungen mit sich bringen kann.

1. Zum Verständnis von Einsamkeit

1.1 Einsamkeit als sozial bedingte Vulnerabilität

Einsamkeit ist ein theoretisches Konstrukt, welches in ganz verschiedenen (Fach-)Disziplinen verwendet wird und – zwecks eines besseren gemeinsamen Verständnisses und eines stärkeren Problembewusstseins für diese Thematik – einer genauen Definition bedarf. Einsamkeit ist als »sozial bedingte Vulnerabilität«[1] beschrieben worden. Daher erscheint es sinnvoll, zunächst den Begriff der Vulnerabilität näher zu erläutern, um dann nach unterschiedlichen Facetten von Einsamkeit zu fragen. Unter Vulnerabilität bzw. Verletzlichkeit versteht man spezifische Merkmale eines Individuums, die es im Zusammenspiel mit seiner Lebenssituation und seiner Umwelt schwächt und die daher zu einer erschwerenden Bewältigung besonderer (kritischer) Lebensereignisse, Lebenskrisen, aber auch alltäglicher Herausforderungen führen und somit existenzielle Folgen für die Person hervorrufen können.[2] Verletzlichkeit meint daher nicht nur eine gewisse Anfälligkeit für bestimmte körperliche Erkrankungen oder psychische Störungen, sondern vor allem eine Schutzlosigkeit gegenüber be-

---

1 Kruse 2017, 221.

2 Vgl. ebd., 169 ff.

stimmten Stressoren, das Hervortreten besonderer Schwächen und die verringerte Fähigkeit zur Abwehr oder Kompensation dieser Schwächen.[3] Verletzlichkeit bezieht sich daher keineswegs ausschließlich auf körperliche oder psychische, sondern auch auf soziale Prozesse. Vulnerabilität ist daher nicht nur durch körperliche, kognitive oder psychische, sondern auch durch sozio-emotionale Merkmale gekennzeichnet, wobei jene der objektiven und subjektiv erlebten Umwelt berücksichtigt werden müssen. Nun kann laut Kruse[4] die Abwehr oder Kompensation von kritischen Lebensereignissen, Konflikten, Verlusten und Belastungen auch dann erschwert sein bzw. ein Individuum kann auch dann geschwächt in die Bewältigung von Herausforderungen treten, wenn es sich einsam fühlt. Einsamkeit erscheint hier als das Gefühl der Verlassenheit und des Kontaktmangels, als subjektive Wahrnehmung eines Verlustes an Kontakten im sozialen Netzwerk mit Blick auf Größe, Qualität und Unterstützungsbedarf und als fehlendes Gefühl tiefer Verbundenheit mit der Umwelt und seinen Akteuren[5,6] und führt so zu einer sozial bedingten höheren Verletzlichkeit. Das subjektiv empfundene Einsamkeitsgefühl ist laut Mayer[7] dabei nicht abhängig von der tatsächlichen Quantität und Qualität bestehender Kontakte, was das Beispiel der Depression verdeutlicht: So kann sich ein Individuum, welches an einer Depression leidet, trotz eines großen sozialen Netzwerks und intensiver sozialer Beziehungen sehr einsam fühlen. Dies kennzeichnet die »emotionale Einsamkeit«[8]. Ist eine Person tatsächlich von ihren Familienangehören oder engen Bekannten und Freunden z.B. aufgrund eines weiter entfernten Wohnortes getrennt, spricht Mayer von »sozialer Einsamkeit«[9]. Einsamkeitserleben kann aber auch aus dem unerfüllten Bedürfnis nach sozialer Eingebundenheit und Teilhabe an der Gesellschaft entstehen. Gründe können u.a. mangelnde externale Ressourcen wie z.B. unzureichende Unterstützungsstrukturen darstellen. Mayer bezeichnet diese Form von Einsamkeit als »kollektive Einsamkeit«[10]. Soziale Isolation kann demnach das Risiko für Einsamkeit erhöhen bzw. Einsamkeit kann aus sozialer Isolation erwachsen.

---

3 Vgl. ebd., 4.

4 Kruse 2017.

5 Vgl. Tesch-Römer et al. 2013, 237.

6 Vgl. Kruse 2017, 222 ff.

7 Mayer 2020.

8 Ebd. 23.

9 Ebd.

10 Ebd.

1.2 Einsamkeit als Gefahr für besonders vulnerable Menschen

Kruse weist darauf hin, dass sich - besonders im Alter - durch soziale Isolation und Einsamkeit stärkere Gefühle der Bedrohung und der Hilflosigkeit einstellen können. Diese können wiederum dazu führen, dass sich einsam fühlende Menschen vergleichsweise weniger Unterstützung suchen, um bestehende Krisen oder Herausforderungen zu bewältigen.[11] Ältere Menschen, die unter dem Gefühl von Einsamkeit leiden, weisen aufgrund der damit hervorgehobenen erschwerten Resilienzprozesse eine bis zu 50 % höhere Mortalität auf.[12] Pantel macht zudem deutlich, dass dadurch Apathie, Depressionen, Angst- bzw. Anpassungsstörungen sowie Alkoholabhängigkeit entstehen können und das Suizidrisiko deutlich ansteigen kann.[13]

Andererseits weisen mehrere wissenschaftliche Erhebungen darauf hin, dass man nicht generell von einer wachsenden Einsamkeit unter alten Menschen sprechen sollte,[14] sondern auf spezifische, besonders vulnerable Personengruppen geachtet werden muss, bei denen nicht nur der emotionalen, sondern auch der sozialen und kollektiven Einsamkeit eine große Bedeutung zukommt. Dazu können ältere Menschen zählen, insbesondere wenn die mit zunehmendem Alter hervortretenden chronischen Erkrankungen, Multimorbidität, Immobilität und/oder ungünstige Umweltbedingungen die Entstehung von sozialer Isolation und somit auch von Einsamkeit befördern.[15] Dazu gehören ebenso auch Menschen anderer Personengruppen, die durch ein geringes Einkommen, durch erhebliche funktionelle Beeinträchtigungen oder durch das Leben in einem Einpersonenhaushalt unter Einsamkeit leiden können. Einsamkeit unter Menschen mit Migrationshintergrund ist ein weiteres, kaum erforschtes Feld. Insbesondere die Corona Pandemie hat nun durch eine deutliche Reduktion sozialer Kontakte und fehlender Unterstützungsmöglichkeiten weitreichende Folgen für den Alltag unterschiedlicher Menschen hervorgebracht, z. B. für Familienmitglieder, die einen an Demenz erkrankten Angehörigen pflegen, begleiten und/oder betreuen. Die hervorgerufene soziale Isolation führt unweigerlich zur erlebten (kollektiven und sozialen) Einsamkeit.[16]

---

11 Vgl. Kruse 2017, 223.

12 Vgl. ebd., 225.

13 Pantel 2021.

14 Vgl. Mund et al. 2019. Vgl. zudem Gerstorf et al. 2015.

15 Vgl. Pantel 2021, 6 ff.

16 Vgl. beispielsweise Geyer et al. 2020, 192.

1.3 Einsamkeit als mangelnde Qualität sozialer Beziehungen

Einsamkeit darf nicht als ein unveränderbarer Zustand verstanden werden, dessen Häufigkeit nicht selten überschätzt wird.[17] Einsamkeit sollte vielmehr in ihrer qualitativen Dimension als komplexes, prozesshaftes Phänomen im Sinne sozial bedingter Vulnerabilität betrachtet werden, die einen hemmenden Einfluss auf die für den Erhalt der Lebensqualität notwendigen, (re-)stabilisierenden Resilienzprozesse[18] von Individuen hat und gravierende Folgen nach sich ziehen kann. Betroffene sind im Falle gefühlter Einsamkeit insofern (sozial) verletzlich, als sie bei zusätzlich auftretenden Verlusten und Belastungen nicht (mehr) in der Lage sind, diese zu bewältigen oder zu kompensieren und dadurch eine besondere Anfälligkeit für psychische Störungen und Suizidalität entwickeln und im Alter ein drastisch erhöhtes Sterberisiko aufweisen können. Insbesondere das Phänomen der kollektiven Einsamkeit, d. h. der Einsamkeit als Folge sozialer Isolation, macht deutlich, welche Rolle den zwischenmenschlichen, sozialen Beziehungen zukommt: soziale Beziehungen stellen zentrale emotionale und funktionale Ressourcen zur Bewältigung alltäglicher und spezifischer Herausforderungen dar und dienen zur Aufrechterhaltung des subjektiven Wohlbefindens. Soziale Beziehungen sind demnach für die eigene Selbstregulation nützlich und unterstützen Anpassungsprozesse spezifischer Verhaltensweisen, Einstellungen und Lebensstile an veränderte Situationen beispielsweise im Falle einer Verlusterfahrung. Demnach prägen soziale Beziehungen nicht nur unser Denken und Fühlen, sondern auch unser Handeln.[19] Nichtsdestotrotz muss an dieser Stelle darauf hingewiesen werden, dass soziale Beziehungen nicht automatisch eine positive Wirksamkeit auf das subjektive Wohlbefinden hervorrufen können, sondern dass die Qualität der sozialen Beziehung einen ausschlaggebenden Faktor darstellt. So weisen Kruse und Wahl darauf hin, dass insbesondere ein höheres Ausmaß wahrgenommener Nähe in sozialen Beziehungen zum subjektiven Wohlbefinden beiträgt.[20] Crohan und Antonucci heben hervor, dass zudem ein gewisser Grad an Reziprozität, das heißt ein Gleichgewicht von Geben und Nehmen, für eine positive Wirkung sozialer Beziehungen verantwortlich ist, da diese das Risiko für zwischenmenschliche Konflikte verringert.[21] Im Blick auf ältere Menschen konnte schon die Berliner Altersstudie[22] zeigen, dass auch ältere Menschen nicht nur von Unterstützung aus sozialen Beziehungen profitieren, sondern selbst auch durchaus in der Lage sind, soziale Unterstützung für andere

17 Vgl. Kruse 2017, 226 ff.
18 Vgl. Wiloth/Kramer 2021, 335.
19 Vgl. Mayer 2020, 22.
20 Kruse/Wahl 1999.
21 Crohan/Antonucci 1989.
22 Vgl. Lindenberger et al. 2010.

zu erbringen.[23] Daraus lässt sich schlussfolgern, dass eine notwendige Einsamkeitsprävention neben Interventionsstrategien wie etwa einem Training sozialer Fähigkeiten oder einer durch kognitive Verhaltenstherapie oder psychologisches Reframing herbeigeführten Veränderung sozial-kognitiver Überzeugungen[24] eines verlässlichen, auf Reziprozität beruhenden, sozialen Unterstützungsangebots für (ältere) Menschen bedarf, welches vor allem auf die Förderung sozialer Integration und Teilhabe ausgerichtet ist.

2. Teilhabe und Teilgabe als Prozesse sozialer Zugehörigkeit

Vor diesem Hintergrund stellt sich auch die Frage, welche strukturellen Rahmenbedingungen die Teilhabe und Teilgabe von Menschen in ihrem Lebensumfeld stärken können. Über das Eingebundensein in Gemeinschaften können soziale Isolation verringert und Folgeprobleme vermieden werden. Dazu sollen zunächst Teilhabe und Teilgabe kurz beschrieben werden: Teilhabe kann in diesem Sinn als »Eröffnung eines elementaren Anspruchs auf einen angemessenen Anteil ›an den Lebensmöglichkeiten der Gesellschaft‹« näher beschrieben werden.[25] Aufschlussreich ist, dass Teilhabe auch als soziales Menschenrecht anerkannt wurde, und zwar als das Recht auf Teilhabe am sozialen und kulturellen Leben einer Gemeinschaft.[26] Trotzdem ist es auch in der Folgezeit zu mannigfachen Ausschlüssen bestimmter Personenkreise vom gesellschaftlichen Leben gekommen. Neben der rechtlichen Ebene, die den Anspruch auf Teilhabe eben rechtlich verbürgt und damit – z.B. im Fall von Diskriminierung – einklagbar macht, ist die Ebene der sozialen Anerkennung für Teilhabeprozesse wesentlich. Dies wird mit dem Begriff der Teilgabe adressiert: bei Teilgabe geht es um die aktive Mitwirkung bzw. die Aktivierung der Fähigkeiten der Menschen, weil nicht nur die Möglichkeit zur formalen Teilhabe, sondern auch die Teilgabe, also das aktive Dazugehören und Einbezogen-Sein in relevante soziale Aktivitäten, zentral ist.[27] Teilgabe zeigt somit eine bestimmte Qualität von Teilhabe an, die durch soziale Wertschätzung für das, was ein Mensch in eine Gemeinschaft einbringt, gekennzeichnet ist. Durch solche Prozesse der Teilgabe bildet sich

23 Siehe auch Kruse/Wahl 1999, 337.

24 Vgl. beispielsweise Mayer 2020, 24.

25 Vgl. Jähnichen 2016, 438.

26 Vgl. Art. 27 Abs. 1 Eingang in die Allgemeine Erklärung der Menschenrechte von 1948: »Jeder hat das Recht, am kulturellen Leben der Gemeinschaft frei teilzunehmen, sich an den Künsten zu erfreuen und am wissenschaftlichen Fortschritt und dessen Errungenschaften teilzuhaben.«

27 Vgl. Eurich 2020, 28f.

eine Community im Sinne einer Zugehörigkeit, welche eine wesentliche Barriere gegen Einsamkeit darstellt, weil hier ein reziprokes Miteinander, das von Respekt und gegenseitiger Achtung geprägt ist, als Ressource im Sinne eines tragenden sozialen Netzes vorhanden ist. Daher ist insbesondere die mangelnde Qualität sozialer Beziehungen ein wesentlicher Aspekt im Blick auf die Entstehung sozialer Einsamkeit.

3. Voraussetzungen für Teilhabeprozesse am Beispiel alter Menschen

Zur Vermeidung von Einsamkeitsphänomenen ist es notwendig, insbesondere für Menschen in spezifisch vulnerablen Kontexten öffentliche Räume (neu) zu gestalten bzw. ihnen die Möglichkeit zu geben, am öffentlichen Leben selbstbestimmt teilzuhaben. Dabei sollte das Ziel sein, diese Menschen durch innovative Gestaltungsmöglichkeiten des öffentlichen Raums zu ermutigen und zu motivieren, selbst initiativ zu werden, und sie darin zu unterstützen, sich als Teilhabende und aktive Mitgestaltende einer Gesellschaft des langen Lebens zu verstehen. Hierfür ist die Initiierung und/oder Förderung sozialer Netzwerke in Form von Sorgestrukturen zur Ausgestaltung sorgender Gemeinschaften[28] essentiell.

3.1 Der Aufbau von sozialen Netzwerken im Wohnquartier

Insbesondere der wachsende Anteil älterer Menschen an der städtischen Bevölkerung trägt dazu bei, dass gegenwärtig die Förderung des Ausbaus einer sozialen Versorgungs-Infrastruktur innerhalb von urbanen Quartieren an Relevanz gewinnt.[29] Sorgestrukturen sollten Möglichkeiten für ein gegenseitiges, selbstorganisiertes Sorgetragen im Quartier eröffnen, wobei hier zwischen instrumenteller (z. B. in Form von Dienstleistungen), emotionaler (z. B. Trösten und Zuhören) und informeller Sorge (z. B. Beraten und Informieren) zu differenzieren ist.[30] Eine zentrale Grundlage für den zwischenmenschlichen Austausch bilden tragfähige nachbarschaftliche Beziehungen und die häufig damit einhergehende Bindung zu und Identifikation mit einem Quartier, was soziale Teilhabe erleichtert und Zugänge zu informellen Unterstützungsnetzwerken eröffnet.[31] Gerade für ältere, von Einsamkeit bedrohte Menschen stellt die Möglichkeit zur

28 Vgl. Deutscher Bundestag 2016.
29 Vgl. Wiloth/Eurich 2017, 37.
30 Vgl. ebd., 37.
31 Vgl. ebd., 37.

Mitsprache und aktiven Mitwirkung einen wesentlichen Aspekt für den Aufbau von Sorgestrukturen dar.[32] Will man Voraussetzungen für die soziale Teilhabe älterer Menschen in einem Quartier schaffen oder ausbauen, müssen sowohl Aspekte der Barrierefreiheit, Fußläufigkeit, eine gut ausgebaute Verkehrsinfrastruktur, eine gesundheitsbezogene Versorgungsinfrastruktur mit Apotheke und Ärzten als auch Strukturen der Begegnung und Kommunikation, z.B. der Integration der Menschen in soziale Netzwerke und die Stärkung lebendiger Nachbarschaften,[33] beachtet werden. Der Aufbau nachbarschaftlicher Beziehungen und die Aufrechterhaltung von Unterstützungsnetzwerken hängt jedoch auch von den vorhandenen Begegnungs- und Zielorten ab. Wichtige Voraussetzungen aktiver, lebendiger Nachbarschaften stellen öffentlich zugängliche Plätze dar, die vor allem Raum für ungezwungene Begegnungen und Austausch bieten, da sich hier automatisch soziale Vernetzungsprozesse in Gang setzen können.[34]

3.2 Kommunale Herausforderungen

Die Herausforderung für Kommunen oder Stadtquartiere besteht darin, soziale Vernetzungsprozesse zur Förderung der Selbst- und vor allem Mitverantwortung älterer Menschen zu initiieren, weil diese den Dreh- und Angelpunkt sorgender Gemeinschaften bilden, wobei dem Wohnumfeld und der Nachbarschaft zur Vermeidung sozialer Isolation und Einsamkeit, insbesondere älterer Menschen, eine große Bedeutung zukommt. Angesichts des demographischen Wandels stehen Kommunen schon heute in der Verantwortung, innovative Unterstützungs- und Versorgungsstrukturen anzustoßen und zu entwickeln. Dem steht jedoch häufig ein Mangel an grundlegenden Rahmenbedingungen und eine fehlende Bereitschaft, sich auf die Etablierung und Verstetigung sorgender Gemeinschaften einzulassen, entgegen.[35] So können nach dem Community Readiness-Modell[36] auch ein fehlendes Problembewusstsein etwa hinsichtlich der Thematik Einsamkeit im Alter, eine zu gering ausgeprägte Sensibilität gegenüber diesem Thema und/oder unzureichendes Wissen etwa über die Akzeptanz und Wirksamkeit von Sorgestrukturen und lebendigen Nachbarschaften dazu beitragen, dass Prozesse einer zielgerichteten Aushandlung und Ausgestaltung bedarfsgerechter, erfolgsversprechender und innovativer Leistungen der Daseinsvorsorge auf lokaler Ebene gebremst oder nur zögerlich angestoßen werden. Vor diesem Hintergrund stellt sich die Frage, wie es gelingen kann, dass sich eine

---

32 Vgl. ebd., 37.

33 Vgl. Wiloth/Eurich 2017, 37.

34 Vgl. ebd., 36.

35 Vgl. Wiloth et al. 2020.

36 Vgl. Prochaska/DiClemente 1992.

bloße Bereitschaft, sich mit der Herausforderung sozialer Isolation und Einsamkeit zu befassen, dahingehend wandelt, angedachte Maßnahmen zu realisieren und bedarfsgerechte Unterstützungsangebote zu initiieren bzw. konkret zu planen, um Innovationsprozesse mit Blick auf die Ausgestaltung kommunaler Daseinsvorsorge zu beschleunigen.

4. Ausblick

Für die Förderung kommunaler Handlungsbereitschaft zur Neubewertung und/oder Weiterentwicklung von Unterstützungsformen für von Einsamkeit bedrohte (ältere) Menschen respektive der Leistungskraft und der Qualität der Versorgungsstrukturen einer Kommune bedarf es der Stärkung einer innovationsfreundlichen Lernkultur, die vor allem auf dem Erfolg der Einbindung der Betroffenen gründet, und zwar in der Hinsicht, dass ihre Lebenssituation, Anliegen und Bedürfnisse sowie ihr subjektives Erleben im Umgang mit unterstützenden Angeboten und Dienstleistungen in der Mitte der Kommune platziert werden. Bereits der Siebte Altersbericht der Bundesregierung[37] hebt deutlich hervor, das nicht nur der intensive Austausch zwischen politischen Entscheidungsträgern/-trägerinnen, Verbänden, privaten Anbietern/Anbieterinnen, Institutionen und Vereinen, sondern auch und vor allem der Dialog mit der Bürgerschaft innerhalb der Kommune dazu beitragen kann, etwas Neues zu lernen, soziale Probleme zu lösen, die Gesundheits- und Sozialpolitik gemeinsam (neu) zu gestalten und Prioritäten für die Bereitstellung unterstützender Ressourcen zu setzen, da man sich stärker an den Perspektiven und Bedürfnissen der Bürger*innen orientieren und gezielt auf diese eingehen kann. Dies impliziert, dass Kommunen Menschen mit besonderem Unterstützungsbedarf eine Stimme geben müssen, dass sie sich aber auch bereit erklären müssen, sich mit diesen in einen intensiveren, kommunikativen Austausch zu begeben – dies gilt vor allem für die politischen Entscheidungsträger*innen.

Literatur

Crohan, Susan E/Antonucci, Toni C, *Friends as a source of social support in old age,* in: Adams, Rebecca G./Bliezner, Rosemary (Hg.) Older adult friendship. Sage, Newbury Park, 1989, 129–146.

Deutscher Bundestag. Siebter Bericht zur Lage der älteren Generation in der Bundesrepublik Deutschland. *Sorge und Mitverantwortung in der Kommune – Aufbau und Sicherung zukunftsfähiger Gemeinschaften,* Berlin 2016.

---

37 Vgl. Deutscher Bundestag 2016.

Eurich, Johannes, *Teilhabe sozialethisch betrachtet*, in: Brunn, Frank Martin/Keller, Sonja (Hg.), *Teilhabe und Zusammenhalt. Potentiale von Religion im öffentlichen Raum.* Evangelische Verlagsanstalt, Leipzig 2020, 19–33.

Gerstorf, Dennis/Hülür, Gizem/Drewelies, Johanna/Eibich, Peter/Duezel, Sandra/Demuth, Ilja/Ghisletta, Paolo/Steinhagen-Thiessen, Elisabeth/Wagner, Gert G./Lindenberger, Ulman, *Secular changes in late-life cognition and well-being: Towards a long bright future with a short brisk ending?*, Psychology and Aging 30 (2015), 301–310.

Geyer, Jennifer/Böhm, Fabiola/Müller, Julia/Friedrichs, Juliane/Klatt, Thomas/Schiller, Christine/Kißlinger, Viktoria/Meyer, Gabriele/Heinrich, Stephanie, *Die Lebenssituation von Menschen mit Demenz und pflegenden Angehörigen während der Coronavirus-Pandemie – Eine qualitative Studie,* in: Pflege 33 (4) (2020), 189–197.

Jähnichen, Traugott, *Art. Teilhabe*, in: Diakonielexikon 2016, Göttingen, 438–440.

Kruse, Andreas/Wahl, Hans-Werner, *Soziale Beziehungen*, in: Zeitschrift für Gerontologie und Geriatrie, 32 (1999), 333–347.

Kruse, Andreas, *Lebensphase hohes Alter: Verletzlichkeit und Reife.* Springer, Heidelberg 2017.

Lindenberger, Ulman/Smith, Jacqui/Mayer, Karl Ulrich/Baltes, Paul B., *Die Berliner Altersstudie*, erweiterte Auflage, Berlin 2010.

Mayer, Michael, *Pflegephänomen Einsamkeit – Dem schmerzhaften Gefühl des Alleinseins etwas entgegensetzen*, in: Pflege Zeitschrift 73/9 (2020), 22–24.

Mund, Marcus/Freuding, Maren M./Möbius, Kathrin/Horn, Nicole/Neyer, Franz J., *The stability and change of loneliness across the life span: A meta-analysis of longitudinal studies. Personality and Social Psychology Review*, 2019, doi:10.1177/108886831985 0738 (Onlinepublikation).

Pantel, Johannes, *Gesundheitliche Risiken von Einsamkeit und sozialer Isolation im Alter*, in: Geriatrie-Report 16 (1) (2021), 6–8.

Prochaska, James O./DiClemente, Carlo C., *Stages of change in the modification of problem behaviors*, in: Program Behavior Modification 28 (1992), 183–218.

Tesch-Römer, Clemens/Wiest, Maja/Wurm, Susanne/Huxhold, Oliver, *Einsamkeitstrends in der zweiten Lebenshälfte Befunde aus dem Deutschen Alterssurvey (DEAS)*, in: Zeitschrift für Gerontologie und Geriatrie 3 (2013), 237–241.

Wiloth, Stefanie/Kramer, Birgit, *Pflegenden Angehörigen von Menschen mit Demenz eine Stimme geben: Wie in familiären Pflegearrangements die Selbstsorge Pflegender gestärkt werden kann.* in: Zimmermann, Harm-Peer/Peng-Keller, Simon (Hg.), Selbstsorge bei Demenz. Campus, Frankfurt/New York (2021), 329–356.

Wiloth, Stefanie/Kramer, Birgit/Kiefer, Anna/Wittek, Maren/Böttner, Stephanie/Fraas, Claudia/Kruse, Andreas, *Die Methode der »Rathausgespräche«: ein Studienprotokoll.* in: Zeitschrift für Gerontologie und Geriatrie, 3 (2020), https://doi.org/10.1007/s00391-020-01788-1 (Abruf 28.11.2021).

Wiloth, Stefanie/Eurich, Johannes, *Auf dem Weg zu Sorgestrukturen für ältere Menschen in der Bahnstadt Heidelberg – eine explorative Studie zur Erfassung zentraler Rahmenbedingungen.* in: Basten, L./Ermann, U./Hof, A. et al. (Hrsg.), Reallabore als Forschungsformat nachhaltiger Stadtentwicklung, Band 91, Heft 1 der Reihe Berichte. Geographie und Landeskunde, Leipzig: Selbstverlag Deutsche Akademie für Landeskunde e.V., (2017), 35–47.

Wolter, Birgit, *Mobilität und Immobilität in der alternden Gesellschaft*, in: Scheiner, Joachim/Blotevogel, Hans-Heinrich/Frank, Sonja/HolzRau, Christian/Schuster, Nina (Hg.), *Mobilitäten und Immobilitäten. Menschen - Ideen - Dinge - Kulturen - Kapital.* Essen 2013, 195 - 206.

Zur Sprache der Einsamkeit – Oder: Muss Einsamkeit tatsächlich »bekämpft« werden?

Johann Hinrich Claussen

Man soll Krisen nicht vorschnell zu Chancen ummünzen. Dennoch, es ist eine gute Gelegenheit, dass gegenwärtig mehr und offener über Einsamkeit gesprochen wird, endlich. Die Schamschwellen sind außer Kraft gesetzt, denn zu viele Menschen haben in den vergangenen zwei Jahren die Erfahrung gemacht, lange, zu lange isoliert zu sein. Doch auch hier ist nicht die Quantität, sondern die Qualität entscheidend. Wie reden wir über Einsamkeit? Welche Sprache benutzen wir dafür? Wie sollten wir sprechen?

***

Wer über Einsamkeit nachdenkt und mit anderen über sie spricht, sollte sich zu Beginn über die Wörter Klarheit verschaffen, die er dabei verwendet. Diese kleine Zusammenstellung mag ein Gefühl dafür vermitteln, wie weit und bunt das Wortfeld – im Deutschen, Niederländischen, Englischen, Französischen, Spanischen, Polnischen, Russischen, Chinesischen und Japanischen – ist.

> allein alleen alone seul solo sam **только** 独自 ひとりで
> einsam eenzame lonely solitaire solitario samotny **одинокий** 寂寞 寂しい
> selbstgenügsam zelfvoorzienend self-sufficient autosuffisant, samowystarczalny **самодостаточный** 自给自足 自給自足
> zurückgezogen ingetrokken withdrawn retirée retirado wycofany **отозванный** 撤回 ひきこもり
> ausgeschlossen uitgesloten excluded exclus excluido wykluczony **исключённый** 除外 除かれた
> abgeschnitten afgesneden cut off coupé cortado odcięty **отрезаться** 截断 截ち切
> abgeschrieben afgeschreven written off radié cancelado odpisany **списанный** 注销 帳消し
> isoliert alleenstaand isolated isolé aislado wyizolowany **изолированный** 孤立 孤
> abgeschieden afgelegen secluded isolé aislado ustronny **уединённый** 僻静 幽邃
> ungebunden ongebonden unbound non consolidé sin consolidar bez ograniczeń

свободный 无束缚 束縛のない
losgelöst vrijstaand detached détaché separado odłączony выделенный сайт 独立
飄々 frei vrijgesteld free libre libre wyłączony освобождённый 豁免 自由

***

Schaut man aber auf jüngere Medienberichte, wird einem auffallen, dass über »Einsamkeit« vor allem wie über eine Krankheit gesprochen wird, vor der man Angst haben muss, für die es schnellstmöglich eine Heilmethode geben sollte. Es ist eine gefährliche Mode geworden, dass Einsamkeit regelmäßig als »Volkskrankheit des 21. Jahrhunderts«, als neue »Epidemie« oder gar als »Lepra des 21. Jahrhunderts« bezeichnet wird. Handelt es sich hier also um eine weitere ansteckende Krankheit, die man am besten mit scharfen Quarantäne-Maßnahmen eindämmt? Oder gegen die nur eine Impfung hilft? Natürlich ist es sinnvoll, die gesundheitlichen Folgen langjähriger Isolierung in den Blick zu nehmen. Doch wer solche Formulierungen gebraucht, sollte sich dringend fragen, ob dadurch nicht die von Einsamkeit betroffenen Menschen krank-geschrieben und sprachlich ausgegrenzt werden.

Eine andere Sprachbeobachtung kann man bei politischen Einlassungen zum Thema machen. Hier erscheint Einsamkeit als sozialtechnisches Problem, gegen das man eines der üblichen »Maßnahmenpakete« zusammenstellen müsste. Unrühmliches und zum Glück in Deutschland noch unerreichtes Vorbild hierfür ist das lächerliche »Einsamkeitsministerium« in England: die Schein-Beauftragung einer untergeordneten Staatssekretärin ohne ausreichende Macht, genügend Personal, Geld und Kompetenz, dafür mit viel Medien-Tamtam. Hat man dies durchschaut, schlägt einem das Herz nicht eben höher, wenn man von hiesigen Politikern die Forderung nach einem »Einsamkeitsbeauftragten der Bundesregierung« vernimmt. Es scheint hier vor allem darum zu gehen, »ein Thema zu besetzen« – wobei der unüberhörbare militärische Zungenschlag sich selbst entlarvt.

Ebenso erwartbar wie abschreckend ist der technokratische Jargon, der Engagement vortäuschen soll, aber unfreiwillig Phantasielosigkeit offenbart. So wollen einige neue »Maßnahmen, Strategien und Konzepte im Kampf gegen die Einsamkeit« entwerfen, andere fordern einen »nationalen Aktionsplan«, mit dem Einsamkeit – ja, tatsächlich »bekämpft« werden soll. Das Aggressive wird zwar sogleich von sozialtechnokratischen Einlassungen überlagert, schimmert aber immer durch. So ist von Einsamkeit als einem »Querschnittsthema« die Rede, für das es einen »zentralen Ansprechpartner« braucht, der »die Umsetzung einer Regierungsstrategie über die Ressorts und Ebenen hinweg koordinieren« soll. Was dann an Forderungen folgt, ist der übliche Aufbau von Overhead: mehr »Forschung« soll es geben, damit die »Maßnahmen datenbasiert sind und zielgerichtet auf lokale Bedarfe antworten«, zudem soll eine dieser unvermeidlichen

Medienkampagnen zur »Bewusstseinsbildung« gestartet werden und es sollen, na klar, »Vernetzungen« in Gang gesetzt werden. In all dem gehe es um »das Schaffen von Teilhabemöglichkeiten und die Etablierung neuer Zugangswege zu besonders gefährdeten Gruppen«. Wem das wohl etwas nutzen soll – den Betroffenen oder einer neugeschaffenen Expertenkaste? Und wegen so etwas verstieg sich die damalige englische Premierministerin Theresa May 2018 zu der Aussage, ihr »Einsamkeitsministerium« werde »die Mission zur Beendigung von Einsamkeit in unserem Leben« erfüllen. Um sie ist es allerdings seither sehr einsam geworden.

* * *

Angesichts dieser offenkundigen Sprachnot ist es sinnvoll, sich von aktuellen öffentlichen Debatten zu lösen und in der Literatur nach Worten zu suchen, die einem den Blick, das Herz und den Sinn öffnen. Da gibt es viel zu entdecken.

Einer der eindrucksvollsten Texte stammt von Georg Büchner, aus seinem Dramenfragment »Woyzeck« (1836). Er schlägt einen märchenhaften, finster-romantischen Ton an:

> »Es war einmal ein arm Kind und hat kein Vater und kei Mutter, war Alles tot und war Niemand mehr auf der Welt. Alles tot, und es ist hingangen und hat gerrt Tag und Nacht. Und wie auf der Erd Niemand mehr war, wollt's in Himmel gehn, und der Mond guckt es so freundlich an und wie's endlich zum Mond kam, war's ein Stück faul Holz und da ist es zur Sonn gangen und wie's zur Sonn kam, war's ein verwelkt Sonneblum und wie's zu den Sterne kam, warn's klei golde Mücke, die warn angesteckt wie der Neuntöter sie auf die Schlehe steckt, und wie's wieder auf die Erd wollt, war die Erd ein umgestürzter Hafen und war ganz allein und da hat sich's hingesetzt und gerrt und da sitzt' es noch und ist ganz allein.«

»Mutterseelenallein« ist eines der tiefsten und traurigsten Wörter deutscher Sprache. Aber es hilft, eine Ahnung dafür zu gewinnen, dass Einsamkeit zum Menschsein dazu gehört, dass das menschliche Leben von Momenten des Alleinseins durchzogen ist, ohne diese wahrscheinlich gar nicht zu denken ist. Es misst die Traurigkeit aus, die dabei die Seele trifft und erfüllt. Diesen Schmerz, der wie »ein Riß in der Schöpfung von oben bis unten« geht (Büchner), gilt es vor allem anderen zu sehen, davon zu hören, ihn zumindest ein wenig nachzuempfinden.

Der Schweizer Dichter Dominik Müller schließt bewusst oder unbewusst an Büchner an, wenn er schreibt:

Es geht des Menschen Seele
Dahin in Einsamkeit
Und bleibt, wie sie sich quäle,
Doch einsam allezeit
Dass eins aus zweien werde,
ist ewig nur ein Traum,
Einsam schweift auch die Erde
Im weiten Weltenraum
Und einsam sind die Sterne,
Und Gott ist ganz allein,
Drum Menschenkind, o lerne,
Bei Zeiten einsam sein

***

Wer solche Zeilen liest, ist davor gefeit, sich von problematischen Poetisierungen der Einsamkeit den Kopf verdrehen zu lassen. Das gibt es ja auch: eine befremdliche Feier des Alleinseins, die mit der Selbststilisierung des Dichters und einer gewissen Massenverachtung einhergeht. Ein unschönes, weil allzu hohepriesterliches Beispiel dafür bietet Rainer Maria Rilke:

Du meine heilige Einsamkeit,
du bist so reich und rein und weit
wie ein erwachender Garten.
Meine heilige Einsamkeit du –
halte die goldenen Türen zu,
vor denen die Wünsche warten.

Und Gottfried Benn verbindet dies mit einem ziemlich ungnädigen Blick auf die vermeintlich oberflächlichen Mitmenschen, die doch nur ihre unschuldige Freude an der Gemeinschaft haben.

Einsamer nie als im August:
Erfüllungsstunde – im Gelände
die roten und die goldenen Brände,
doch wo ist deiner Gärten Lust?

Die Seen hell, die Himmel weich,
die Äcker rein und glänzen leise,
doch wo sind Sieg und Siegsbeweise
aus dem von dir vertretenen Reich?

Wo alles sich durch Glück beweist
und tauscht den Blick und tauscht die Ringe
im Weingeruch, im Rausch der Dinge –:
dienst du dem Gegenglück, dem Geist.

* * *

Natürlich aber gibt es eine Einsamkeit, die im guten Sinne zum Leben selbst gehört. »Ich selbst sein, heißt einsam sein.« So formulierte es der Philosoph Karl Jaspers. Oder, weniger abstrakt, die US-amerikanische Schriftstellerin Toni Morrison:

> »Es gibt eine Einsamkeit, die kann man hin- und herschaukeln. Die Arme gekreuzt, die Knie hochgezogen, halten, festhalten, dann diese Bewegung, anders als die eines Schiffes, sie besänftigt und birgt den, der schaukelt. Es ist eine innere Art von Bewegung – eng umhüllt wie eine Haut. Dann ist da noch die Einsamkeit, die umherschweift. Kein Schaukeln kann sie niederhalten. Sie ist lebendig. Aus sich selbst heraus. Ein trockenes und sich ausbreitendes Ding, das bewirkt, dass das Geräusch der eigenen Füße, wenn sie gehen, sich anhört, als käme es von einem weit entfernten Ort.«

Doch diese schaukelnde Lebendigkeit hat immer auch diese andere, dunkle, beängstigende, giftige Seite: »Einsamkeit kann zu einer Säure werden, die sich in dich hineinfrisst« (Haruki Murakami). Beides zusammen ergibt ein Rätsel, mit dem man zwar weite Strecken seines Lebens gut umgehen kann. Manchmal aber überfällt es einen, und man steht ihm wehrlos gegenüber, weil man erkennt: »Wir leben, wie wir träumen – allein« (Joseph Conrad). Von diesem unauflösbaren Lebensgeheimnis spricht mein liebstes Einsamkeitsgedicht deutscher Sprache. Verfasst hat es Dieter Leisegang. Seitdem er 1973 mit nur dreißig Jahren freiwillig aus dem Leben geschieden ist, kennt ihn kaum jemand mehr. Aber diese Verse sind es wert, lange im Gedächtnis nachzuhallen.

Einsam ist ja noch zu leben
Hier ein Ich und dort die andern
Kann durch die Alleen wandern
Und auf Aussichtstürmen schweben

Einsam ist noch nicht allein
Hat noch Augen, Ohren, Hände
Und das Spiel der Gegenstände:
Und die Trauer, da zu sein

Doch allein ist alles ein
Ist nicht da, nicht dort, nicht eben
Kann nicht nehmen oder geben
Leergelebt und allgemein

***

Zum Schluss mein liebster Gesangbuchvers, der auf überraschende Weise »Einsamkeit« und »Sprache« miteinander verbindet. Er stammt aus dem Choral »Ein Lämmlein geht und trägt die Schuld«. Heute wird es nur noch selten gesungen, weil die barocke Passionstheologie und -frömmigkeit den meisten schwer über die Lippen kommt. An seinem Ende aber besingt es auf das Anrührendste die innige Nähe, die das Lämmlein, Jesus Christus, mit der gläubigen Seele verbindet:

> »Im Streite soll es sein mein Schutz, / in Traurigkeit mein Lachen, / in Fröhlichkeit mein Saitenspiel, / im Durst soll's sein mein Wasserquell«.

Und dann:

> »in Einsamkeit mein Sprachgesell«.

Literatur

Claussen, Johann-Hinrich/Lilie, Ulrich, *Für sich sein. Ein Atlas der Einsamkeiten*, München 2021.

Weil wir einander brauchen

Wie die Technik uns einsam macht – und dann am Ende wieder neu zusammenbringt

Erik Händeler

Der Strukturwandel ist schuld. Jede neue Technik ermöglichte dem einzelnen noch mehr Freiheit, sein Leben nach eigener Vorstellung zu gestalten. Bis er jetzt plötzlich merkt, dass er auf seinem Weg allein unterwegs ist. Doch die Welt wird besser: Nach 200 Jahren Industrialisierung haben uns Maschinen die materielle Arbeit weitgehend abgenommen; Computer/KI erledigen die strukturierte Wissensarbeit wie Robotersteuerung, Telefonvermittlung oder Datenanalyse. Was bleibt und an Arbeit wächst, ist die Arbeit am Menschen und Arbeit mit Wissen – zwischen Menschen. Die lehrt uns, uns selber und andere besser zu verstehen. Denn wir müssen gut genug zusammenarbeiten, wenn wir über verschiedene Fachkompetenzen und Interessen hinweg komplexe Probleme lösen wollen, die über den einzelnen hinausgehen. Wir sind noch nie so angewiesen gewesen auf das, was andere können oder wissen. Derselbe technische Wandel, der uns einsam gemacht hat, wird uns auch wieder zusammenführen.

Früher: Ein Mangel an Einsamkeit

Vor drei Generationen oder mehr gingen wir zusammen aufs Feld, haben dabei gemeinsam gesungen, gebetet, geschwitzt, geschimpft. Wir richteten uns nach dem Wetter, nach den Umständen, als Gemeinschaft – aber wehe, jemand scherte aus oder ordnete sich nicht unter. Wir waren auf die soziale Unterstützung der anderen angewiesen, und wer ausgestoßen war, der konnte kaum überleben. Das blieb am Land noch bis in die Nachkriegszeit so, während parallel dazu in den Städten schon längst das Industriezeitalter begonnen hatte. Der einzelne war dort Teil einer Maschine, in ihrem Takt waren alle Arbeiter gleich, wenig ausdifferenziert: Es gab ein paar Vorarbeiter, wenige Chefs, so wie beim Militär die Masse der Soldaten, der Unteroffiziere und Offiziere.

Der einzelne konnte es schwer haben, sich in der Gruppe zu behaupten, vor allem, wenn er schwächer war; doch in der Regel wurde er mitgezogen, wenn er ein paar vorgegebene Normen erfüllte. Aber einsam war er nicht, schon wegen der beengten Wohnverhältnisse: Arbeiterfamilien schliefen zusammen in einem Zimmer ihrer Zweiraumwohnung; auch die acht Kinder der Bauernfamilie um 1900 schliefen meist auf zwei Räume verteilt, dazu die Knechte in einem Zimmer und die Mägde im anderen. Der Anspruch an Privatsphäre war nicht hoch, erschien er doch unerreichbar. Freizeit gab es kaum, und wenn, dann wieder in der Gruppe: Chor, Arbeiter-Sportvereine, Kneipe. Wer eine Masse an Kindern oder an Menschen auf engem Raum organisieren muss, der ist auf Pünktlichkeit für alle angewiesen, auf Standardisierung und eine klare Ansage – niemand kann auf den einzelnen warten und seine speziellen Bedürfnisse aushandeln.

Die Leute waren trainiert, möglichst wenig an Ressourcen für sich zu beanspruchen, materiell wie an Aufmerksamkeit, um das Funktionieren des Ganzen nicht zu bremsen; sie sollten still sein und still sitzen und nur sprechen, wenn sie gefragt sind. Die Knappheit an Ressourcen gebar Gewalt, in Familien wie in der Gesellschaft. Für die von Arbeit und vielen Leuten umgebene Bäuerin war die Kirche der einzige Ort, wo sie mal abgeschieden für sich sein konnte.

Mietskasernen standen meist neben der Fabrik. Verkehrsmittel waren für die meisten unerschwinglich. Da konnte man dem Gewusel um einen herum nicht entkommen, um mal kurz allein in den Wald zu fahren. Wer flüssig genug lesen konnte, der konnte sich in ein Buch vertiefen und so in eine ferne Welt entfliehen. Die Einsamkeit auf Wanderschaft der Gesellen, bei der Auswanderung oder bei der Flucht vom Land in die Stadt konnte schnell überwunden werden. Die Menschen früher waren kaum einsam. Sie hatten einen Mangel an Einsamkeit, um mal in sich hineinzuhorchen, wer sie sind, wovon sie träumen, was ihnen gut tut, und was sie besonders gut machen könnten, wenn man sie denn ließe.

Die Vereinzelung ist eine Folge des technischen Fortschritts

Gesellschaften verändern sich. Nicht, weil sich das jemand so ausgedacht hat. Sondern weil die Umstände im realen Leben irgendwann erzwingen, beim Arbeiten etwas grundlegend anders zu machen. Als die englischen Unternehmer in den 1770ern mit Pferde- und Wasserkraft nicht mehr hinterherkamen, Bergwerke zu entwässern, Spinnräder anzutreiben oder den Blasebalg, der Luftsauerstoff in den Hochofen pumpt, da war der größte Mangel, mit dem sie zu kämpfen hatten, mechanische Energie. Deswegen baten die Unternehmer den wissenschaftlichen Mitarbeiter der Universität Edinburgh, James Watt, die schon vorhandene Dampfmaschine von Newcomern so zu verbessern, dass sie rentabel eingesetzt werden könnte – zwölf Jahre tüftelte Watt daran herum, bis sie gewinnbringend eingesetzt wurde. Als man mit einem weiteren Eselskarren über morastige Feldwege das Transportproblem nicht mehr in den Griff bekam, musste die Eisenbahn gebaut werden. Und als Zettel und Karteikästen nicht mehr ausreichten, um Wissen abzulegen und wieder abzurufen, musste der Computer vorangebracht und weiterentwickelt werden. Dort, wo im Arbeitsprozess etwas besonders knapp ist, dort entstand schon immer die Zukunft – so argumentierte der Ökonom Nikolai Kondratieff (1892–1938). Wer der Frage nachgeht, was heute der knappste Produktionsfaktor ist, landet beim Menschen hinter der Technik, seinem Sozialverhalten, seiner seelischen Gesundheit; bei seiner Fähigkeit, mit anderen zusammenzuarbeiten und damit aus der Einsamkeit vom Ich zum Du zu kommen.

Jede neue Technik verändert nicht nur Unternehmen, sondern auch die Machtverhältnisse in einer Gesellschaft und den Spielraum des einzelnen. Die Dampfmaschine ermöglichte die neue Schicht der Unternehmer, die tausende von Menschen beschäftigten und viel Geld verdienten. Weil sie mitreden wollten, wie der Staat seine Steuern ausgibt, wollten sie Pressefreiheit und ein Parlament – die Bürger, die 1789 als »Dritter Stand« dem französischen König keine Steuererhöhung zubilligten, das waren die Dampfmaschinenunternehmer, die sich zur Nationalversammlung erklärten und Revolution machten. Die Bauern wurden europaweit von der Leibeigenschaft befreit, die Kirche säkularisiert; ohne Dampfmaschine hätte es diese Freiheit nicht gegeben.

Erst mit der Eisenbahn ließen sich große Industriearbeiterheere in den Städten überhaupt erst jeden Tag mit frischen Lebensmitteln versorgen – der einzelne konnte sich entscheiden, ob er in seiner kargen Landwirtschaft am Dorf bleibt oder mit ungewisser Zukunft in der Stadt Arbeit sucht. Mit der elektrischen Straßenbahn um 1900 musste der Arbeiter nicht mehr direkt neben der Fabrik wohnen, sondern konnte zehn Kilometer entfernt in besseren Quartieren leben. Mit dem Auto schließlich konnte er nach dem Zweiten Weltkrieg seiner Großfamilie oder seiner Nachbarschaft davonfahren, wenn die ihm nicht passte. Und wenn einem der Pfarrer am Ort zu liberal oder zu konservativ war, konnte man einfach drei Dörfer weiter fahren, weil einem da die Predigten besser gefielen, oder gar nicht mehr in die Kirche gehen.

So individualisierte das Auto das Leben, und damit auch den Glauben. Einige Gemeinden konzentrierten sich auf fromme Anbetung, andere auf YippijahYeah, wieder andere wurden leer – nicht, weil die Menschen weniger gläubig sind, sondern weil die Technik dem einzelnen ermöglicht, sich individuell zu entscheiden. Doch je mehr der einzelne sein Leben frei gestalten kann, umso weniger ist ihm Orts- oder Kirchengemeinde automatisch Gemeinschaft. Er muss sich ihr nicht anschließen, und sie muss ihn nicht automatisch integrieren.

Weil die Wirtschaft mehr Werbung schalten wollte, gab es seit den späten 1980er Jahren viel mehr Fernsehsender; immer weniger Filme und Beiträge hatten alle angeschaut, um gemeinsam darüber zu reden. Die Arbeitswelt differenzierte sich weiter aus, und mit ihr die Berufe und Bildungswege. Je qualifizierter jemand ausgebildet ist und damit umso seltener, umso weniger Stellen wird es für ihn geben, vor allem am bisherigen Wohnort. Er oder sie zieht dorthin, wo es einen passenden Arbeitsplatz gibt; der Ehepartner muss mit, die Kinder gehen auf eine neue Schule, die alte Großfamilie bleibt zurück. Wenn die Ehe dann nicht mehr funktioniert, ist niemand mehr gezwungen zu bleiben. Die Single-Haushalte nehmen zu und machen in den Großstädten die Hälfte aller Haushalte aus. Mit dem Internet splittern sich Wissensaufnahme und Informationsstand weiter auf, die Menschen leben in ihren eigenen getrennten Wahrnehmungswelten. Die Kehrseite der durch den technischen Fortschritt ermöglichten, historisch einmaligen Freiheiten ist zunächst die Einsamkeit.

In ihr verliert der einzelne nicht nur den Bezug zu einer größeren Gemeinschaft, sondern auch zu ihren Spielregeln. So fängt er an, seine eigenen zu erfinden. Es gibt immer weniger Freunde oder wenigstens Bekannte, die seine Vorstellungen in Frage stellen und so eine Chance bieten, sie zu korrigieren. Das wird ein politisches Problem, wenn jemand in stundenlangen Solo-Sessions Internetfilmchen konsumiert, die ihn immer weiter von der Realität entfernen. Die großen digitalen Internetplattformen haben ausgeklügelte Techniken entwickelt, um die Nutzer zu stundenlangem Schauen und Surfen zu verführen. Lügen, Übertreibungen und völlig abstruse, aber spannend-unterhaltsame Weltbilder halten ihn am Bildschirm. Chat-Gruppen gaukeln eine Illusion von Gemeinschaft vor, die nicht existiert, und nur in der eigenen Blase die Mehrheitsmeinung darstellt; in Wahrheit ist sie eine gesellschaftliche Splittergruppe. Stur fordern ihre Mitglieder die Geltung ihrer Sichtweise und ihrer Regeln ein. Bis diese auf die Wirklichkeit prallen und sich als irreal und unpraktisch erweisen, ist es für eine Korrektur schon zu spät. Die Vereinsamung birgt die Gefahr, mit der Realität nicht mehr kompatibel zu sein.

Wissensarbeit erfordert selbständiges Denken

Parallel zum privaten Individualismus entwickelte sich eine Vereinzelung im Beruf. Die Arbeit der Massenproduktion ist von Maschinen übernommen worden, die energetischen und materiellen Prozesse sind durchrationalisiert. Computer und »Künstliche Intelligenz« erledigen die Arbeit mit strukturiertem Wissen. Die vielen elektrischen Sklaven ersetzen den Menschen und machen ihn frei für das, was ihn ausmacht: Arbeit bedeutet, Probleme lösen. Während die Generationen vor uns mit ihren Händen die materielle Welt direkt bearbeiteten, geht es ab jetzt darum, in der gedachten Welt einen Wert zu schaffen. Ob die Maschinen 100 oder 100.000 Teile herstellen, fällt nicht so stark ins Gewicht – das sind nur Energie- und Materialkosten. Der größte Teil der Wertschöpfung ist immateriell geworden: entwickeln, planen, organisieren, analysieren, entscheiden, den Markt beobachten, in der gigantischen Informationsflut das Wissen finden, das man gerade braucht, um sein Problem zu lösen. Auch Investition sind nicht mehr zum Anfassen wie eine Maschine, sondern zunehmend immateriell: ständiges Lernen, ständiges Arbeit an sich selbst, aber auch mit jemandem Kaffee trinken gehen, um Vertrauen und damit Informationsströme aufzubauen.

Weil der Weg über viele Schreibtische lang ist (was im Zeitwettbewerb eine schlechte Voraussetzung ist), haben wir in den 90er-Jahren flache Hierarchien eingeführt - und ein oder zwei Hierarchieebenen in den Vorruhestand oder zurück ins Glied geschickt: Nicht aus Mode, sondern aus der Knappheit heraus, Wissen besser anzuwenden. Während man früher umso weiter nach oben kam, je höher man formal gebildet war, rutscht die Kompetenz nun von oben zurück auf die Ebene der Fach- und Sachbearbeiter. Das verändert die Stellung des Einzelnen in der Firma. Ihre Kompetenzen sind immer weniger vergleichbar. Je aufwändiger die Themen werden, umso spezieller müssen Fachleute ausgebildet sein. Statt ein gehorsames, austauschbares Rädchen zu sein, werden sie zu einem Herrscher über einen Zwischenschritt, und seien sie hierarchisch noch so unbedeutend.

Zusammenarbeit entscheidet den Wohlstand

Mit der Wissensarbeit rückt die Fähigkeit zur Zusammenarbeit ins Zentrum der sozioökonomischen Evolution: Ein Ingenieur, der den Fehler an einer kaputten Maschine finden muss, benötigt dazu allein Tage; wenn er dagegen einen Bekannten im Nachbardorf anrufen kann, der einen Spezialisten kennt, den er fragen kann, dann hat er mit dessen Hilfe vielleicht nach einer halben Stunde die Anlage repariert. Wenn diese Zusammenarbeit nicht funktioniert - wegen persönlicher Animositäten oder fehlender Kontakte, dann hilft keine Dingsda-Technology mehr weiter. Hier entsteht eine neue Knappheitsgrenze wie seinerzeit beim Transport vor dem Eisenbahnbau.

In ihrer Firma sind die Kompetenzspezialisten mit ihren Problemen unter den Kollegen sowieso allein - um verstanden zu werden, müssen sie sich überbetrieblich mit Gleichbetroffenen in Fachverbänden austauschen. Auch beruflich wird es einsam. Zu spüren ist das, wenn in der eigenen Firma Entscheidungen vorbereitet werden. Bauen wir die Maschine oder nicht? Verschiedene Fachleute haben unterschiedliche Schwerpunkte und Vorstellungen. Der Betriebswirt denkt anders als der Techniker. Abteilungsegoismen krachen aufeinander. Meinungsverschiedenheiten arten zu Machtkämpfen aus, die sich nur unterdrücken, nicht aber versöhnen lassen. Unausgesprochene Interessen und unsichtbare Machtstrukturen verhindern, den Sachverhalt transparent zu analysieren und zu einer Entscheidung zu führen, die das Beste ist für die Firma, für das Projekt, für den Gesamtnutzen.

In dieser Situation ist der einzelne auf einmal zurückgeworfen auf sich selbst. Wie soll er sich verhalten? Früher, in den Strukturen der Agrargesellschaft und der Massenindustrie, wurde ihm die Entscheidung weitgehend abgenommen. Es gab ein »Wir gegen die anderen« – eine Gruppenethik, in der sich der einzelne unterordnete und andere Gruppen bekämpft wurden. Mit der ausdifferenzierten Wissensarbeit muss der einzelne aus seiner einzigartigen Fachkompetenz heraus einschätzen, was für das Projekt aus seiner Sicht sinnvoll ist, anstatt der Hammelherde hinterherzulaufen.

Wenn er damit der Mehrheitsmeinung in der Abteilung zuwiderläuft, ja zu einer gänzlich anderen Einschätzung der Lage kommt und den favorisierten Entwurf der anderen kritisiert, dann kann es sein, dass er plötzlich allein in der Kantine sitzt und es einsam um ihn herum wird. Wenn er einknickt und die Argumente aus seiner Fachverantwortung nicht auf den Tisch legt, nur um nicht in Gefahr zu geraten sich zu isolieren, werden mögliche Fehler und Fehlentwicklungen übersehen. Das ganze Projekt fährt in den Graben, die Firma verbrennt zig Millionen Euro. Je mehr die Fachfrau oder der Fachmann von der inhaltlichen Ebene denkt, und nicht von seinen persönlichen Beziehungen zu den Kollegen und nicht von Machtfragen her, umso besser sind die Entscheidungen der Firma, um so produktiver ist sie, umso eher überlebt sie am Markt. Die Einsamkeit ist zunächst nicht nur Folge der technischen Entwicklung; sie ist nötig, um selbstständig mitzudenken und eigenverantwortlich zu handeln.

Deshalb investiert die Wirtschaft in Persönlichkeitsseminare, damit die Menschen sich selber besser verstehen und mit anderen gut zusammenarbeiten können. Ständig muss der Wissensarbeiter reflektieren: Hat die oder der andere recht? Geht es mir um meine Karriere und meine Kostenstelle oder um den Erfolg des Projektes? Warum kommen diese Emotionen hoch, kann ich sie versprachlichen und mit den anderen klären? Je weniger der Wohlstand von Maschinen abhängt, sondern von den Menschen hinter der Technik, umso mehr sind die seelischen Schichten der Menschen berührt. Kaum sind gerade mal so 2000 Jahre Kirchengeschichte vorbei, rückt der Strukturwandel hin zur Wissensarbeit die Themen in den Mittelpunkt, die das Evangelium ausmachen: Versöhnungsbereitschaft, Wahrhaftigkeit/Transparenz, Universalethik.

Von den Kirchen geschmäht, hatten die Existenzialisten in einem Punkt recht: Da sitzt kein Gott auf der Wolke, für jeden sichtbar, der uns sagt, was wir tun sollen. Wäre es so, kein Finanzhai würde mehr Schrottpapiere verkaufen, kein Internettroll würde mehr Hasskommentare schreiben. Säße Gott für alle sichtbar auf der Wolke, er würde uns die Freiheit nehmen, uns in Freiheit für oder gegen das Gute zu entscheiden. Trete ich für das Wohl anderer ein, lege ich mich mit den Egoisten aus der Nachbarabteilung an, selbst wenn ich Nachteile haben könnte, nur damit das Gesamtprojekt gelingt? Wir brauchen die Einsamkeit, sie gehört zum Konzept des Lebens und der Ewigkeit: Das Himmelreich können wir uns nicht verdienen. Aber wie wir uns in den täglichen, natürlichen Konflikten der Wissensarbeit verhalten, daran zeigt sich, ob jemand nur der Gruppe hinterherrennt, sich am Eigennutz orientiert oder ein Interesse am gleichberechtigten Wohlergehen der anderen hat (»Liebe Deinen Nächsten wie Dich selbst«).

Das scheint mir das entscheidende Kriterium zu sein für die Gemeinschaft mit Gott nach diesem Leben.

Die Entwicklung zum Ich und dann zum Du

Die Technik hat bei uns in Mitteleuropa den einzelnen von den meisten Fesseln befreit und gerade dadurch mehr Wohlstand geschaffen. Doch jetzt kommen wir in eine Zeit, in der noch mehr Individualismus nicht mehr noch mehr Wohlstand erzeugt. Das Maß an Ressourcen, das einer Gesellschaft für Infrastruktur, Gesundheit, Bildung und Energiewende zur Verfügung steht, hängt davon ab, wie produktiv dort mit Wissen gearbeitet wird. Einerseits ist der erreichte Individualismus Voraussetzung für produktives Arbeiten mit Wissen – die am religiösen und vor allem nationalistischen Gruppennutzen orientierten Gesellschaften bleiben noch weiter zurück, wenn der einzelne seine Gaben nicht entfalten kann. Doch individuelle Freiheiten alleine reichen nun nicht mehr aus: Jemand kann noch so toll ausgebildet sein und motiviert – drei Mittelmäßige, die gut zusammenarbeiten, sind bedeutend produktiver als der Supercrack, bei dem es nicht gelingt, die Ergebnisse der Arbeitsteilung zusammenzuführen. Eine am Eigennutz orientierte Kultur ist dabei nicht mehr erfolgreich und gerät in eine Produktivitätskrise wie 1873 nach dem Eisenbahnbau oder 1929 nach der Elektrifizierung. Ein ökonomischer Druck entsteht, vom Gesamtziel her zu denken und sich kooperativ zu verhalten: Einerseits seine Persönlichkeit zu entfalten und sich fachlich zu spezialisieren. Aber nicht, um die eigene Kostenstelle und Karriere zu optimieren. Sondern um andererseits seine Stärken in schwankender Bedeutung innerhalb eines Projektes so einzubringen, dass der Gesamterfolg maximiert wird.

Wenn sich dann der aufgewirbelte Staub des Strukturwandels gelegt haben wird, werden jene Firmen übrig bleiben, in denen sich Mitarbeitende authentisch begegnen, sich selbst und andere Menschen realistisch einschätzen. Sie werden schwankende Wichtigkeit nicht mehr als Beleidigung ihres Selbstwertes empfinden, ja sie werden sich gegenseitig fördern und sich über die Leistungen des anderen freuen. Sie werden Informationen nicht nach Nützlichkeit manipulieren, sondern wahrhaftig weitergeben. Sie werden Konflikte fair klären und ihre Beziehungen versöhnen. Statt an ihrem Eigennutz werden sie sich langfristig an den berechtigten Interessen der anderen Partner, Kunden, Lieferanten orientieren (auch weil wir die Folgen unseres Tuns langfristig überhaupt nicht überblicken können).

Diese höhere Stufe der wirtschaftlichen Produktivität führt aus der Einsamkeit heraus. Wer im Beruf lernt, Konflikte zu reflektieren und die Sichtweise des anderen zu verstehen, der wird auch im Privatleben Konflikte besser lösen. Familien werden gestärkt aus diesem Strukturwandel hervorgehen. Die ständig wechselnden Partner in den Projekten führen nicht zu einer Haltlosigkeit, sondern zu einem Netz an Beziehungen, dass auch nach Jahrzehnten reaktiviert werden kann. Der Abgrund der Einsamkeit, der sich durch Auto und Digitalisierung geöffnet hat, er ist nur ein Zwischenschritt in einem notwendigen Lernprozess, aus der Gruppe zum Ich zu kommen und von dort zum Du.

Literatur

Händeler, Erik, *Die Geschichte der Zukunft - Sozialverhalten heute und der Wohlstand von morgen*, 11. aktualisierte Aufl., Moers 2018.

Händeler, Erik, *Himmel 4.0 - Wie die digitale Revolution zur Chance für das Evangelium wird*, 2. Auflage, Moers 2018.

Händeler, Erik, *Kondratieffs Gedankenwelt - Die Chancen im Wandel zur Wissensgesellschaft*, 8. aktualisierte Auflage, Moers 2021.

Händeler, Erik, *Die langen Wellen der Konjunktur*, 3. Auflage, Moers 2021.

Die größte Armut im Alter wird die Kontaktarmut sein: Ein Blick in das gem(einsame) Leben der Zukunft

Horst Opaschowski

Einsamkeit gehört zu den großen Tabus unserer Gesellschaft. Zukunftsforscher Horst Opaschowski warnt vor dem Risiko einer Epidemie der Einsamkeit, einem neuen Volksleiden in einer beinahe alterslosen Gesellschaft. Er setzt daher auf Generationensolidarität und aktivierende Kommunalpolitik auf dem Weg in das gem(einsame) Leben der Zukunft.

Tabu Einsamkeit

Einsamkeit gehört zu den großen Tabus unserer Gesellschaft: *Über Einsamkeitsgefühle wird geschwiegen.* Die Menschen fressen Einsamkeitsgefühle in sich hinein oder werden auf Dauer krank. Einsamkeit gilt in der Psychologie als die *stumme Schwester der Depression.* Nicht jeder Einsame ist depressiv, aber jeder Depressive ist auch einsam. Kontaktsperre, Abstand halten und social distancing hatten während der Corona-Pandemie eine Art *soziale Unterernährung* zur Folge. Die Aufforderung »Bleib zu Hause« und »Treffen Sie niemanden« hatten fast Fallbeilcharakter. Früher sprach man von »Waldeinsamkeit« (Tieck), »Trosteinsamkeit« (A. von Arnim) und »Sinneinsamkeit« (E. Fromm). Wird es bald eine neue Form der *»Kriseneinsamkeit«* geben? Aus der Pandemie kann in Zukunft eine *Epidemie der Einsamkeit* werden. Denn jeder Zweite, der heute geboren wird, ist in hundert Jahren noch am Leben. *Einsamkeit in der Vielsamkeit* – ein neues Volksleiden in einer beinahe alterslosen Gesellschaft?

In Pollença auf der spanischen Mittelmeerinsel Mallorca führt die Treppe Carrer de Calvari über 365 Stufen vom Ortszentrum auf den Kalvarienberg zur Kapelle Església del Calvari. Jeweils am Karfreitag führt eine Prozession die Treppe hinunter zur Kirche der Gemeinde: 365 Stufen als Symbol für 365 Tage des Jahres. Im übertragenen Sinne habe ich 2018 genau 365 Tage lang vom 1. Januar bis 31. Dezember 365 Botschaften und Prognosen zur Zukunftsentwicklung via Twitter in die Welt gesandt. Es war ein sozialwissenschaftliches

Experiment mit ungewissem Ausgang: Welche Zukunftsthemen, so wollte ich wissen, werden Resonanz finden – und welche nicht?

Das Ergebnis hat mich überrascht: Die Umweltfrage, wie z. B. der *»Massentourismus als ökologische Zeitbombe«*, rangierte mit 267 Nennungen als Flop-Thema an letzter Stelle. Die *Massenvereinsamung* hingegen wurde als Zukunftsthema mit über 3.000 Nennungen mehr als zehnmal so viel nachgefragt. Beim Gedanken an morgen bewegten Kontaktängste und Kontaktverluste die Menschen am stärksten.

Zwei Jahre später erfolgte auf repräsentativer Basis einer Befragung von 1.000 Personen ab 14 Jahren der Beweis: Mehr als drei Viertel der Deutschen (2020: 79 %) äußerten die Befürchtung: »In der künftigen Gesellschaft des langen Lebens werden immer mehr Menschen *unter Einsamkeit und Langeweile zu leiden haben.*« Tendenz eher steigend: 81 Prozent waren es im Jahr 2021 (OIZ 2021). Auf dieses Problem macht vor allem die Bevölkerungsgruppe zwischen 40 und 49 Jahren aufmerksam: Sie befindet sich in der *nachelterlichen Lebensphase,* in der die Kinder bald aus dem Haus gehen oder schon aus dem Haus sind (»Nestflüchter«). Zwar noch in der Mitte des Lebens spüren sie schon, *was sie fühlen werden*, wenn die Kinder nicht mehr der Mittelpunkt ihres Lebens sind. In gleicher Weise von Einsamkeit und Langeweile betroffen sind die Hochaltrigen über 80 Jahre – die Frauen dabei deutlich mehr als die Männer.

Für die Zukunft zeichnet sich ab: Das insbesondere in Ballungszentren vorherrschende enge Zusammenleben vieler Menschen auf engstem Raum bewirkt mehr räumliche Zusammenballung als menschliche Nähe. *Kommunikationsdichte und Kontaktlosigkeit sind keine Gegensätze mehr.* Fremde Welten rücken zwar mit Hilfe von Massenmedien und modernen Kommunikationsmitteln relativ nah, während gleichzeitig aber der Nachbar wie der Bewohner einer fremden Welt immer ferner rückt. *Die Wohnung bekommt fast Inselcharakter.* Ihre Lebensqualität wird daran gemessen, ob sie maximale Abgeschiedenheit, Sicherheit (vor Eindringlingen), Schutz (vor Nachbarblicken) und Reizarmut (keine Kinder in der Nähe, gute Geräuschisolierung) gewährt und garantiert.

Es ist absehbar: *Einsamkeit wird bald ein Regierungsthema sein:* »Der größte Kampf, den diese Gesellschaft einmal wird führen müssen, ist der gegen die Einsamkeit« (Jens Spahn-Interview in: Der Spiegel vom 18. April 2018). Sprechen wir es offen aus: *Einsame sind besonders anfällig für Depression und Demenz.*

Vor dem Hintergrund ständig steigender Lebenserwartung wird daher der *Zusammenhalt der Familie* immer wichtiger. Singles hingegen können nicht auf die Fürsorge eigener Kinder bauen und müssen mehr auf einen *»verlässlichen Freundeskreis«* setzen. Unverzichtbar wird es sein, hilfsbereite *Nachbarn* in der Nähe zu haben. Es ist schon überraschend, dass für die Deutschen beim Gedanken an die Zukunft mehr das soziale *Wohl*-Ergehen als das finanzielle *Gut*-Haben zählt, obwohl in der öffentlichen Diskussion fast nur das geringe Rentenniveau thematisiert wird. Daraus folgt für die Zukunft: Wir müssen frühzeitig das *einsame Leben* bekämpfen und das *gem(einsame) Leben* entdecken. Sonst droht die Kontaktarmut als größte Altersarmut.

Aktivierende Kommunalpolitik in einer neuen Mitmachgesellschaft

Im Jahr 2030 wird die Mehrheit der über 60-Jährigen nicht verheiratet, sondern ledig, verwitwet oder geschieden sein. Die meisten leben dann in Ein-Personen-Haushalten und sind, wenn sie *kinder- und enkellos* bleiben, auf eine Infrastruktur von Hilfeleistungen angewiesen. Wer keinen Partner, keine Kinder und keine Geschwister hat, muss im Alter auf bezahlte Helferinnen und Helfer ausweichen: Eine nicht finanzierbare Illusion.

Wegen der jahrelangen Kinderlosigkeit werden immer mehr Menschen *im Alter allein wohnen und leben* und keine familiären Unterstützungsleistungen erwarten können. Ihre Hoffnungen, sich allein auf ihre guten Freunde verlassen zu können, erfüllen sich nicht bzw. erweisen sich als unrealistische Vorstellungen.

Dem nichtfamilialen sozialen Netz kommt in Zukunft im Hinblick auf Unterstützungsfunktionen eine wachsende Bedeutung zu. Auch wenn der Anteil der Nachbarn und Freunde als Hauptpflegepersonen wächst, werden noch Jahrzehnte vergehen, bis diese sozialen Konvois wirklich spürbar entlastende Betreuungsleistungen erbringen können. *Die Förderung privater Hilfenetzwerke (Helferbörsen, Freiwilligenagenturen, Selbsthilfekontaktstellen) wird zu einer wichtigen kommunalpolitischen Aufgabe.* Dazu gehören auch die Entwicklung neuer Wohnformen und die Unterstützung von Modellprojekten des gemeinschaftlichen Wohnens.

Vor über zehn Jahren habe ich im Osten Hamburgs die Patenschaft für das *Mehrgenerationenhaus »brügge«* übernommen und gleichzeitig eine *»Helferbörse«* gegründet – eine soziale Brücke für Jung bis Alt: Von Rollstuhlausfahrten und Einkaufshilfen bis zu PC-Kursen. Schüler ab der 8. Klassenstufe leisten nach Schulschluss freiwillige soziale Hilfen und bekommen am Ende des Schuljahrs ein *Zertifikat* über geleistete soziale Stunden ausgehändigt. Wie sagte unlängst eine 16jährige Schülerin: »Solche Hilfen wünsche ich mir auch, wenn ich einmal alt bin.« Die Jugendlichen spüren: *Helfen. Macht. Sinn.*

Machen wir uns nichts vor: Die traditionelle Familie – Eltern, zwei Kinder, berufstätiger Mann, Frau zu Hause und ein Hund – gibt es bald nicht mehr. So ergeben sich neue Aufgaben für eine *aktivierende Kommunalpolitik*, die die dafür notwendigen Rahmenbedingungen schaffen muss, damit aus der bekundeten Hilfsbereitschaft eine tatsächliche Helfertätigkeit wird. *Wohnungswirtschaft und Wohnungspolitik müssen umdenken* und mehr *immaterielle Infrastrukturen im Wohnbereich* fördern – vom informellen Nachbarschaftstreff bis zur Betreuung von Kindern und alten Menschen. *Quartiermanager* halten dann die Nachbarschaft zusammen. Diese Dienstleister, für die es bis heute noch keine qualifizierte Ausbildung gibt, werden bald eine neue Berufsgruppe mit großen Zukunftschancen sein.

Wegweisend hierfür ist für mich die zweitgrößte dänische Stadt Aarhus, die gezielt die Einsamkeit bekämpft und das Miteinander im Gemeinwesen fördert. Sie hilft den Einwohnern, selbst zu einer *neuen Gemeinsamkeit* zu finden. Leiter der kommunalen Initiative für »Health & Care« in Aarhus ist Hosea-Che Dutschke. Zug um Zug setzt er die Forderung »Hilfe zur Selbsthilfe« um. Statt über wachsende Hilflosigkeit alter Menschen zu klagen, sorgt er in der Stadtverwaltung dafür, dass die *Bürger sich selbst helfen und ihre soziale Isolation überwinden.* Digital und real kommt Aarhus den Einwohnern entgegen. Das ist Kommunalpolitik mit Zukunft, die nur ein Ziel hat: Eine (gem)einsame Stadt schaffen, in der aus Einsamkeit Gemeinsamkeit wird.

Neue Generationensolidarität und freiwillige Soziale Dienste

Gehen wir einem *Zeitalter der Vereinsamung* entgegen? Immer mehr Menschen fühlen sich allein und alleingelassen. Glücklich kann sich schätzen, wer in der Not auf einen verlässlichen *Generationenzusammenhalt* setzen kann. Eine überwältigende Mehrheit der deutschen Bevölkerung (2020: 84 % – 2021: 90 %) hat während der Pandemie die Generationenbeziehungen von »Enkeln, Kindern, Eltern und Großeltern« positiv als »Krisenhilfe« erfahren, die »immer wichtiger wird«. Die Generationen stützen und unterstützen sich. Drei Bevölkerungsgruppen haben in der Corona-Krise am meisten von den hilfreichen Generationenbeziehungen profitiert: Die Frauen (2020: 86% – 2021: 93%), die Bewohner im ländlichen Raum (2020: 92% – 2021: 95%) sowie die Familien mit Kindern (2020: 90% – 2021: 93%). Dies geht aus Repräsentativumfragen des Opaschowski Institut für Zukunftsforschung (OIZ) hervor, in denen jeweils 1.000 Personen ab 14 Jahren 2020 und 2021 nach ihren Generationenbeziehungen gefragt wurden (OIZ 2020/2021).

In Krisenzeiten ist Familie mehr als nur ein Ort, ›wo Kinder sind‹. Über Kindheit und Jugend hinaus bewährt sich die Familie als soziale Notgemeinschaft. Für immer mehr Menschen ist die Familie während der Pandemie zur *generationsübergreifenden Solidargemeinschaft* geworden, in der sie füreinander sorgt und wo Sicherheit, Geborgenheit und Zusammenhalt gelebt werden können.

Dieser *private Mehrgenerationenvertrag neuer Prägung* setzt Signale für eine Solidarität der Generationen – mental, sozial und auch materiell: Jung hilft alt – Alte sparen für Junge. Die ältere Generation leistet erhebliche Geld- und Sachmittel für die jüngere Generation, die sich wiederum durch nichtmonetäre Hilfeleistungen erkenntlich zeigt – von Besorgungen und Einkaufshilfen bis zu Garten- und Hausarbeiten. Ein solcher familienbasierter Generationenpakt gleicht einer *Austauschbörse des Gebens und Nehmens.*

Der befürchtete Generationenkonflikt findet nicht statt. Die junge Generation bewertet den Zusammenhalt genauso hoch wie die Eltern- und Großelterngeneration. Die Generationenbilanz während der Pandemie kann sich sehen lassen: Jung und Alt kooperieren, brauchen einander und profitieren voneinander. Dieses Füreinander-da-Sein macht selbst Freundschaften zwischen den Generationen möglich. So können Jüngere und Ältere zu Vertrauten und Verlässlichkeitspartnern werden. Und: *Aus Beziehungsqualitäten werden Lebensqualitäten.*

Gefragt werden in Zukunft vor allem *soziale Dienste* für die wachsende Zahl alter, hochaltriger und langlebiger Menschen sein. Das Wohnungsmanagement wirkt wie ein sozialer Kitt, wozu Altenbetreuung und Mietschuldenberatung, Nachbarschaftshilfevereine sowie Helferbörsen gehören. Ein soziales Wohnungsmanagement kann auch in ökonomischer Hinsicht erfolgreich sein. Denn die Alternative heißt nicht: Wirtschaftlichkeit oder Sozialverträglichkeit? *Die Erfolgsformel lautet eher: Wirtschaftlichkeit durch Sozialverträglichkeit!*

Hoffnungssignal: Pflegefreie Lebenszeit nimmt zu

Nicht jede Modellrechnung muss Wirklichkeit werden. Das Statistische Bundesamt hat beispielsweise bis zum Jahr 2030 einen massiven Anstieg der Zahl der Pflegebedürftigen »errechnet«. Ganz selbstverständlich gehen die Statistiker in ihren »Vorausberechnungen« davon aus, dass in gleichem Maße, wie die Alterung der deutschen Gesellschaft fortschreitet, auch die Pflegebedürftigkeit zunimmt. Das ist zu kurz gedacht. *Die Zahl der Pflegebedürftigen wird nicht exponentiell ansteigen.* Wer sich nur auf lineare Hochrechnungen verlässt, investiert an der Zukunft vorbei. In Zukunft wird es eher *mehr ambulante Pflegedienste und nicht mehr Altersheime* geben.

Die Immobilienbranche sollte sich von überhöhten Renditeerwartungen im Bereich von Sozial- und Seniorenimmobilien verabschieden. Statt nur von gigantischen »Pflegebatterien« und Tausenden neuer Pflegeheime zu träumen, sollte realistischer Weise zur Kenntnis genommen werden, dass der Zukunftstrend in eine ganz andere Richtung geht: Dem *Service-Wohnen und generationsübergreifenden Wohnkonzepten mit Dienstleistungsangeboten* gehört die Zukunft.

Demografischer Wandel und medizinischer Fortschritt werden auch das Leben im Alter immer lebenswerter machen. Und: *Die Pflegebedürftigkeit in Deutschland wird überschätzt,* die Langlebigkeit unterschätzt. Über neunzig Prozent der 65-plus-Generation leben noch selbstbestimmt in eigenen Wohnungen.

Weithin unbekannt ist auch dies: Trotz ständig steigender Lebenserwartung *nimmt die pflegefreie Lebenszeit weiter zu – und nicht etwa ab.* Allein zwischen 1999 und 2009 nahm die Lebensdauer *ohne* Pflege von 75,79 auf 77,65 Jahre zu. Nachweislich verbringen die Deutschen *97 Prozent ihrer Lebenszeit ohne Pflegebedarf.* Dieser 97%-Anteil ändert sich nicht, auch wenn das Lebensalter weiter ansteigt. Die Frage ist berechtigt: Was bedeutet schon ein 3%-Restrisiko innerhalb eines langen Lebens von siebzig bis hundert Jahren? Kurz: Die Pflegebedürftigkeit wird im öffentlichen Bewusstsein genauso wie in den persönlichen Zukunftsängsten falsch eingeschätzt.

Auch im Jahr 2030 werden die meisten 90-Jährigen noch in eigenen Wohnungen leben. Nach der Hundertjährigen-Studie des Instituts für Gerontologie der Universität Heidelberg lebt jeder zweite Hundertjährige noch im *eigenen Haushalt,* weist im Zeitvergleich der letzten Jahre *höhere geistige Fähigkeiten* auf und *regelt* auch seine *Finanzangelegenheiten selbst.* Die Erklärung: Veränderte Lebens- und Ernährungsgewohnheiten, gesündere Umweltbedingungen sowie Fortschritte der Medizin sorgen für eine weiter zunehmende Beschwerdefreiheit im Alter.

So gesehen wird die *Einführung eines Freiwilligen Sozialen Jahrs für alle Generationen* immer dringlicher – also nicht nur für Jugendliche und junge Leute, sondern auch für Jungsenioren und Senioren. Auf freiwilliger Basis heißt natürlich: Ein solches Angebot muss attraktiv sein, damit es motiviert und engagiert wahrgenommen werden kann. Solche *attraktiven Anreize* (Anerkennungen, Honorierungen, Steuererleichterungen, Vergünstigungen u. a.) müssen geschaffen werden. Andernfalls wird eines Tages das soziale Pflichtjahr zur »befohlenen« Versorgung und Betreuung.

Nicht wenige Hauptschüler verlassen derzeit die Schule ohne Schulabschluss und haben nur geringe Chancen, eine Lehrstelle zu finden. Wenn jedoch in der neunten oder zehnten Klasse die *Sozialkompetenz durch Projekte mit Ernstcharakter gefördert* würde, hätten diese Absolventen Mut und Motivation genug, sich vorübergehend sozial zu engagieren. Aus ehemals Un- und Angelernten könnten motivierte Helfer oder gar neue *Assistenzberufe im sozialen Bereich* werden.

Es kommt also alles darauf an, bei der Förderung von sozialen Freiwilligendiensten den Motivationsaspekt vorrangig im Blick zu haben. Statt immer nur von sozialer »Verpflichtung« zu reden, sollte eher das Gefühl vermittelt werden, *an einer wichtigen Aufgabe beteiligt* zu sein, einen sinnvollen Beitrag für das Gemeinwohl zu leisten, neue private Kontakte und Freundschaften zu finden, sich von der Begeisterung der anderen Freiwilligen mitreißen zu lassen: Es macht Spaß, mit Freude dabei zu sein und Selbstbestätigung, Wertschätzung und Anerkennung zu finden, wenn man anderen hilft.

Ausblick: Gemeinschaft auf Gegenseitigkeit

Die Bevölkerung lebt in Zukunft sicher nicht in der besten aller Welten, aber sie kann das Beste aus ihrem Leben machen - in einer *Gemeinschaft auf Gegenseitigkeit* mit selbstbewusstem Bürgersinn. Für ein gutes Zusammenleben von Politik, Verwaltung und Zivilgesellschaft ergeben sich daraus drei Folgerungen:

1. In einer Gesellschaft des langen Lebens muss der Begriff *Grundversorgung* neu bestimmt werden. Die *Daseinsvorsorge* schließt nicht nur die Vermeidung von Arbeitslosigkeit, Wohnungs- und Geldnot ein, sondern auch die *Fürsorge* zur Verhinderung von Kontaktarmut, Einsamkeit und sozialer Isolation bei weiter steigender Lebenserwartung.
2. Kommunalverwaltungen sind in Zukunft mehr als *Vernetzer* gefordert, die Bürger bei der Vernetzung von Nachbarschaftshilfen, Helferbörsen und bürgerschaftlichen Engagements unterstützen, also Selbsthilfe-Infrastrukturen ausbauen und bürokratische Hemmnisse im Gemeinwesen abbauen.
3. Wenn eine aktivierende Kommunalpolitik zum *Verlässlichkeitspartner* für Bürger, Initiativen, Institutionen und Vereine werden soll, muss sie in die Zukunft des Gemeinwesens investieren, indem sie nur noch das organisiert, was andere nicht besser oder mindestens genauso gut regeln können. So kann sich aus der Partnerschaft von Staat und Bürgern eine neue *Mitmach- und Zusammenhaltsgesellschaft* entwickeln.

Literatur

OIZ/Opaschowski Institut für Zukunftsforschung (Hrsg.), *Repräsentativumfragen zum Thema »Einsamkeit« 2020 und 2021*, Hamburg 2021.

Opaschowski, Horst, *Die semiglückliche Gesellschaft*, Opladen/Berlin/Toronto 2020.

IV. Einsamkeit in spezifischen Zeiten und Lebenslagen

Empfundene Einsamkeit und soziale Isolation im Verlauf der Corona-Pandemie

Arndt Büssing

Untersucht wurde das Empfinden von Einsamkeit und sozialer Isolation im Kontext der Corona-Pandemie. Hierbei folgten Einsamkeitsempfinden und geringes Wohlbefinden der Dynamik des Infektionsgeschehens und der entsprechenden Lockdowns, während der Anteil der als Single Lebenden im Zeitverlauf stabil blieb und somit nicht die Erklärung für den Anstieg der empfundenen Einsamkeit begründet. Viele der untersuchten Personen nahmen sich im Rahmen der Pandemie selbstbestimmt eine Auszeit in Stille (im Sinne der Besinnung), während sich andere scheinbar ausgeliefert und von den sozialen Kontakten abgeschnitten und damit verlassen fühlten. Beide Qualitäten haben gegenläufige Zusammenhänge mit dem Befinden und der Lebenszufriedenheit.

1. Einschränkungen im Verlauf der Covid-19 Pandemie

Die Covid-19 Pandemie hat das Leben aller Menschen weltweit eingeschränkt. Vor dem Hintergrund stark steigender Infektionszahlen, einer Zunahme Krankenhaus-pflichtiger Infizierter und Sterbezahlen kam es, um die Bevölkerung und insbesondere vulnerable Personengruppen zu schützen, zu Kontaktbeschränkungen und Einschränkungen des generellen sozialen Lebens (»Lockdown«). Dies betraf die Monate März und April 2020, wobei auch Geschäfte, Schulen und Kindertagesstätten schließen und Gottesdienste sowie Versammlungen abgesagt werden mussten. Im Zeitraum von Mai bis Juni 2020 traten dann wieder ersten Lockerungen in Kraft, wobei die sogenannte Maskenpflicht in vielen Bereichen aufrechterhalten wurde. Die Sommermonate 2020 wurden daher von vielen als befreiend empfunden, obschon nach wie vor kein kurativer Ansatz für schwer Erkrankte vorhanden und ebenso keine Vakzine in Aussicht waren. Im Herbst 2020 stiegen die Infektionszahlen wieder stark an, sodass im November 2020 ein »Lockdown light« beschlossen wurde, der im Dezember 2020 weiter verschärft werden musste. Über die Weihnachtstage wurden Treffen im engsten Familienkreis erlaubt. Im Januar 2021 wurde dann ein »harter Lockdown« beschlossen, der zunächst bis Februar und dann bis März verlängert wurde. Im März und April 2021 wurden mehrere Einschränkungen aufgehoben, wobei jedoch die Infektionszahlen erneut anstiegen (3. Infektionswelle). Ab Januar 2021 wurden dann mit neu entwickelten Impfstoffen zunächst ältere Menschen und Risikogruppen versorgt und dann im Laufe der folgenden Monate auch andere Personen und Altersgruppen. In den Sommermonaten 2021 sank die Zahl der Neuinfektionen wieder ab und es wurden viele Einschränkungen aufgehoben; allerdings kam es im August und September 2021 zu einer erneuten (schwächeren) 4. Infektionswelle, die vornehmlich die Gruppe der immer noch Ungeimpften betrifft.

Die Erfahrungen dieser Einschränkungen und die Bedrohung durch ein pandemisches Virusgeschehen mit dem Risiko eines tödlichen Ausgangs oder Langzeitfolgen hat viele verunsichert und zur Vermeidung sozialer Kontakte geführt, die vorher selbstverständlich waren. Dies war absehbar mit dem Empfinden von Einsamkeit und sozialer Isolation und mit dem Risiko für depressive Phasen assoziiert. Bei Tumorpatient*innen, als Beispiel einer vulnerablen Gruppe, wurde in der Anfangsphase eine deutliche Verunsicherung ob der teils unterschiedlichen Aussagen zu Gefahr und Verlauf der Corona-Infektion in den öffentlichen Medien festgestellt, viele machten sich Sorgen, dass sie selber infiziert werden und einen schweren Verlauf haben könnten; sie nahmen Zeiten der Einsamkeit intensiver wahr und fühlten sich wie »abgeschnitten« vom Leben (Büssing et al., 2020a, 2020b). Doch machten viele von ihnen auch positive Erfahrungen in der Pandemie: Sie nahmen die Natur und Stille sowie ihre Beziehungen bewusster wahr. Dies kann man als Reappraisal-Strategie bewerten, um trotz Belastung nicht das dennoch vorhandene »Besondere« im Leben aus dem Blick zu verlieren. Diese Untersuchungen waren die Grundlage für ein Studienprojekt, das das Erleben der Allgemeinbevölkerung während unterschiedlichen Phasen der Pandemie in den Blick nehmen sollte (Büssing et al. 2021a,b). Aus diesem Projekt wird nun auf das Empfinden von Einsamkeit und sozialer Isolation fokussiert. Von Interesse war die Frage, welche Personengruppen dieses Empfinden besonders haben, welche Aspekte der Einsamkeit im Vordergrund stehen, welche Zusammenhänge mit positiv wahrgenommenen Veränderungen sowie Indikatoren der Lebensqualität, Unterstützung durch Freunde und Religionsgemeinschaft, aber auch mit der Nutzung des Gebetes oder der Meditation bestehen.

2. Methodische Aspekte des Projektes

2.1 Operationalisierung empfundener Einsamkeit und sozialer Isolation

Operationalisiert wird Einsamkeit im Kontext der Corona-Pandemie zunächst über die Selbsteinschätzung, »einsam und sozial isoliert« zu sein, »Zeiten der Einsamkeit intensiver« wahrzunehmen, sich »vom Leben abgeschnitten« zu fühlen, als Fehlen »sozialer« Kontakte« und kontrolliert über den Status als »Single« zu leben. Diese Indikatoren der Einsamkeit / sozialer Isolation wurden in Beziehung gesetzt zum subjektiven Wohlbefinden (WHO-5 Skala), multidimensionaler Lebenszufriedenheit (BMLSS-10) und Zufriedenheit mit der Unterstützung durch Freunde sowie durch eine Religionsgemeinschaft vor Ort. In einem zweiten Ansatz wurden die wahrgenommenen Veränderungen infolge der Corona-Pandemie (kategorisiert als *Natur / Stille / Besinnung, Spiritualität, Beziehungen, Lebensreflexion, Nutzung digitaler Medien* und empfundener *Restriktionen*) sowie spezifische Verhaltensweisen (Häufigkeit Meditation, Beten, Alkoholkonsum und Einnahme stimmungsaufhellender Medikamente) in Bezug zur Einsamkeitsempfindung gesetzt. Die methodologischen Aspekte und die genutzten Fragebogenmodule sind anderweitig beschrieben (Büssing et al., 2021a).

2.2 Beschreibung der untersuchten Personen

Untersucht wurden 4.637 Personen (65% Frauen, 34% Männer, 1% divers oder keine Angaben; Altersmittel 46 ± 14 Jahre). Von diesen hatten 64% einen christlichen, 5% einen anderen religiösen Hintergrund und 32% keinen.

Die Teilnehmenden wurden zu unterschiedlichen Zeiten der Corona-Pandemie rekrutiert: 32% im Juni 2020 nach dem ersten Lockdown, 18% in den Sommermonaten Juli bis September 2020, 14% während der zweiten Welle der Pandemien (Oktober 2020 bis Januar 2021), 5% in der kurzen Entspannungsphase vor der dritten Welle (Februar 2021), 11% in der dritten Welle (März bis Mai 2021), 2% in den Sommermonaten Juni bis Juli 2021 und 17% zu Beginn der vierten Wellen (August bis September 2021).

3. Befunde

3.1 Empfindungen von Einsamkeit und sozialer Isolation im Zeitverlauf

Die Teilnehmenden wurden zunächst gefragt, in wie weit sie sich als einsam und sozial isoliert empfinden. Für ihre Antworten konnten sie einen Spannbereich von 0 (ganz und gar nicht) bis 100 (extrem stark) ausnutzen. Personen mit einem Score von > 50 wurden als »einsam« kategorisiert, Personen mit einem Score von 10–50 als »moderat« und mit einem Score von 0 als »nicht einsam«. Dadurch ergab sich, dass sich direkt nach dem ersten Lockdown 14 % als einsam und sozial isoliert empfanden und 35 % gar nicht (Tabelle 1). Mit der zweiten Welle der Pandemie und dem zweiten Lockdown stieg der Anteil der sich als einsam Empfindenden auf 46 % an, im Februar 2021 auf 64 %, in der dritten Welle auf 57 % und fiel mit den Sommermonaten 2021 auf 44 % und zu Beginn der vierten Welle auf 34 % ab. Hier lässt sich die Auswirkung der Pandemie-bedingten Lockdowns ablesen, die zum Empfinden sozialer Isolation beigetragen haben. Um diesen starken Anstieg des Einsamkeitsempfindens zu überprüfen, wurde auch das subjektive Wohlbefinden untersucht. Hier stand der Anteil derjenigen mit einem WHO-5 Score < 13 im Vordergrund, was auf eine deutliche Einschränkung des Wohlbefindens (»depressive Gestimmtheit«) hinweist. Auch für diesen Indikator zeigt sich ein deutlicher Anstieg des Anteils an Personen mit eingeschränktem Wohlbefinden mit Beginn des zweiten Lockdowns, der sich dann im Laufe der dritten und vierten Welle abschwächt (Tabelle 1). Der Anteil der als Single Lebenden verändert sich im Zeitverlauf jedoch nicht signifikant, sodass die empfundene Einsamkeit und soziale Isolation und das eingeschränkte Wohlbefinden also zunächst ein subjektives Empfinden ist und nicht durch eine Zunahme allein lebender Personen während der Pandemie bedingt ist.

3.2 Wer empfand sich als einsam und sozial isoliert?

In der Gesamtgruppe empfanden dies 32 % der Frauen (26 % jedoch nicht) und 26 % der Männer (31 % nicht); dieser Unterschied ist statistisch signifikant ($p < 0{,}0001$; Chi^2). Vor allem die Jüngeren empfanden sich als einsam und sozial isoliert: 50 % der <30-Jährigen, 36 % der 30–40-Jährigen, 29 % der 41–50-Jährigen, 23 % der 51–60-Jährigen, 15 % der 61–70-Jährigen und 7 % der >70-Jährigen ($p < 0{,}0001$, Chi^2). Auch wenn man vermuten könnte, dass die Jüngeren im Vergleich zu den Älteren noch keine stabilen Partnerschaften aufbauen konnten und sie daher eher als Single leben würden, so lässt sich das hier nicht bestätigen, da dieser Anteil über die Alterskohorten ähnlich verteilt ist (Tabelle 1).

Tabelle 1: Ausprägung von empfundener Einsamkeit und sozialer Isolation sowie Wohlbefinden und Anteil der als Single lebenden Personen im Zeitverlauf

			Juni 2020	Juli bis September 2020	Oktober 2020 bis Januar 2021 (2. Welle)	Februar 2021	März bis Mai 2021 (3. Welle)	Juni bis Juli 2021	August bis September 2021 (4. Welle)	Gesamt
Empfundene Einsamkeit **										
einsam und sozial isoliert	nicht einsam (0)	%	34,9	37,6	19,3	6,9	14,7	20,4	26,0	27,7
	moderat (10–50)	%	51,1	48,7	34,5	29,4	28,1	35,4	40,5	42,5
	einsam (> 50)	%	14,1	13,7	46,1	63,7	57,2	44,2	33,5	29,8
Gesamt		%	100,0	100,0	100,0	100,0	100,0	100,0	100,0	100,0
		n	1500	834	621	248	516	113	792	4624
Wohlbefinden **										
WHO-5	hoch (> 18)	%	30,9	31,2	15,2	7,6	11,6	17,7	24,7	24,0
	moderat (13–18)	%	39,7	38,8	21,7	16,8	18,7	16,8	27,1	30,8
	gering (< 13)	%	29,5	30,0	63,2	75,6	69,7	65,5	48,2	45,2
Gesamt		%	100,0	100,0	100,0	100,0	100,0	100,0	100,0	100,0

Tabelle 1: Ausprägung von empfundener Einsamkeit und sozialer Isolation sowie Wohlbefinden und Anteil der als Single lebenden Personen im Zeitverlauf *(Fortsetzung)*

		Juni 2020	Juli bis September 2020	Oktober 2020 bis Januar 2021 (2. Welle)	Februar 2021	März bis Mai 2021 (3. Welle)	Juni bis Juli 2021	August bis September 2021 (4. Welle)	Gesamt
	n	1500	834	627	250	519	113	794	4637
Als Single lebende Personen$^{n.s.}$	%	19,9	21,0	18,8	22,0	22,2	18,6	17,9	19,9

** $p < 0{,}0001$ (Chi^2); n.s. – nicht signifikant (Chi^2)

3.3 Zusammenhänge zwischen Indikatoren der Einsamkeit / sozialer Isolation und Lebensqualität

In welcher Beziehung steht das Empfinden von Einsamkeit / sozialer Isolation zu den anderen Indikatoren sozialer Isolation sowie der Lebensqualität? Hier finden sich starke Zusammenhänge mit dem Gefühl, »vom Leben abgeschnitten« zu sein und keine »sozialen Kontakte« zu haben, während die intensivere Wahrnehmung von »Zeiten der Einsamkeit« nur moderat mit diesen Indikatoren der sozialen Isolation assoziiert sind (Tabelle 2). Insbesondere das Empfinden von Einsamkeit / sozialer Isolation und vom Leben abgeschnitten zu sein, war stark mit geringem Wohlbefinden und geringer Lebenszufriedenheit assoziiert; das Fehlen sozialer Kontakte immerhin moderat damit assoziiert und die Wahrnehmung von Zeiten der Einsamkeit nur schwach invers (Tabelle 2). Diese intensivere Wahrnehmung von Zeiten der Einsamkeit ist somit nicht notwendigerweise mit einer stärkeren Einschränkung von Wohlbefinden und Lebenszufriedenheit assoziiert; anders ist es jedoch für das Empfinden, vom Leben abgeschnitten und sozial isoliert zu sein. Hier drücken sich also zwei verschiedene Qualitäten von Einsamkeit aus, denen im Folgenden weiter nachgegangen werden soll.

In der Tat ist die intensivere Wahrnehmung von Einsamkeit stark assoziiert mit einer intensiveren Lebensreflexion (hier spezifisch mit der Auseinandersetzung mit Sinn und Bedeutung im Leben). Diese intensivere Wahrnehmung ist zudem (schwach) positiv mit wahrgenommenen Veränderungen im Faktor »Natur / Stille / Besinnung« assoziiert, während die Indikatoren sozialer Isolation damit negativ assoziiert sind (Tabelle 2). Im Vordergrund stehen bei diesem kontemplativen Faktor insbesondere die intensivere Wahrnehmung der Natur, bewusste Zeiten für Stille und das Genießen von »stillen Zeiten der Besinnung«, die positiv mit der Wahrnehmung von »Zeiten der Einsamkeit« assoziiert sind, während die anderen drei Indikatoren mit diesen negativ assoziiert sind. Das heißt, jemand kann sich bewusst Auszeiten der Stille (»in Einsamkeit«) nehmen, ohne dass dies sein Befinden beeinträchtigen würde, während die erlittene soziale Isolation und das erzwungene Abgeschnittensein vom Leben (mit anderen) und damit das Fehlen sozialer Kontakte das Befinden deutlich beeinträchtigt.

Tabelle 2: Zusammenhänge zwischen den verschiedenen Indikatoren der Einsamkeit und der Stille in der Gesamtgruppe (Korrelationsanalysen)

	nehme Zeiten der Einsamkeit intensiver wahr	es fehlen mir soziale Kontakte	fühle mich vom Leben abgeschnitten	empfinde mich als einsam und sozial isoliert
Ausprägung-Scores [Spannweite]	2,11 ± 1,26 [0–4]	2,41 ± 1,37 [0–4]	1,77 ± 1,48 [0–4]	36,39 ± 34,81 [0–100]
Indikatoren sozialer Isolation				
nehme Zeiten der Einsamkeit intensiver wahr	1,000			
es fehlen mir soziale Kontakte	,300**	1,000		
fühle mich vom Leben abgeschnitten	,361**	**,674****	1,000	
empfinde mich als einsam und sozial isoliert	,368**	**,653****	**,671****	1,000
Lebensqualitäts-Indikatoren				
Wohlbefinden (WHO-5)	-,202**	-,457**	**-,580****	**-,594****
Lebenszufriedenheit (BMLSS-10)	-,219**	-,406**	**-,531****	**-,531****
Unterstützungszufriedenheit				
Unterstützung durch Freunde	-.096**	-.267**	-.310**	-.329**
Unterstützung durch Religionsgemeinschaft vor Ort	-.020	-.183**	-.232**	-.221**
Wahrgenommene Veränderungen				
Natur / Stille / Besinnung (PCQ)	,231**	-,255**	-,330**	-,265**
Spiritualität (PCQ)	,186**	-,135**	-,196**	-,154**
Beziehungen (PCQ)	,121**	-,152**	-,243**	-,187**
Lebensreflexion (PCQ)	**,663****	,201**	,239**	,248**

Tabelle 2: Zusammenhänge zwischen den verschiedenen Indikatoren der Einsamkeit und der Stille in der Gesamtgruppe (Korrelationsanalysen) *(Fortsetzung)*

	nehme Zeiten der Einsamkeit intensiver wahr	es fehlen mir soziale Kontakte	fühle mich vom Leben abgeschnitten	empfinde mich als einsam und sozial isoliert
Nutzung digitaler Angebote (PCQ)	,155**	,035	-,042**	-,018
Gesundheitsverhalten				
Meditation	,113**	-,173**	-,219**	-,175**
Beten	,055**	-,143**	-,238**	-,198**
Alkoholkonsum	-,033*	,034	,008	,001
Stimmungsaufhellende Medikamente	,100**	,131**	,188**	,189**

**p < 0,0001 (Spearman rho); r-Werte > 0,5 sprechen für einen starken, r zwischen 0,3 und 0,5 für einen moderaten und r zwischen 0,2 und 0,3 für einen schwachen Zusammenhang; Zusammenhänge r < 0,2 sind marginal und damit wenig bedeutsam; starke Zusammenhänge sind fett hervorgehoben

3.4 Zusammenhänge zwischen Einsamkeit / sozialer Isolation und Gesundheitsvariablen sowie Gebet und Meditation

In Bezug zur Häufigkeit des Alkoholkonsums finden sich keine signifikanten Zusammenhänge mit den Indikatoren der Einsamkeit, während die Zusammenhänge für die Einnahme stimmungsaufhellender Medikamente zumindest marginal sind. Von denjenigen, die sich als einsam und sozial isoliert empfinden, nehmen 9 % täglich Stimmungsaufheller zu sich, 4 % der moderat und 3 % der Nicht-Einsamen; dieser Unterschied ist – auch in Bezug auf die »seltenere« Nutzung – signifikant ($p < 0,0001$; Chi^2). Von denjenigen mit geringem Wohlbefinden nehmen 8 % täglich entsprechende Stimmungsaufheller, 4 % derjenigen mit moderater Gestimmtheit und 2 % derjenigen mit hohem Wohlbefinden ($p < 0,0001$; Chi^2). Die Anteile sind also ähnlich verteilt. Hier könnte man vermuten, dass Einsamkeitsempfinden und/oder depressive Gestimmtheit der Grund für die Einnahme stimmungsaufhellender Medikamente ist, um der Belastung besser begegnen zu können.

Weitere Ressourcen könnten auch das Gebet oder die Meditation sein. Wer sich jedoch »vom Leben abgeschnitten« empfindet, der betet oder meditiert eher weniger; dieser Zusammenhang ist nur schwach und er wird marginal, wenn es um das Fehlen sozialer Kontakte und Einsamkeit / soziale Isolation geht. Hier hätte man vermuten können, dass das Gebet als Zuwendung zu Gott eine gewisse Bedeutung haben könnte, jedoch ließ sich das nicht generell zeigen. Über das

Empfinden des Abgeschnittenseins drückt sich wohl auch eine depressive Komponente aus, die das Gebet als Ressource in den Hintergrund treten lässt. Die Beziehungen zu Gott im Gebet ist ebenso schwerer geworden wie zu konkreten Anderen.

3.5 Zusammenhänge zwischen Einsamkeit / sozialer Isolation und Unterstützung durch Freunde und Religionsgemeinschaft

Die genannten Indikatoren sozialer Isolation (vom Leben abgeschnitten und Einsamkeit / soziale Isolation) hängen moderat negativ mit der Zufriedenheit mit der Unterstützung durch Freunde zusammen, das Fehlen sozialer Kontakte nur schwach negativ und die intensivere Wahrnehmung von »Zeiten der Einsamkeit« nicht relevant (Tabelle 2). Die Zufriedenheit mit unterstützenden Freunden ist bei den sich als einsam und sozial isoliert Empfindenden (die hier eher indifferent sind) also signifikant geringer als bei den Nicht-Einsamen (die hier »eher zufrieden« sind). Das heißt, die empfundene soziale Isolation aufgrund der Pandemie-bedingten Einschränkungen ist auch mit einer Unzufriedenheit mit Freunden, die ja durchaus da zu sein scheinen, assoziiert. Hier hätten ja auch virtuelle Kontakte über digitale Medien genutzt werden können, jedoch ist hier kein relevanter Bezug zu den Indikatoren der Einsamkeit und sozialen Isolation zu finden (Tabelle 2). Das heißt, digitale Medien wurden sowohl von den Einsamen als auch von den weniger Einsamen genutzt, um in Kontakt zu bleiben. Auch die Zufriedenheit mit der Unterstützung der Religionsgemeinschaft vor Ort, die sowieso nicht sehr groß ist (»indifferent«), ist bei den sich als einsam und sozial isoliert Empfindenden signifikant geringer (»eher unzufrieden«) (Tabelle 3); jedoch sind die Zusammenhänge nur schwach (Tabelle 2).

Tabelle 3: Ausprägung Wohlbefinden, Lebenszufriedenheit und Unterstützung durch Freunde oder Religionsgemeinschaft in Bezug zur empfundenen Einsamkeit und sozialen Isolation (Varianzanalysen)

		Lebensqualität		Zufriedenheit	
		Wohlbefinden (WHO-5)	Lebens-zufriedenheit (BMLSS-10)	Unterstützung durch Freunde	Unterstützung durch Religionsgemeinschaft vor Ort
alle	M	12,79	62,42	3,80	2,86
	SD	6,46	18,84	1,52	1,42
nicht einsam (0)	M	17,16	73,83	4,42	3,19
	SD	5,08	15,75	1,39	1,52

Tabelle 3: Ausprägung Wohlbefinden, Lebenszufriedenheit und Unterstützung durch Freunde oder Religionsgemeinschaft in Bezug zur empfundenen Einsamkeit und sozialen Isolation (Varianzanalysen) *(Fortsetzung)*

		Lebensqualität		Zufriedenheit	
		Wohlbefinden (WHO-5)	Lebens-zufriedenheit (BMLSS-10)	Unterstützung durch Freunde	Unterstützung durch Religionsgemeinschaft vor Ort
moderat einsam (10–50)	M	13,57	63,96	3,86	2,92
	SD	5,35	15,26	1,33	1,29
einsam (> 50)	M	7,63	49,58	3,14	2,41
	SD	5,49	18,43	1,64	1,41
F-Wert		1100,6	736,3	260,7	91,0
p-Wert		< ,0001	< ,0001	< ,0001	< ,0001

Abkürzungen: M – Mittelwert; SD – Standardabweichung

3.6 Verlauf der Indikatoren für Einsamkeit und sozialer Isolation während der unterschiedlichen Phasen der Pandemie

Das Empfinden der unterschiedlichen Aspekte von Einsamkeit und sozialer Isolation intensivierte sich im Lauf der Corona-Pandemie, wobei die zweite Welle mit dem zweiten Lockdown als »Kipp-Punkt« angesehen werden kann (Tabelle 4). Der sehr kurzen Erholungsphase im Februar folgte in den Monaten März bis Mai 2021 die dritte Welle, wobei auch hier die Ausprägung der genannten Indikatoren noch höher ist als zu Beginn der Erhebung, die dann jedoch leicht rückläufig ist. Dies fällt zusammen mit einer schrittweisen Aufhebung der Kontaktbeschränkungen in den Sommermonaten 2021 und einer zunehmenden Impfquote in der Bevölkerung. Dennoch scheint eine Grundangst noch da zu sein, da der Anteil der Personen mit geringem Wohlbefinden und Empfinden sozialer Isolation immer noch höher ist als nach dem ersten Lockdown. Lediglich die bewussten »Zeiten der Einsamkeit«, die einer größeren Eigenkontrolle unterliegen, sind wieder auf das Niveau nach der ersten Infektionswelle zurückgefallen.

4. Zusammenfassung und Ausblick

Aufgrund der Pandemiebedingten Kontaktbeschränkungen und der Zurückhaltung bei den sozialen Interaktionen zeigt sich eine deutliche Dynamik in der Ausprägung negativer Gestimmtheit und dem Empfinden von Einsamkeit und sozialer Isolation, die nicht durch die Lebensform als Single allein zu erklären ist.

Tabelle 4: Ausprägung verschiedener Indikatoren der Einsamkeit und der sozialen Isolation im Zeitverlauf (Varianzanalysen)

		nehme Zeiten der Einsamkeit intensiver wahr	es fehlen mir soziale Kontakte	fühle mich vom Leben abgeschnitten	empfinde mich als einsam und sozial isoliert
Spannweite		[0-4]	[0-4]	[0-4]	[0-100]
Insgesamt (n=4624)	M	2,41	2,11	1,77	36,39
	SD	1,37	1,26	1,48	34,81
Juni 2020 (nach der 1. Welle)	M	2,08	2,01	1,12	23,35
	SD	1,30	1,22	1,20	26,82
Juli bis September 2020	M	1,91	1,94	1,19	22,41
	SD	1,25	1,16	1,24	26,41
Oktober 2020 bis Januar 2021 (2. Welle)	M	2,88	2,22	2,35	49,52
	SD	1,31	1,35	1,51	36,68
Februar 2021	M	3,43	2,58	2,94	65,40
	SD	1,06	1,33	1,33	32,89
März bis Mai 2021 (3. Welle)	M	3,17	2,39	2,85	59,05
	SD	1,25	1,37	1,36	36,27
Juni bis Juli 2021	M	2,63	2,29	2,51	48,32
	SD	1,40	1,41	1,39	36,72
August bis September 2021 (4. Welle)	M	2,47	2,08	2,19	39,96
	SD	1,34	1,19	1,36	35,35
F-Wert		101,3	14,5	207,4	172,3
p-Wert		<.0001	<.0001	<.0001	<.0001

Abkürzungen: M – Mittelwert; SD – Standardabweichung

Hier kommen verschiedene Einflussfaktoren ins Spiel, die unterschiedliche Bedeutung haben. Viele nahmen sich selbstbestimmt eine Auszeit in Stille (im Sinne der Besinnung), während sich andere scheinbar ausgeliefert und von den sozialen Kontakten abgeschnitten und damit verlassen fühlten. Beide Qualitäten haben gegenläufige Zusammenhänge mit dem Befinden und der Lebenszufriedenheit.

Ob die so empfindenden Personen auch vorher schon eine eher depressive Grundstimmung hatten, die sich nun in der Pandemie verstärkt hat, ist unklar. Die Auswirkungen der Restriktionen werden von Personen mit »depressiver

Gestimmtheit« und Gefühlen sozialer Isolation deutlich stärker empfunden als von den anderen: In der »Dunkelheit« der Pandemie wird scheinbar auch das Besondere im Leben schlechter sichtbar (Büssing 2021a).

Digitale Medien wären eine Option, der empfundenen Einsamkeit und sozialen Isolation zu begegnen, die auch von vielen genutzt wurden, um in Kontakt zu bleiben. Denn einsam ist man, wenn niemand mehr zuhört. Niederschwellige Begegnungsmöglichkeiten über Kirchengemeinden wären eine weitere Option, jedoch war die Zufriedenheit mit der Religionsgemeinschaft vor Ort während der Pandemie nicht sehr groß (Büssing et al., 2021b); viele Vertreter der Kirche sind selber sprachlos geworden und viele Suchende haben sich von den Kirchen und von Gott abgewandt. Hier kommt auch die Theodizee-Frage ins Spiel. Es sollte jedoch der diakonische Auftrag der Kirchen unterstrichen werden, proaktiv auf diejenigen zuzugehen, die sich als »ausgeliefert« und »zurückgelassen« empfinden. Es lohnt sich, nicht nur den Fragenden, sondern auch den sprachlos Gewordenen zuzuhören. – Das Brüchige im Leben fordert heraus, und oft genug bleibt nur das gemeinsame Aushalten: »Wo bist Du Gott, ich suche Dich!« (Büssing 2021b).

Literatur

Büssing, Arndt/Hübner, Jutta/Walter, Stefanie/Gießler, Walter/Büntzel, Jens, *Tumor patients' perceived changes of specific attitudes, perceptions and behaviors due to the Corona pandemic and its relation to reduced wellbeing,* Frontiers in Psychiatry 11 (2020a), 574314. https://doi.org/10.3389/fpsyt.2020.574314.

Büssing, Arndt/Recchia, Daniela/Hein, Rudolf/Dienberg, Thomas, *Perceived changes of specific attitudes, perceptions and behaviors during the Corona pandemic and their relation to wellbeing,* Health and Quality of Life Outcomes 18 (2020b), 374. https://doi.org/10.1186/s12955-020-01623-6. (Abruf 06.12.2021).

Büssing, Arndt/Recchia, Daniela Rodrigues/Hübner, Jutta/Walter, Stefanie/Büntzel, Judith/Büntzel, Jens, *Tumor patients' fears and worries and perceived changes of specific attitudes, perceptions and behaviors due to the COVID-19 pandemic are still relevant,* Journal of Cancer Research and Clinical Oncology 147 (2021a), 1673–1683. https://doi.org/10.1007/s00432-021-03573-y (Abruf 06.12.2021).

Büssing, Arndt/Recchia, Daniela Rodrigues/Dienberg, Thomas/Surzykiewicz, Janusz/Baumann, Klaus, *Dynamics of perceived positive changes and indicators of wellbeing within different phases of the COVID-19 pandemic,* Frontiers in Psychiatry 12 (2021b), 12:685975. https://doi.org/10.3389/fpsyt.2021.685975 (Abruf 06.12.2021).

Büssing, Arndt, *Belastungen und wahrgenommene Veränderungen während der COVID-19-Pandemie. Bedeutung des Glaubens als haltgebende Ressource und Zufriedenheit mit der Unterstützung durch die Religionsgemeinschaft,* Wissenschaft und Weisheit 83 (2021a), 226–241.

Büssing, Arndt, *Empirische und qualitative Begründung des Erlebens von Phasen Geistlicher Trockenheit,* Theologische Literaturzeitung 146 (2021b), 645–654.

Einsam in der Pandemie. Eine Typologie nach Pu der Bär

Hans-Hermann Pompe

»Umso einsamer Menschen werden, desto schlechter finden sie sich im sozialen Gefüge zurecht, was wiederum ihre Einsamkeit verstärkt. Einsamkeit lagert sich an ihnen ab wie ein Sediment, umgibt sie wie eine Hülle, ein Schutzschild, der jeden Kontakt verhindert, sosehr dieser im Grunde gewünscht wird. Einsamkeit nährt sich aus sich selbst, mehrt und dehnt sich ins Unendliche. Hat sie einmal Besitz von einem Menschen ergriffen, lässt sie sich nur noch schwer abschütteln.«[1]

1. Wachsende Einsamkeit

Die Londoner Ökonomin Noreena Hertz hat in ihrem Bestseller *The Lonely Century* Signale weltweit wachsender Einsamkeit zu einem Bild einer sich immer mehr voneinander abkoppelnden Gesellschaft zusammengeführt.[2] Eine Fülle von Studien, Untersuchungen und Eigenbeobachtungen belegen ihre Grundthese, dass sie »Einsamkeit nicht nur als einen Mangel an empfundener Liebe, Gesellschaft oder Intimität« etwa im persönlichen Umfeld versteht, sondern auch als »ein Gefühl von mangelnder Unterstützung oder Vernachlässigung durch unsere Mitbürger, unsere Arbeitgeber, unsere Gemeinde, unsere Regierung.«[3] Ausführlich stellt sie Entwicklungen wie etwa Handysucht, Überwachung am Arbeitsplatz, Gig-Economy (Selbstständigkeit unter ungesicherten sozialen Sicherheiten) oder zunehmend kontaktlose Erlebnisse (verstärkt durch die Pandemie) als Auslöser wie als Verstärker wachsender Einsamkeit dar.

---

1 Laing, Olivia, *The Loneley City*, Edinburgh 2016, zit. nach: Honeyman, Gail, *Ich, Eleanor Oliphant*, Köln 2017 (dort als Buchvorspruch, o. S.).

2 Hertz, Noreena, *The Lonely Century*, London 2020. Zitate nach der deutschen Ausgabe: *Das Zeitalter der Einsamkeit. Über die Kraft der Verbindung in einer zerfaserten Welt*, (2. Aufl.) Hamburg 2021.

3 Hertz, 19.

Für Hertz liegt die Wurzel dieser Einsamkeitskrise in Grundtendenzen eines neoliberalen Kapitalismus, der die Freiheit des einzelnen begründet in »einer idealisierten Eigenständigkeit, dem Prinzip des schlanken Staates und einem rücksichtslosen Konkurrenzdenken, das Eigennutz über Gemeinschaft und Gemeinwohl stellt.«[4] Wenn wir füreinander eher Konkurrenten als Verbündete, Verbraucherinnen statt Bürgerinnen, Nehmer statt Geber sind, wird »eine solche ichbezogene Gesellschaft, in der Menschen meinen, an sich selbst denken zu müssen, weil es kein anderer tut, unweigerlich eine einsame Gesellschaft.«[5]

Aber mit wachsender Einsamkeit stehen nicht nur Gesundheit oder Beziehungen auf dem Spiel, nicht nur öffentliche Orte der Begegnung, soziale Netze oder menschenfreundliche Arbeitsplätze, sondern auch im Kern die Demokratie als Beteiligung an der und Verantwortung für die Gesellschaft. »Einsame Menschen legen oft einen Schutzpanzer an und versagen sich damit das Bedürfnis nach menschlicher Wärme und Gesellschaft«. Wenn aber die Verbindungen zwischen Staat und Bürgern sowie den Bürgern untereinander abbrechen,

> »wenn Menschen nicht daran glauben, dass der Staat sich um sie kümmert, und sich abgehängt oder alleingelassen vorkommen, dann führt das nicht nur zu gesellschaftlichen Spaltungen und Polarisierungen, die Menschen verlieren auch den Glauben an die Politik.«[6]

Wachsende Politikverdrossenheit wird, verstärkt durch die mit Covid-19 entstandene Angst vor Ansteckung durch Nähe zu Mitmenschen, ein fruchtbares Feld für Populisten, die Menschen gegen Schlüsselinstitutionen einer rechtstreuen und toleranten Gesellschaft wie freie Presse, Justiz oder Parlament aufbringen und damit sowohl den Zusammenhalt wie auch eine Kultur der Toleranz, des Verständnisses und der Fairness untergraben.[7] »Gefühle der Isolation und Entfremdung« spielen eine Schlüsselrolle bei der populistischen »Transformation unserer politischen Landschaft«.[8] Die große Herausforderung angesichts »der strukturellen Einsamkeitsauslöser«[9] sieht Hertz in einer gemeinsamen Verantwortung von Politik, Wirtschaft, gesellschaftlichen Gruppen und Einzelnen für ein fürsorgliches, empathisches und Verbindungen stärkendes Miteinander, das sich gesellschaftlichen Fehlentwicklungen aktiv entgegenstellt.

---

4 Hertz, 23.

5 Hertz, 26.

6 Hertz, 51 f.

7 Nach Hertz, 52.

8 Hertz, 57.

9 Hertz, 294.

2. Persönlichkeiten und Einsamkeitserfahrungen

In zwei weltberühmten Büchern um Pu den Bären hat Alan Alexander Milne angelehnt an die Spielfiguren seines Sohnes einen bezaubernden Kosmos typisch menschlichen Verhaltens geschaffen.[10] Die Figuren des Hundertsechzig-Morgen-Waldes erleben Abenteuer, feiern Feste, reisen ins Unbekannte, streiten und konkurrieren, versagen und gewinnen, spielen und erkranken – ihr Miteinander spiegelt auf kreative Weise Grundstrukturen des Lebens. Einsamkeit taucht bei allen auf, allerdings in sehr unterschiedlicher Art und Weise, manchmal offen, manchmal versteckt oder indirekt: es gibt unterschiedliche und auch mehrfache Einsamkeitserfahrungen.

Im Hintergrund dieses Spieltiere-Kosmos steht als einzige menschliche Leitfigur *Christopher Robin*, dem Sohn des Autors nachempfunden. Häufig taucht er als deus ex machina mitten in den größten Problemen auf und erlöst in seiner grundlegend optimistischen Art seine ängstlichen oder festgefahrenen Freunde. Er ist Leitungsinstanz, Inspirator (»Wir gehen auf eine Expedition«, 112), Hilfe in letzter Not und oft Tröster (»guter alter Pu«).

Pu der Bär (auch Winnie-der-Pu), die Titelfigur, ist ein kuschliger, dicker Teddybär mit sanftem und freundlichem Wesen. Seine größte Schwäche, mit Auswirkungen auf seine Körperform: er kann Honig nicht widerstehen. Pu will das Beste für seine Freunde, steht ihnen hilfsbereit zur Seite und gibt sein Bestes. Damit ist er allerdings durch seine Einfalt als Bär »von geringem Verstand« und seine Augenblickszentrierung nicht immer erfolgreich. Pu hat durchaus tiefe philosophische Gedankengänge, die sich abwechseln mit seiner lyrischen Ader: Er dichtet sehr gerne, summt die Lieder, und seine Freunde dienen dann als – manchmal unwillige – Ersthörer. Selbstzweifel sind ihm nicht fremd: »Ich war ein verblendeter Narr, ... ich bin ein Bär ohne jeden Verstand« (50), verschwinden aber durch ein freundliches Wort seines Idols Christopher Robin: »Du bist der beste Bär der Welt« (50). Pus Einsamkeit ist der Selbstzweifel – und gelegentlich sein kaum kontrollierbarer Umgang mit Süßem.

Pus bester Freund ist *Ferkel* (»Piglet«), ein kleines, oft zögerliches und ängstliches Schweinchen. Es wohnt »in einer großartigen Wohnung inmitten einer Buche« (42), die es penibel sauber hält. In Pus Gesellschaft ist Ferkel durchaus mutig, so folgen die beiden einer fremden Spur, überlegen, ob es eine unbekannte Gefahr, »ein Wuschel« sein könnte? »Manchmal ist es das und manchmal ist es das nicht. Bei Pfotenabdrücken kann man nie sicher sein« (44). Sie treffen im Kreis laufend bald wieder auf ihre eigenen Spuren, verfolgen also

[10] Milne, Alan Alexander, *Winnie-the-Pooh* (1926), dt: *Pu der Bär*; ders., *The House at Pooh Corner* (1928), dt: *Pu baut ein Haus*. Zitate und Seitenangaben im Text nach der Gesamtausgabe beider Bücher in der Neuübersetzung von Harry Rowohlt (Atrium, Zürich 1987/1988), Omnibus, München 2007.

eine mit jeder Runde wachsende Menge unbekannter Wesen, so dass Ferkel dringend, aber ohne Gesichtsverlust (»mir ist gerade etwas eingefallen, was ich ... vergessen habe ... Ich sollte es jetzt tun«, 49) aus der wachsenden Gefahr auszusteigen sucht. Als Pu beschließt, ein Heffalump, ein fiktives Wesen der Fantasie von C. Robin zu fangen, stimmt Ferkel nur deshalb nicht sofort zu, weil es »wünschte, es wäre selbst zuerst darauf gekommen« (63). Als Pu in der mühsam gegrabenen Falle selber mit einem Honigtopf über dem Kopf festsitzt, hält Ferkel ihn für ein riesengroßes Heffalump und rast voller Angst zu Christopher Robin. Für beide löst sich das Rätsel, als der Topf zerspringt und die Gefahr sich als Freund entpuppt. »Da sah Ferkel, was für ein törichtes Ferkel es gewesen war, und es schämte sich so sehr, dass es auf dem kürzesten Weg nach Hause lief und sich mit Kopfschmerzen ins Bett legte.« (75) Ferkels Einsamkeit ist seine Ängstlichkeit, die es nicht loswird, obwohl es sich dafür schämt.

Kaninchen ist sehr geerdet, meist beschäftigt, einfach und klar, tritt oft mit einer größeren Verwandtschaft auf. Es liebt Pläne und Systematik, wacht auf mit dem »Gefühl, als hinge alles von ihm ab. Es war genau der Tag, um etwas-zu-organisieren oder etwas-gez.-Kaninchen zu verfassen oder herauszufinden, was-alle-andern-davon-hielten.« (230) Als Pu bei einem Besuch sich an Kaninchens Honig völlig überfressen hat, steckt er in dessen Höhleneingang fest. Pus Ärger: »Das kommt daher, dass man Vordereingänge hat, die nicht groß genug sind« wird pädagogisch korrigiert: »Das kommt daher, dass man zu viel isst« (38). Allerdings hält Kaninchen den Hausbesetzer klaglos aus, nutzt seine Hinterbeine in der Höhle pragmatisch als Handtuchhalter und hilft, den eine Woche auf Diät gesetzten Bären aus der selbst verschuldeten Klemme herauszuziehen. Kaninchen steht für den rationalen Weg, möchte drohende Einsamkeit rechtzeitig durch Tun, Planen und Handeln verhindern.

Eule ist die Intellektuelle, Spiegelbild einer gelegentlich auch beängstigenden Mentorin-Wissenschaftlerin. Ihre Weisheit (sie kann sogar ein wenig schreiben!) wird nicht in Frage gestellt, auch wenn sie sich schnell in komplizierten und kaum hilfreichen Erklärungen verliert. Wird sie ignoriert oder unterbrochen, kann sie durchaus verschnupft reagieren. Als ein Eselschwanz verloren geht, gilt sie als natürliche Kompetenz, denn »wenn irgendwer irgendwas über irgendwas weiß«, sagt sich der Bär, »dann ist es Eule, die was über was weiß«. (54). Das Problem: Sie entwickelt hier einen komplizierten Plan, verliert aber des Bären Aufmerksamkeit, denn sie »sprach immer weiter und benutzte immer längere Worte, bis sie zum Schluss dorthin zurückkam, wo sie angefangen hatte« (58). Den von ihr ungewollt als Klingelzug zweckentfremdeten Eselsschwanz bringt dann der Bär zurück zum dankbaren Esel. Eule ist die einsame Intellektuelle, die andere durch ihre insgesamt durchaus relative Klugheit beeindrucken will, auch mal angefressen vom Gefühl, dass man sie darin nicht ernst genug nimmt.

Den Pessimisten und Resignierten spielt der *Esel I-Ahh.* Er nimmt immer das Schlimmste an, erwartet kategorisch, dass er übersehen oder nicht beteiligt wird.

Als er den Verlust seines Schwanzes wahrnimmt, gibt es nur eine Erklärung: »›Jemand muss ihn genommen haben‹, sagte I-Ahh. ›Das sieht ihnen ähnlich‹, fügte er nach langem Schweigen hinzu.« (53) I-Ahs Einsamkeitserfahrung ist die des tiefen Pessimismus: Es kommt immer schlimmer als man denkt, und in jedem Fall gehöre ich zu den Verlierern.

Irgendwann tauchen *Känga* und ihre Tochter *Ruh* auf – zunächst sehr zum Unwillen der Alteingesessenen. Kaninchen stellt für alle fest: »Hier. Sind. Wir. Wir alle. Und dann, plötzlich, wachen wir eines Morgens auf und was finden wir? Wir finden ein fremdes Tier unter uns. Ein Tier, von dem wir nie auch nur gehört haben.« (92) Känga und Ruh aber finden bald Freunde und beleben die Gesellschaft. Känga als alleinerziehende überbesorgte Mutter, die ihr ins Wasser gefallenes Kind hektisch fragt: »Bist du sicher, dass es dir gut geht, Ruh, mein Liebling?« (123), und Ruh, das hyperaktive Kind, das einen Bach einfach ausprobieren muss, weil es das will, während seine Mutter es retten lässt und anschließend mit Medizin versorgt. Känga lebt für ihre Tochter, ihre ständige Besorgnis vertreibt mögliche Einsamkeiten. Ruh ist die personifizierte Sorglosigkeit, die um ihren Anteil an Aufmerksamkeit kämpft und allen gefallen will.

Im zweiten Band betritt auch noch *Tieger* (»tigger«) die Bühne, ein explosives, ungestümes Wesen, die Essenz von ungebändigter Kraft, großer Lebenslust und pubertärer Selbstüberschätzung. Kleinere Wesen ängstigt Tieger ein wenig, weil er »ein sehr ungestümes Tier war und eine Art hatte, Guten-Tag-wie-geht's zu sagen, dass man danach immer die Ohren voller Sand hatte« (218). Zu seinen Einsamkeiten gehören die zeitweilig vergebliche Suche nach Essen, das Tiegern schmeckt oder die Ausweglosigkeit von selbstverschuldeten Sackgassen, wo man zwar auf Bäume hinauf, aber nicht mehr herunterkommt.

3. Barmherzig miteinander sein

Elisabeth von Thadden hat vorgeschlagen, Milnes Buch Pu der Bär zu lesen als Trost für von Umbrüchen Angefochtene. Das Ich kann als eine Komposition verschiedener Aspekte verstanden werden,

> »zusammengesetzt aus Pu (eher geringer Verstand), Ferkel (sehr ängstlich), Eule (weise, aber orthografisch nicht sattelfest), Tiger (hyperaktiv), I-Aah (depressiv) und Kaninchen (nett, ordnungsfixiert), ja, klar, aus all den anderen auch. Und die Welt, desgleichen: wäre nach diesem Ur-Buch gebaut.«[11]

---

[11] von Thadden, Elisabeth, *Denn das Ich ist eine Komposition*, ZEIT 27 (1. Juli 2021) https://www.zeit.de/2021/27/literatur-lebensentscheidende-lektuere-buecher-glueck#denn-das-ich-ist-eine-komposition (Abruf 08.01.2022).

Wie tröstlich und freundlich kann eine ökologisch, pandemisch oder sozial aus den Fugen geratende Welt wirken, in der unsere Gefühle, Vorhaben und Reaktionen all diese Aspekte unserer Persönlichkeiten wie Angst, Neugier, Pessimismus oder Weisheit umfassen und ausdrücken dürfen. Und die Gefühle, Vorhaben und Reaktionen der anderen können ebenfalls als Komposition wahrgenommen werden – mit der jeweiligen Chance zu Umkehr und Veränderung.

Menschen »sind nur schwer zu fassen«, die theologische oder philosophische Tradition hat ihnen zugeschrieben: »Der Mensch ist nicht zu definieren. Er ist das nicht festgestellte Tier, das immer auch noch anders sein kann als es zu einem bestimmten Zeitpunkt zu sein scheint.«[12] Menschen werden nicht festgelegt auf ihre jeweilige Stimmung oder ihr Verhalten, biblisch gesagt: Sie haben die Chance auf Veränderung, auf Umkehr, können sich am Reich Gottes orientieren. Sie »haben ein Differenzpotential, das für Menschen charakteristisch zu sein scheint: nicht so sein zu müssen, wie wir erscheinen. Wir können und könnten immer auch anders sein. Wir sind nur schwer zu fassen.«[13] So ist Umkehr für Jesus die entscheidende Reaktion auf die gute Nachricht von Gottes Nähe. (Mk 1,14 f)

Dann dürfen viele Einsamkeiten – die eigenen wie die anderer – im Spiegel dieses Spieltier-Kosmos barmherzig gesehen werden als Erfahrungen oder Reaktionen, die nicht für immer festlegen, sondern Aufbruch erlauben und Verantwortung neu zusprechen. Biblisch gibt es die Einladung Jesu, vor Gott wie Kinder zu leben. (Mt 18,3) Pu etwa macht die tröstliche Erfahrung, »mit Kaninchen spreche ich richtig gern. Es spricht über vernünftige Sachen. Es verwendet keine langen schwierigen Worte wie Eule. Es gebraucht kurze, leichte Worte, zum Beispiel [...] ›Greif zu, Pu‹«. (214 f) Barmherzige Literatur wie Pu der Bär spiegelt die biblische Chance, die eigenen Grenzen und Einsamkeiten nicht zu verstecken, sondern als Teil unserer Persönlichkeit zu akzeptieren und tröstliche soziale Nähe zu suchen. Und berührt damit die uralte Sehnsucht aller Zeiten, in Gemeinschaft mit Gott und anderen blühendes Leben zu erfahren, »das schön, überfließend, grenzüberschreitend und versöhnend ist«.[14]

---

12 Dalferth, Ingolf U., *Sünde. Die Entdeckung der Menschlichkeit*, Leipzig 2020, 25 f.

13 Dalferth, 25.

14 Volf, Miroslav und Croasmun, Matthew, *Für das Leben der Welt. Ein Manifest zur Erneuerung der Theologie*, Münster 2019, 6.

Einsamkeit im Altenpflegeheim, insbesondere zu Coronazeiten – Das Ethikcafé als Kommunikationsraum

Birgit Inerle

Einsamkeit ist im Altenpflegeheim stets präsent. Aufgrund der Corona-Pandemie schaut ein großer Teil der Gesellschaft auf dieses Phänomen. Die Themen der alten Menschen rücken in den Fokus. Was bedeutet Einsamkeit im Altenheim? Was sind Gründe? Wie können wir unterstützen? Welche Aufgabe kommt der Seelsorge zu?

Vorwort

»Einsamkeit« im Altenheim verwundert niemanden. Gerade dort vermutet man sie besonders. Bis zum Ausbruch der Corona-Pandemie geschah der Blick auf dieses Phänomen vermutlich nur von denen, die direkt mit dem System »Altenpflegeheim« zu tun hatten oder von denen, die sich damit wissenschaftlich auseinandersetzten. Andere verschlossen eher die Augen. Nun hat die Corona-Pandemie alles auf den Kopf gestellt. Kaum eine Gruppe wie die der Altenheimbewohner*innen war plötzlich so sehr im Blick und bekam so viel Empathie. Die Abschottung, die Besuchsverbote, die hohen Corona-Ausbrüche, die hohen Todeszahlen ließen die Gesellschaft nicht ›kalt‹.

Der Situation in den Einrichtungen wurde unterschiedlich begegnet. Den Einrichtungsleitungen kam und kommt hier eine entscheidende Rolle zu. »Sorge vor Stigmatisierung, Isolation und Besuchsverbote um jeden Preis, das Mögliche möglich machen«, all das und noch viel mehr waren Haltungen, mit dieser bislang nie gekannten Dimension umzugehen.

Einige Einrichtungen, so auch die »meine«, arbeiteten lösungsorientiert, haben stets das Ganze, die gesamte Einrichtung, Bewohner*innen, deren Angehörige, die Mitarbeitenden und deren Wohlergehen im Blick gehabt.

So kann ich berichten, dass die Einrichtungsleitung unseres Hauses dankbar für die Gründung eines Ethikcafés war, das Menschen unterschiedlicher Professionen und aus unterschiedlichen Blickwinkeln regelmäßig unter meiner Moderation zusammengeführt hat, damit man sich zu Themen, die die Pandemie hervorgebracht hat, austauschen konnte. So beschäftigte sich das erste sogenannte ›Ethikcafé‹ mit dem Thema »Einsamkeit in der Zeit der Pandemie«. Die Idee zu diesem Projekt stammt von der Bischöfin unserer Landeskirche Kurhessen Waldeck, Frau Prof. Dr. Beate Hofmann.

Anhand meiner eigenen Erfahrungen berichte ich in Teilschritten, wie ich Einsamkeit im Altenheim wahrnehme, welch großer Stellenwert Einsamkeit in der Pandemie zukam und letztlich immer noch zukommt. Zusammenfassend werde ich von der Austauschrunde des Ethikcafés berichten.

Einsam im Altenpflegeheim

Dass alte Menschen, die in einem Altenheim oder auch im Betreuten Wohnen leben, manchmal einsam sind, verwundert niemand. Vieles hat sich gerade durch den Umzug in die Einrichtung (dramatisch) geändert. Gewohnte und geliebte Lebensverhältnisse, die ›Wurzeln‹, haben die Bewohner*innen hinter sich lassen müssen. Das, was jahrzehntelang Heimat war, ist weit weg und nie mehr erreichbar. Kinder leben oft über das Land oder gar Kontinente hinweg verstreut, kommen selten zu Besuch. Menschen aus der eigenen Generation oder gewohnten Lebensbezügen, über Jahre gewachsen, sind verstorben, man kommt sich ›übrig‹ vor. Dieses Phänomen beinhaltet oft das Fehlen von Menschen der eigenen Generation, mit denen man gemeinsame Themen oder gemeinsam Erlebtes teilen kann. Krankheiten und Einschränkungen (Demenz, Immobilität, Sinneseinschränkungen wie Schwerhörigkeit oder schlechtes Sehvermögen) machen die Teilhabe und Gemeinschaft mit den anderen schwer. Die Themen der anderen Bewohner*innen und Mitarbeitenden sind nicht immer die, die jedermanns Thema sind. Technik und Digitalisierung erschweren die Teilhabe an den Themen der anderen, was sich in der Zeit der Corona-Pandemie deutlich gezeigt hat, als gerade durch die mangelnde Technikkompetenz oder das Nichtvorhandensein entsprechender Geräte kaum oder gar keine Kommunikation möglich war.

Das sind einige Fakten, die Bewohner*innen von Altenpflegeeinrichtungen betreffen. Vieles von dem lässt sich auch auf alte Menschen übertragen, die noch zuhause leben. Und dennoch möchte ich konstatieren, dass Einsamkeit in dieser Altersgruppe wie in der Gesamtgesellschaft auch, kein allgemeines, für alle gültiges Phänomen ist. Man kann es nicht pauschalieren. Nicht alle Menschen, die in einer Einrichtung leben, sind einsam. Die Gründe und Auslöser für Einsamkeit sind im Alter jedoch andere als die in anderen Lebensphasen, so wie oben bereits beschrieben.

Ich bin seit vielen Jahren Pfarrerin in einer großen Altenpflegeeinrichtung in Kassel. Die Einrichtung bietet Wohnformen für pflegebedürftige und weitestgehend selbständige alte Menschen an, die (noch) in ihren eigenen Wohnungen leben. Auch ihnen wird vonseiten der Einrichtung über ambulante Pflege und sogenannte Alltagsbetreuung Hilfe und Unterstützung in unterschiedlichen Stufen gewährt.

In meiner Seelsorge begegnen mir immer wieder Menschen, die einsam sind, traurig und darüber wenig sprachfähig. Die Einsamkeit selbst erfahre ich durch sensibles Hinhören und Hinspüren. Fast niemand sagt »Ich bin einsam«. Über Einsamkeit zu sprechen, ist für viele Bewohner*innen nicht leicht.[2] Die Menschen berichten eher über Begleiterscheinungen der Einsamkeit.

Einsam unter Vielen

Im Altenheim leben viele Menschen, man ist hier nicht allein, das ist wohl wahr. Zahlreiche Bewohner*innen, viele Mitarbeitende, Besuch von außen, ein stetes Kommen und Gehen.

Aber was ist, wenn einem die Gemeinschaft nicht gefällt? Wenn mir die Nachbarin nicht passt? Wenn ich mich nicht an die Strukturen, den Tagesablauf, gewöhnen kann? Wenn ich nicht mehr alles mitbekomme, weil ich nicht mehr so gut hören, nicht mehr richtig sehen, nicht mehr so flugs denken kann? Wenn mich selbst niemand mehr besucht oder nur selten? Oder weil ich mir mein Alter, meinen letzten Lebensabschnitt niemals so vorgestellt habe? Weil ich niemals in einem Altenheim leben wollte? Diese sind nur wenige Aspekte, die virulent sind, wenn Menschen sich in einer Altenpflegeeinrichtung unwohl oder einsam fühlen. Sie gilt es ernst zu nehmen! Jede*r lässt sich von Gefühlsstimmungen und eigenen Einstellungen leiten, auch hier im Pflegeheim und das hat seine Berechtigung. Nur – was können dann die Folgen sein?

Ich berichte zunächst von Heimbewohner*innen, die mit den Folgeerscheinungen des Alters zu »kämpfen« haben und bisweilen gelegentlich oder auch permanent einsam sind.

Fallbeispiele

Frau E. ist 96 Jahre alt, herzkrank und dennoch ziemlich vital. Sie ist eine von neun Geschwistern, von ihnen lebt niemand mehr, sie ist übriggeblieben, wie sie selbst sagt. Eigene Kinder hat sie keine, jedoch ein gutes Verhältnis zu Nichten und Neffen, die weit weg wohnen, aber gut Kontakt über Telefon zu ihr halten, sie auch gelegentlich besuchen. Darüber ist sie froh und dankbar dafür.

Frau E. nimmt an vielen Gruppenangeboten teil, ist freundlich zu den anderen Bewohner*innen, gut integriert in die Gruppe. Ihr Halt in ihrem Leben ist ihr fester Glaube, den sie von der Mutter vermittelt bekommen hat. Regelmäßig besuche ich Frau E. auf ihrem Zimmer und bei einem Treffen bricht es regelrecht aus ihr heraus: Sie leidet darunter, dass niemand von ihren Geschwistern mehr da ist, niemand, mit denen sie sich austauschen kann über das gemeinsam Erlebte und darüber, wie es ihr heute geht. Sie spricht von Verlorenheit und Traurigkeit, vom Alleinsein.

Ja, in der Gruppe der Bewohner*innen fühlt sie sich wohl, aber das ist nicht das Eigentliche, was sie braucht: Nähe und Gesprächsmöglichkeit mit denen, die ihr wahrhaftig nahestehen, mit denen sie Geschichte und früheres Leben teilt. Ich nehme das sehr ernst und spreche mit ihr darüber, zeige ihr, dass ich das nachvollziehen kann. Für den Moment hilft Frau E. das Gespräch mit mir, der Pfarrerin, in dem sie die Möglichkeit bekommt, über ihre wahren Gefühle zu reden. Ich fasse ihre Gedanken und Sorgen in einem freien Gebet zusammen, das ich gemeinsam mit ihr bete. Frau E. hilft das, die Zuhörerin und das Gebet vor Gott. Es hilft ihr für den Moment, jedoch nicht auf Dauer; die Einsamkeitsgefühle kommen immer wieder.

Frau K. ist 81 Jahre alt, wohnt seit zehn Jahren im Betreuten Wohnen. Sie ist eine sehr rege Frau, fühlt sich wohl in dem Haus, in dem sie wohnt, hält Kontakt zu Mitbewohner*innen, ebenfalls zu weit entfernten Verwandten, über Telefon und auch Briefe. Sie ist oft krank, wovon sie viel erzählt.

Verheiratet war sie nie, Kinder hat sie auch keine.

Frau K. besucht das Ethikcafé regelmäßig und beteiligt sich intensiv. Dort hat sie von der Einsamkeit in der Zeit des Lockdowns berichtet. Schwer war es, so sagt sie, niemanden zu Besuch empfangen zu können und niemanden besuchen zu dürfen. Außerdem hatte sie Angst, wie so viele andere, etwas falsch zu machen und sich mit dem Virus zu infizieren. Deswegen ist sie zuhause geblieben. Aber sie hat sich Strategien überlegt, gegen die Isolation und Vereinsamung vorzugehen. Alte Fotos hat sie herausgeholt, Briefe geschrieben, zu Menschen Kontakt aufgenommen, zu denen sie lange keinen Kontakt mehr hatte. Und sie hat anderen Menschen am Telefon Tipps gegeben, wie sie sich verhalten können, was sie tun können, um nicht zu vereinsamen. Mein Eindruck ist, dass Frau K. es gut verstanden hat, auf eigene Ressourcen zurückzugreifen, um gut mit der Situation umgehen zu können, um hindurchzukommen. Das Wunderbare ist, dass sie gleichzeitig auch Ressourcen für andere Menschen sucht und anbietet. Alle anderen Teilnehmenden des Ethikcafés sind von dieser Strategie beeindruckt.

Vor einigen Tagen habe ich Frau K. in ihrer Wohnung besucht, worüber sie sich sehr gefreut hat. Sie berichtet Ähnliches wie im Ethikcafé, zu wem sie momentan Kontakt hat, dass sie zwischenzeitlich im Krankenhaus war, und nun wieder allein zuhause ist. Aller Schwung, den sie im Ethikcafé vermittelt hat, ist dahin. Sie ist traurig und fühlt sich einsam, weil eigentlich »niemand mehr da ist, alle sind verstorben und sie muss sich so abmühen, Kontakt zu halten«. Es ist so anstrengend.

Eine ganz andere Tonlage als im Gesprächskreis des Ethikcafés.

Frau P. lebt seit 14 Jahren mit ihrem Ehemann im Betreuten Wohnen unserer Einrichtung. Beide stammen aus Rumänien, sie aus Siebenbürgen, er ist rumänischer Staatsbürger, Kinder haben die beiden keine. Eine große Zufriedenheit zeichnet beide Eheleute aus. Seit 1992 leben die beiden in Deutschland und fühlen sich wohl. Jahrelang haben sie eine intensive Beziehung zu den näheren Verwandten wie Geschwistern und deren Kindern geführt. Nun ist Frau P. 99 Jahre alt, ihr Ehemann 92 Jahre alt. Herr P. ist schon seit Jahren sehr krank, dank »eiserner Disziplin« und der sehr guten Fürsorge seiner Frau hat er sich immer wieder »hochgerappelt«. Nun, nach 1 1/2 Jahren Pandemie und den damit verbundenen zahlreichen Einschränkungen und Verunsicherungen sind auch die beiden sehr verunsichert und fühlen sich isoliert. Sie haben Angst, sich zu infizieren und zu erkranken, die Nichten und Neffen haben Angst, die alten Eheleute möglicherweise zu infizieren. Ein unguter Kreislauf für die beiden, denn sie sind sichtlich resigniert und auch kränker und schwächer geworden, vermutlich nicht nur durch das hohe Alter, denn Frau P. berichtet davon, dass ihr nur noch die Gedanken an früher helfen. An ihr Lebensumfeld im damaligen Rumänien, die Erlebnisse mit den Menschen im Dorf, auch die Deportation nach Russland. Selbst die bezeichnet sie als längst nicht so schlimm wie die jetzige Situation, in der man so isoliert ist und total vereinsamt. Sie spricht direkt von Vergessenheit durch die anderen und der davon ausgehenden Vereinsamung. Telefonieren hilft da wenig.

Einsam(er) daheim oder in Pflegeheimen?

Die Restriktionen der Pandemie isolieren gerade die alten Menschen, die allein in ihren Wohnungen leben und weder digitale Technik beherrschen noch mobil genug sind, die Wohnung zu verlassen. Das gilt nicht nur für Menschen im Betreuten Wohnen einer Einrichtung, sondern sicher auch für die Vielen, die in den Gemeinden in ihren Wohnungen leben und nicht auf sich aufmerksam machen (können). Die Aussagen und das Empfinden der Menschen zum Einsamkeitsgefühl, die direkt in einer Pflegeeinrichtung leben und arbeiten, unterscheiden sich gravierend von denen, die noch selbständig oder weitestgehend selbständig leben. Viele der Bewohnerinnen und Bewohner heben positiv hervor, dass sie eine Tagesstruktur durch das Leben im Altenheim haben, sich als »Gemeinschaft« empfinden – wenngleich das Miteinander nicht immer einfach sei –, und dass Alltagsbegleitende als Gesprächspartner zur Verfügung stehen. Schwer wogen die Restriktionen für Menschen in Pflegeeinrichtungen vor allem deswegen, weil sie keinen direkten Kontakt zu ihren Kindern und anderen Verwandten hatten. Bei der Überbrückung geholfen haben die Mitarbeitenden – beim Telefonieren oder vor allem bei der Benutzung von I-Pads.

Ich stelle also ein völlig anderes, abweichendes Meinungsbild im Vergleich zu jenem fest, das zur Hoch-Zeit der Pandemie in Presse, Fernsehsendungen und anderen Medien vermittelt wurde. Die Restriktionen und Auswirkungen der Pandemie waren und sind für alte Menschen, die noch selbständig sind und allein wohnen, schwieriger zu ertragen gewesen als für die Bewohner*innen von Pflegeheimen. Gerade diese – mehr oder weniger selbständig lebenden – Menschen, waren oft auf sich gewiesen, haben sich allein gelassen gefühlt, sind einsam gewesen. Die Bewohner*innen des Pflegeheims hingegen hatten sicher auch unter den Einschränkungen zu leiden, waren aber durch die vorgegebene Struktur der Einrichtung und vorhandene Gemeinschaft längst nicht so gefährdet gewesen, in eine Einsamkeit und die damit verbundenen möglichen Auswirkungen wie Depression oder gar Suizidalität ›abzurutschen‹.

Einsamkeit in Zeiten der Pandemie – aus unterschiedlichen Blickwinkeln schauen Menschen im Ethikcafé gemeinsam auf das Thema Einsamkeit

Die Einsamkeit hat in Zeiten der Lockdowns vor allem die Bewohner*innen des Betreuten Wohnens getroffen. Die Mitarbeitenden der Wohnbereiche und auch die Bewohner*innen des Altenpflegeheims, die das Ethikcafé besuchen, berichten, dass sie durchaus Sorge hatten, als sie während eines Corona-Ausbruchs im Heim für 14 Tage auf ihren Zimmern bleiben mussten. Während des sonstigen Lockdowns, als man sich wie gewohnt begegnen konnte und miteinander essen und reden konnte, war es längst nicht so schlimm. Außerdem berichten einige, sie hätten z.B. im Krieg wesentlich Schlimmeres erlebt und überlebt. Die vertrauten Menschen wie Pflegepersonal, Reinigungspersonal, Pfarrerin etc. hätten über Vieles hinweggeholfen. Sie haben Sicherheit und Struktur in einer Zeit der Verunsicherung gegeben.

Auch die Mitarbeitenden berichten von einer einschneidenden Erfahrung. Unter viel Arbeitsaufwand und mit viel Kreativität haben sie es sich zur Aufgabe gemacht, den Bewohner*innen in dieser schwierigen Situation das Bestmögliche anzubieten, sowohl mit Inputs von innen (Alltagsbegleitung) als auch mit möglichst vielen Inputs von außen (Unterstützung mit digitalen Medien, Telefonate für Bettlägerige, Andachten in Form von Podcasts). Für die dementen Bewohner*innen sah es gewiss anders aus: aufgrund ihrer kognitiven Einschränkungen haben sie nicht verstehen können, warum der Besuch, die Tochter, der Neffe plötzlich nicht mehr kommt. Sie waren spürbar verunsichert. Manche haben einen Hospitalismus entwickelt, der dauerhaft angehalten hat. Die Mitarbeitenden berichten, das Team hätte niemals zuvor so gut funktioniert; die einzelnen Bereiche, wie Pflege und Alltagsbegleitung hätten viel mehr aufeinander geachtet und sich wertgeschätzt und alle miteinander tatsächlich im Team gearbeitet.

Ich weiß, dass diese Situation, die ich beschreibe, längst nicht in allen Einrichtungen vorgeherrscht hat und vorherrscht. Denn dann hätte das, was in den Medien berichtet wurde, nicht der Realität entsprochen. Auch ich weiß natürlich von Einrichtungen mit überlasteten Mitarbeitenden. Von Einrichtungen, die die Bewohner*innen stets voneinander isoliert hatten, damit die Gefahr der gegenseitigen Ansteckung möglichst gering blieb, wo niemals miteinander gegessen werden durfte, wo man sich nicht mehr begegnen durfte. Diese so belastenden Faktoren führen gewiss zu Vereinsamung mit gravierenden Folgen wie Depression, Nachlassen von kognitiven Fähigkeiten, Mobilitätsverschlechterung, Perspektivlosigkeit.

Die Aufgabe der Seelsorge

Seelsorge hat in der Zeit der Pandemie eine besondere Rolle gespielt. Viele gesellschaftliche Erwartungen sind an die Seelsorge gerichtet worden. Und oft genug ist ihr vorgeworfen worden, nicht genügend präsent zu sein. Meiner Beobachtung nach traf und trifft dies nicht zu. Immerhin, so belastend diese Vorwürfe auch waren, gab es diese gesellschaftliche Erwartungshaltung, gab es die Hoffnung, dass von Seelsorge Hilfe und Entlastung ausgehen könne.

Aufgabe der Seelsorge in den Einrichtungen war es insbesondere, den Bewohner*innen und auch Mitarbeitenden das Gewohnte, seelsorgliche Gespräche, Gottesdienste, Andachten, weiterhin unter Einhaltung der Hygienemaßnahmen anzubieten. Im besten Falle präsentisch, ansonsten mit anderen Mitteln wie Podcasts oder Andachten, die von Mitarbeitenden vorgelesen wurden. Hier hat sich deutlich gezeigt, welche Rolle die Seelsorgerin/der Seelsorger innerhalb des Teams spielen: Bei schon immer vorhandener selbstverständlicher Teamzugehörigkeit gehörte die Pfarrerin oder der Pfarrer auch nun selbstverständlich während der Besuchsverbote zum Team dazu und konnte wie gewohnt ihren oder seinen Dienst verrichten. Dieser Dienst bestand im Zuhören, Hoffnung geben, Mitaushalten und -stärken und bei mancher Einrichtung auch im sensibel auf Punkte aufmerksam zu machen, um möglichen Schaden von den Bewohner*innen abzuwenden.

Seelsorge konnte auch ganz praktisch als »Scharnierstelle zwischen innen und außen« fungieren, nämlich als Botschafter*in zwischen den Bewohner*innen und ihren Angehörigen. Gerade diese Vermittlung kam eine besondere Bedeutung zu; waren doch viele Angehörige verunsichert, wie es Mutter oder Vater geht.

Literatur

Hertz, Noreena, *Das Zeitalter der Einsamkeit*, London 2020.

Kinnert, Diana, *Die neue Einsamkeit*, Hamburg 2021.

Spitzer, Manfred, *Einsamkeit - Die unerkannte Krankheit*, München 2018.

Hax-Schoppenhorst, Thomas, (Hg), *Das Einsamkeits-Buch. Wie Gesundheitsberufe einsame Menschen verstehen, unterstützen und integrieren können*, Bern 2018.

Gemeinsam statt einsam – die Perspektive der Älteren

Franz Müntefering und Silke Leicht

Als BAGSO – Bundesarbeitsgemeinschaft der Seniorenorganisationen – vertreten wir die Interessen der Seniorinnen und Senioren in unserer Gesellschaft. Wir respektieren und beachten auch die Interessen anderer Generationen. Aber es gibt altersspezifische Lebenssituationen, die spezielle Aufmerksamkeit und auch Antworten erfordern.

Einsamkeit im Alter ist eine Herausforderung, der wir uns jetzt und in der kommenden Zeit verstärkt stellen müssen. Sie betrifft viele ältere und alte Menschen. Aber was verstehen wir unter Einsamkeit?

Der alte Brockhaus[1] schreibt der Einsamkeit recht unterschiedliche Wertbetonungen zu, etwa im religiösen Bereich als Hilfsmittel der Askese und in Bezug auf geistiges Schaffen, um »in voller Sammlung ein Werk ausreifen zu lassen«. Aber Einsamkeit wird auch als »hartes Schicksal, als Beeinträchtigung der menschlichen Person« beschrieben. Und Gabriel García Márquez gab dem Wort in seinem Werk »Hundert Jahre Einsamkeit«[2] noch eine andere eigene Deutung und brachte den Autor in Richtung Nobelpreis.

Einsamkeit kommt in allen Alterskohorten vor, auch bei jungen Menschen. Bei ihnen vor allem, wenn sie ihren individuellen Weg im Leben suchen und finden wollen. Wenn kindliche Unbekümmertheit schwindet und sich ein neuer Blick aufs Leben und die eigene Existenz ergibt. Die eigene Perspektive ist plötzlich eine sehr andere.

Und es passiert eben auch jungen Menschen, in eine Blase der Isolation zu geraten und einsam zu werden, weil Personen, die einem nahestehen und die einem Freunde und Autorität waren, in einem anderen Licht erscheinen und denen man nicht mehr offenbaren mag, wie man die Welt, die Menschen und das Leben nun erlebt und sieht.

---

1 https://brockhaus.de/info/ (Abruf 18.11.2021).

2 Márquez, Gabriel García, *Hundert Jahre Einsamkeit*, erstmals erschienen 1967, Neuübersetzung von Dagmar Ploetz, Köln 2017.

Einsamkeit isoliert Menschen und macht auch Angst. Sie erdrückt Hoffnung und lässt Freude selten werden. Dies kann wiederum schwere Depressionen mit sich ziehen. Menschen sind immer mal wieder und manchmal sogar recht gerne allein, zum Beispiel, um sich eigenen Gedanken zu widmen, zu »träumen«, sich auszuruhen von der Hektik rundherum oder um sich zu konzentrieren.

Doch die Nachbartür muss aufgestoßen werden können und es muss da ein Mensch sein, mit dem man sich austauschen kann, der einem zuhört und zu dem und mit dem man reden kann. Der einen akzeptiert und respektiert. Der einen begreift, vielleicht sogar versteht, den man selbst auch begreift und versteht. Dem man vertraut.

Einsamkeit geht häufig einher mit einer erlebten Distanz zu allem. Dieses Gefühl kann auch mitten im Trubel, unter Menschen, zuhause, in der Schulklasse, im Fußballclub, selbst unter Freundinnen und Freunden auftreten. Nicht unbedingt auffällig, eher still, seltsam, zickig, komisch und versponnen.

Manches renkt sich im Laufe des Lebens und in den unterschiedlichen Lebensphasen wieder ein, entspannt sich, klärt sich. Man realisiert es vielleicht nicht einmal selbst wirklich. Es kann aber auch zu tragischen Verläufen kommen, die ein Leben dauerhaft trist werden lassen oder zu einem Versteckspiel machen. Die Gefahr kann sich breitmachen, den Lebenssinn nicht mehr sehen oder neu finden zu können. Die Liebe zum Leben fehlt und muss dringend neu gefunden werden.

Die Zahlen belegen, dass Einsamkeit gesamtgesellschaftlich ein großes Problem ist, dem wir uns stellen müssen. Von einer Epidemie der Einsamkeit wird gesprochen, von gesundheitlichen Folgeerkrankungen der Einsamkeit und von den Wechselwirkungen in Bezug auf Bildung, Einkommen und sozialen Status.

Einsamkeit im Alter

Einsamkeit betrifft viele ältere und alte Menschen ganz massiv. Der Deutsche Alterssurvey[3] hat herausgefunden, dass 9 Prozent der Menschen zwischen 45 und 84 Jahren von Einsamkeit betroffen sind. Anders als manch einer erwartet hat, bedeutet das, dass Ältere von Einsamkeit nicht stärker betroffen sind als andere Altersgruppen. Aber die absolute Zahl derjenigen, die unter Einsamkeit leiden, ist aufgrund des demografischen Wandels hoch und sie wird weiter zunehmen. Schon jetzt sind rund 22 Prozent – über 17 Millionen Menschen – der Bevölkerung im Rentenalter. In den kommenden zwei Jahrzehnten werden es rund 23 Millionen Menschen sein.

Doch was sind die Ursachen für Einsamkeit im Alter?

---

3 Vgl. https://www.dza.de/forschung/deas (Abruf 18.11.2021).

Zunehmende Wohnentfernung der Kinder und Enkel
Man kann gut miteinander telefonieren, tauscht Mails aus, sieht sich mehrmals jedes Jahr, auch mal einige Tage am Stück. Und trotzdem. Der Alltag ist zunehmend steril. Die ein oder zwei Kinder rufen regelmäßig oder immer mal wieder an, wohnen aber mit Familie und Arbeitsplatz so weit weg, dass es bei wenigen Begegnungen pro Jahr bleibt. Man erlebt dies und das, aber selten etwas gemeinsam. Die Kinder sind längst Erwachsene mit eigenem Lebensstil, mit Erfolgen und Problemen. Aus niedlichen Enkeln werden moderne junge Leute, für die Opa und Oma doch ein Stück weit aus einer anderen Welt stammen. Sympathisch, aber sehr klassisch. Und man will ja nicht jedes Problem, dem man begegnet, per Telefon, Handy, Mail oder Brief an die nächsten Generationen weiterreichen, denn »die haben ihre eigenen Sorgen«. Alle sind eigentlich guten Willens. Aber diese kleine Handreichung, wenn sie nötig wird oder der kurze Schnack spontan oder die gemeinsame Erinnerung an gemeinsame Zeiten beim Essen in großer Runde – das alles wird selten.

Gesundheitliche Einbußen
Unsere Hardware ist vergänglich. Ob nun eine konkrete, benennbare Krankheit oder dauerhafte Behinderung vorliegt oder die Lebenskräfte altersbedingt nachlassen – unsere Fähigkeiten zur aktiven Teilnahme am alltäglichen gesellschaftlichen Leben werden im Älterwerden weniger. Mit erheblichen individuellen Unterschieden nach Alter und Art und dennoch merken wir: Die ballistische Kurve des aktiven Lebens hat ihren Höhepunkt überschritten. Man zieht sich zurück, sieht von außen auf den Lebenstrubel und rutscht arglos in die Isolation. Brille und Hörgeräte, Zahnersatz, Blindenschrift, Gehstock, Rollator und Rollstuhl werden regelmäßige Begleiter. Stabilisierende Medikamente werden all täglich. Man begreift seine Situation. »Ich bin nicht mehr fit«. Das kann einsam machen.

Hinter dem Steuer zu sitzen und bequem mit dem Auto von A nach B kommen – auch das stößt aufgrund nachlassender Fahrtüchtigkeit an seine natürlichen Grenzen. Man mag es nicht recht verstehen. Glauben wollen schon gar nicht. Manche früher, manche später, aber doch: Es ist irgendwann eindeutig.

Das gilt auch für Motorrad und Fahrrad, für lange Treppen und steile Wege, für ein Umfeld, das noch zu wenig barrierefrei ist. Selbst im eigenen Haushalt erfahren wir das. Bei Bus und U-Bahn und Zug sowieso. Die meisten Älteren haben nicht das nötige Geld, sich nach Lust und Laune vom Taxi durch Stadt und Land fahren zu lassen. Das alles kann einsam machen.

Grenzen von Telefon und dessen modernen Varianten
Das Telefon haben wir als Fortschritt im Kontakt mit unseren eigenen Eltern empfunden. Das ist dreißig, vierzig Jahre her. Die Neuerungen an dieser Stelle

sind sensationell. Skype, Zoom und Co. bieten großartige Möglichkeiten. Aber nicht bei allen von uns Älteren sind sie sonderlich beliebt und werden aktiv genutzt. Viele der Älteren kennen sich nach wie vor nicht gut aus und beherrschen die Geräte technisch nicht. Andere wiederum können sie sich nicht leisten oder die Geräte sind nicht gut handhabbar. Wir müssen die digitale Spaltung in unserer Gesellschaft verringern.[4]

Auch wenn diese »indirekten« Kontakte ihre Grenzen haben, könnten sie deutlich größere Bedeutung gewinnen für die Kommunikation zwischen den Generationen. In der Corona-Pandemie wurde schlagartig klar, wie unzureichend die Ausstattung technischer und praktikabler indirekter Kontaktstrukturen ist. Und dass in Heimen und anderen Einrichtungen die Isolation, also die Einsamkeit als unvermeidlich verordnet wurde. Wirkungsvoll, aber auch tödlich. Besonders für kognitiv geschwächte bis schwer demente Menschen wird diese Technik grenzwertig bleiben, insgesamt aber muss sie Standard-Charakter erhalten.

Tod von Freunden / Freundinnen und Bekannten

Die Klassentreffen, die ja meist alle zehn Jahre stattfinden, werden im Laufe der Jahre immer kleiner. Man merkt die Lücken und vermisst diejenigen, die fehlen. Das gilt auch für die, die man aus dem Beruf und den Vereinen und der Nachbarschaft kannte. Die Genugtuung, dass man selbst immer noch am Tisch sitzt, ist verständlich und nicht egozentrisch. Und dennoch hinterlässt es ein Gefühl von Alleinsein. Die Lokalzeitung liest man immer noch von hinten. Früher zuerst die Verlobungs- und Heirats-Annoncen, heute die Geburtsdaten in den Todesanzeigen. Man ist beruhigt über jedes Jahr, das einem – durchschnittlich – noch bleibt und weiß, dass das eine langsam vorbeirutschende gute Nachricht für einen selbst ist. Wie viele Jahre habe ich noch – zehn, fünf oder viel weniger?

Wer wenige Freundschaften und Bekanntschaften hat, kann auch wenig von ihnen verlieren, sagen sich manche und bleiben ihr Leben lang sparsam damit. Es reicht der Verlust von einer Person oder von wenigen und schon hat man das Gefühl, dass das eigene Leben ärmer geworden ist. Nicht unbedingt einsamer, aber alleiner.

Tod der Partnerin/des Partners

Leicht war das in der Menschheitsgeschichte noch nie. Aber die Zahl derer nimmt zu – Frau oder Mann –, die nach dem Tode des Partners, der Partnerin allein sind.

---

4 Mit dem »DigitalPakt Alter« haben wir als BAGSO gemeinsam mit dem Bundesministerium für Familie, Senioren, Frauen und Jugend (BMFSFJ) deshalb in 2021 eine bundesweite Initiative gestartet: https://www.bmfsfj.de/bmfsfj/aktuelles/alle-meldungen/internetplattform-digitalpakt-alter-ist-online-187186 (Abruf 06.12.2021). Auch der Achte Altersbericht der Bundesregierung nimmt sich des Themas an: https://www.achter-altersbericht.de/ (Abruf 06.12.2021).

Einer, meist zuerst der Mann, stirbt und die Frau, jünger als er und mit höherer individueller Lebenserwartung, bleibt allein zurück.

Wir leben seltener in Zwei- und Drei-Generationen-Haushalten oder -Häusern. Das Kind oder die zwei (selten mehr) leben und arbeiten in einer anderen Stadt. Das Paar lebt älter werdend »für sich«, manchmal auch »vor sich hin«. Kindesbetttod und Arbeitsunfall sind sehr viel seltener geworden, Krieg glücklicherweise auch. Man lebt als älteres Paar zwanzig und mehr Jahre zusammen, so alleine miteinander, wie nie zuvor im Leben, als die Kinder und die Berufe noch ganz nah waren. Nun wird diese Partnerschaft auseinandergerissen, mit dem Tod endgültig. Manchmal geschieht der Abschied auch stufenweise, beispielsweise, wenn der dauerhafte Umzug eines Partners ins Heim unvermeidlich wird. Immerhin reicht es noch für viele zum regelmäßigen Besuch. Welche Katastrophe daraus werden kann, wenn dieser ohnehin bescheidene Kontakt zerschnitten wird, haben wir in der Corona-Pandemie erlebt.

Nicht zuletzt berührt die Einsamkeit im Alter auch die Frage, welche Altersbilder wir haben und wie unsere Einstellung zum Alter und zum Älterwerden ist. Wie sehen wir das Alter und das Älterwerden und wie wollen wir es gestalten? Wir lernen in der Schule, in der Qualifizierung, im Beruf, dass wir etwas können und dass wir gebraucht werden. Die 15 bis 20 Jahre (oder mehr), die dann mit Beginn des Rentenalters folgen und die sich aufgrund der steigenden Lebenserwartung weiter ausdehnen, sind unbekanntes, ungelerntes, unerfahrenes Leben. Älterwerden, was ist das? Altwerden – was daran ist Ertragen, was Gestalten? Wie lange dauert das? Was erwarte ich von dem neuen Tag, wenn ich morgens wach werde?

Strategien gegen soziale Isolation und Einsamkeit im Alter

Anfang Oktober 2018 haben wir als BAGSO zusammen mit dem Bundesministerium für Familie, Senioren, Frauen und Jugend (BMFSFJ) einen Wettbewerb ausgerichtet. Unter dem Motto »Einsam? Zweisam? Gemeinsam!«[5] haben wir nach Projekten und Initiativen gesucht, die sich etwas einfallen lassen und gegen soziale Isolation und für gesellschaftliche Teilhabe älterer Menschen engagieren. Die Resonanz war überwältigend. Im Ausschreibungszeitraum von zwei Monaten erreichten uns über 600 Bewerbungen. Ein sicheres Zeichen, dass das Thema hohe Aktualität hat. Gleichzeitig war die Vielfalt des Engagements beeindruckend.

Es gibt viele ehrenamtlich Tätige, die mit den von Einsamkeit betroffenen älteren Menschen in Kontakt kommen, sie begleiten und »Türöffner« sind. Auch

---

5 https://www.bagso.de/themen/einsamkeit/preistraeger-wettbewerb/ (Abruf 18.11.2021).

unsere Mitgliedsorganisationen sind aktiv: Die Grünen Damen und Herren der Evangelischen Kranken- und Alten-Hilfe (eKH) besuchen die älteren und alten Menschen in Krankenhäusern, in Pflegeheimen und auch zu Hause. Sie führen Gespräche, gehen gemeinsam spazieren und hören zu. Ähnliches bieten die »Freunde alter Menschen« an. Die Freiwilligenorganisation koordiniert Besuchspartnerschaften. Maximal drei Freiwillige im Alter von zumeist 20–45 Jahren engagieren sich in einem Team und verbringen Zeit mit den »alten Freunden«.

Neben den Besuchsdiensten gibt es weitere Felder, in denen sich die meist Ehrenamtlichen engagieren, beispielsweise in Nachbarschaftstreffs, bei gemeinsamen Mittagstischen, in Fahrdiensten, in Sport- und Kulturangeboten oder auch in Mehrgenerationen-Wohnprojekten. Es gibt neue und kreative Konzepte in der aufsuchenden Seniorenarbeit. Im Zentrum aller Angebote steht die Frage, wie ein selbstbestimmtes Leben zu Hause möglichst lange sichergestellt und Einsamkeit vorgebeugt werden kann.

Die Erfahrungen zeigen, dass es eine große Bereitschaft gibt, sich in diesem Bereich zu engagieren. Schwieriger ist es, den Kontakt zu den älteren Menschen herzustellen. Obwohl also der Bedarf an Kontakt und Nähe groß ist, ist der Zugang zu den betroffenen Älteren schwierig. Besonders alleinlebende ältere Menschen sind schwierig zu erreichen. Ein Weg scheint zu sein, die üblichen Pfade zu verlassen und gezielt Multiplikatoren in Arztpraxen, mobilen Pflegediensten und Quartierbüros anzusprechen. Auch der Bäcker von nebenan ist häufig gerne bereit, seine Kundschaft über die vorhandenen Angebote und Projekte im direkten Umfeld zu informieren.

Vor allem aber die Kommunen stehen in der Pflicht und müssen Konzepte entwickeln, wie sie die gesellschaftliche Teilhabe älterer Menschen fördern können.

Gegen Einsamkeit kann auch jede und jeder Einzelne etwas tun, je früher, desto besser. Elementar wichtig sind die sozialen Kontakte. Wie können sie ein Leben lang neu geknüpft und auch gepflegt werden? Zu spät ist es nie und dazu muss man vernünftigerweise Mut machen, aber es ist noch klüger und aussichtsreicher, im Älterwerden dem Eintrocknen von Freundschaften nicht tatenlos zuzusehen, sondern Kontakt zu halten und neue Freunde zu finden. Um vorbeugend zu agieren, können Treffs und Vereine, Theater und Sport dabei eine wichtige Rolle spielen.

Die meisten Älteren wollen stabile Bekanntschaften haben. Wie sollten sich also die vielen verpassen, wenn sie selbst wirklich Interesse, Zeit und Engagement einbringen? Jeder Mensch sollte hierfür selbst Verantwortung übernehmen und sich im Älterwerden aktiv um soziale Kontakte bemühen und sich an ihnen beteiligen. Der Bedarf an Kontakt und Austausch ist dabei ganz individuell. Gelegenheiten, um Menschen kennenzulernen oder in einer neuen Umgebung neu anzufangen, gibt es viele. Ehrenamtliche Aktivitäten zu beginnen oder ein neues Hobby zu entdecken und zu pflegen bieten ebenfalls gute Gelegenheiten, rauszugehen und sich mit anderen zu treffen.

Jede und jeder Einzelne ist gefragt, über den eigenen Schatten zu springen und Neues auszuprobieren. Aber auch Zeit für Ruhe und Platz für das Spontane sollen ihre Berechtigung behalten. Überhaupt ist alles Extreme nicht gut für gelassenes Altern, extremes Alleinsein eben auch nicht.

Entscheidend ist für viele der Übergang in das Rentenalter. Nach einer langen Berufs- und Familienzeit, häufig verbunden mit Stress oder körperlich schwerer Arbeit, wird das Ende des Berufslebens sehnlich erwartet und freudig begrüßt.

Viele Ältere sehen das aber auch anders und fühlen sich durchaus noch fit genug, um ihren Beruf für weitere Jahre auszuüben. Die Ausübung eines Berufs bedeutet nicht nur die Gelegenheit, den Lebensunterhalt zu verdienen, sondern sie ist auch immer eine zielgerichtete Aktivität, die ein Stück Lebenssinn bedeutet. 15–20 Prozent der potentiellen Rentenempfänger:innen bleiben länger aktiv. Manche, weil sie das Geld brauchen, die meisten aber, weil sie ihr Wissen, ihr Können und ihre Erfahrung aktiv beruflich einbringen wollen. Und wohl auch, um unter Menschen zu sein, die das ähnlich sehen und praktizieren. Die Prognose ist kein Wagnis, dass die Zahl der Menschen, die auch über 67 hinaus beruflich aktiv bleiben, steigen wird.

Handlungsbedarf für Gesellschaft und Politik

Nicht alle Menschen werden im Alter unter Einsamkeit leiden. Manche sind zwar betroffen, ignorieren aber die Warnzeichen. Oder die Einsamkeit wird verschwiegen. Und mancherorts wird die Einsamkeit im Alter so medial verstärkt, dass viele Menschen des Themas überdrüssig werden.

Wie können also Zivilgesellschaft und Politik vorankommen und gesellschaftspolitisch Impulse setzen?

Die Erfahrungen im BAGSO-Wettbewerb »Einsam? Zweisam? Gemeinsam!« und der Austausch mit Wissenschaft und Praxis zeigen in eine eindeutige Richtung: Wir sollten darüber reden, über die Einsamkeit. Miteinander. Über die Möglichkeiten, ihr vorzubeugen. Über die Chance, sie zu überstehen, zu überwinden.

Einsamkeit im Altsein ist kein spezifisch deutsches Thema. Wir wissen von den Initiativen dazu in Schottland, England, Niederlande und Frankreich. Die weltweite Corona-Pandemie hat die Einsamkeit im Alter zugespitzt. Über lange Zeiträume wurde Einsamkeit zugelassen oder sogar forciert, ohne Skrupel und ohne Anzeichen für ein Bemühen um Abhilfe. Strikte Isolation, Eingeschlossensein im eigenen Zimmer und Kontakt- und Besuchsverbote, auch über Tage und Wochen hinweg. Viele Menschen starben sogar ohne die Begleitung und Nähe von Angehörigen und Freunden. Dies alles wurde als zumutbar angesehen.

Seit Mai 2020 laufen die Bemühungen, schrittweise bis umfassend diese Form veranlasster, geduldeter Einsamkeit zu beenden und diese Form der Rundum-Bevormundung älterer Menschen für die Zukunft unmöglich zu machen.

Wir hoffen, dass mit der Impfung der Übelstand nun komplett abgestellt wird und Vorbereitungen getroffen werden, die vergleichbare Situationen in Zukunft nicht noch einmal möglich werden lassen.

Schlussfolgerungen

1. Einsamkeit kann vermieden und überwunden werden. Dafür müssen die Potentiale älterer und alter Menschen gestärkt werden, um Einsamkeit im Alter gezielt vorzubeugen und zu bekämpfen. Jeder Mensch hat selbst Einfluss darauf und sollte ermutigt werden, aus dem Leben etwas Gutes zu machen.
2. Es ist wichtig, auf die von Einsamkeit und sozialer Isolation betroffenen Menschen zuzugehen und ihnen Hilfe und Unterstützung anzubieten. Gleichzeitig ist es aber auch wichtig, diese Hilfe anzunehmen.
3. Die Prävention und die Verringerung von Einsamkeit im Alter sollten zu einer kommunalen Aufgabe werden. Die Entwicklung von Konzepten gegen Einsamkeit älterer und alter Menschen sollte als kommunale (!) Aufgabe gesetzlich fixiert werden.
4. Kreative und wirkungsvolle Projekte und Initiativen sollten gestärkt und – bei Bedarf – finanziell gefördert werden. Haupt- und ehrenamtliche Hilfen müssen auf soliden Beinen stehen, dies gilt insbesondere für die aufsuchende Sozialarbeit.
5. Einsamkeit ist kein unvermeidbares Schicksal – auch nicht im Alter. Wir müssen Mut machen und Anlässe geben, das Leben zusammen mit anderen Menschen zu mögen. Die Liebe zum Leben darf nicht verlorengehen.

Einsamkeit im Alter – Psychologische Aspekte

Andreas Kruse

Grundlegendes Angewiesensein auf Andere

Eine Person dürfen wir nicht nur von ihrer »Unabhängigkeit von anderen Menschen« (Selbstbestimmung, Autonomie) her betrachten, sondern auch und zuallererst von ihrer Bezogenheit (Relationalität). Dies lässt uns verstehen, warum nicht die »völlige« Unabhängigkeit das Erleben der Person bestimmt. Vielmehr führt uns gerade die Liebe oder die Freundschaft, schließlich auch die subjektiv erlebte Verletzlichkeit – und zwar in allen Lebensaltern – vor Augen, wie sehr wir auf die Andere, den Anderen angewiesen sind. Hier geben die Arbeiten des Philosophen Immanuel Lévinas (1906–1995) einen wichtigen Fingerzeig:

> »Die Nähe des Nächsten ist die Verantwortung des Ich für einen Anderen. Die Verantwortung für den anderen Menschen, die Unmöglichkeit, ihn im Geheimnis des Todes allein zu lassen, ist konkret, durch alle Modalitäten des Gebens hindurch der Empfang der höchsten Weihe und Gabe, derjenigen, für den Anderen zu sterben. Verantwortung ist keine kalt juristische Forderung. Sie ist die ganze Schwere der Nächstenliebe ...«.[1]

Zudem bildet nicht nur die Selbstgestaltung, sondern auch die *Weltgestaltung* ein bedeutendes Motiv der Person. Weltgestaltung meint, sich mit- und gemeinwohlverantwortlich der Welt zuzuwenden: dem engsten Nahumfeld aus Angehörigen, Freunden, Nachbarn und Bekannten, wie auch der Kommune, der Gemeinde, Vereinen, Verbänden, Organisationen und der Gesellschaft. Die Politikwissenschaftlerin Hannah Arendt (1906–1975) umschrieb das Motiv der Weltgestaltung mit »Liebe zur Welt« (amor mundi).[2] Dieses Motiv, so hob sie in ihrer Rede anlässlich der Verleihung des »Lessing-Preises der Freien und Han-

---

1 Lévinas 1991/1995, 227.

2 Arendt 1960.

sestadt Hamburg« im Jahre 1959 hervor,[3] wird durch Freundschaften geweckt und gestärkt, wobei »Freundschaft« in der Diktion Gottfried Ephraim Lessings (1729–1781) auch bedeutet: in wohlwollender, von freundschaftlicher Gesinnung bestimmter Weise mit anderen Menschen zu sprechen und zu »streiten«, nämlich um die besten Wege zur Weiterentwicklung der persönlichen Beziehungen, der Kommune, der Gesellschaft und »der Welt«. Mit anderen Worten: Die Gestaltung meiner selbst wie auch die Gestaltung der Welt vollziehen sich nicht in völliger Unabhängigkeit von anderen Menschen, sondern gerade im Bewusstsein der *Bezogenheit* auf andere Menschen.

Sinnerfülltes und stimmiges Leben im Austausch mit Anderen

Der Aspekt der selbst-, mit- und gemeinwohlverantwortlichen Gestaltung des Lebens steht im Zentrum der existenzpsychologischen Anthropologie von Viktor Frankl (1905–1997). In einem interdisziplinären Dialog mit dem jüdischen Religionswissenschaftler Pinchas Lapide (1922–1997) über Heil und Heilung, über Leid und Schuld sowie über Liebe und Lebenssinn im Jahre 1984 in Wien nimmt Viktor Frankl folgende Umschreibung dieser Anthropologie vor:

> »Einer meiner mir wesentlichen Grundgedanken [...] ist die Idee, dass wir eigentlich nach dem Sinn des Lebens nicht fragen dürfen, gar nicht fragen können. Und zwar aus dem einfachen Grunde, weil wir eigentlich uns, unser ganzes Dasein, unser Leben, als Gefragt-Werden verstehen müssen. Wir sind die jeweils Gefragten, das Leben ist es, das uns Fragen stellt. Das Leben ist es, das uns vor die Lebensfragen stellt, auf die wir zu antworten haben. Und dieses Antworten ist verantwortetes Antworten. Das heißt, wir antworten auf die Fragen nach dem Sinn des Lebens, indem wir unser Leben verantworten, und verantworten können wir es nicht in Worten, sondern letzten Endes nur in Taten.«[4]

Dies zeigt uns, wie bedeutsam – und zwar in allen Lebensaltern – der Austausch mit anderen Menschen für ein sinnerfülltes und stimmiges Leben ist. Die Überzeugung der Person, im Leben eine Aufgabe zu haben, von anderen Menschen gebraucht zu werden und somit das Leben immer auch in »den Dienst« von etwas zu stellen, was die Person nicht selbst ist (das heißt: in den Dienst von anderen Menschen, in den Dienst einer Idee, der Gesellschaft, der Welt, der Schöpfung), birgt eine Voraussetzung: nämlich im kontinuierlichen Austausch mit Angehörigen, Freunden, Nachbarn und Bekannten zu stehen. Und dies heißt,

---

3 Arendt 1999.

4 Frankl & Lapide 2005, 119.

negativ ausgedrückt: Wenn sich dieser Austausch nicht bietet, wenn sich die Person ganz auf sich selbst zurückgeworfen sieht, wenn sie sich in der Isolation und gefühlten Einsamkeit aller Bindungen zur Welt und zu anderen Menschen beraubt sieht: Dann ist damit die *Verwirklichung* zentraler Merkmale der Conditio humana erschwert oder unmöglich gemacht, zu denen die schöpferische, produktive Sorge um andere Menschen, zu denen das Motiv der Selbst- und Weltgestaltung, zu denen die Erfahrung von Sinn und das Erleben von Stimmigkeit gehören.[5]

Was ist unter »sozialer Isolation« und »Einsamkeit« zu verstehen?

Soziale Isolation lässt sich als objektiv gegebener Mangel an sozialen Kontakten und Beziehungen sowie an Zugehörigkeit und Teilhabe definieren, Einsamkeit als subjektiv empfundener und emotional negativ besetzter Mangel an bedeutsamen Beziehungen und sozialer Integration. Wenn die Philosophin Hannah Arendt in ihrer Schrift »Vita activa oder vom tätigen Leben« (1960) den altrömischen Politiker Cato mit den Worten zitiert: »Niemals ist der Mensch tätiger, als wenn er dem äußeren Anschein nach nichts tut, niemals ist er weniger allein, als wenn er in der Einsamkeit mit sich allein ist«, dann ist ein ganz anderer Einsamkeitsbegriff gemeint als jener, der hier angesprochen ist. In dem Zitat ist nämlich die selbst gewählte Einsamkeit gemeint, die das Individuum dann sucht, wenn es in Ruhe und Abgeschiedenheit denken möchte, wenn es im Denken zu sich selbst kommen möchte. Etwas ganz anderes ist es, wenn die »unfreiwillig« erlebte Einsamkeit im Zentrum steht, also die Einsamkeit, die Menschen fürchten, der sie zu entfliehen trachten.

Welchen Einfluss hat soziale Isolation auf die Gesundheit?

Es konnte der Nachweis erbracht werden, dass unfreiwillige soziale Isolation (verbunden mit Gefühlen der Einsamkeit) großen Einfluss auf den Grad der Verluste in der physiologischen und psychischen Widerstandsfähigkeit ausübt.[6] Das gesundheitsbewusste Verhalten geht zurück, die Person verspürt sehr viel mehr Belastungen, sie kann körperlich und psychisch Belastungen sehr viel schlechter verarbeiten, sie kann sich nicht mehr durch einen gesunden Schlaf erholen, der Wiederaufbau physiologischer Reserven und damit der körperlichen

5 Kruse 2017.

6 Grundlegend Cacioppo & Patrick 2011.

Widerstandsfähigkeit gelingt immer weniger. Sozial isolierte Menschen weisen stärkere Gefühle der Bedrohung wie auch der Hilflosigkeit auf als sozial nicht-isolierte Menschen. Sie suchen deutlich seltener nach emotionaler Unterstützung und reagieren eher mit Rückzug von anderen Menschen. Soziale Isolation und Einsamkeit lösen psychische und physische Prozesse aus, die zunächst unsichtbar sind und sich erst nach und nach zu Risikofaktoren für die psychische und körperliche Gesundheit entwickeln. Diese Verschleißprozesse verändern das individuelle Verhalten und Handeln tiefgreifend: Das Individuum fühlt sich immer unsicherer, es ergreift immer weniger Initiative, es entwickelt die Überzeugung, das eigene Leben wie auch die Umwelt nicht mehr gestalten zu können, es zieht sich immer weiter von der sozialen Umwelt zurück. Dieser Rückzug ist vor allem in belastenden Situationen erkennbar, wodurch das Gefühl der Bedrohung weiter zunimmt. Menschen mit fehlenden sozialen Bindungen weisen eine bis zu 50 Prozent höhere Sterblichkeit auf; das Fehlen von stärkeren sozialen Bindungen ist als Risikofaktor für einen frühen bzw. früheren Tod zu werten. Dieser Unterschied in der Sterblichkeit ist übrigens über Alter, Geschlecht, ursprünglichen Gesundheitszustand und Todesursache hinweg konstant, das heißt, die Enge der sozialen Beziehungen ist im Hinblick auf die Vorhersage von Sterblichkeit, mithin auf die Bestimmung des Sterblichkeitsrisikos ein unabhängiger Vorhersagefaktor. Hinzu tritt der Einfluss von Bildungsstand und Einkommen (und im weiteren Sinne: der Einfluss der materiellen Situation): Menschen mit geringem Bildungsstand und niedrigem Einkommen (Prekariat, Armut) zeigen ein deutlich höheres Risiko, isoliert zu sein und sich einsam zu fühlen.

Isolation im Sinne des Fehlens von sozialen Bindungen weist ähnlich negative Einflüsse auf die Gesundheit auf wie stark ausgeprägter Tabakkonsum, übermäßiger Alkoholkonsum, Fettleibigkeit und Bewegungsarmut. Einsamkeit ist ein Risikofaktor für Depression: Menschen, die vereinsamt sind, zeigen ein deutlich erhöhtes Risiko, depressive Störungen und Angststörungen zu entwickeln. Wenn derartige Störungen auftreten und eine wachsende Symptomtiefe zeigen, dann besteht eine deutlich erhöhte Suizidalität: gerade in Phasen lange bestehender Einsamkeit können sich Menschen – wenn depressive Symptome auftreten – häufig nicht mehr so gut gegen Suizidimpulse schützen. Aus diesem Grunde ist die Prävention von Einsamkeit, zum Beispiel durch stadtteil- oder dorfbezogene Angebote, die sich ausdrücklich auch an alte Menschen (am besten: an alle Generationen) wenden, immer auch ein Beitrag zur Prävention von Suizidhandlungen.

In welchen Altersgruppen finden sich die höchsten Einsamkeitswerte?

Im jungen Erwachsenenalter und im hohen Alter finden sich Studien zufolge die höchsten Einsamkeitswerte.[7] Die Zunahme an Einsamkeit im hohen Alter ist auch durch ein geringeres Einkommensniveau, durch schlechtere Gesundheit, durch das Leben in einem Einpersonenhaushalt bedingt. Häufiges Einsamkeitserleben tritt eigentlich nur bei Personen im hohen Alter (80 Jahre und älter) auf.[8] Der positive Zusammenhang zwischen Alter und Einsamkeitsgefühlen ist nur für Personen im hohen Alter nachgewiesen. In der Gruppe der alten Menschen ist von ungefähr 8 bis 10 Prozent aller Frauen und Männer auszugehen, bei denen Einsamkeit besteht. Was folgt aus diesen Befunden? Zunächst: Es folgt aus diesen nicht, dass im Alter *generell* das Isolations- und Vereinsamungsrisiko zunehmen würde. Eine derartige Deutung wäre nicht nur falsch, sondern würde auch an einer gezielten Interventionsstrategie vorbeigehen. Eine gezielte Interventionsstrategie ist nämlich dort nötig, wo *spezifische Risikokonstellationen* vorliegen, also bei Menschen ohne Partnerin bzw. Partner, mit schlechter Gesundheit, mit geringen materiellen Ressourcen, mit einem sehr kleinen Bekanntenkreis, mit deutlich eingeschränkter Selbstständigkeit im Alltag. Die *gezielte Intervention* ist deswegen notwendig, weil gerade unter Einsamkeitsgefühlen Wohlbefinden und Lebensqualität zurückgehen und das Selbst- und Weltgestaltungsmotiv – verbunden mit dem Gefühl, von anderen Menschen gebraucht zu werden – deutlich schwächer wird. Neigen alte Menschen von sich aus eher zum Rückzug? Die Erfahrung, lebendige und motivierende Beziehungspartner zu haben, auf die man sich in den unterschiedlichsten Situationen verlassen kann und die einen emotional sehr bereichern, gehört auch im hohen Alter zu den wichtigsten Faktoren von Lebenszufriedenheit, Wohlbefinden und positivem Blick in die Zukunft. In unseren eigenen Studien gewinnen wir wiederholt den Befund, dass auch Menschen im neunten und zehnten Lebensjahrzehnt ein ausgeprägtes Interesse daran haben, mit nachfolgenden, vor allem jungen Generationen zusammenkommen – nicht nur, um Sorge zu empfangen, sondern auch, um Sorge zu schenken.[9] In der Möglichkeit, sich für junge Menschen zu engagieren – und sei dieses Engagement auch noch so klein, vielleicht auch nur symbolischer Natur – sehen nicht wenige alte Menschen ein »stabilisierendes« Moment in ihrer aktuellen Lebenssituation.

---

[7] Luhmann & Hawkley 2016.

[8] Böger & Huxhold 2014.

[9] Siehe Beiträge in Kruse & Schmitt 2022.

Wie mit Isolation und Einsamkeit umgehen, wie aus Isolation und Einsamkeit finden? Anregungen durch Bibeltexte

Es sei nun die Bibel befragt, die mit Blick auf die hier gestellte Frage Fingerzeige geben kann. In *Jesaja 41:10* (LUT) ist zu lesen: »Fürchte dich nicht, ich bin mit dir; weiche nicht, denn ich bin dein Gott; ich stärke dich, ich helfe dir auch, ich erhalte dich durch die rechte Hand meiner Gerechtigkeit.« Dieser »Anruf« an die Person ist auch mit Blick auf die Isolations- und Einsamkeitsthematik wichtig: Er »ruft dazu auf«, die Furcht zu überwinden, den eigenen Kräften zu vertrauen, sich selbst Freund zu sein – und dies im Vertrauen auf Gott, dies in Hoffnung auf Gottes Beistand bei den Schritten »in die Welt«. In *Johannes 13:20* (LUT) steht geschrieben: »Wahrlich, wahrlich, ich sage euch: Wer jemanden aufnimmt, den ich senden werde, der nimmt mich auf; wer aber mich aufnimmt, der nimmt den auf, der mich gesandt hat.« Hier wird die Mitverantwortung der Mitmenschen, in den Worten des christlichen Glaubens: die Mitverantwortung der »Gemeinde« für das Wohl der einzelnen Person angesprochen. Mit anderen Worten: Uns ist als Gemeinschaft (Gesellschaft) die Aufgabe gestellt, durch eigenes Verhalten und Handeln dazu beizutragen, dass Menschen nicht in Isolation geraten bzw. aus der Isolation finden. Isolation ist vielfach auch die Folge von einschränkenden Lebensbedingungen sowie von tiefgreifenden sozialen und gesundheitlichen Verlusten bzw. Belastungen: Und damit wird deutlich, dass die Wege aus der Isolation und Einsamkeit nicht allein von der Person bewältigt werden können, sondern dass hier dem Nahumfeld und der Gesellschaft ebenfalls große Bedeutung zukommt: Inwiefern geht das soziale Nahumfeld gezielt auf die vereinsamte Person zu, inwieweit schafft die Gesellschaft Gelegenheitsstrukturen, mithin Angebote für die Integration und Teilhabe auch für jene Menschen, die von Isolation und Einsamkeit bedroht sind bzw. in dieser stehen? Bürgerzentren, Mehr-Generationen-Häuser, Begegnungsorte, deren Mitwirkende eine bedeutende Aufgabe darin sehen, gezielt auf Menschen zuzugehen, bei denen das Risiko der Isolation besteht bzw. bei denen aus diesem Risiko traurige Realität geworden ist, sind Beispiele für derartige Gelegenheitsstrukturen. Diese Verantwortung des Nahumfeldes wie auch der Gesellschaft (zum Beispiel »vertreten« durch die christliche Gemeinde) kann auch mit einer Aussage aus *Johannes 14:18* (Lutherbibel) gerahmt werden: »Ich will euch nicht als Waisen zurücklassen; ich komme zu euch.« Diese Rahmung ergibt sich aus dem Glauben, dass sich Gottes Heil im Handeln von Mitmenschen zeigen kann und dass sich Mitmenschen ihrer potenziell »heilenden Wirkung« bewusst sein sollten. Schließlich sei auf den *Psalm 62:6* (Lutherbibel) hingewiesen, der an den Menschen appelliert: »Aber sei nur stille zu Gott, meine Seele; denn er ist meine Hoffnung.« Die Hoffnung, aus der Isolation und Einsamkeit herauszufinden – mit fachlicher, mit zwischenmenschlicher Hilfe –, ist eine bedeutende Grundlage für die Initiative der vereinsamten Person, nach und nach aus der Isolation herauszufinden. Die Vermittlung der Hoffnung sollte sich über die Herstellung von Kontakten vollziehen, in denen gemeinsame Interessen geteilt, vor allem aber der Eindruck vermittelt wird, von anderen Menschen geschätzt zu sein, diesen etwas geben zu können. Aus diesem Grunde sind niedrigschwellige Teilhabeangebote notwendig, in denen Möglichkeiten des Kontakts gefunden werden können. Von besonderer Bedeutung sind dabei Kontakte, in denen ein gegenseitiger Austausch von Sorge- bzw. Hilfeleistungen stattfindet: gerade diese vermitteln die Überzeugung, eine Aufgabe zu haben und von anderen Menschen gebraucht zu werden – eine Überzeugung, die in hohem Maße selbstwertdienlich ist. Neben den Teilhabeangeboten (die eher institutioneller Art sind) gewinnen die unmittelbaren zwischenmenschlichen Beziehungen im privaten Nahumfeld – Beziehungen zu Angehörigen und Zugehörigen – große Bedeutung. In diesen Beziehungen sollte zum Ausdruck kommen, dass die vereinsamte Person ihrem Umfeld nicht »gleichgültig« ist, sondern – im Gegenteil – dass deren Leben als etwas Kostbares gedeutet wird, dass Angehörige und Zugehörige um dieses Leben »kämpfen«, sich für dessen Gelingen einsetzen. Hier ist an *Paulus, Galaterbrief 6,2* (Lutherbibel) zu denken, in dem geschrieben steht: »Einer trage des andern Last, so werdet ihr das Gesetz Christi erfüllen.« Die Mitverantwortung der Menschen für den Anderen bzw. die Andere steht hier im Zentrum. Dieses Motiv der Mitverantwortung wird durch die Selbsteinsicht gefördert, dass wir alle verletzlich, dass wir alle sterblich sind: Erst der Sinn für eigene Sterblichkeit öffnet uns für die gemeinsame Welt, verbindet uns mit allen Lebenswesen, wie dies die französische Philosophin Corinne Pelluchon (2020) in ihrem Buch »Pour comprendre Lévinas. Un philosophe pour notre temps« (übersetzt: »Lévinas verstehen. Ein Philosoph für unsere Zeit«) ausgedrückt hat.

Notwendigkeit veränderter Altersdiskurse

Eine bedeutende gesellschaftliche und kulturelle Rahmung des Themas »Vermeidung und Überwindung von Isolation und Einsamkeit« bilden veränderte Altersdiskurse, die ihrerseits Einfluss auf das Selbstbild der älteren Person, auf Einstellung und Verhalten ihres sozialen Nahumfeldes wie auch auf die Angebote der Institutionen (Bildung, Soziales, Pflege) ausüben. In welcher Richtung sollten sich Altersdiskurse verändern? Eine wichtige Perspektive ist durch die »auf andere Menschen gerichtete Sorge« (bzw. durch die mitverantwortliche Haltung) charakterisiert. In Studien des Instituts für Gerontologie der Universität Heidelberg wurde deutlich, dass die auf andere Menschen gerichtete Sorge (im Sinne der Sorge *für* und der Sorge *um* andere Menschen) ein bedeutendes Daseins- oder Lebensthema im Alter bildet.[10] Ältere Menschen als »Sorgende« anzusprechen, die ihr Nahumfeld wie auch Institutionen bereichern können, auf deren geistige Qualitäten (Vita contemplativa) und Handlungsqualitäten (Vita activa) unsere Gesellschaft und Kultur nicht verzichten kann und will, wäre eine bedeutende Innovation. Dabei ist auch das Bedürfnis älterer Menschen nach Mitverantwortung für die Lebensperspektiven junger Menschen besonders zu betonen. Daraus ergibt sich die Perspektive des *intergenerationellen Austauschs*, der sowohl von jungen als auch von alten Menschen als bereichernd erlebt und gedeutet wird, wenn beide Generationen die Möglichkeit haben, Tätigkeiten *gemeinsam* auszuüben oder in Dialoge zu treten, die dazu stimulieren, das eigene Erfahrungs- und Lebenswissen einzubringen.[11] Zudem sollten die Altersdiskurse das Alter nicht auf die körperliche Dimension reduzieren, sondern den Reichtum der Person – wie er sich in der Vielfalt der Dimensionen zeigt (körperliche, alltagspraktische, kognitive, emotional-motivationale, ästhetische, spirituell-religiöse Dimension) – auch im Alter gezielt ansprechen; nicht die alleinige Betonung von Verletzlichkeit, sondern die Betonung der *Integration* von Verletzlichkeit und Reife ist hier wichtig.[12] Denn auch im Falle von Verletzlichkeit lassen sich vielfach emotionale und geistige Entwicklungs- oder Reifungsprozesse beobachten, die auf die Fähigkeit des Menschen deuten, mit Einschränkungen zu leben, diese äußerlich zu bewältigen und innerlich zu verwinden. Aber derartige Entwicklungs- und Reifungsprozesse in Situationen erhöhter Verletzlichkeit lassen sich im Kern nur dann beobachten, wenn Menschen in schöpferischen (kreativen, produktiven) *Sorgebeziehungen* stehen, die von einem *Austausch* der Anregungen und Hilfen bestimmt sind.[13] Schließlich ist in die Altersdiskurse die Notwendigkeit einer fundierten medizinisch-pflegerischen sowie psychologischen und seelsorgerischen Begleitung von älteren Menschen hervorzuheben, die in gesundheitlichen oder sozialen Grenzsituationen stehen (letztere beschreiben die Lebenssituation nach gravierenden sozialen Verlusten wie auch prekäre Lebenslagen). Denn auch eine derartige Begleitung trägt dazu bei, das Risiko der Isolation und Einsamkeit rechtzeitig zu erkennen und Strategien zu entwickeln, um dieses Risiko zu lindern.[14]

---

[10] Siehe die Beiträge in Kruse & Schmitt 2022.

[11] Ehret 2016.

[12] Kruse, 2021.

[13] Kruse 2017.

[14] Kruse, Pantel & Schmitt 2021.

Literatur

Arendt, Hannah, *Vita activa oder vom tätigen Leben*, Stuttgart 1960.

Arendt, Hannah, *Rede am 28. September 1959 bei der Entgegennahme des Lessing-Preises der Freien und Hansestadt Hamburg. Mit einem Essay von Ingeborg Nordmann.* Hamburg 1999.

Böger, Anne/Huxhold, Oliver, Ursachen, *Mechanismen und Konsequenzen von Einsamkeit im Alter: Eine Literaturübersicht.* Informationsdienst Altersfragen, 2014, 41, 9–14.

Cacioppo, John T./Patrick, William H., *Einsamkeit. Woher sie kommt, was sie bewirkt, wie man ihr entrinnt*, Heidelberg 2011.

Ehret, Sonja, *Echo der Generationen. Eine intergenerationelle Studie*, Berlin 2016.

Frankl, Victor E./Lapide, Pinchas, *Gottessuche und Sinnfrage*, Gütersloh 2005.

Kruse, Andreas, *Lebensphase hohes Alter. Verletzlichkeit und Reife*, Heidelberg 2017.

Kruse, Andreas, *Vom Leben und Sterben im Alter. Wie wir das Lebensende gestalten können*, Stuttgart 2021.

Kruse, Andreas/Pantel, Johannes/Schmitt, Eric, *Isolation*, in: Pantel, Johannes/Bollheimer, Cornelius/Kruse, Andreas/Schröder, Johannes/Sieber, Cornel/Tesky, Valentina A. (Hrsg.), *Praxishandbuch Altersmedizin*, Stuttgart 2021, 524–540.

Kruse, Andreas/Schmitt, Eric (Hrsg.), *»... der Augenblick ist mein/und nehm ich den in Acht.« Daseinsthemen und Lebenskontexte alter Menschen*, Heidelberg 2022.

Lévinas, Emmanuel, *Entre nous. Essais sur le penser-à-l'autre.* Paris 1991; *Zwischen uns. Versuche über das Denken an den Anderen.* Deutsch: München 1995.

Luhmann, Maike/Hawkley, Louise C., *Age differences in loneliness from late adolescence to oldest old age.* Developmental Psychology 2016, 50, 943–959.

Pelluchon, Corinne, *Pour comprendre Lévinas. Un philosophe pour notre temps*, Paris 2020.

Empirische Einsichten in Einsamkeit im Alter: Der Bezug zu Religion und Kirche

Petra-Angela Ahrens

In der empirischen Sozialforschung wird Einsamkeit als subjektiv erfahrener Mangel an gewünschten sozialen Beziehungen konzeptualisiert (vgl. dazu auch Hörsch in diesem Band[1]) und auf unterschiedliche Weise erhoben. Wenn es um den Bezug zum höheren Lebensalter geht, so lassen sich, wenn auch durchaus voneinander abweichend, empirische Einsichten zur Einsamkeit anführen, die vor allem in der Altern(s)forschung schon länger eine Rolle spielen. Allerdings fehlt dort meist der Blick auf die religiösen beziehungsweise kirchlichen Orientierungen der älteren Generation und der Bezug zu Religion und Kirche. In der empirischen Kirchen- und Religionssoziologie fehlt demgegenüber zumeist ein differenzierterer Blick auf die ältere Generation, der bisher auch kaum für den Nachweis gesellschaftlicher Veränderungen in diesem Feld zu taugen schien. Das war auch der Anlass, der »Religiosität und kirchlichen Bindung in der älteren Generation« mit einer empirischen Studie des Sozialwissenschaftlichen Instituts der EKD (SI) genauer nachzugehen,[2] die zugleich immerhin in Annäherungen auch den Bezug zur Einsamkeit bietet.

Einsamkeit im Alter

Einsamkeit und Alter: eine Kombination, die lange Zeit zu den gängigen gesellschaftlichen Altersbildern – als kollektives Deutungsmuster des Alters[3] – zählte und als Ergänzung zum Topos des nicht nur im Volksmund verbreiteten »arm, alt und krank« verstanden werden kann. Tatsächlich werden entsprechende Zusammenhänge auch in empirischen Studien nachgewiesen.[4] Als besonders bedeutende Faktoren zum Schutz vor Einsamkeit kristallisieren sich u. a.

---

1 Siehe in diesem Band: Hörsch, Daniel, 171–180.

2 Ahrens 2014.

3 Bericht der Sachverständigenkommission 2010, 36.

4 Überblick bei Bücker et al. 2019.

aus einer Analyse mit Daten des Soziökonomischen Panels (SOEP) für die mindestens 80-Jährigen, die sogenannten Hochaltrigen insbesondere soziale Beziehungen[5] und die subjektive Gesundheit heraus.[6] Auch wenn sich Einsamkeit empirisch kaum als Spezifikum der Hochaltrigen verstehen lässt, scheint sie unter ihnen doch stärker als in anderen Altersgruppen[7] verbreitet zu sein.[8] Abweichend dazu ermittelt der Deutsche Alterssurvey (DEAS) in einer Längsschnittanalyse einen u-förmigen Verlauf von der Lebensmitte bis zum hohen Alter: Danach fällt das Einsamkeitsrisiko bei den 40-Jährigen genauso hoch aus wie bei den 90-Jährigen.[9/10]

Dabei kommt der Fokus auf die Hochaltrigen nicht von ungefähr: Mit dem Wandel des Alter(n)s haben sich sowohl die Perspektiven auf die älteren Menschen in unserer Gesellschaft als auch deren eigene Sicht verändert, was nicht zuletzt auf die enorm gestiegene Lebenserwartung und die – statistisch betrachtet – immer länger dauernde Phase im Ruhestandsalter ohne schwere gesundheitliche Beeinträchtigungen zurückzuführen ist. Schon in den Nullerjahren unseres Jahrhunderts ist die Unterscheidung zwischen »jungen Alten« und »alten Alten«, zwischen »drittem« und »viertem Alter«, zwischen der »späten Freiheit«[11] mit gewachsenen individuellen Gestaltungsmöglichkeiten und breiter Teilhabe am gesellschaftlichen Leben auf der einen, Rückzug und zunehmender Gebrechlichkeit auf der anderen Seite[12] gebräuchlich geworden. Zugleich zeigt sich empirisch, dass auch das Einsamkeitsrisiko in der Phase des »dritten Alters« besonders gering ausfällt.[13]

Mit der normativen Kraft des sogenannten Aktivitätsparadigmas, das seitdem das Verständnis des dritten Alters prägt, hat sich der ›eigentliche‹ Beginn des Alters längst auf die hochaltrigen Menschen ab etwa 80 Jahren verschoben,[14] unter denen auch das Einsamkeitsrisiko (wieder) höher ausfällt. Es ist nicht unwahrscheinlich, dass sich dieser Beginn des Alters künftig noch weiter nach hinten verschiebt.

---

5 Dies arbeiten auch Böger et al. (2017) für den Alterssurvey heraus.

6 Ebd., 29 ff., 34.

7 Von einer Nennung der empirisch ermittelten Anteile wird hier verzichtet, da sie je nach Erhebungskonzept für das Gefühl der Einsamkeit unterschiedlich ausfallen.

8 Luhmann 2021, 6.

9 Hochaltrige Frauen haben allerdings ein deutlich erhöhtes Einsamkeitsrisiko, so Huxhold/Engstler 2019, 96. Das Risiko sozialer Isolation steigt demgegenüber mit zunehmendem Alter an. Ebd. 90 f.

10 Ähnlich auch Höpflinger et al. 2019, 50 f. für die Schweiz.

11 Rosenmayr 1983.

12 Baltes 2003.

13 Huxhold/Engstler 2019, 96; Luhmann 2021, 6.

14 Ahrens 2013.

Seit einiger Zeit gilt den (mindestens) 100-Jährigen, deren Zahl mit 20.465 Menschen in Deutschland (darunter 80 % Frauen) 2020 ein Rekordhoch erreicht hat,[15] mit den Heidelberger Hundertjährigen-Studien[16] eigene Aufmerksamkeit.[17] Unter ihnen wird ein bedenklich hoher Anteil mit Einsamkeitsgefühlen ermittelt, auch wenn im Zeitvergleich der beiden Studien ein Rückgang von 55 % (2000/01) auf 40 % (2011/12) ausgewiesen ist. Als besonders wichtige Faktoren werden auch hier die sozialen Beziehungen (Netzwerke, Aktivitäten) und der (subjektive) Gesundheitszustand herausgestellt.[18]

Religion und Kirche im Alter

»Mit dem Alter kommt der Psalter« lautet ein altes Sprichwort, das ein heute noch geläufiges gesellschaftliches Altersbild beschreibt. Auch empirisch ist die stärkere christlich-kirchliche Orientierung der Älteren schon fast zu einem Allgemeinplatz geworden, und sie dokumentiert sich bereits seit langen Jahren im kirchlichen Gemeindeleben, für das die ältere Generation als tragende Basis gelten kann,[19] die hier zumindest einen Teil ihrer Aktivitäten und sozialen Beziehungen pflegen kann. In der lebenslaufbezogenen Perspektive wird jedoch eine Abschwächung dieses Alterseffektes über die Kalenderjahre nachgewiesen.[20] Noch schwerer wiegt der diagnostizierte Traditionsabbruch der – christlich-kirchlichen – Religiosität über die Generationen, der auf die nachlassende religiöse Sozialisation (im Elternhaus) zurückgeführt werden kann.[21] In diese Richtung weisen auch die Ergebnisse der Studie des SI, dabei allerdings mit dem Fokus auf die ältere Generation, in der sich ebenfalls entsprechende Tendenzen abzeichnen.[22]

---

15 Destatis 2021.

16 Sie bezieht im Unterschied zu den anderen genannten Studien ausdrücklich auch Personen ein, die in Pflegeeinrichtungen leben. Vgl. Jopp et al. 2013, 13 f.

17 Vgl. auch Kruse in diesem Band.

18 Jopp et al. 2013, 33 ff.

19 Bericht der Sachverständigenkommission 2010, 409 ff.; Ahrens 2009/2017, 28 ff.

20 Lois 2011, 154; vgl. auch Ahrens 2017.

21 U. a. Pollack/Müller 2013, 14 f.; Pollack et al. 2015.

22 Ahrens 2014, 189–235.

Einsamkeit im Alter und der Bezug zu Religion und Kirche: Annäherungen

In der SI-Studie wird zwar nicht das subjektive Gefühl der Einsamkeit erfasst, wie das etwa im DEAS[23] oder im SOEP[24] der Fall ist. Unter den weitgehend dem DEAS entsprechend erhobenen individuellen Altersbildern[25] findet sich jedoch die Aussage »Älterwerden bedeutet für mich, dass ich mich häufiger einsam fühle«[26], die von den Hochaltrigen, und das im Unterschied zu den Befragten im dritten Alter, überwiegend bestätigt wird.[27] Allerdings erweist sich auch, dass diese Sicht in keinem direkten Zusammenhang mit der subjektiven Religiosität[28] steht, weder negativ noch positiv. Viel wichtiger ist nämlich die Frage, ob man allein lebt oder nicht (als ein Aspekt der sozialen Isolation), und vor allem die Zufriedenheit mit dem eigenen Leben,[29] die diesem zumindest antizipierten Einsamkeitsgefühl entgegensteht – ihr kommt darüber hinaus eine weitaus höhere Bedeutung zu als dem Alter selbst. Das verweist einmal mehr darauf, dass auch und gerade in der älteren Generation die (subjektiven) Befindlichkeiten sehr viel entscheidendere Differenzierungsmerkmale sind als das (chronologische) Alter.

Im Gesamtergebnis arbeitet die Studie heraus:

> »Wer sich selbst als religiös versteht, äußert im Vergleich zu weniger religiösen Personen ein größeres Wohlbefinden, fühlt sich jünger und identifiziert sich stärker mit positiven beziehungsweise aktiven Altersbildern – und dies auch unabhängig von der eigenen Alterszugehörigkeit.«[30]

---

23 Huxhold/Engstler 2019, 90.

24 Luhmann 2021, 5.

25 Ahrens 2014, 50 f.

26 Bis zum Erhebungsjahr 2014 auch im DEAS verwendet. In der Studie des SI bildet diese Aussage zusammen mit »[...] dass ich weniger respektiert werde« und », ... dass ich nicht mehr so recht gebraucht werde« eine eigene, von anderen unabhängige Dimension. Ahrens 2014, 326.

27 Ebd., 54.

28 In dieser Studie ist sie nachweislich praktisch deckungsgleich mit der Zentralität der Religiosität, die sich aus fünf verschiedenen Dimensionen des Modells der Religiosität nach Stefan Huber (2003) zusammensetzt; vgl. dazu Ahrens 2014, Abschnitt II, Teil I.

29 Für die Lebenszufriedenheit erweisen sich (auch) in dieser Studie die subjektive Gesundheit sowie die subjektive wirtschaftliche Lage als besonders wichtige Faktoren. Auch die Religiosität kann – obschon in eher bescheidenem Maß – positiv für die Lebenszufriedenheit veranschlagt werden. Ahrens 2014, 319.

30 Ebd., 19.

Hierin deutet sich ein immerhin indirekter Bezug der Religiosität zum Einsamkeitsgefühl an, indem sie mit positiven (Selbst-) Einschätzungen einhergeht, die dessen Auftreten weniger wahrscheinlich werden lassen.

Schließlich zeigt sich noch ein in diesem Kontext zunächst etwas irritierendes Ergebnis: Das individuelle Altersbild »[...], dass ich mich stärker mit der Frage nach dem Sinn des Lebens beschäftige«, das von den Befragten weit überwiegend religiös interpretiert wird,[31] koppelt zwar auch an positive Vorstellungen zu einer wachsenden inneren Stärke an, ist aber zugleich an defizitäre Aussagen wie zur zunehmenden Einsamkeit im Alter gebunden.[32] Auch wenn diese Studie nur eine Momentaufnahme zur Verfügung stellt, ist zumindest nicht auszuschließen, dass sich dieses Ergebnis in dieser kombinierten Weise deuten lässt: Für religiöse Menschen wird die Beschäftigung mit dem Sinn des Lebens bei sozialem Rückzug und mangelnder Anerkennung im Alter wichtiger und kann (so) zur Betonung der inneren Stärken beitragen.[33]

Wie schon in Bezug auf die Einsamkeit, findet sich in der Studie auch bei anderen defizitären Einschätzungen zum Alter keine direkte Beziehung zur subjektiven Religiosität. Das gilt auch für die erhobenen »kollektiven Altersbilder«, mit einer Ausnahme: Für die Aussage »Ältere Menschen brauchen hauptsächlich Fürsorge und Unterstützung« wird ein positiver Zusammenhang mit der subjektiven Religiosität ermittelt.[34] In dieser Verbindung lässt sich eine diakonische Perspektive auf ältere Menschen erkennen, die lange Zeit auch das Altersbild in der Kirche dominiert hat, bis hin zu den eher betreuenden Angebotsformaten, in den Gemeinden mit Seniorenkreisen und Ausflügen, mit Besuchsdiensten und mit Geburtstagsbesuchen bei Hochaltrigen.[35] Diese Angebote sind auf die Pflege sozialer Beziehungen ausgerichtet und mögen damit durchaus einen Beitrag gegen Einsamkeitsgefühle leisten. Schon deshalb sind sie wichtig. Es gilt aber zu bedenken, dass damit immer noch häufig eine defizitäre, weil *für*sorgliche Orientierung auf die »Schwachen« verbunden ist, die eine asymmetrische Beziehung befördert, trotz der inzwischen verbreitet differenzierten Sicht auf die ältere Generation und die individuell variierenden »Stärken«.

---

31 Ebd., 62.

32 Ebd., 326.

33 Ein dem durchaus ähnliches, wenn auch etwas anders gewendetes Ergebnis arbeiten Chan et al. (2019) aus einer aufwendigen Studie in den USA – dort ohne expliziten Bezug auf das Alter – heraus: »Lacking social connection or being rejected threatens individuals' perceptions of purpose in life. However, under this threat, individuals who have strong religious beliefs to turn to may be able to partly compensate for this purpose that social connection would otherwise provide. Ebd., 469.

34 Ebd., 323.

35 Vgl. auch Klostermeier 2009.

Schließlich gilt es die Möglichkeiten in den Blick zu nehmen, mit denen die Kirche dazu beitragen kann, die sozialen Beziehungen der älteren Menschen mit Einsamkeitsrisiko zu stärken, die nicht über die klassischen Angebotsformate erreicht werden können, etwa weil sie nicht zur sogenannten Kerngemeinde zählen – die bei den Evangelischen unter den Älteren nur eine, wenn auch beachtliche Minderheit stellt[36] – oder auch, weil sie überhaupt keine Beziehung zur Kirche haben, was für eine zunehmende Zahl der älteren Menschen zutrifft. Es gibt zwar bereits eine Vielzahl an Aktivitäten, von (quartiersbezogenen) Seniorencafés bis hin zu (inklusiven) Wohnprojekten. Empirisch ist es aber noch eine offene Frage, inwieweit sie auch in dieser Hinsicht erfolgreich sind.

Ausblick

Es scheint zumindest unsicher, ob, wie häufig befürchtet, mit dem Wandel der Lebensformen und -orientierungen die Einsamkeit im Alter ein zunehmendes Problem in unserer Gesellschaft darstellt.[37] Zwar wächst die absolute Zahl der älteren Menschen. Doch rückt inzwischen eine Generation in die Hochaltrigkeit vor, die seit den Nullerjahren unter dem Signum des sogenannten dritten Alters rangiert. Mit ihr werden sich die geläufigen Grenzziehungen beim Verständnis des Alters weiter verschieben.

Ziemlich sicher scheint hingegen der auch in der älteren Generation fortschreitende Bedeutungsverlust von (christlicher) Religion und Kirche. Die Zahl der älteren Menschen, die sich selbst als religiös einschätzen und dies mit der positiven Sicht auf das eigene Leben und Altern verbinden, wird abnehmen. Damit dürfte auch die bisherige Basis des kirchlichen Lebens brüchiger werden. Abgesehen davon, dass der »Einsatz für die Schwachen«, also auch die Einsamen zu den wichtigen Grundaufgaben der Kirche zählt, auf die sich viele (diakonische) Aktivitäten richten, sollte deshalb den Ansätzen, die in der kirchlichen Arbeit mit der älteren Generation gewissermaßen als Antwort auf den Wandel des Alter(n)s entwickelt und erprobt wurden, eigene Aufmerksamkeit gelten.

Literatur

Ahrens, Petra-Angela, *Über Religiosität und kirchliche Bindung in der Generation 60 plus.* In: Zeitzeichen 2/2017, 28 f.

Ahrens, Petra-Angela, *Religiosität und kirchliche Bindung in der älteren Generation. Ein Handbuch,* Leipzig 2014.

---

36 Ahrens 2014, 114 ff.

37 Huxhold/Engstler 2019, 100 ff.

Ahrens, Petra-Angela, *Alt ist man erst ab 80. Erkenntnisse der Alter(n)sforschung.* In: Jähnichen, Traugott/Meireis, Torsten/Rehm, Johannes/Reihs, Sigrid/Reuter, Hans-Richard/Wegner, Gerhard (Hrsg.) Alternde Gesellschaft. Jahrbuch Sozialer Protestantismus 6, Gütersloh 2013,13–40.

Ahrens, Petra-Angela, *Generation 50+ – Stark in der Kirche? Ein Gang durch die Kirchenmitgliedschaftsuntersuchungen der EKD. Praktisch-theologische Anmerkungen zum gegenwärtigen Stand der Volkskirche,* Pastoraltheologie 2009/9, 340–359.

Baltes, Paul B., *Das hohe Alter – mehr Bürde als Würde?* Max Planck Forschung 2/2003,15–19, http://www.margret-baltes-stiftung.de/PBB-Website/MaxPlanckForschung.pdf, (Abruf im August 2021).

Bericht der Sachverständigenkommission an das Bundesministerium für Familie, Senioren, Frauen und Jugend, *Sechster Bericht zur Lage der älteren Generation in der Bundesrepublik Deutschland. Altersbilder in der Gesellschaft,* Berlin 2010, https://www.bmfsfj.de/resource/blob/101922/b6e54a742b2e84808af68b8947d10ad4/sechster-altenbericht-data.pdf, (Abruf im August 2021).

Böger, Anne/Wetzel, Martin/Huxold, Oliver, *Allein unter vielen oder zusammen ausgeschlossen: Einsamkeit und wahrgenommene soziale Exklusion in der zweiten Lebenshälfte.* In: Mahne, Katharina/Wolff, Julia Katharina/Simonson, Julia/Tesch-Römer, Clemens (Hrsg), Altern im Wandel. Zwei Jahrzehnte Deutscher Alterssurvey (DEAS), Wiesbaden 2017, https://link.springer.com/book/10.1007%2F978-3-658-12502-8, (Abruf im August 2021).

Bücker, Susanne/Lembcke, Hanna/Hinz, Meike, *Prädiktoren von Einsamkeit und sozialer Isolation im hohen Alter,* in: Luhmann, Maike/Bücker, Susanne (Hrsg.), Einsamkeit und soziale Isolation im hohen Alter (18–34). Bochum: Ruhr-Universität, Bochum 2019, https://hss-opus.ub.ruhr-uni-bochum.de/opus4/frontdoor/deliver/index/docId/6373/file/LuhmannBueckerEinsamkeitimhohenAlter_Projektbericht.pdf, (Abruf im August 2021).

Bundesministerium für Familie, Senioren, Frauen und Jugend (BMFSFJ), *Fünfter Bericht zur Lage der älteren Generation in der Bundesrepublik Deutschland. Potenziale des Alters in Wirtschaft und Gesellschaft. Der Beitrag älterer Menschen zum Zusammenhalt der Generationen. Bericht der Sachverständigenkommission,* Berlin 2015, https://www.bmfsfj.de/resource/blob/79080/8a95842e52ba43556f9ebfa600f02483/fuenfter-altenbericht-data.pdf, (Abruf im August 2021).

Chan, Todd/Michalak, Nicholas M./Ybarra, Oscar, *When God is your only friend: Religious beliefs compensate for purpose in life in the socially disconnected,* Journal of Personalitiy, Volume 87, Number 3, 1 June 2019, 455–469.

Destatis (Statistisches Bundesamt), *100 Jahre und älter: Zahl der Hochbetagten im Jahr 2020 auf Höchststand,* Pressemitteilung vom 3. August 2021, https://www.destatis.de/DE/Presse/Pressemitteilungen/2021/08/PD21_N049_12.html, (Abruf im August 2021).

Jopp, Daniela S./Rott, Christoph/Boerner, Kathrin/Boch, Katrin/Kruse, Andreas, *Zweite Heidelberger Hundertjährigen-Studie: Herausforderungen und Stärken des Lebens mit 100 Jahren,* Studie in der Reihe »Alter und Demographie«, herausgegeben von der Robert Bosch Stiftung, Stuttgart 2013, https://www.gero.uni-heidelberg.de/md/gero/

forschung/zweite_heidelberger_hundertjaehrigen_studie_2013.pdf, (Abruf im August 2021).

Höpflinger, François/Hugentobler, Valérie /Spini, Dario, *Age Report IV. Wohnen in den späten Lebensjahren. Grundlagen und regionale Unterschiede*, Zürich und Genf 2019, https://www.seismoverlag.ch/site/assets/files/11226/oa_9783037777299.pdf, (Abruf im August 2021).

Huber, Stefan, *Zentralität und Inhalt. Ein neues multidimensionales Messmodell der Religiosität*, Opladen 2003.

Huxhold, Oliver/Engstler, Heribert, *Soziale Isolation und Einsamkeit bei Frauen und Männern im Verlauf der zweiten Lebenshälfte*, in: Vogel, Claudia/Wettstein, Markus/Tesch-Römer, Clemens (Hrsg.), *Frauen und Männer in der zweiten Lebenshälfte. Älterwerden im sozialen Wandel*, Wiesbaden 2019, 85–105, https://link.springer.com/book/10.1007%2F978-3-658-25079-9, (Abruf im August 2021).

Klostermeier, Birgit, *Wächst die Kirche mit ihren Alten? Altersbilder bei Pastorinnen und Pastoren*, Pastoraltheologie 2009/9, 360–379.

Lois, Daniel, *Kirchenmitgliedschaft und Kirchgangshäufigkeit im Zeitverlauf – Eine Trendanalyse unter Berücksichtigung von Ost-West-Unterschieden*, Comparative Population Studies – Zeitschrift für Bevölkerungswissenschaft, Jg. 36 /1 2011, 127–160.

Luhmann, Meike, *Einsamkeit – Erkennen, evaluieren und entschlossen entgegentreten. Schriftliche Stellungnahme zur öffentlichen Anhörung am 19. 04.2021*, Deutscher Bundestag, Ausschuss für Familie, Senioren, Frauen und Jugend, Ausschussdrucksache 19(13) 135b, https://www.bundestag.de/resource/blob/833358/0924ddceb95ab55db40277813ac84d12/19-13-135b-data.pdf, (Abruf im August 2021).

Luhmann, Meike, *Einleitung*, in: Luhmann, Maike/Bücker, Susanne (Hrsg.), *Einsamkeit und soziale Isolation im hohen Alter* (18–34). Bochum: Ruhr-Universität, 2013, 5–7, https://hss-opus.ub.ruhr-uni-bochum.de/opus4/frontdoor/deliver/index/docId/6373/file/LuhmannBueckerEinsamkeitimhohenAlter_Projektbericht.pdf, (Abruf im August 2021).

Pollack, Detlef/Müller, Olaf, *Religiosität und Zusammenhalt in Deutschland, Religionsmonitor*, hrsg. von der Bertelsmann Stiftung, Gütersloh 2013.

Pollack, Detlef/Pickel, Gerhard/Spieß, Tabea, *Religiöse Sozialisation und soziale Prägungen und Einflüsse*, in: Bedford-Strohm, Heinrich/Jung, Volker (Hrsg.), *Vernetzte Vielfalt. Kirche angesichts von Individualisierung und Säkularisierung. Die fünfte EKD-Erhebung über Kirchenmitgliedschaft*, Gütersloh 2015.

Rosenmayr, Leopold, *Die späte Freiheit. Das Alter, ein Stück bewusst gelebten Lebens*, Berlin 1983.

Trauer über den Tod eines geliebten Menschen und Einsamkeit

Hermann J. Bayer

Vorspann

Trauernde Menschen fallen mit dem Tod eines nahen Angehörigen wie aus dem Leben und aus ihrer Zeit heraus. Selbst wenn es scheint, dass die Kraft der Seele schützt und das Überleben zunächst funktioniert, ist bei Eintritt des Todes das Ausmaß des erlittenen Verlustes nicht gleich erkennbar. Es fühlt sich an wie ein »Leben unter einer Glocke«, so beschreibt es eine Mutter nach dem Tod ihres Kindes anschaulich. Zeigt sich auf dem Trauerweg dann ein erstes Begreifen, kann dies den Trauerschmerz vertiefen. Das Gefühl von Einsamkeit und Verlassensein prägt die weiteren Schritte.

Der Tod eines geliebten Menschen, eines nahen Angehörigen, einer Freundin, Abschied und Trauer um ihn oder sie, sind wie ein bislang unentdecktes und zuvor noch nie betretenes Land. Solange die Möglichkeit besteht, im Krankenzimmer oder im Aufbahrungsraum den Verstorbenen noch einmal zu berühren, den Tod der Verstorbenen wahrhaftig ›zu begreifen‹, können Abschiedsworte gesprochen werden, ein Dank, ein Gebet, einen Segen. Dies kann in der gesetzlich vorgeschriebenen Zeit in aller Freiheit geschehen, es darf sich hierfür die gewünschte und benötigte Zeit genommen werden.

Der Zeitraum vom Tod bis zur Beerdigung ist eine Phase des eigentümlichen und emotional herausfordernden Übergangs für die Zurückbleibenden – künftig die Hinterbliebenen. Gleichzeitig – und das mag sich surreal anfühlen – müssen zahlreiche Entscheidungen getroffen und vieles, vor allem die Bestattung und Nachfeier, organisiert werden. Es gilt Blumenschmuck zu bestellen, die Liedbzw. Musikauswahl zu treffen, Gästelisten zu schreiben, Verwandte, Freunde, Kollegen, Nachbarn einzuladen und zu empfangen, – all dies will geplant und gestaltet werden.

Dabei kommt es immer wieder vor, dass die Gedanken zurückkehren zum verstorbenen Menschen, oder dass – sofern es regional möglich ist – die Hinterbliebenen noch einmal zurückkehren zum Sarg im Aussegnungsraum, bis er geschlossen und in die Erde oder ins Feuer gelegt wird.

Es ist eine kostbare Zeit, in der sich Hinterbliebene wie erstarrt und erschöpft fühlen mögen, und es doch zugleich erleben, welch kreative Liebeskraft ihnen innewohnt, dem oder der Verstorbenen noch einmal Gutes in Gedanken zu wünschen oder in Taten auszudrücken. Allzu viele gesellschaftliche Konventionen können jedoch hindern, hinzuspüren, was die Liebe noch einmal ausdrücken möchte. Bestatter, Gärtner, Seelsorgende oder Ritualbegleiter können – u. U. mit leidiger Geschäftstüchtigkeit – etwas vorwegnehmen wollen, wofür später noch genügend Zeit ist, Entwicklungen beschleunigen wollen, anstatt es zu ermöglichen, einen Augenblick innezuhalten oder noch einmal eine Nacht über einer Entscheidung zu schlafen. Diese Zeit ist einzigartig und benötigt deshalb eine achtsame Begleitung, die dort hinhört, wo der oder die Hinterbliebene einer inneren Spur und Vorstellung folgt.

Eine Frau, die ihren schwerkranken und sterbenden Ehemann gepflegt und begleitet hat, dankt für die Unterstützung durch Dienste ihrer Freunde und bittet geradezu immer wieder, allein sein zu dürfen, innehalten zu können, hinspüren zu können in die Stille des Augenblicks.

Wie gut, wenn dies möglich wird: innezuhalten und aufzuatmen in der Stille des Alleinseins, in der tiefe Verbundenheit wohnt. Liebe zu fühlen, wie eine kleine Flamme zu nähren, zu dem Menschen, der gestorben und zugleich ganz nahe ist. Der nun auf einer anderen Ebene da ist: allein, verbunden und zugleich ungetrennt. Nur langsam kann man sich vortasten, auf dem unbekannten Weg des Abschieds und der Trauer. In dem Augenblick zwischen Tod und Beerdigung füllt sich in der Tiefe eine neue Liebesverbindung, die aus der Erfahrung des Miteinanderlebens hineinreicht in die Zeit der Trennung und des Neuorientierens. Einem Samen gleich, der immer schon da ist und sagen lässt: »Du lebst in meinem Herzen weiter.«

Eine Frau ist diesen Weg bereits über ein Jahr gegangen. Diesen Weg ohne ihren Mann. Sie besucht seit einigen Monaten das Lebenscafé, ein monatliches Treffen von trauernden Menschen in einem Café. Eines Abends kommt sie, ist sehr aufgebracht und erzählt, sie habe eine Kondolenzkarte aussuchen müssen und sei erschrocken über das, was darauf steht: »Du lebst in meinem Herzen weiter.« Sie sagt, »mein Herz tut nur noch weh! Bei der Beerdigung und die Zeit danach habe ich das gespürt, mein Mann ist da und mein Herz ist erfüllt von einem Gefühl, als ob er gar nicht gegangen wäre. Das hat sich verändert, sagt sie, und nun fühle ich mich einsam und alleingelassen.«

Am Anfang sind »alle« noch da, mit Anteilnahme und bei Besuchen. Es tut gut, umfangen zu sein von Mitgefühl. Weniger gut tun Ansagen, wie man denn nun zu trauern habe. Es sind Menschen um einen herum, und eben auch der verstorbene Angehörige. Gefühlt ist er nahe, als ob er jeden Augenblick zur Türe hereinkommen oder anrufen würde. Den Tod begreifen, so eine Einsicht der Trauerforschung, etwa bei Kast, Smeding, Worden oder Paul, kann lange dauern. Was beim Abschied mit der Berührung des Verstorben beginnen kann, was bei der Beerdigung rituell vollzogen wird, braucht die Zeit des Begreifens. Eine Zeit, in der trauernde Menschen Tag für Tag versuchen, zu überleben, um im Alltag funktionieren zu können. Sie stehen morgens auf und fragen sich, warum und wozu eigentlich. Sie legen sich abends müde ins Bett, als ob sie Schwerstarbeit geleistet hätten. Es ist wirklich Schwerstarbeit, den Tag zu überleben, weil sich an jedem neuen Tag unvermittelt die Frage nach dem Sinn stellt. Warum überhaupt noch aufstehen und wozu die ganze Anstrengung? Welchen Sinn hat mein Weiterleben?

»Allein, den Tod den stirbt man [...], doch mit dem Tod des anderen muss man leben«, so Mascha Kaleko in ihrem Gedicht »Memento«.

Was geschieht im Überleben? Was passiert in jenen Tagen zwischen Tod und Beerdigung und den darauffolgenden Tagen und Wochen, in der langen Zeit des gefühlten Noch-Miteinanders? In der Nähe verspürt wird, aber auch Angst mitschwingt? Die Angst nämlich, den geliebten Menschen ganz zu verlieren, seine Stimme, seinen Geruch, die Dinge, die ihn umgeben haben und in ihrer Bedeutung sich verändern. Angst, mit dem künftigem Leben allein zurecht zu kommen.

Ein Mann erfährt über Nacht, dass sein Mann tot in der Wohnung liegt, jählings aus dem Leben gerissen. Es ist, als ob alles, das ganze gemeinsame Leben, Pläne, Träume in den Abgrund gerissen worden sind. Sein IPhone ist voll mit WhatsApp, die zu löschen undenkbar sind. Er lässt sie zu insgesamt vier Büchern binden. Sie liegen zu Hause und sind seither ein Symbol für das Leben. Besonders dann, wenn ihn die Sehnsucht nach seinem Mann überflutet.

Und er findet eine weitere Möglichkeit, in Verbindung zu bleiben. Indem er täglich neue Fotos von sich und seinem Mann in den Status von WhatsApp stellt und die Welt teilhaben lässt an ihrer Liebe. Ihre Liebe, die war und die ist und: die bleiben möchte. Dabei macht er die Erfahrung, je tiefer sich seine Liebe tief im Herzen erinnert und darin lebendig bleibt, umso eher begreift er im Laufe der Zeit: »Mein Mann wird nicht mehr zurückkommen«. Und es entsteht so etwas wie eine neue Qualität seiner Verbindung zu ihm. Der Verlust äußert sich in einem bis dahin nicht gespürten Schmerz und das Gefühl der Einsamkeit zeigt sich zeitweise in körperlicher Starre und unablässigem Weinen. Und dann, wenn er für einen Augenblick die Tränen wieder trocknen darf und er eine Verbindung zu einem Freund per Telefon oder WhatsApp sucht, findet er getröstet zu der Quelle ihrer lebendigen Liebe zurück, die ihm innewohnt.

Das Geheimnis der Trauer mag widersprüchlich erscheinen: Trauer als ein anderes Wort für Liebe. Aus Liebe geschmerzte Einsamkeit findet Momente des Alleinseins und der Verbindung, die immer zum Leben gehören und bleiben werden.

Lieben statt »loslassen müssen«! Unterstützen was ist

Vor einem Jahr starb meine hochbetagte Mutter. Sie ging allmählich, über Wochen, aus diesem in jenes Leben hinüber, und vieles durften wir nach ihrem Tod als Zeichen erschließen. Meine letzte Begegnung mit ihr war begleitet von ihrem Wort: »Mach's gut«. Es schien, als habe sie genug von meinem Besuch und wolle allein sein. Als ich auf dem Heimweg war, mit diesem Satz im Herzen, ging plötzlich ein Regenbogen über dem Land auf.

Und dann, als sie gestorben war und im geöffneten Sarg lag, hatte ich genug Zeit, bei ihr zu sein in einer wunderschön gestalteten Friedhofshalle (Räume spielen für mich eine große Rolle!). Ich ging zu ihr und immer wieder nach draußen in den sonnigen Frühlingstag. Als der Sarg kurz vor der Abschiedsfeier geschlossen wurde, spürte ich eine Beklemmung, als ob alle Energie, die von meiner verstorbenen Mutter noch spürbar war, im Sarg eingeschlossen würde. Dasselbe spürte ich, als der Sarg in die Erde gelegt wurde, als ob alle Energie gebändigt und versucht würde, etwas abzuschließen, was sich lebendig anfühlt. Diese Erfahrung hielt tagelang an und ich erzählte davon in einer Gruppe. Als »Diagnose und Lösungsmodell« hörte ich nur dies: du hast halt Probleme, loszulassen. Wie kann ich Energie loslassen? – Plötzlich fiel mir die uralte Bedeutung aller Religionen auf dieser Welt ein, den Verstorbenen auf seinem Weg mit Gebeten und guten Gedanken zu begleiten. Meist sind es vierzig Tage nach seinem Tod, die dann als begleiteten Weg des Verstorbenen noch einmal rituell einen Ausdruck finden kann. Meist an der Grabstätte des Verstorbenen und erneut in Gemeinschaft mit der Familie und den Freunden. Diese Vorstellung erinnerte mich auch daran, wie ich als Kind in der katholischen Kirche das Sechs-Wochen-Seelenamt beim Tod meines Großvaters erlebt habe. Alles war da. Diese tiefe Liebeskraft meiner Mutter und die uralte Einladung, sie zu begleiten. Ich fühlte mich verbunden mit ihr, meiner Familie und mit dem Wissen der Menschheit.

Loslassen oder Weiterlieben? Weiter lieben im Trost der Untröstlichkeit

Beides! Ich lasse los und liebe weiterhin. Und erlebe dieses »Nichts ist mehr wie zuvor«, dieses »wie aus dem Leben und der Zeit gefallen sein« und die Wahrheit, nicht mehr in der bisherigen Art dazu zu gehören in der Gemeinschaft.

Beides! Ich lasse los und liebe weiterhin. Es ist der Tod selbst, der eine Einsamkeit hervorbringt, die zuvor nicht gedacht werden kann und worauf sich niemand vorbereiten kann. Die Einsamkeit des Verlustes und die der eigenen Sterblichkeit.

»Der Tod ist nicht, was du gedacht hast. Er ist nicht, was du nicht gedacht hast.«[1] Die Radikalität dessen, was existentiell geschieht, bringt hervor, was bisher undenkbar war. Das macht den sterbenden und den trauernden Menschen zu Wissenden, gibt ihnen einen Erfahrungsvorsprung denen gegenüber, die nicht unmittelbar davon betroffen sind.

Es macht einsam: etwas vom Leben zu wissen, was andere so nicht oder ganz anders erlebt haben. Und weil das so ist, kann es sein, dass wohlmeinende Menschen zu wissen meinen, wozu sie sterbenden und trauernden Menschen raten können. »Du musst loslassen«, ist ein häufig gehörter »Ratschlag« und scheint für den Ratgeber wie die Lösung aller »Probleme«. Dabei ist Trauer kein Problem – und auch keine Krankheit –, sondern ein Lebensgefühl. Trauer kann nicht einfach »bewältigt«, sondern will als Prozess durchlebt werden und braucht Zeit und Raum. Trauer und Freude, Abschied und Aufbruch wohnen ganz nahe beieinander und sind einem Kaleidoskop ähnlich, so wie es die Trauerforscherin Chris Paul eindrücklich beschrieben hat.[2]

Einsamkeit entsteht, weil zu wenig Raum und Zeit zugestanden wird! Sie entsteht, weil Vorschläge gemacht werden, die wenig nützen in der jeweiligen Situation. Und nicht selten wird gar Dankbarkeit erwartet, weil andere es so gut gemeint haben mit Trost und Ratschlag!

Einsamkeit ersteht, weil Bilder vom Leben zusammengebrochen sind und Angst sich breit macht, ob denn überhaupt noch etwas verlässlich ist auf dieser Welt. Einsamkeit ersteht, weil ich niemand mehr habe.

Eine Frau sagt das in einem Beratungsgespräch immer wieder. »Ich habe niemand mehr«. Sie sagt das, während ich ihr gegenüber sitze und denke, ich bin doch da! Und ich erinnere mich an ihre Tochter, an die Enkel, an die Nachbarn. »Ich habe niemand mehr, ich bin ganz allein.« Einem Mantra gleich wiederholt sie das, was für sie ihre Wirklichkeit ist.

Im Laufe des Gespräches wiederhole ich ihren Satz: »Du hast niemand mehr, ja da ist niemand da und was ist, wenn du mich anschaust, während du das sagst, es sei niemand da?«

»Natürlich, du bist da und das ist schön. Aber mein Mann ist tot!«

Einsamkeit ersteht, weil der geliebte Mensch fehlt, selbst wenn viele Menschen da sind: Familie, Verwandte, Freunde. Dann suchen trauernde Menschen andere, die mitempfinden können, weil sie dasselbe erlebt haben: den Tod und den Verlust und den Schmerz. Dafür gibt es an vielen Orten das Angebot von Lebens- und Trauercafés, von Trauergruppen und anderen Angeboten der Gemeinschaft.

Vor über zwanzig Jahren gründete ich eines der ersten Lebenscafés für trauernde Menschen. Lebenscafé, weil Trauer Leben ist. Weil immer noch die Vorstellung

---

1 Benedict Wells, *Hard Land*, Zürich 2021.

2 Chris Paul, *Ich lebe mit meiner Trauer*, Leipzig 2021.

umhergeht, »nun trauere mal«, und dann kehrst du wieder zurück ins Leben. Meine Erfahrung ist: Trauer ist Leben. Der Trauerweg verändert den Menschen und es gibt kein »wie vorher« mehr. Trauer ist einem Reifungsschmerz gleich, einem Weitergehen aus der Notwendigkeit des Überlebens in einen noch offenen Ausgang.

Denn der Weg selbst steht in einer Spannung zwischen dem Wunsch, das alte Leben wiederherstellen zu wollen und einem neuen Dasein, das in der Ungewissheit und einer Flut von Gefühlen und Fragen immer schon werdend da ist.

Im Lebenscafé treffen sich Menschen, die in ihrer Unterschiedlichkeit das Gemeinsame teilen, den Schmerz der Trennung und die Liebe ihrer Verbindung. Sie spiegeln sich selbst im Gegenüber, um gestärkt immer wieder neu sagen zu können, »ja, das bist du und das bin ich«. Diese Erfahrung in der Gruppe gleicht einer Brücke, auf welcher der Gast erinnernd an die Gemeinschaft weitergehen kann und vorausfreuend sich ausrichten kann auf ein neues Treffen in der Gruppe.

Wie sollen wir uns darauf vorbereiten können? Ich bin untröstlich. Und einsam. Wie abgeschnitten von jeglicher Quelle des Miteinanders, von Erlebnissen, die in der Erinnerung zu versinken drohen. Und zugleich so lebendig im Vergegenwärtigen vieler Augenblicke, die wir miteinander erleben durften. Eine Spannung, die niemand versteht, der sie nicht selbst erlebt hat. Gerade das ist der Schmerz, nicht wirklich verstanden, sondern von gutmeinenden Worten und Ratschlägen übergossen zu werden.

Eine Frau, die viele Jahre mit ihrem (inzwischen verstorbenen) Mann in ihrem Haus lebt, kann von der Höhe über die ganze Stadt schauen. Große Fenster öffnen sich ins vertraute Leben und erinnern an die gemeinsame Zeit. Sie erzählt mir, dass sie täglich das kleine Zimmer ganz hinten im Haus aufsucht, um sich sicher zu fühlen mit sich selbst und ihrem Schmerz. »Da fühle ich mich ganz bei mir, selbst dann, wenn Freunde meinen, ich solle unter die Leute gehen, um nicht allein zu sein.«

Trauernde Menschen lernen mit der Zeit, mit ihrem eigenen Auto zu einer Einladung in der Familie oder im Freundeskreis zu fahren. »Dann«, höre ich sie sagen, »bleibe ich unabhängig und kann jederzeit wieder gehen, wenn mir alles zu viel wird.«

Die Erfahrung, sich einsam zu fühlen unter vielen, auch vertrauten Menschen, lässt sie diesen Weg wählen. Auch dann, wenn die anderen meinen, »bleibe noch, zuhause bist du doch allein.« »Zuhause«, so höre ich trauernde Menschen sagen, »bin ich zwar allein, doch ich spüre die Gemeinschaft zu dem Verstorbenen in besonderer und vertrauter Weise, schmerzvoll und heilsam zugleich.« – Einsam, weil Trauer ein ganz lebendiger Prozess ist, der einerseits »alles« in Frage stellt, was Leben bislang gelehrt hat, und andererseits Erfahrungen hervorbringt, die bis dahin undenkbar schienen.

Eine Frau, die ihren Mann plötzlich verloren hat, versucht ihren Weg allein zu gehen, wie sie sagt.

Nach über einem Jahr »Versuch« auf einem für sie unbekannten Weg - und was ist der Trauerweg anderes - spricht sie von dem Wunsch, dass sich ein inneres Bild, welches sie von ihrem Mann in sich trägt, wandeln möchte. Sie meint, es ist die Zeit da, mehr Lebendigkeit in ihrem Leben willkommen zu heißen. Wir öffnen dafür den Raum, in dem wir hinschauen, wie es möglich sein kann, der Wandlung Ausdruck zu geben. Wenige Tage später schlägt sie vor, diesen Wunsch ins Feuer geben zu wollen. Wir bereiten einen Abend vor, es ist Hochsommer und das Johannisfeuer kennen wir beide als Brauchtum. Die Witwe lädt Gäste zu sich ein, kauft eine Tonfeuerschale und bereitet vor, dass alle einen Wunsch, der sich erfüllen möge, ins Feuer geben. Das Feuer erleuchtet die beginnende Dunkelheit der Nacht, und nach einem Augenblick der aufmerksamen Stille folgt eine Musik, zu der sich die Menschen an derie Hand nehmen, um sich gemeinsam im Rhythmus zu wiegen.

Einen Tag später geben wir zu der Asche neue Erde und säen Sonnenblumensamen und stellen das Gefäß in ihren Garten. Tage später träumt die Frau von ihrem Mann. Er kommt zu ihr und sagt, dass alles gut sei und dass er seinen Weg und sie ihren Weg gehen darf. Sie wacht auf! Und hört, dass zeitgleich ihr Mann im Traum ihrer Tochter »erscheint« und sagt, dass er nun nicht mehr komme und das Leben gut sei.

Zeichen, die eine tiefe und energetische Wirkmacht in sich tragen und dankbar staunen lassen.

Und aus der Einsamkeit eine neue Erfahrung hervorbringen: *EinSam(e)*
Einen Samen! Im Getrenntsein dem Samen vertrauen.

Einsamkeit! Ein Getrenntsein von Gott oder *EinSame* im Lebendigwerden?

Trauernde Menschen fallen mit dem Tod eines nahen Angehörigen wie aus dem Leben und aus ihrer Zeit heraus. Selbst dann, wenn es scheint, dass das Überleben funktioniert und die Kraft der Seele davor schützt, das Ausmaß des Verlustes bei Eintritt des Todes nur ansatzweise und erst Monate später nach und nach zu erkennen. Zu Beginn des Trauerweges kann es sein, dass Zugehörige sich All-eins fühlen mit dem Verstorbenen, nahe und vertraut wie im Leben. Menschen sind da, die als Familie und Freunde in dieser Zeit mittrauern und unterstützen, wo der Alltag dies erfordert. So vergeht Zeit und dann, wenn sich das Umfeld wieder seinem eigenen Weg zu wendet, kann es sein, dass der Trauerschmerz größer und tiefer wird. Es kann sein, dass sie gefragt werden, »du trauerst immer noch?« Das ist der Übergang, der einem Stillstand gleichen kann, in dem es nicht mehr weitergeht. In dem die Einsamkeit wohnt, das Unverstanden-Sein und Alleinsein. Allein, weil der Tod wirklicher wird und weil »niemand« da ist und Zeit lässt für das, was begriffen werden muss. »Die Trauer wird einsamer«, höre ich Angehörige sagen und sie kann auch nicht einfach mit

»nach vorne schauen« oder »sich ablenken« oder »loslassen« gemildert werden. Diese Einsamkeit reicht tief in das Dasein und stellt in Frage, was bis zum Tod eher selbstverständlich war: die Frage nach Sinn und nach Gott und wo er nun ist, diese Hilfe, die einem zugesagt wird. Dabei kann es sein, dass der fragende, zweifelnde und suchende Mensch in Berührung kommt mit dem innersten Kern seines Daseins. Es kann sein, dass »alte Glaubensbilder« sich in Frage stellen und sich ein neues Vertrauen noch unsicher anfühlt. Genau darin wohnt *»Ein Same«*, der göttliche Grund, wie Mystiker das beschreiben, der immer schon da ist. Der diese Hinwendung geradezu hervorbringt und sich liebevoll in die Seele eines einsamen Menschen legt, selbst wenn er davon noch nichts spürt.

Im Sommer haben wir im Lebenscafé trauernde Menschen eingeladen, im Garten Sonnenblumensamen zu säen. Vorgesehen hierfür ist ein Steinkreis, der das Rad des Lebens symbolisiert und sich ausrichtet in die vier Himmelsrichtungen.

In der Mitte des Kreises liegt ein Stein, der das Geheimnis symbolisiert, die Quelle, die wir Gott nennen. Dabei haben wir erfahren, dass es nicht so wichtig ist, ob der Same in dem Kreis aufgeht, sondern wir haben symbolisch mit dem Säen unseren eigenen Samen berührt, der in uns wohnt und ewig ist. So kann in uns zum Wachsen und Blühen kommen, was hervorkommen wird und heilsam sein wird. Im Miteinander-tun stärken wir das Herz jedes Einzelnen und finden darin zu einer Gemeinschaft, die sich als »Anwalt des Lebendigen« erlebt.

Gemeinschaft in der Einsamkeit! Was ist Trost?

Trost, Trösten meint: würdigen, was ist; sehen lernen, was gebrochen wurde. Und dabei bewegen, was innerlich wie erstarrt ist. Trost heißt, im Nachhinein hinzuschauen, welcher Weg bereits gegangen worden ist, auch wenn es den Anscheint hat, man sei auf der Stelle getreten.

Im Lebenscafé kann es guttun, dies so zu erleben. Wenn ein trauernder Mensch neu in die Gemeinschaft kommt und erzählt, wie er sich fühlt, dann können die Menschen, die länger schon an der Gruppe teilnehmen, selbst erkennen, welchen Weg sie schon gegangen sind, was anders ist als damals, als sie selbst zum ersten Mal in die Gruppe kamen.

Fulbert Steffensky, der Ehemann von Dorothee Sölle, wird nach ihrem Tod gefragt, was ihm Trost sei auf seinem Trauerweg. Er meinte, dass die Freunde ihm Trost sind, die sich durch sein Unglück nicht vertreiben lassen. Freunde, die bleiben und ihm seinen Schmerz lassen. Es ist die Hiobgeschichte, die darin zum Klingen kommt.

»Die Würde der Untröstlichkeit ist die eines ernsten Atheisten. Er kommt nicht darüber hinweg, was dem Leben angetan wurde. Er ist fähig, das Augenlicht der Blinden zu vermissen, den aufrechten Gang des Lahmen und die Sprache des

Verstummten. Er lässt sich nicht trösten über allem, was dem Leben angetan wurde, und er weigert sich, es ein Ganzes zu nennen.«[3]

Der Tod eines geliebten und nahen Angehörigen bricht das Leben. Und nichts ist mehr wie zuvor, selbst dann, wenn es so scheint, als habe sich nichts verändert. Die Vögel singen, und immer noch fährt der Bus oder die Bahn die Menschen zur Arbeit. »Im Sommer stirbt man doch nicht«, sagt eine Ehefrau, die lange Zeit ihren Mann auf dem Weg seiner schweren Krankheit begleitet hat.

Es ist anstrengend zu üben, mit der Einsamkeit zu leben. Dann, wenn die Familie, die Freunde und Nachbarn ihren eigenen Weg weitergehen. Nach einigen Wochen, nach einigen Monaten – dann, wenn scheinbar ein Alltag zurückkehrt. Dann wird »es immer schlimmer«, höre ich jemanden sagen im Lebenscafé oder in einer Gruppe trauernder Menschen, die sich regelmäßig treffen. In Gemeinschaft miteinander essen, sich erzählen, was sie aktuell bewegt und dabei einander zuhören und Anteil nehmen in der Unterschiedlichkeit der je eigenen Erfahrungen, das stärkt. Mahl halten als eine nährende Form der Gemeinschaft.

Dorothee Sölle sagte einmal, dass der erste Schritt sein kann, eine Sprache zu finden, die aus dem unbegriffenen und stumm machenden Leiden herausführt, eine Sprache der Klage, des Schreies, der Schmerzen, die wenigstens sagt, was ist. Auch im Schweigen.

Das Verstummen und der Schrei, das Sich-verlieren-Wollen in Alltagseindrücken, vieles, was »keiner hören will«, braucht eine Resonanz, ein Gegenüber, ein Zeuge oder Zeugin für das, was wirklich ist. Nicht das, was die Welt denkt, was sein sollte. Das kann eine erste Antwort sein auf die Frage, wie wir Menschen nahe sein können in ihrer Trauer. Eine Sprache finden. Nicht unbedingt Worte. Zeichen sind meist vielsagender. Eine Blume. Eine Karte, die Anteilnahme ausdrückt. Eine Tasse Kaffee miteinander. Ein Besuch. Die Frage, wie kommst du eigentlich zurecht?

Das alles ist Trost in der Untröstlichkeit.

Abspann: Angst und Pandemie! Hat die Pandemie einsamer gemacht?

Die Bundeskanzlerin Angela Merkel sagte am 21. Januar 2021: »Mir bricht das Herz, wenn ich sehe, wie viele Menschen [...] in Einsamkeit sterben.« Und wie viele Zugehörige sich wie ausgeschlossen fühlen von einem Besuch des schwer erkrankten oder alten Menschen im Krankenhaus und Pflegeheim. »Wie gefangen«, sagen diejenigen, die geschützt werden.

---

3 Steffensky, Fulbert, *Die Würde der Untröstlichkeit*, 6.4.2007, https://www.publik-forum.de/Publik-Forum-07-2007/die-wuerde-der-untroestlichkeit (Abruf 30.11.2021).

Es ist eine Gratwanderung für alle medizinischen und pflegerischen Dienste in den Einrichtungen, zum richtigen Zeitpunkt den Angehörigen die Türe zu öffnen, wenn der Patient sterbend ist. Das Er- und Durchlebte, die Unsicherheit, Angst und der Schmerz des Nicht-Naheseins prägen die Angehörigen und nehmen sie als Erfahrung mit in die Zeit nach dem Tod und auf den Trauerweg.

Auch die Teilnahme am Abschied bei der Beerdigung ist begrenzt und die Möglichkeit bleibt versagt, sich »bei einer Tasse Kaffee« anschließend zu treffen, zu berühren und zu trösten. »Wir gehen in Stille auseinander« steht in vielen Traueranzeigen.

Unsere Mutter starb gleich zu Beginn der Pandemiezeit im März. Der Lockdown war veranlasst und schloss abrupt unserer Familie die Tür ins Pflegeheim. Wir waren dankbar, dass Pflegende erkannten, dass unsere Mutter am Gehen ist und wir eine Stunde am Tag bei ihr sein durften.

Drei Tage später war - Gott sei Dank - meine Schwester bei ihr, als unsere Mutter starb. Die Beerdigung war zugelassen für uns, ihre Kinder mit den Familien. Alle die zum Leben unserer Mutter gehörten, die Verwandten und all jene, die sie mochten als Freundin und Nachbarin, durften nicht dabei sein. Auch der Leichenschmaus, an dem wir uns alle hätten treffen können, war abgesagt., Diese Gemeinschaft fehlt bis heute, da es für eine lange Zeit unmöglich war, beisammen zu sein.

So ist es vielen ergangen in dieser Zeit. Menschen nehmen diese Erfahrung mit auf ihren Trauerweg: Bilder aus der zurückliegenden Zeit, Versäumtes, das schmerzt, Schuldgefühle, die im Herzen brennen. Das alles gilt es in der Begleitung trauernder Menschen im Blick zu behalten. Stabilität und ein Gefühl an Sicherheit haben dabei Vorrang, auch die Möglichkeit, »Klagemauer zu sein«, um dem Mitteilungsdruck Raum zu geben. Die Angst darüber bleibt, wie sich das Nichtgelebte einbrennen wird auf dem weiteren Weg, die Angst, sich selbst zu infizieren oder auch an einer anderen Diagnose zu erkranken, die Angst, selbst nie mehr fröhlich sein zu können und unverstanden zu bleiben in dem, was einen quält. Es bleibt die brennende Frage, ob die Pandemiezeit Menschen einsamer gemacht hat und weiterhin macht. Und die Frage, wann Einsamkeit zu einer depressiven Störung wird.

In aller Trauer und vielfältigem Leid aber soll ein Lied zum Klingen kommen, das wir in den 80er Jahren oft in der Kinder- und Jugendarbeit gesungen und mit dem wir uns gestärkt haben:

»Einsam bist du klein, aber gemeinsam werden wir Anwalt des Lebendigen sein.«[4]

---

[4] Lied »*Einsam bist Du klein*« (Kanon), Text: Friedrich Karl Barth (1981), Peter Horst (1981), Melodie: Peter Janssens (1981).

Über den Mythos des einsamen Singles. Ergebnisse einer deutschlandweiten empirischen Erhebung zum Thema Einsamkeit und christliche Singles

Tobias Faix und Ronja Dietrich

Dieser Beitrag gibt einen Einblick in die Ergebnisse der empirica Singlestudie 2020 und geht dabei insbesondere auf das Thema der selbst wahrgenommenen Einsamkeit ein. Dazu wird nach einer kurzen Einleitung ein Überblick über die Situation von Singles in Deutschland allgemein und speziell von christlichen Singles gegeben. Anschließend wird der Mythos der einsamen, unglücklichen Singles anhand der empirischen Ergebnisse hinterfragt und es werden Gefühle von Einsamkeit, aber auch von Freiheit sowie die Einbindungen in Kirche und die Frage nach der Lebenszufriedenheit und der Partnersuche thematisiert. Abschließend werden Konsequenzen für die Arbeit von Kirche und Diakonie gezogen.

1. Einleitung: Status – Es ist kompliziert

Die verschiedenen Beiträge in diesem Buch zeigen deutlich auf, dass Einsamkeit kein einfach zu fassendes Thema ist und dass vorschnelle und vereinfachende Antworten nicht hilfreich sind. Dies gilt umso mehr, wenn wir uns der vielschichtigen Thematik von Einsamkeit und christlichen Singles nähern. Einsamkeit ist oftmals eine Zuschreibung von außen, unter der gerade Singles leiden und sich vorschnell als »einsam« stigmatisiert fühlen. Deshalb ist es wichtig, Singles selbst zu Wort kommen zu lassen und zuzuhören, bevor man selbst ein vorschnelles Urteil fällt. Denn eines wird dann schnell deutlich, die Antworten fallen unterschiedlicher aus als erwartet, wenn Singles, insbesondere christliche, zu ihrer Lebenssituation, persönlichen Zufriedenheit und zum Thema Einsamkeit befragen werden:

> Wie beispielsweise Werner, der feststellt: *»Ich bin relativ zufrieden, ich habe das Singlesein angenommen. Ich bin offen für alles, was kommen mag, aber hadere nicht damit.«*

Ganz anders Liebig, der sagt: »*Die Einsamkeit, das ist schwer zu ertragen. Also ich hätte da auch lieber gerne jemanden.*«

Oder Katharina: »*Also es gibt Situationen, wenn ich sehr traurig bin, wo ich mir wünschen würde, dass da jemand wäre. Aber das sind extrem seltene Situationen.*«

Anders reagiert Elisabeth: »*Ich kann jedem, der als Single durchs Leben geht, nur sagen: Das ist alles gar nicht so schlimm, wie es dargestellt wird.*«

Peter dagegen stellt fest: »*Ja gut, ich fühl mich ziemlich einsam seit Jahren.*«

Marie erlebt es wiederum ganz anders: »*Alleinsein kann ich ganz gut. Und Alleinsein ist ja an sich auch nicht unbedingt negativ.*«

Werner, Liebig, Katharina, Peter, Elisabeth und Marie sind christliche Singles, die zusammen mit vielen weiteren in der empirica Singlestudie 2020[1] befragt wurden. Das Ziel der Studie war, einen Einblick in die Lebenswelt christlicher Singles zu gewinnen – wie gestalten sie ihren Alltag, ihren Glauben und ihre Sexualität? Wie zugehörig fühlen sie sich in Kirchen, wie zufrieden und auch wie einsam sind sie? Die kleine Zusammenstellung von Zitaten zeigt bereits, dass dies ein sehr vielschichtiges Thema ist, auf das es keine vorschnellen und einfachen Antworten gibt.

2. Singles in Deutschland – kurzer Überblick

Allgemein ist der Single-Begriff nicht eindeutig definiert und wird in verschiedenen Kontexten unterschiedlich verwendet.

2.1 Die Anzahl von Singlehaushalten in Deutschland ist steigend

Während wir in diesem Artikel und in der Studie das Single-Sein als Leben ohne Partnerschaft verstehen, wird es oft auch über den objektiv messbaren Faktor des Alleinlebens bestimmt. So wird etwa im Mikrozensus die Zahl an Alleinstehenden, also Personen, die ohne Partner:in und/oder Kinder wohnen, erfasst.[2] Diese ist in den letzten 20 Jahren kontinuierlich gestiegen. Außerdem waren 2019 gut

1 Den kompletten Forschungsbericht »Lebensweisen christlicher Singles« mit allen Ergebnissen gibt es unter: https://www.cvjm-hochschule.de/fileadmin/2_Dokumente/5_FORSCHUNG/empirica/2020_Forschungsbericht_Singlestudie.pdf, (Abruf 18.08.2021) oder im Buch: Künkler, Tobias/Faix, Tobias/Weddigen, Johanna, *Christliche Singles: Wie sie leben, glauben und lieben.* Holzgerlingen 2020.

2 Destatis 2019, 37.

42 % aller deutschen Haushalte Einpersonenhaushalte. Diese Zahlen geben keinen direkten Aufschluss darüber, wie viele der Alleinstehenden und Alleinlebenden auch ohne Partnerschaft sind, aber sie zeigen eine gesellschaftliche Entwicklung auf und verdeutlichen, dass die Lebensweisen von Alleinstehenden und Singles immer relevanter werden. Laut einer Studie aus dem Jahr 2020 lebten etwa 22 Millionen Personen im Deutschland ohne partnerschaftliche Beziehung.[3] Wie in der Einleitung schon angedeutet wurde, gibt es zahlreiche Gründe für diese hohen und steigenden Zahlen. Dennoch werden die Lebenswelt und somit auch die Herausforderungen, Bedürfnisse und Empfindungen dieser Gruppe kaum erforscht. Gerade in Bezug auf die subjektiv empfundene Einsamkeit, die nicht mit einem objektiven Mangel an sozialen Beziehungen gleichzusetzen ist, gibt es wenig Erkenntnisse. Wichtig ist die Unterscheidung von sozialer Isolation und Einsamkeit. Während erstere objektiv an der Zahl der Kontakte und Netzwerke gemessen werden kann, ist letztere stark subjektiv und wird als »psychisches Erleben und unangenehm empfundener Zustand« definiert.[4] Gerade die subjektiv empfundene Einsamkeit wird wenig erforscht und untersucht.[5]

2.2 Singles und Singularisierung

Es gibt verschiedene Ursachen dafür, dass die Zahl an Singles steigt. Der Soziologe Andreas Reckwitz beschreibt den gesellschaftlichen Strukturwandel hin zu einer Welt der Singularitäten.[6] Darunter versteht er, dass die verschiedenen Lebenselemente in höherem Maße als früher selbst gestaltet werden wollen und dabei die einzelnen Bausteine des Lebens wie Arbeit, Familie, Kultur, Glaube, Beziehungen oder Freizeit in möglichst origineller und anerkennungsträchtiger Weise miteinander kombiniert werden. Während dies einerseits viele Freiheits- und Gestaltungsmöglichkeiten bietet, drohen andererseits auch weniger attraktive Konsequenzen: etwa eine Art Zwang, sich selbst in ständig neuer Weise zu präsentieren. Somit wird auch das Bedürfnis stärker, einzigartige und besondere Beziehungen zu haben. Gleichzeitig wird es schwieriger, diese zu finden und zu leben. Somit kann aus diesem Wandel auch vermehrt Einsamkeit entstehen. Dabei ist Singularität nicht mit Individualisierung zu verwechseln und nicht mit Einsamkeit gleichzusetzen, aber stellt eine gesellschaftliche Voraussetzung dafür dar. So gewinnen in einer Gesellschaft der Singularitäten soziale Beziehungen zunehmend an Komplexität in der Gestaltung und Erhaltung und

---

3 Statista 2021.

4 Baas et al., 2018, 57.

5 Baas et al., 2018, 57.

6 Reckwitz, 2019.

der Druck auf das einzelne Individuum, das Besondere zu besitzen oder zu sein erhöht sich zwangsläufig. Deshalb werden langfristige und tragende Beziehungen seltener gefunden und aufrechterhalten, was als Mangel an befriedigenden Kontakten empfunden wird. Folgerichtig stellt der Psychologe und Theologe Thomas Holtbernd fest, dass Einsamkeit als eine Kehrseite der Singularisierung verstanden werden kann, da sie der Ausdruck vom Scheitern am Bemühen um das Besondere ist. Dieses negative Verständnis von Einsamkeit, so Holtbernd, stellt Menschen in der Spätmoderne vor große Herausforderungen, da es in unserer Gesellschaft kaum legitime Orte dafür gibt. Wer sich nicht als einzigartig darstellen kann, der erlebt einen gesellschaftlichen Ausschluss, der dann als Einsamkeit definiert und auch empfunden wird.[7]

3. Christliche Singles

Auch in den christlichen Kirchen spielen Singles und ihre Lebenswelten eine immer größere Rolle und stehen vor zusätzlichen Fragestellungen und Herausforderungen. So sind in Kirchen und Gemeinden häufig die traditionellen Ehe- und Familienvorstellungen besonders stark verankert und die Angebote auf Familien ausgerichtet. Gleichzeitig sind Gemeinden ein Ort der Gemeinschaft, in der jede:r vorkommen können soll. Somit stellt sich die Frage, welche Wechselwirkungen es zwischen dem persönlichen Glauben und dem eigenen Single-Dasein gibt. Auch hier spielt die Frage nach Einsamkeit eine besondere Rolle. Trifft das Vorurteil, dass Singles grundsätzlich einsamer sind, auf christliche Singles zu? Können Singles in Gemeinden eine Heimat finden oder fühlen sie sich dort sogar besonders einsam? In welchen Situationen fühlen sie sich einsam, in welchen weniger? Wie zufrieden sind christliche Singles mit ihrem Leben – und welche Implikationen hat dies für Kirchen und Gemeinden?

Diese Fragen und Zusammenhänge haben wir als Forschungsinstitut empirica in der Singlestudie 2020 untersucht. Dazu wurden in einer quantitativen Online-Umfrage über 3.200 evangelische Christ:innen ab 21 Jahren befragt, die seit mindestens zweieinhalb Jahren ohne Partner:in leben. Außerdem wurden 13 qualitative Einzelinterviews geführt. Im Folgenden werden nun ausgesuchte Ergebnisse der Studie dargestellt und erläutert.[8]

---

[7] Holtbernd 2018.

[8] Eine ausführliche Darstellung des Vorgehens und der Ergebnisse finden sich im zugehörigen Forschungsbericht: Künkler et al. 2020, https://www.cvjm-hochschule.de/fileadmin/2_Dokumente/5_FORSCHUNG/empirica/2020_Forschungsbericht_Singlestudie.pdf (Abruf 18.08.2021).

3.1 Christliche Singles und Einsamkeit: Gefühle der Einsamkeit – wann?

Laut einer Studie aus dem Jahr 2019 fühlen sich 17 % der Deutschen häufiger oder ständig einsam, weitere 30 Prozent sprachen von gelegentlicher Einsamkeit.[9] Bei den befragten Singles der Singlestudie war bei 36 % das Einsamkeitsempfinden (eher) hoch. Mehr als jede:r dritte Single fühlt sich also einsam. Doch dies ist nicht ausschließlich auf die Partnerlosigkeit zurückzuführen und somit differenzierter zu betrachten. So vermissen fast drei Viertel der Befragten Geborgenheit und Wärme. Doch gleichzeitig sagen über 80 %, dass sie genug Menschen haben, die ihnen bei Problemen helfen würden und knapp 70 % der Singles haben genügend Personen in ihrem Umfeld, denen sie sich eng verbunden fühlen bzw. auf die sie sich verlassen können. Aber mehr als die Hälfte der Befragten muss das eigene Sozialleben gut organisieren, um sich nicht einsam zu fühlen. Knapp 45 % der Singles vermissen außerdem Menschen, bei denen sie sich wohlfühlen. Das eigene Einsamkeitsempfinden ist also in manchen Zusammenhängen und Situationen stärker als in anderen. Die Mehrheit der Singles hat Vertrauenspersonen und ein Netzwerk von nahestehenden Menschen, denen sie sich verbunden fühlen. Gleichzeitig fehlt vielen Befragten das Gefühl von Geborgenheit, das die vorhandenen Netzwerke anscheinend nur teilweise vermitteln können. Die Singles sind also nicht allein – und doch nicht selten einsam. Weiterhin nehmen die Befragten ihr Single-Dasein in verschiedenen Lebenssituationen unterschiedlich stark wahr. Drei von fünf Singles spüren dies besonders stark beim Umgang mit Paaren und Familien und im Blick auf das eigene Alter. Mehr als die Hälfte der Befragten gibt darüber hinaus die Urlaubsplanung und auch Krisenzeiten als solche Situationen an. Mehr als ein Viertel der Befragten spürt das eigene Single-Dasein außerdem in Gemeinden und Kirchen besonders stark. Auch diese Situationen, in denen die Abwesenheit eines Partners / einer Partnerin oder die Abweichung von einem vorhandenen Normalzustand besonders deutlich wird, können schmerzhaft sein und zu einem Einsamkeitsempfinden beitragen. Fassen wir die ersten Ergebnisse zusammen, dann stellen wir fest, dass Einsamkeit bei 32 Prozent der Befragten eher hoch und bei 51 Prozent eher gering ist. Die ganz klaren Einordnungen sind deutlich seltener: Nur 4 Prozent sind eindeutig als einsam und 13 Prozent als nicht einsam einzuordnen. Die Mehrheit der befragten Singles fühlt sich jedoch eher nicht einsam. Interessant ist hierbei Folgendes: Bei der Auswertung wurde deutlich, dass das Einsamkeitsgefühl zwischen Alter und Geschlechtern variiert. So fühlen sich Männer eher einsam als Frauen, und die Einsamkeit steigt bis 30 Jahre an, bleibt mit Schwankungen aber im fortschreitenden Alter eher stabil. Folgen wir der Klassifizierung von Einsamkeit nach Dorothea Petrich, dann würden wir bei den

---

9 Splendid Research GmbH 2019.

Ergebnissen von einer vorübergehenden und situationellen Einsamkeit sprechen.[10] Trotz dieser Einsamkeitsgefühle sind die Singles aber nicht grundsätzlich unglücklich. Dies zeigte eine Analyse von Lebenszufriedenheit und Selbstwertgefühl.

3.2 Freiheit, Unabhängigkeit, Lebenszufriedenheit – und der Partnerwunsch

Neben den beschriebenen herausfordernden Situationen gibt es auch Momente, in denen die Singles ihre eigene Unabhängigkeit und Freiheit besonders schätzen. So wurde in den qualitativen Interviews deutlich, dass viele der befragten Singles zwar von Einsamkeit sprachen und gleichzeitig bei der Frage nach der Lebenszufriedenheit angaben, grundsätzlich zufrieden zu sein. Denn wie in einem der Eingangszitate festgehalten wurde, ist Alleinsein nicht grundsätzlich schlecht. So freuen sich zwei Drittel der Singles über die Freiheiten des Singleseins und fast drei Viertel mögen es, ihr Leben aktiv selbst zu gestalten. Gerade ihre Freizeit gestalten die Befragten sehr aktiv. Laut dem Freizeitmonitor 2018 treffen sich Singles deutlich öfter außer Haus mit Freund:innen als Paare bzw. Familien.[11] Ungefähr drei Viertel der Befragten der Single-Studie haben unter ihren drei besten Freund:innen mindestens einen Single. Single-Freund:innen befinden sich in einer ähnlichen Lebenssituation, sind ebenfalls unabhängiger von familiären Verpflichtungen und haben tendenziell mehr zeitliche Kapazitäten. Die soziale Zufriedenheit, welche sich auf das soziale Netzwerk, die familiäre Situation, Freizeit und Gemeinde bezieht, ist bei zwei Drittel der befragten Singles (eher) hoch. Allgemein sind sogar drei Viertel mit ihrem Leben zufrieden. Singles sind also keineswegs grundsätzlich unglücklich und unzufrieden, eher im Gegenteil. Dennoch sind sie etwas weniger zufrieden als der deutsche Durchschnitt. Dies hängt damit zusammen, dass sie mit ihrer Partnerlosigkeit eher nicht versöhnt sind. Nur knapp jedem fünften Single geht es damit gut. Nur drei Prozent der Befragten hat gar keinen Partnerwunsch. Bei vier von fünf Singles ist dieser Wunsch hingegen eher intensiv. Für drei Viertel ist es außerdem zentral, dass der Partner / die Partnerin ebenfalls Christ:in ist. Die Abwesenheit einer Partnerschaft spielt also eine zentrale Rolle im Leben der Singles und wirkt sich somit auch auf ihre Lebenszufriedenheit aus. Interessant dabei sind die gegenläufigen Bewegungen: Diese zeigen deutlich auf, dass sich etwa im Alter von 45 Jahren die Kurven der Annahme der eigenen Partnerlosigkeit und der Unzufriedenheit mit dem Singlesein stark auseinanderentwickeln. Während in

10 Petrich 2011, 17, https://www.sw.eah-jena.de/dat/publikationen/schriftenreihe_6_einsamkeit_im_alter.pdf, (Abruf 18.08.2021).

11 Stiftung für Zukunftsfragen 2018.

der zweiten Hälfte der 20er-Lebensjahre die Unzufriedenheit mit dem Singlesein die Annahme der Partnerlosigkeit »überholt« und die Schere zunächst auseinandergeht, schließt sie sich bis ungefähr zum 45. Lebensjahr wieder. Ab diesem Zeitpunkt wird die Annahme der eigenen Partnerlosigkeit im Durchschnitt immer besser, zugleich verringert sich die Unzufriedenheit mit dem Singleleben.

Neben der Partnerlosigkeit hat auch die Gemeindezugehörigkeit Auswirkungen auf die soziale Zufriedenheit der Singles. Auch hier ist das Bild ambivalent.

3.3 Singles und Kirche – es ist kompliziert

Grundsätzlich wurden überwiegend hochreligiöse Singles befragt, also Singles, deren Glaube für ihr Leben eine zentrale Rolle spielt. Dies zeigt sich unter anderem dadurch, dass vier von fünf Singles mindestens einmal am Tag beten und drei von fünf mindestens einmal pro Woche in den Gottesdienst gehen. Die meisten Singles sind stark in Gemeinden eingebunden. Doch die geäußerten Bedürfnisse, Beobachtungen und Wünsche zum Thema Gemeinde sind allgemein für christliche Gemeinschaften und auch in Bezug auf nicht-hochreligiöse Singles sehr relevant. Drei von fünf Befragten fühlen sich wohl in ihrer Gemeinde, ungefähr ebenso viele haben dort gute Freund:innen und Menschen, mit denen sie über persönliche Probleme sprechen können. Und dennoch haben 40% das Gefühl, dass in der Gemeinde die Bedürfnisse von Singles vernachlässigt werden. So wünscht sich mehr als die Hälfte explizite Angebote der Gemeinde für Singles, nur 6% der Befragten finden dies aber vor. Ähnlich viele sagen auch, dass für Singles relevante Themen stärker im Gemeindeleben vorkommen sollten. Je stigmatisierter sich Singles in der Gemeinde fühlen, desto geringer ist die allgemeine Lebenszufriedenheit, was sich auch im Selbstwertgefühl und der Unzufriedenheit mit der eigenen Partnerlosigkeit zeigt. Es gibt also eine Art »Teufelskreis«, in dem sich christliche Singles hier befinden, denn je stärker die Stigmatisierung, desto schlechter die Gemeindebindung und desto geringer ihre Lebenszufriedenheit. Die größte Stigmatisierung erleben Singles im mittleren Alter (30 bis 50 Jahre), dies hat wahrscheinlich damit zu tun, dass in diesem Alter viele Altersgefährt:innen eine eigene Familie gründen oder bereits haben. Dabei lässt sich insgesamt feststellen, dass Frauen in Gemeinden besser eingebunden sind als Männer. Viola beschreibt, warum sie sich stigmatisiert fühlt: *»Ich fühl mich ganz oft in Kirche und Gemeinde ausgegrenzt. Als Single, als Frau, als Nichtverheiratete, als Nichtmutter.«* Gemeinden werden dann als positiv wahrgenommen, wenn die Singles sich dort gesehen und wertgeschätzt fühlen. Negativ werden dagegen Gemeinden empfunden, die primär familienorientiert sind und in denen Singles sich tendenziell ausgeschlossen oder als »Menschen zweiter Klasse« fühlen. Dies zeigt, dass die eigene Gemeinde für die Singles eine große

Rolle spielt und sich die meisten dort auch wohlfühlen, dass sie sich aber dort nicht immer gut integriert und ausreichend gesehen fühlen. So stellt auch der katholische Theologe Thomas Weißer fest, dass viele Gemeinden die Singles als eigenständige Gruppen nicht im Blick haben, was auch damit zusammenhängt, dass Partnerlosigkeit oft als Mangel gesehen wird.[12] Hier gibt es also Verbesserungspotenzial, um der wachsenden und gesellschaftlich relevanter werdenden Gruppe der Singles in Gemeinden wertschätzend zu begegnen und auch passende Angebote für sie zu gestalten.

4. Konsequenzen für Kirche und Diakonie

Wie bereits angeklungen, müssen Singles grundsätzlich als eigenständige Zielgruppe mit eigenen Wünschen wahrgenommen werden. Dazu gehört auch, festzustellen, wo die Angebote der eigenen Gemeinde in Bezug auf die Themen, Strukturen und auch Zeiten besonders auf Familien ausgerichtet sind. Da Singles tendenziell einsamer sind als die Gesamtbevölkerung und gleichzeitig die Gemeinde eine große Rolle in ihrem Alltag spielt, ist es besonders relevant, eine Gemeinschaft zu schaffen, in der sie sich wohlfühlen. Dabei geht es nicht um eine objektive Anzahl von Kontakten, sondern um subjektiv empfundene Zugehörigkeit, da sich auch Einsamkeit nicht an der Kontaktzahl, sondern am eigenen Empfinden bemisst. Gerade Gemeinden sollten hier auch Geborgenheit und Wärme vermitteln können.

4.1 Der Weg zu einer singlefreundlichen Gemeinde

Beispielsweise wird an Feiertagen wie Ostern oder Weihnachten meist davon ausgegangen, dass die Zeit nach dem Gottesdienst mit der Familie verbracht wird. Fast die Hälfte der Singles spüren ihr Single-Dasein an solchen Feiertagen besonders intensiv, da sie meist aktiv Gemeinschaft suchen müssen, um diese Tage nicht allein zu verbringen und sich nicht einsam zu fühlen. Eine erste Aufgabe für Gemeinden ist also, wahrzunehmen, wie sich die vorhandenen Singles eingebunden fühlen und in welchen Situationen dabei Verbesserungsbedarf besteht.

Schauen wir zuerst darauf, was Singles sich von der Gemeinde wünschen. Wir hatten hierzu im Fragebogen eine offene Frage gestellt. Mit Abstand am häufigsten wurde der Wunsch nach mehr Anerkennung genannt. Exemplarisch dafür steht diese Antwort: *»Manchmal kommt es mir so vor, dass man nur dann ein vollwertiges/r Mitglied/Christ ist, wenn man einen Partner und eine Familie hat. Aber das sollte man doch auch ohne sein dürfen. Da wünschte ich mir, dass auch die*

[12] Zimmermann 2021.

Fragen an mich persönlich nicht immer lauten: »Und was gibt es bei dir Neues? Hast du mal wen kennengelernt?« Am zweithäufigsten gab es den Wunsch nach extra Single-Veranstaltungen. Es gibt hier aber eine doppelte Botschaft: Zum einen wünschen sie sich zunächst die Integration in die Gesamtgemeinde und danach extra Veranstaltungen für ihre Zielgruppe. Dazu passt die dritthäufigste Nennung: der geäußerte Wunsch, dass die Gemeindemitglieder mehr miteinander machen, z. B.: *»Manchmal möchte man einfach gern Teil einer Familie sein. Man möchte sich aber nicht aufdrängen. Ein Dilemma, weil die Familien sich selbst oft genug sind und Singles nicht sehen. Zum Beispiel zusammen Mittagessen oder Kaffee trinken ist gemeinsam schöner als allein. Oder auch mal mit auf einen Ausflug genommen zu werden. Man möchte doch das Leben der Familien nicht durcheinanderbringen, nur teilhaben.«*

Insgesamt lässt sich feststellen, dass gerade die Gemeinde für christliche Singles eine zentrale Rolle einnimmt, da dort Gemeinschaft gelebt und soziale Kontakte gefunden werden. Gemeinden müssen sich dessen bewusst sein und sollten auf die Bedürfnisse eingehen, nicht nur in besonderen Angeboten für Singles, sondern in singlefreundlichen Angeboten, die gemeinschaftsfördernd sind, denn dies hat signifikante Auswirkungen: Je integrierter christliche Singles in der Gemeinde sind, desto höher ist ihre Lebenszufriedenheit.

4.2 Diakonische Angebote für christliche Singles

Dies gilt in gleicher Weise für diakonische Angebote, die sich viele christliche Singles wünschen: Vor allem Nachbarschaftsangebote im Kontext einer Gemeinwesendiakonie, in der generationenübergreifend Menschen eine Begegnungsfläche erleben, zwanglos Kontakte und soziale Netzwerke entstehen. Dies kann von Nachbarschafts- und Stadtteilfesten über Einkaufsdienste bis zu Mehrgenerationenhäusern und Familienzentren gehen. Christliche Singles sind überdurchschnittlich ehrenamtlich engagiert, da sie ihr Engagement als sinnstiftend erleben und ihr eigenes soziales Netz dadurch stärken. Ein weiterer diakonischer Blick sollte auf die Besuchs- und Kontaktangebote vor allem für ältere Singles gerichtet werden, denn vor allem im zunehmenden Alter fällt es Singles schwerer, das eigene Leben zu organisieren und soziale Kontakte brechen zunehmend ab. Hier gilt es einen besonderen Blick zu entwickeln, damit diese Zielgruppe nicht aus dem diakonischen Blickfeld gerät.

Hier konnten nur einige der Spannungsfelder angedeutet werden, in denen christliche Singles leben. Zu betonen ist zum Schluss, dass Singles nicht per se einsam sind und trotz der beschriebenen Punkte grundsätzlich mit ihrem Leben zufrieden sein, einen guten Selbstwert haben und gut vernetzt sein können. Es ist also wie so oft im Leben: äußerst vielschichtig und komplex. Für Kirchen sehen wir die Herausforderung, die Gruppe der Singles neu zu entdecken, sowohl auf das tolle Potenzial als auch auf die besagten Spannungsfelder besser einzugehen. Denn von einer singlefreundlichen Kirche profitieren alle gemeinsam. Gleichzeitig sollten Singles nicht aus einer rein defizitären Perspektive als durchweg unglückliche und einsame Menschen betrachtet werden. Wie dargestellt wurde, haben sie eine hohe Lebenszufriedenheit und gestalten ihr Leben aktiv und eigenständig. Christliche Singles sind meist zufrieden, freiheitsliebend, eigenständig und doch mal einsam. Und vor allem eine diverse, heterogene Gruppe, die gerade von Kirche stärker in den Blick genommen werden sollte. Lassen wir zum Abschluss Vera zu Wort kommen, die es auf den Punkt bringt: *»Ich glaube, Gott sieht den Menschen an, nicht aufgrund einer Zugehörigkeit zu irgendwem oder aufgrund eines Lebensstatus, sondern Gott liebt jeden einzelnen Menschen. Ob er Single ist oder ob er verheiratet ist, völlig wurscht. Aber ich glaub, er hat ein großes Herz für Singles, vor allen Dingen für die, die sich einfach einsam oder alleine ungeliebt fühlen, die hat er besonders lieb.«*

Literatur

Baas, Stefan/Schmitt, Marina/Wahl, Hans-Werner, *Singles im mittleren und höheren Erwachsenenalter: Sozialwissenschaftliche und psychologische Befunde,* Stuttgart 2008.

Destatis, *Bevölkerung und Erwerbstätigkeit. Haushalte und Familien. Ergebnisse des Mikrozensus,* 2019, 37, https://www.destatis.de/DE/Themen/Gesellschaft-Umwelt/Bevoelkerung/Haushalte-Familien/Publikationen/_publikationen-innen-haushalte.html (Abruf 19.08.2021).

Holtbernd, Thomas, *Einsamkeit und Singularisierung: Ein kulturanalytischer Vergleich, in: Internationale Zeitschrift für Philosophie und Psychosomatik* (IZPP) (2/2018).

Künkler, Tobias/Faix, Tobias/Weddigen, Johanna/Beckemeier, Daniel/Jäckel, Marie/Merz, Simon/Funke, Philipp: *Forschungsbericht zur Empirica Singlestudie 2020. Lebensweisen christlicher Singles,* 2020, https://www.cvjm-hochschule.de/fileadmin/2_Dokumente/5_FORSCHUNG/empirica/2020_Forschungsbericht_Singlestudie.pdf (Abruf 19.08.2021).

Künkler, Tobias/Faix, Tobias/Weddigen, Johanna, *Christliche Singles: Wie sie leben, glauben und lieben.* Holzgerlingen 2020.

Reckwitz, Andreas, *Die Gesellschaft der Singularitäten: Zum Strukturwandel der Moderne.* Berlin 2019.

Splendid Research GmbH, *Wie einsam fühlen sich die Deutschen? Eine repräsentative Umfrage unter 1.006 Deutschen zum Thema Einsamkeit,* 2019 https://www.splendid-research.com/studie einsamkeit.html (Abruf 19.08.2021, Zugriff nur mit Anmeldung möglich).

Statista, *Umfragen in Deutschland zu Singles und Gesamtbevölkerung nach Altersgruppen 2020,* 2021, https://de.statista.com/statistik/daten/studie/286794/umfrage/umfrage-in-deutschland-zur-anzahl-der-singles-nach-alter/ (Abruf 19.08.2021).

Stiftung für Zukunftsfragen, *Freizeitmonitor 2018.* http://www.freizeitmonitor.de/fileadmin/user_upload/freizeitmonitor/2018/Stiftung-fuer-Zukunftsfragen_Freizeit-Monitor-2018.pdf (Abruf 19.08.2021).

Petrich, Dorothea, *Einsamkeit im Alter, Notwendigkeit und (ungenutzte) Möglichkeiten sozialer Arbeit mit allein lebenden alten Menschen in unserer Gesellschaft*, Fachhochschule Jena 2011, https://www.sw.eah-jena.de/dat/publikationen/schriftenreihe_6_einsamkeit_im_alter.pdf, (Abruf 20.08.2021).

Zimmermann, Steffen, *Thomas Weißer zum defizitären Umgang mit Singles.* In: Katholisch.de, 2021, https://www.katholisch.de/artikel/30464-theologe-allein-zu-leben-gilt-in-der-kirche-immer-noch-als-mangel?fbclid=IwAR3_Sh5hPCA3uuVRt_Eahj_uzORKyUN1BOsNfs08Cr8GDeHh-E9xltAti4s (Abruf 19.08.2021).

V. Mit Einsamkeit umgehen

Einsamkeit als Kraftquelle

Roger Mielke

Kirchberg Hohenzollern; Foto: Roger Mielke

Im Garten von Kloster Kirchberg, dem geistlichen Zentrum der Berneuchener Gemeinschaften bei Sulz am Neckar, gibt es diesen besonders schönen Platz: Die Bank unter der ausladenden Eiche, von der aus sich der Blick nach Osten hin weit über das Land öffnet. Man schaut auf den Albtrauf, die steil abfallende Hügelkette der Schwäbischen Alb. In der Mitte des Blickfeldes erhebt sich der Hohenzollern, ein exponierter Vulkankegel, gekrönt von den Zinnen der Burg Hohenzollern. Besonders eindrücklich ist der Blick in der Stunde der Abenddämmerung, wenn die von Westen her schräg einfallenden letzten Sonnenstrahlen die Konturen der Landschaft mit Tiefe versehen. Die Bank, von der aus man diesen Blick genießen kann, ist begehrt. Wenn man dort jemanden sitzen sieht, geht man still weiter. Kaum kommt man in Versuchung, sich dazu zu setzen. Die Szene gebietet geradezu das Schweigen. Man denkt an Bilder von Caspar David Friedrich: Ein einzelner, kleiner Mensch im Gegenüber zu einer großen Natur, die hier aber weniger »erhaben« ist als auf den Bildern des großen Greifswalder Romantikers, mehr im Menschenmaß gehalten. Was in diesem Blick in die Seele fällt, ist heilsam. Hier verdichtet sich, was Menschen im Kloster Kirchberg und anderen Orten der Einkehr suchen: Übersicht und Einsicht, Distanz von der Geschäftigkeit des Alltags, Begegnung mit der Quelle des Lebens. Hier wird man zum Einzelnen.

1. Auf der Flucht – zu sich selbst

Die Motive, warum Menschen auf den Kirchberg kommen, um dort zu Gast zu sein, oder auch um einige Zeit mitzuleben, sind vielfältig. Manche suchen Gesellschaft, weil sie im Alltag allein sind und etwa die Weihnachts- und Ostertage in Gemeinschaft verbringen wollen. Viele andere aber kommen ins Kloster, um allein zu sein, die Stille zu suchen. Das Kloster ist ein Einkehrhaus – und Einkehr ist hier im doppelten Sinn zu verstehen: Einkehr an einem Ort der Gastfreundschaft – und Einkehr zum »inneren Menschen«. Dieser Ort lädt dazu ein, die Aufmerksamkeit anders auszurichten als im Alltag gewohnt. Sinn und Gemüt wenden sich in der klösterlichen Atmosphäre von der zerstreuenden Vielfalt äußerer Reize ab und sammeln sich in der Personmitte. Auch die Erfahrung der Landschaft dient dieser Zentrierung. Einkehr heißt hier: Wendung zum inneren Menschen. Wir sind damit sehr nahe am sprachlich ursprünglichen Sinn des Wortfeldes »einsam« und »Einsamkeit«: Einig zu sein mit sich selbst, es mit sich selbst aushalten zu können, nicht auf der Flucht zu sein vor sich selbst.[1]

Ins Kloster muss man sich auf den Weg machen, es ist auch ein touristischer Ort – und doch ist das Kloster der Ort des äußersten Gegensatzes zur Dauermobilität unserer Zeit – und nicht nur unserer Zeit, wenn wir an die Grundidee der »stabilitas loci«, der Bindung an den Ort in der benediktinischen Tradition denken, die in den Wirren des 6. Jh., der Zeit der sog. »Völkerwanderung« formuliert wurde. Das Kloster ist der Ort, an dem man sich und andere aushalten muss – damit aber auch der Ort, in den alle Unruhe dieser Welt mitgebracht wird. Der Niedergang der monastischen Lebensform zumindest in der westlichen Welt und die Sehnsucht nach dem Kloster als Rückzugsort stehen nur scheinbar im Widerspruch zueinander. Der Zusammenhang wird augenscheinlich, wenn man anreisende Gäste, etwa an einem Freitagnachmittag zu Beginn eines Wochenendprogramms, erlebt. Mancher kommt gehetzt aus einem vollen Alltag, nach hastiger Anreise, wie auf der Flucht: einer Flucht vor sich selbst – zu sich selbst.

In der Pandemie hat der berühmte Satz aus dem Aphorismus 139 der Pensées des französischen Mathematikers und Philosophen Blaise Pascal Karriere gemacht: »[...] so fand ich, daß alles Unglück der Menschen einem entstammt, nämlich daß sie unfähig sind, in Ruhe in ihrem Zimmer zu bleiben.«[2] In der Tat könnte dies eine der geistlichen Lektionen der Pandemie sein, dass sie lehrt, die Einsamkeit neu zu schätzen und zu Einzelnen vor Gott zu werden. Pascal formuliert seinen Gedanken in einer Besinnung auf die Lage des Menschen, die für ihn eine verzweifelte Lage ist: In allen Umständen und Dingen sucht sich der Mensch selbst und verfehlt sich darin doch unweigerlich selbst. Auf der Flucht vor sich selbst zu sich selbst suchen Menschen die Einsamkeit. Und: Einsamkeit

---

1 Art. EINSAM, in: Deutsches Wörterbuch.

2 Pascal 1940, 77.

zu suchen bedeutet, diese Flucht zu beenden und sich der eigenen Leere, aber auch der eigenen Sehnsucht zu stellen – und darin zum Einzelnen zu werden.[3]

2. Einsamkeit und die Solidarität der Mitgeschöpflichkeit

Einsamkeit ist dann – paradoxerweise – ein Ort der Begegnung. In der Einsamkeit geht es um die Erneuerung der Schlüsselbeziehungen des Menschseins. Einsamkeit macht fähig zur Gemeinschaft. Dietrich Bonhoeffer brachte diesen Zusammenhang in seinem Büchlein »Gemeinsames Leben« in die folgenden antithetischen Sätze: »Wer nicht allein sein kann, der hüte sich vor der Gemeinschaft. [...] Umgekehrt aber gilt der Satz: wer nicht in der Gemeinschaft steht, der hüte sich vor dem Alleinsein.«[4] Mit Schlüsselbeziehungen sind hier die elementaren und tragenden Beziehungen des Lebens gemeint, wie sie im neutestamentlichen Horizont im »Doppelgebot der Liebe« verdichtet sind:[5] 1. Die Beziehung zu Gott als dem Grund des Seins und des eigenen Lebens, 2. Die Beziehungen der Mitmenschlichkeit und Mitgeschöpflichkeit in den konzentrischen Kreisen, die unser eigenes individuelles Leben umgeben: die Beziehungen zu Partner/in, Familie, Freundinnen und Freunden, in Tätigsein und Arbeit, zur Gemeinschaft der Kirche im umfassenden Sinne derer, die mit uns sind, vor uns waren und nach uns sein werden, zur politischen Gemeinschaft und in weitestem Horizont zu allem, was Menschenantlitz trägt und uns als nichtmenschliche Schöpfung umgibt, 3. die Selbstbeziehung. In diesem Horizont wird deutlich, dass die Einsamkeit auch Ort der Einübung in die Solidarität der Mitgeschöpflichkeit ist.[6]

---

3 In der Auslegung der Existenzphilosophie vgl. Marquard 2013, 12: »Nur wer gelernt hat, Einsamkeit auf sich zu nehmen, die im extremen Falle dadurch entsteht, dass wir als Einzelne je unseren Tod in Einsamkeit sterben müssen, gewinnt eine gewisse Unabhängigkeit gegenüber dem Bedürfnis, sich durch den Beifall der Anderen bestechen zu lassen.«

4 Bonhoeffer 1987, 65 f.

5 Mk 12,29–31par »29 Das höchste Gebot ist das: ›Höre, Israel, der Herr, unser Gott, ist der Herr allein, 30 und du sollst den Herrn, deinen Gott, lieben von ganzem Herzen, von ganzer Seele, von ganzem Gemüt und mit all deiner Kraft‹. 31 Das andre ist dies: ›Du sollst deinen Nächsten lieben wie dich selbst‹. Es ist kein anderes Gebot größer als diese.«

6 Diese gleichsam politische Dimension der Einsamkeit wird höchst eindrücklich in der Gestalt des Trappistenmönches Thomas Merton, vgl. Dahlgrün 2009, 6–11.

3. Schweigen, Hören und Anfechtung

In der Einsamkeit finden Menschen in das Schweigen als Grundhaltung des Lebens hinein. Erst im Schweigen werden wir bereit zum Hören. In der geistlichen Tradition ist daher das wesentliche Gegenüber in der Einsamkeit das Wort der Heiligen Schrift, das in der Meditation, dem langsamen, wiederholenden, »wiederkäuenden« Umgang (ruminatio) zum inneren Wort wird. Im Schweigen meldet sich allerdings auch das andere der Stille: die vielen Stimmen und Bilder, denen wir im Leben ausgesetzt waren und sind, quälende Erinnerungen etwa, Verletzungen und Schuld. Im Resonanzraum der Stille werden sie erst recht groß und können alles andere übertönen. Dies ist die Situation der Anfechtung, in der Gott gegen Gott steht.[7] In diesem schmerzhaften Prozess des Aushaltens der »Anfechtung« (tentatio) wird der innere Mensch geformt. Der Apostel Paulus schreibt in 2. Kor 4,16: »Darum werden wir nicht müde; sondern wenn auch unser äußerer Mensch verfällt, so wird doch der innere von Tag zu Tag erneuert.« Dieser »innere Mensch« bezeichnet in den Worten des Apostels »das für den Willen Gottes und das Wirken des Geistes offene Ich des Menschen«[8]. Für diese Öffnung des Ich ist die Einsamkeit unabdingbar. Dieser Prozess der Klärung des inneren Menschen darf nicht als Idylle vorgestellt werden. Noch einmal ist an Pascal zu erinnern und an seine Einsicht in die verzweifelte Lage des endlichen Menschen. Eine Gestalt der Verzweiflung ist die Langeweile, der Überdruß, ja Ekel vor der Begegnung mit der inneren Leere. Die geistliche Tradition spricht davon als »acedia« oder als »Trockenheit«.[9]

4. Einsamkeit als Konfrontation mit dem eigenen Sterben

Die Nacht im Garten Gethsemane, die Unfähigkeit der Freunde Jesu, mit ihm zu wachen, ist die biblische Ursituation der Langeweile und Trockenheit. (Mk 14,32–42 par.). Gegen die Schläfrigkeit seiner Freunde in der Stunde seines Ringens mit dem Weg zum Kreuz setzt Jesus die Mahnung »Wachet und betet, dass ihr nicht in Versuchung fallt!« (Mk 14,38). So gehört die Wachsamkeit zu den geistlichen Grundtugenden (Eph 5,14; Offb 3,2) und ihr zur Seite steht die Nüchternheit, der Realitätssinn für die Schwäche der conditio humana. In der Komplet, im Nachtgebet der Kirche, erklingt daher in großer Eindringlichkeit an

---

7 Vgl. zum Zusammenhang von Gebet, Schriftmeditation und Anfechtung in der Theologie Luthers: Bayer 1994, 55–105 »Die drei ›Regeln‹: Oratio, Meditatio, Tentatio«.

8 Schnelle 2003, 618.

9 Eine empirische Vermessung und Interpretation des Phänomens geistlicher Trockenheit hat jüngst Arndt Büssing vorgelegt: Büssing 2021; vgl. ders. 2019.

jedem Abend die Mahnung aus dem 1. Petrusbrief (5,8): »Seid nüchtern und wacht, denn euer Widersacher der Teufel geht umher wie ein brüllender Löwe und sucht, wen er verschlinge.«[10] Die eigentliche Zeit der Einsamkeit ist die Nacht und so sind das nächtliche Gebet und die nächtliche Klage tief verankert in einer christuszentrierten Spiritualität der Einsamkeit. In der Praxis der Nachwache, in der Tradition der monastischen Vigilgebete und Nocturnen stehend, wird diese christologische Orientierung deutlich: Die Nachtwache soll nie allein erfolgen, mindestens zwei sollen beieinander sein. Die zweite Person, welche die Nachtwache teilt, ist auch Sinnbild für die Präsenz des gekreuzigten und auferstandenen Christus, der in aller Einsamkeit als »der andere« dem Einsamen zur Seite steht. So wird die Nachtwache, einsam zu zweit, auch zum Sinnbild der eigenen Sterblichkeit. Es gilt, sich dem eigenen Sterben zu stellen. Spiritualität ist das, was zum Leben hilft, weil es an das erinnert, was als der »einzige Trost« auch im Sterben trägt.[11] Die berühmten Eingangssätze von Luthers erster Invokavitpredigt bringen diesen Zusammenhang auf die prägnanteste Formel:

> »Wir sind allesamt zu dem Tod gefordert und wird keiner für den anderen sterben, sondern ein jeglicher in eigner Person für sich mit dem Tod kämpfen. In die Ohren können wir wohl schreien, aber ein jeglicher muß für sich selber geschickt sein in der Zeit des Tods: ich würd' dann nicht bei dir sein noch du bei mir. Hierin so muß ein jedermann selber die Hauptstücke, so einen Christen belangen, wohl wissen und gerüstet sein [...]«[12].

5. Einsamkeit als Lebensform der Freiheit

Wer die Einsamkeit sucht, steht in einer langen geistlichen Tradition. Es waren die Anachoreten und Eremiten der alten Christenheit, die im vierten Jahrhundert in die Wüste gingen, zunächst Männer, später auch Frauen. Sie begründeten eine

---

10 Zur Nüchternheit und Wachsamkeit als geistlichen Grundhaltungen gehört die Tugend der »Besonnenheit«, als »sophrosyne« eine der antiken Kardinaltugenden; in der alten Sprache der Lutherbibel wird sie auch mit dem außer Gebrauch geratenen Wort »Zucht« bezeichnet. In 2. Tim 1,7 wird der Geist der »Kraft und der Liebe und der Besonnenheit« dem »Geist der Furcht« entgegengesetzt. In der Regel der Ev. Michaelsbruderschaft heißt es: »Der Bruder übt sich in der Zucht des Schweigens. Er weiß, dass nur aus der Stille das rechte Wort und die helfende Tat geboren wird.«

11 Heidelberger Katechismus Frage 1: »Was ist dein einziger Trost im Leben und im Sterben? Daß ich mit Leib und Seele im Leben und im Sterben nicht mir, sondern meinem getreuen Heiland Jesus Christus gehöre.«

12 Luther 1957. 33, vgl. zur Auslegung im Horizont einer theologischen Anthropologie: Sauter 2011, 312–317.

neue Lebensform, die in ähnlicher Form in allen Konfessionen der Christenheit beheimatet ist. In seinen Aufzeichnungen aus seiner Kriegsgefangenschaft in der ägyptischen Wüste, in den Jahren 1945 bis 1947 entstanden, zeichnete Erhart Kästner ein Bild dieser ersten Wüstenväter:

> »Sie suchten kein schlechteres, vielmehr ein besseres Leben. [...] Sie schlugen einen magischen Zirkel um sich, in den sie nur einließen, was ihnen bis dorthin, bis in die Einsamkeit, folgte. Sie taten es sicher, um ihr Leben stärker zu fühlen und die ihnen zugemessene Zeit in Sorgfalt zu nutzen.«[13]

Die Einsamkeit hat es also mit einem »besseren Leben« zu tun. Dieses bessere Leben besteht darin, ein der Wirklichkeit des sterblichen Menschen angemessenes Leben zu führen. Die Einsamkeit hilft auch dazu, den »Eigensinn« zu entwickeln, nicht einfach im Sinne eines störrischen Beharrens auf den Eigentümlichkeiten, die anderen und einem selbst nur allzu oft wenig zuträglich sind. Es geht um den Eigensinn, der Sinn ist für den unvertretbar eigenen Weg der Reifung und Individuierung.[14] Einsamkeit hilft zum Eigensinn und ist damit eine Form der Freiheit. Sie hilft zur Selbstbestimmung.

6. Frucht der Einsamkeit: Vergnügte Freiheit und tiefer Frieden

Einer der großen Eigensinnigen des Protestantismus war der evangelische Mystiker Gerhard Tersteegen (1697–1769), der zugleich ein zutiefst ökumenischer Geist war. In Moers am Niederrhein geboren, lebte Tersteegen die längste Zeit seines Lebens zurückgezogen in Mülheim an der Ruhr. Als Bandwirker konnte er einer in Einsamkeit vollzogenen Tätigkeit nachgehen, später widmete er sich ganz der geistlichen Schriftstellerei und einer ausgedehnten Korrespondenz.[15] Sein kleiner Text »Die wahre Klugheit oder Umgang mit Gott und sich selbst allein«, im Jahr 1730 im Zusammenhang einer Übersetzung der »Nachfolge Christi« des Thomas von Kempen entstanden, sei hier exemplarisch für einen breiten Strom christlicher Mystik angeführt. Es geht Tersteegen um eine Ermutigung zur Einsamkeit und zum eingezogenen Leben. Sein Text beginnt mit der lapidaren Feststellung: »Niemand ist uns von Natur weniger bekannt als Gott

---

13 Kästner 1967, 73.

14 In essayistisch pointierter Weise in einem kleinen Text von Hermann Hesse: »Wer eigensinnig ist, gehorcht einem anderen Gesetz, einem einzigen, unbedingt heiligen, dem Gesetz in sich selbst, dem ›Sinn‹ des ›Eigenen‹.« Hesse 1957, 194.

15 Vgl. van Andel 1984.

und wir selbst.«[16] Mit dieser Feststellung ist die Klage verbunden: »Wie wenig bleiben wir daheim, um mit Gott und mit uns selbst zu konversieren und mit Dalassung alles anderen davon unser einiges und stetiges Hauptwerk zu machen.«[17] Bekannt mit Gott und sich selbst wird aber nur derjenige, der bereit ist, der »Unruh und Zerstreuung« zu entfliehen und dem inneren Impuls der Flucht vor sich selbst zu widerstehen: »O wie so ungern wollen wir zu uns selber kommen!«[18] Dieses Muster der Flucht kann durchaus auch in entstellten Formen der Frömmigkeit ungebrochen fortleben und darin hindern, der Berufung zur Freiheit zu folgen. Dogmatisch fixierte Rechtgläubigkeit, methodisch gesicherte Übung und Räsonnieren über die Schlechtigkeit von Zeit und Welt stehen dem Weg des inneren Menschen entgegen. Wahre »Heiligung« dagegen, Umgestaltung des inneren Menschen nach dem Bild Christi und Offenheit für Wort und Wirken Gottes, wird, nach den Worten des Mystikers, die Frucht »vergnügte(r) Freiheit« und eines »tiefen Friedens in der Gemeinschaft mit Gott« wachsen lassen.[19] Daher die Mahnung: »Dein stetiges Werk sei, bei dir selbst zu bleiben und mit dem Herrn im Verborgenen deines Geistes so zu wandeln, als wenn du nur mit ihm allein in der Welt wärest.« Die politische Dimension der Mitgeschöpflichkeit fehlt in dieser quietistischen Mystik zwar, welche Kraftquellen aber die Einsamkeit erschließt, kann kaum bündiger und auch für unsere Zeit gültiger formuliert werden, als es dieser stille Geist getan hat: Vergnügte Freiheit und tiefer Frieden.

Literatur

Andel, Cornelis Pieter van, Gerhard Tersteegen, in: Greschat, Martin (Hg.), *Gestalten der Kirchengeschichte, Bd. 7 Orthodoxie und Pietismus,* Stuttgart/Berlin/Köln 1984, 331-345.

Bayer, Oswald, *Theologie,* Gütersloh 1994 (HST Bd. 1).

Bonhoeffer, Dietrich, *Gemeinsames Leben,* Bethge, Eberhard / Müller, Gerhard / Schönherr, Ludwig Albrecht (Hg.), München 1987.

Büssing, Arndt, *Empirische und qualitative Begründung des Erlebens von Phasen geistlicher Trockenheit,* in: ThLZ 146 (2021), 645-654.

Büssing, Arndt/Dienberg, Thomas, *Geistliche Trockenheit: Empirisch, theologisch, in der Begleitung,* Münster 2019.

---

16 Tersteegen ²1998.

17 A. a. O., 141.

18 A. a. O., 142.

19 »Daher es denn auch kommt, daß die mehresten erweckten Seelen entweder in einer kaltsinnigen Sicherheit oder in einem scheinbaren Eifer und äußern Frömmigkeit oder aber in fortwährendem Klagen und Jammern ohne wahren Fortgang in der Heiligung dahin leben und anstatt der vergnügten Freiheit und des tiefen Friedens in der Gemeinschaft mit Gott inwendig mit vielen Banden beschweret bleiben.«, a. a. O., 144.

Dahlgrün, Corinna, *Christliche Spiritualität. Formen und Traditionen der Suche nach Gott*, Berlin, New York, 2009.

Deutsches Wörterbuch von Jacob Grimm und Wilhelm Grimm, *Art. EINSAM*, digitalisierte Fassung im Wörterbuchnetz des Trier Center for Digital Humanities, Version 01/21, https://www.woerterbuchnetz.de/DWB>, (Abruf 10.08.2021).

Heidelberger Katechismus, https://www.ekd.de/Heidelber-Katechismus-erste-und-zweite-Frage-13500.htm, (Abruf 10.08.2021).

Hesse, Hermann, *Eigensinn*, in: Ders., *Gesammelte Schriften Bd. 7*, Frankfurt 1957, 194–200.

Kästner, Erhart, *Zeltbuch von Tumilat*, Frankfurt/M. 1967.

Luther, Martin, *Acht Sermone D. M. Luthers, von ihm geprediget zu Wittenberg in den Fasten, 1. Am Sonntag Invokavit*, in: Luther, Martin, Ausgewählte Werke, Borcherdt, H.H., Merz, G. (Hg.) 4. Bd., 3. Aufl. München 1957 (Münchner Ausgabe), 32–44.

Marquard, Odo, *Der Einzelne. Vorlesungen zur Existenzphilosophie*, Wetz, Franz Josef (Hg.), Stuttgart 2013.

Pascal, Blaise, *Über die Religion und einige andere Gegenstände (Pensées)*, Wasmuth, Ewald (Hg.), Berlin 1940.

Sauter, Gerhard, *Das verborgene Leben. Eine theologische Anthropologie*, Gütersloh 2011.

Tersteegen, Gerhard, *Die wahre Klugheit oder Umgang mit Gott und sich selbst allein*, in: Ders., *Ich bete an die Macht der Liebe. Eine Auswahl aus seinen Werken*, Meyer, Dietrich (Hg.), 2. Aufl., Gießen 1998, 137–155.

Schnelle, Udo, *Paulus. Leben und Denken*, Berlin, New York 2003.

Elia am Bach Krit – Einsamkeit suchen, dabei ausruhen und zu neuen Kräften kommen

Klaus Douglass

Kann man Einsamkeit »suchen«, wie es die Überschrift dieses Aufsatzes nahelegt? Eigentlich ist Einsamkeit ja ein Zustand, dem man lieber entkommen möchte. Das Gefühl der Einsamkeit beschleicht uns ja immer dann, wenn wir den Eindruck haben, nicht genügend Sozialkontakte zu haben – oder wenn unsere vorhandenen Sozialkontakte nicht die Qualität haben, die wir uns von ihnen erwünschen.

Vielleicht ist das der große Unterschied zwischen Alleinsein und Einsamkeit. Der Begriff Alleinsein beschreibt einen Fakt; das Wort Einsamkeit hingegen beinhaltet eine Wertung. Alleinsein kann durchaus positive Gefühle mit sich führen, ja man kann es aktiv anstreben – »endlich allein!« Einsamkeit hingegen ist nie freiwillig, sondern immer etwas Unerwünschtes, Unerfreuliches. Insofern kann man wohl das Alleinsein suchen – in der Regel dann, wenn man den Eindruck hat, zu *viele* Menschen um einen herum zu haben –, nicht aber die Einsamkeit, die immer auf einen Mangel an erfüllten menschlichen Beziehungen hinweist.

Dennoch möchte ich die Überschrift beibehalten. Die These dieses Aufsatzes ist, dass eine erzwungene Einsamkeit – wenn man lernt, sie zu bejahen und die Zeit zu nutzen – zu einer lebensgeschichtlichen Aufgabe werden kann, die einen wachsen und reifen lässt. Die derart gereifte Person fügt sich am Ende dieses Prozesses wieder in das Sozialleben ein – allerdings auf völlig andere Weise wie zuvor.

Erläutern möchte ich diesen Gedanken anhand der biblischen Geschichte des Propheten Elia am Bach Krit. Wir finden sie im 17. Kapitel des 1. Buch der Könige (LÜ 2017):

> *1 Und es sprach Elia, der Tischbiter, aus Tischbe in Gilead zu Ahab: So wahr der Herr, der Gott Israels, lebt, vor dem ich stehe: Es soll diese Jahre weder Tau noch Regen kommen, ich sage es denn.*

> *2 Da kam das Wort des Herrn zu ihm: 3 Geh weg von hier und wende dich nach Osten und verbirg dich am Bach Krit, der zum Jordan fließt. 4 Und du sollst aus dem Bach trinken, und ich habe den Raben geboten, dass sie dich dort versorgen sollen.*
>
> *5 Er aber ging hin und tat nach dem Wort des Herrn und setzte sich nieder am Bach Krit, der zum Jordan fließt. 6 Und die Raben brachten ihm Brot und Fleisch des Morgens und des Abends, und er trank aus dem Bach.*
>
> *7 Und es geschah nach einiger Zeit, dass der Bach vertrocknete; denn es war kein Regen im Lande. 8 Da kam das Wort des HERRN zu ihm: 9 Mach dich auf und geh nach Sarepta, das zu Sidon gehört, und bleibe dort; denn ich habe dort einer Witwe geboten, dass sie dich versorge. 10 Und er machte sich auf und ging nach Sarepta.*

Diese zehn Verse beschreiben nicht nur geografisch, sondern auch biografisch einen weiten Weg. Der Prophet Elia muss aus seinem geordneten sozialen Leben an einen einsamen Ort fliehen, erlebt dort eine innere Reifung und Wandlung, um sich dann erneut auf den Weg zu machen und neue Gemeinschaft zu finden. Verfolgen wir diesen Weg in vier Phasen nach:

Phase 1: Elia fällt aus der Sozialgemeinschaft

> *Und es sprach Elia, der Tischbiter, aus Tischbe in Gilead zu Ahab: So wahr der Herr, der Gott Israels, lebt, vor dem ich stehe: Es soll diese Jahre weder Tau noch Regen kommen, ich sage es denn.*

Nur sechs Kapitel der Bibel erzählen von dem Propheten Elia. Und doch gilt er neben Abraham und Mose als die größte und bedeutendste Figur des Alten Testaments. Kein Prophet hat eine stärkere Wirkung hinterlassen als er. Dabei hat er kein eigenes Buch verfasst, ja es sind nicht einmal besonders viele Worte von ihm überliefert. Er war mehr ein Mann der Tat (und leider auch der Untat, aber das ist nicht Gegenstand dieses Aufsatzes).

Mit den oben abgedruckten zehn Versen beginnt die biblische Erzählung von Elia. Über die politischen Hintergründe seiner Zeit wissen wir einiges. Über ihn als Person und seine Herkunft sagt uns die Geschichte nichts, außer dass er aus Tischbe in Gilead kommt. Der ursprüngliche hebräische Text ohne Vokale lässt statt dem Ortsnamen »Tischbe« auch die Lesart zu, dass er ein »Beisasse Gileads« war – also ein Bewohner der Provinz Gilead mit eingeschränkten Bürgerrechten.

Das wäre eine spannende Spur. Das Verhältnis Elias zu seinen Mitmenschen wäre in diesem Fall ein von früh an spannungsreiches gewesen. Das wiederum würde erklären, warum das Verhältnis Elias zu der großen Masse der Menschen selten ungetrübt war, wobei die Bibel dafür lediglich religiöse Motive benennt. Derartig untergründige psychologische Zusammenhänge interessierten damals noch nicht.

Und interpretieren wir auch nicht allzu viel in diese Übersetzungsvariante hinein. Es ist gut möglich, dass Elia auch ein ganz normaler Bürger innerhalb seines Volkes war. An irgendeinem Punkt freilich muss es zu einem Bruch mit der großen Masse gekommen sein. Wir kennen die Vorgeschichte nicht, aber eines Tages kam es zu der Eskalation, die uns am Anfang unseres Bibeltextes berichtet wird, und die wird nicht von heute auf morgen eingetreten sein. Vielmehr können wir davon ausgehen, dass sich da im Laufe von wahrscheinlich Jahren einiges angestaut und aufgebaut hat, bis Elia sich entschließt, den König Ahab vom entlegenen Ostjordanland in der knapp 80 km entfernten Hauptstadt Samaria aufzusuchen und ihm – wie auch immer er zu der Audienz kam – die Botschaft auszurichten, die nicht nur sein eigenes Leben, sondern den Lauf der Geschichte ganz Israels verändern sollte:

So wahr der Herr, der Gott Israels, lebt, vor dem ich stehe: Es soll diese Jahre weder Tau noch Regen kommen, ich sage es denn.

Für viele noch vom Kindergottesdienst geprägte Menschen gilt Ahab als *der* böse König schlechthin. Aber das ist nur ein Teil der Wahrheit. Ahab regierte Israel in den Jahren 871–852 vor Christus. Er schloss, um das Land zu befrieden, vielerlei Bündnisse mit benachbarten Staaten und verhalf Israel dadurch zu einem erheblichen Wohlstand. Freilich trieb er es mit seiner allgemeinen Bündnispolitik so weit, dass es unter seiner Regierungszeit zunächst zu einer erheblichen Religionsvermischung und dann nach und nach zu einer Verdrängung der israelitischen Jahwe-Religion durch den heidnischen Baalskult kam. Götter, die Wachstum und Wohlstand verheißen, kamen bei Volk und Regierenden schon immer besser an als ein Gott, der über die Einhaltung von Regeln für ein gutes Leben und Zusammenleben wacht. Elia stellte sich mit seiner Provokation darum nicht nur gegen König Ahab und seine Frau Isebel, sondern gegen die breite Mehrheit seines Volkes, die den Kurs der beiden weitgehend unterstützte. Es ist ein totaler Affront, dass Elia im Namen Jahwes, des eigentlichen Gottes Israels, eine lange Dürreperiode ankündigt: Schließlich sind der aktuell allseits verehrte Baal zusammen mit seiner Frau Aschera Fruchtbarkeitsgottheiten, und damit nicht nur für Wachstum und Gedeihen zuständig, sondern natürlich auch für den dafür notwendigen Tau und Regen.

In seiner Kampfansage wendet sich Elia darum nicht nur gegen Ahab und Isebel, sondern auch gegen die aktuellen Mode-Götter und das sie verehrende Volk insgesamt. Mehr Feinde kann man sich mit einem einzigen Satz kaum machen. Und auch hier lohnt es sich, ein wenig in die Vorgeschichte unseres Textes hineinzuspüren, auch wenn die Bibel selbst darüber nichts sagt. Ob Beisasse oder Normalbürger: Wir können davon ausgehen, dass Elia seine konfrontative Haltung, die er Ahab gegenüber äußert, in langen Jahren entwickelt und eingeübt hat in zahllosen Gesprächen mit seinen Volksgenossen. Jede Menge

Konflikte werden sich da im Vorfeld abgespielt haben, in deren Verlauf Elia sich mehr und mehr isolierte. Dazu passt, dass uns die Bibel – für damalige Zeiten selten – nichts von einer Ehefrau oder gar von Kindern Elias berichtet. Immer stärker wurde er zum Eigenbrötler, dessen religiöse Haltung sozial nicht mehr vermittelbar war, als er schließlich nach Samaria reiste, um dem König selbst den Fehdehandschuh hinzuwerfen.

Phase 2: Elia im Strudel

Da kam das Wort des Herrn zu ihm: Geh weg von hier und wende dich nach Osten und verbirg dich am Bach Krit, der zum Jordan fließt.

Nach seinem Auftritt vor dem König muss Elia abtauchen. Wie die meisten Herrscher der damaligen Zeit war Ahab kein Kind von Traurigkeit, was den Umgang mit Kritikern anbetraf, und seine Frau Isebel erst recht nicht. Sie, die als Tochter des Priesterkönigs Etbaal aus Sidon den Baalskult in Israel in besonderer Weise gefördert hat, wird fortan zu Elias Todfeindin. Dass der schnellstens fliehen muss, ist klar. Und Gott sagt ihm, wohin: Er soll nach Osten gehen und sich verbergen »am Bach Krit, der zum Jordan fließt«. So weit weg von zuhause ist das gar nicht, aber doch ein so verlassener Flecken, dass die Häscher des Königs sich dort nicht hin verirren werden. Auch wenn dort ein kleiner Bach fließt, ist es in der Hitze des Ostjordanlandes kein guter Platz zum Leben. Sich selbst versorgen kann man sich in dieser unwirtlichen Gegend nicht. Und mit den Leuten aus Gilead, die ihn evtl. hätten versorgen können, hat er es sich gründlich verscherzt. Ein eigenartiger Ort, an den Gott den Elia da schickt!

Überlegen wir, was Elia für Alternativen gehabt hätte, wenn er der Wegweisung Gottes nicht gefolgt wäre:

- Er hätte in Samaria bleiben können. Das wäre sicherlich ein starkes Zeichen seiner Unbeugsamkeit gewesen, hätte aber faktisch den Märtyrertod nach sich gezogen. Für religiöse Menschen wie Elia wäre das vielleicht eine Option gewesen, aber Gott führt ihn einen anderen Weg. Ich persönlich glaube, dass man Martyrium nur wählen sollte, wenn es wirklich unvermeidbar ist. Der Gott der Bibel ist ein Liebhaber des Lebens. Ich weiß, dieser Satz ist viel strapaziert. An dieser Stelle wende ich ihn bewusst an.
- Elia hätte versuchen können, den König zu ermorden oder zu stürzen. Für letzteres fehlten ihm die Verbündeten, gegen letzteres sprach, dass Gewalt für ihn, den Mann Gottes, keine Option war. (Jedenfalls zu diesem Zeitpunkt noch nicht. Dass er einige Jahre später dann doch zur Gewalt greifen wird, ist ein düsteres Kapitel der Bibel und es wird ausdrücklich nicht gesagt, dass er das im Auftrag Gottes tut.)

- Er hätte zurück nach Gilead ziehen und darauf hoffen können, dass sich die Dinge irgendwie »von selbst« einrichten. Sehr realistisch wäre diese Hoffnung freilich nicht gewesen. Zwar lag das Ostjordanland etwas außerhalb des königlichen »Radars«, aber mit den Leuten dort hatte er – so jedenfalls unsere Vermutung – ja ohnehin schon Stress, und kommunikative Störungen bzw. die fehlende Einpassung eines Menschen ins allgemeine Sozialgefüge lösen sich nicht einfach von selbst.
- Elia hätte wegziehen und irgendwo ganz neu anfangen können. Das Problem bei einer solchen Lösung ist freilich, dass man sich selbst immer mitnimmt – mitsamt seinen kommunikativen Strukturen, den eigenen Grundsätzen und Überzeugungen, charakterlichen Eigenarten, Fehlern und Abgründen. Wie oft kann man erleben, dass Menschen noch einmal »ganz neu« anfangen, um sich schon nach recht kurzer Zeit in ganz ähnlichen Verhältnissen wiederzufinden wie jenen, denen man eigentlich hatte entkommen wollen.
- Schließlich hätte er sich auf die Suche nach einem Menschen machen können, der ihn in irgendeiner Weise »rettet«: einen Freund, eine Partnerin, einen Therapeuten, einen Guru oder auch eine Gruppe von Menschen gleicher Ansicht und gleichen Schicksals. Freilich überfordert es andere Menschen sehr schnell, wenn wir uns mit all den ungelösten Fragen und Problemen unseres Lebens gleichsam auf sie stürzen in der Hoffnung, dass sie all das zurechtbringen könnten, was wir in unserem Leben verbockt bzw. nicht zustande gebracht haben. Für Partnerschaften ist das ein denkbar ungünstiges Modell; Gruppen Gleichgesinnter pflegen sich oft gegenseitig zu bestätigten und in den gemeinsamen Schwachstellen zu bestärken, statt einander wirklich herauszuhelfen aus den alten, verkorksten Mustern; und selbst eine Therapeutin oder ein Therapeut wird vor allem Hilfe zur Selbsthilfe vermitteln und sich davor hüten, Abhängigkeitsverhältnisse zu schaffen.

Was also soll Elia tun? – Ein erfahrener Schwimmer hat mir einmal gesagt, dass man, wenn man in einen Strudel gerät, nicht gegen den Sog ankämpfen, sondern mitten in diesen Strudel hineintauchen soll. Man solle gegen alle Instinkte nicht versuchen, nach oben, sondern mit aller Kraft Richtung Boden zu schwimmen und den Strudel gewissermaßen zu untertauchen, da am Grunde die Sogwirkung am schwächsten ist

An dieses Bild werde ich erinnert, wenn ich über Elia nachdenke. Der befindet sich im Strudel sich mehr und mehr auflösender Sozialkontakte. Die Anzahl der Konflikte hat ein kaum mehr zu bewältigendes Ausmaß angenommen, das in der Konfrontation mit Ahab einen neuen Tiefpunkt erreicht hat. Elia ist nunmehr völlig isoliert von dem Rest der Menschheit. Und nun lautet der Auftrag Gottes an ihn: Kämpf' nicht dagegen an, versuche nicht, dem Strudel zu entkommen, klammer' dich nicht an die letzten dir verbliebenden Sozialkontakte, suche nicht verzweifelt nach der einen, alles andere scheinbar kompensierenden und rettenden Beziehung. Sondern tauch' mit aller Kraft in diesen Strudel hinein. Geh an den »Bach Krit« und lass mich – Gott – dort für dich sorgen.

»Einsamkeit suchen« ist dieser Artikel mit Bedacht überschrieben. Denn kein Mensch *sucht* die Einsamkeit. Wir sind soziale Wesen und unsere Sehnsucht zielt auf Beziehungen, die uns ergänzen, unterstützen, tragen, inspirieren und korrigieren. Selbst introvertierte Menschen suchen und brauchen das: vielleicht nicht in der gleichen Quantität wie Extrovertierte, aber definitiv in der entsprechenden Qualität. Kein Mensch sucht die Einsamkeit – aber manchmal ist es lebensgeschichtlich geboten, genau dies zu tun: inmitten des Strudels sich auflösender bzw. nicht gelingender Sozialkontakte eben nicht verzweifelt zu versuchen, nach außen zu schwimmen, sich an Menschen zu klammern, die Hand auszustrecken und nach allen Menschen zu greifen, die einen eventuell aus der eigenen Isolation retten könnten (und die man in aller Regel dadurch nur in den eigenen Strudel mit hinabreißt).

Das beste Mittel gegen die Einsamkeit ist unter Umständen tatsächlich die Einsamkeit. So etwas nennt man in der Psychologie eine »paradoxe Intervention«. Die Kunst dabei ist, den Weg von der erzwungenen, ungewollten und erlittenen Einsamkeit in die selbst gewählte, gezielt angesteuerte und aktiv angenommene Einsamkeit zu gehen. So etwas passiert nicht von selbst. Es bedarf hierzu konkreter, fester Schritte. Im Bild unserer Geschichte gesprochen ist es der »Weg zum Bach Krit«, den wir hier gehen müssen. Es ist ein langer, beschwerlicher, aber durchaus bewältigbarer Weg. Unsere Geschichte sagt, dass Gott selbst dem Elia diesen Weg weist. Wir wissen nicht, auf welche Weise er zu ihm gesprochen hat: vielleicht hat ihm jemand einen entsprechenden Rat gegeben und Elia deutete das für sich als Stimme Gottes. Vielleicht sprach Gott zu Elia auch durch eine innere Stimme. Wie dem auch sei: Gott weist seinem Propheten den Weg, aber er nimmt ihn ihm nicht ab. Den Weg zur eigenen Reifung und zur Überwindung unserer sozialen Isolation können wir immer nur selbst gehen. Niemand kann uns diese eigenen Schritte abnehmen, nicht einmal Gott selbst.

Phase 3: Von der erzwungenen zur aktiv angenommenen Einsamkeit

Und du sollst aus dem Bach trinken, und ich habe den Raben geboten, dass sie dich dort versorgen sollen. Er aber ging hin und tat nach dem Wort des Herrn und setzte sich nieder am Bach Krit, der zum Jordan fließt. Und die Raben brachten ihm Brot und Fleisch des Morgens und des Abends, und er trank aus dem Bach.

Der Weg zum Bach Krit – so hatte ich geschrieben – ist beschwerlich, aber nicht unmöglich. Das Schlimmste dabei ist vermutlich die Angst, die den Propheten

Elia auf dieser Strecke begleitet. Die Gegend dort ist, wie gesagt, unwirtlich. Wo soll er genug Essen und Trinken herbekommen? Wie soll er diese Zeit überleben, wenn ihn niemand unterstützt? Wie lange wird das Ganze dauern? Wird er jemals wieder aus diesem Tal herauskommen? Wird er – so auf sich allein gestellt – sich nicht noch viel mehr isolieren und am Ende nie wieder in die menschliche Gemeinschaft zurückfinden?

Ich stelle mir vor, dass Fragen wie diese den Elia bei jedem einzelnen Schritt auf der Strecke von Samaria in die Öde des Ostjordanlandes begleitet haben. Und doch setzt er Fuß vor Fuß und geht diesen Weg. Was ihm dabei die Kraft gibt, ist Vertrauen. In Elias Fall ist es das Vertrauen auf die Stimme Gottes. Bei anderen ist es vielleicht der Rat eines guten Freundes, einer Seelsorgerin oder eines Therapeuten. Oder es ist eine Intuition und innere Gewissheit, die einen dabei leitet. Aber ohne Vertrauen geht es nicht. Zu sehr sprechen die inneren Instinkte dagegen, in den Strudel hinabzutauchen. Ohne Vertrauen werden die Ängste überhandnehmen und wir werden den Weg zum Bach Krit nicht gehen.

Elia geht seinen Weg kraft des Vertrauens. Dabei ist dieser Weg selbst schon ein Stück der Therapie. Denn mit jedem Schritt von der erzwungenen in die positiv angenommene Einsamkeit kämpft er aktiv gegen seine Sorgen und Ängste an. Elia ist an diesem Punkt seines Weges ungeheuer mutig, wie ich finde. Mut heißt nicht, keine Angst zu haben, sondern sich von seiner Angst nicht das Gesetz des Handelns diktieren zu lassen. Mutig ist nicht der Mensch, der keine Angst hat, sondern wer trotz seinen Ängsten und gegen seine Ängste handelt.

Wir wissen nicht, wie lange Elia für seinen Weg gebraucht hat. Luftlinie sind es auch hier knapp 80 km von Samaria zum Bach Krit. Aber er wird Umwege gegangen sein: zum einen, um den Häschern König Ahabs zu entkommen, zum andern, weil es ihn auf diesem Weg mehr als einmal in Gegenden verschlug, in denen er sich nicht auskannte. Der Weg von Samaria führt auch für uns nur selten direkt zum Bach Krit. Wir müssen Umwege und Irrwege mit einkalkulieren. Das dauert auf jeden Fall ein Weilchen.

Und dann ist man keineswegs »hindurch«. Im Gegenteil: Dann ist man erst am Bach Krit angekommen und die eigentlichen Prozesse fangen dann erst an. Zunächst ist es am Krit vielleicht sogar ganz angenehm: Es ist zwar nicht die idyllischste Gegend, aber sie hat einen gewissen rauen Charme. Elia ist dem Bannstrahl des rachsüchtigen Königspaars entkommen, er kann von den Strapazen der Flucht ausruhen und auch keiner seiner Landsleute, mit denen er sich überworfen hatte, nervt mehr – »endlich allein«! Aber wie bei einem lang überfälligen Urlaub hört die regenerierende Wirkung nach ein paar Wochen auf und man beginnt zu spüren, dass da einiges an Arbeit auf einen wartet, die dadurch nicht weniger wird, dass man sie auf die lange Bank schiebt.

Nach einer Zeit des Ausruhens und Zu-Kräften-Kommens ist bei Elia jedenfalls harte Arbeit angesagt. Diese wartet nicht irgendwo »da draußen«, sondern in ihm drin. Menschen, die für längere Zeit ins Kloster gingen, haben mir erzählt, dass die Anfangsphase richtig erholsam für sie war, bis sie früher oder später ziemlich massiv auf jene Person stießen, die in ihrem Leben die allergrößte Herausforderung bedeutete: nämlich auf sich selbst. Wir können getrost davon ausgehen, dass Elia Ähnliches erlebt hat. Nach dem Stress der vergangenen Wochen und Monate hat er die Zeit am Krit anfangs vielleicht sogar genossen. Dann aber begann er, sich selbst auf den Geist zu gehen. Er erlebte an sich selbst, was seine Landsleute aus Gilead jahrelang schon gewusst hatten: dass es nicht leicht war, mit ihm und seinem schroffen, sperrigen Wesen zurechtzukommen.

An diesem Punkt, als Elia wieder einigermaßen fit und ausgeruht ist, beginnt für den Propheten der eigentliche Reifungsprozess, mit dem Gott ihn für seinen weiteren Lebensweg vorbereitet. Was ein Mensch an seinem ureigensten »Bach Krit« jeweils zu lernen hat, hängt natürlich sehr stark von der jeweiligen Vorgeschichte ab. Die notwendigen Wachstums- und Reifungsschritte am Bach Krit sind höchst individuell und lassen sich nicht verallgemeinern. Bei Elia scheint es mir offensichtlich zu sein, dass er an diesem einsamen Ort mehrere Schulen zu durchlaufen hat. Ohne Anspruch auf Vollständigkeit nenne ich drei davon:

Es ist zum einen eine *Vertrauensschule.* Der Weg von Samaria zum Bach Krit war dabei nur der Anfang. Dort angekommen, macht Elia die wunderbare Erfahrung, dass Gott selbst ihn versorgt. Der Bach selbst ist zwar klein, aber er transportiert sauberes, klares Wasser – eine Köstlichkeit in dieser unwirtlichen Gegend. Raben, so sagt unsere Geschichte, versorgen den Propheten in seiner Einsamkeit mit Fleisch und Brot: hochintelligente Vögel also, die auch in dieser Abgeschiedenheit wissen, wo man so etwas organisiert. Tiere allerdings auch, die für ihren ausgeprägten Futterneid bekannt sind: Was ein Rabe einmal erbeutet hat, gibt er nicht so leicht wieder her. Aber Gott, der den Elia dazu gebracht hat, gegen seine Instinkte in den Strudel hinabzutauchen, kann auch Raben dazu bringen, ihre Beute mit anderen zu teilen. Was Elia am Bach Krit lernen muss und schließlich auch lernt, ist die schlichte Tatsache: Gott versorgt ihn Tag für Tag neu. Der Bach fließt kontinuierlich, aber die Raben kommen jeden Morgen und Abend, das heißt jeden Tag neu kann und muss Elia Vertrauen lernen. Es ist nicht üppig, was ihm dort in der Einsamkeit des Ostjordanlandes zufällt, aber es ist völlig ausreichend. Er kommt nicht zu kurz und er kommt nicht um. Glauben lernt man nur, indem man konkrete Glaubensschritte geht: erst kleine, im Lauf der Zeit dann vielleicht auch größere. Tag für Tag macht Elia am Bach Krit die Erfahrung, dass sein Vertrauen trägt – und dadurch wächst dieses Vertrauen auch jeden Tag ein Stückchen mehr.

Das zweite, was Elia am Bach Krit durchläuft, ist eine *Charakterschule.* Wir haben bereits in den ersten Versen, die uns vom Propheten Elia berichten, einigen Anlass zu der Vermutung gefunden, dass dieser ein recht schwieriger Mensch gewesen sein muss. Die weiteren Kapitel der Elia-Geschichte zeigen, dass ein harscher, sperriger Charakter ihn auch später noch kennzeichnete. Wenn jemand in eine Phase intensiv-positiver Auseinandersetzung mit Gott kommt, ist er anschließend nicht einfach ein »völlig anderer Mensch«. Glaubende Menschen sind nicht automatisch bessere Menschen. Und schon gar nicht sind sie es von heute auf morgen. Immer wieder treffen wir in der Bibel auf Protagonisten, die Zeit ihres Lebens ihren schwierigen Charakter behalten und deren unschöne Züge von Gott zwar aufgeweicht und behutsam korrigiert, nicht aber völlig umgekrempelt werden: Mose etwa, Petrus oder Paulus. Die Veränderung unseres Charakters zum Positiven hin ist eine lebenslange Schule. Da gibt es punktuelle Ereignisse und Erlebnisse, die uns deutliche Schritte voranbringen, oft aber auch langsame, kaum merkliche Reifungsprozesse, Umwege und Rückschritte. Das, was Gott am Bach Krit bei Elia bewirkt, ist nur der Anfang eines langen Weges.

Die dritte Schule, die Elia durchlaufen muss, hängt damit zusammen, denn das ist sicherlich der schwierigste Zug seines Charakters: Er muss ganz neu *Beziehungsfähigkeit* lernen. Ich sage »ganz neu«, weil Elia wie wahrscheinlich die meisten Menschen der Meinung gewesen sein wird, er selbst habe alles richtig gemacht, nur die anderen seien ihm gegenüber gleichgültig, geringschätzig und ungerecht. Elia konnte eine solche Ansicht sogar ganz einfach religiös rechtfertigen: Schließlich hatte er, der fromme Prophet, nichts anderes getan, als den lebendigen Gott zu verkündigen. Ist doch logisch, dass man mit einer solchen Botschaft bei Leuten, die an andere Götter glauben, aneckt. Was konnte er – Elia – denn dafür, dass die anderen so stur in ihrer Gottlosigkeit und ihrem Unglauben verharrten?

Man kann es sicherlich nicht völlig verallgemeinern, aber es ist doch erstaunlich, wie viele Menschen, die Probleme mit ihren Mitmenschen haben, der festen Überzeugung sind, sie selber seien absolut beziehungsfähig, der Fehler läge vielmehr bei den anderen. Unser Text macht uns sensibel für die Tatsache, dass ein Mensch inhaltlich durchaus recht haben kann, aber sich gerade in diesem Bewusstsein, recht zu haben, anderen Menschen gegenüber fragwürdig verhält. Für Menschen, die der Meinung sind, sie hätten in ihrem Umgang mit anderen nichts falsch gemacht, sondern »nur die Wahrheit gesagt« und es läge nicht an ihnen, wenn die Beziehung jetzt auf Eis oder in Scherben läge, gilt das gleiche, was man auch jemandem raten müsste, der oder die sich der eigenen sozialen Unzulänglichkeiten sehr wohl bewusst ist: »Du musst vielleicht noch einmal ganz neu Beziehungsfähigkeit lernen. Deine gewohnten Vorgehensweisen und Kommunikationsmuster sowie deine Ansprüche, Erwartungen und Befürchtungen, wenn du mit anderen Menschen in Kontakt trittst, müssen einer grundlegenden Sichtung und Überprüfung unterzogen werden.«

Dass Elia das ausgerechnet in der Isolation des Bachs Krit lernen soll, gehört zur durchgängigen Paradoxie unserer Geschichte. So wie Einsamkeit für Elia das von Gott auferlegte Mittel ist, seine Einsamkeit zu überwinden, muss er im Schweigen das rechte Reden lernen und im Alleinsein eine neue Art des Zusammenseins. Niemand hat diese Paradoxie so schön auf den Begriff gebracht wie Dietrich Bonhoeffer, als er in seinem Buch »Gemeinsames Leben« schrieb: »Wer nicht allein sein kann, der hüte sich vor der Gemeinschaft.« Dabei reflektiert er das Phänomen, dass Christinnen und Christen, die nicht mit sich allein zurechtkommen, oftmals hoffen, in der Gemeinschaft anderer Menschen Hilfe zu erfahren und dann nahezu zwangsläufig enttäuscht werden. Das Ende vom Lied ist dann häufig, dass sie der Gemeinschaft zum Vorwurf machen, was sie im Grunde selbst herbeigeführt haben. An dieser Stelle dockt die Hauptthese meines Artikels an: Der Weg von nicht vorhandenen oder zerrütteten hin zu gelingenden sozialen Beziehungen ist oft kein direkter, sondern führt über den Umweg des Alleinseins bzw. der Einsamkeit. Dass diese aktiv angestrebte Einsamkeit kein Endzustand ist, sondern lediglich eine Zwischenstation, zeigt die vierte und letzte in unserem Bibeltext beschriebene Phase.

Phase 4: Von der aktiv angenommenen Einsamkeit zurück in die Gemeinschaft

> *Und es geschah nach einiger Zeit, dass der Bach vertrocknete; denn es war kein Regen im Lande. Da kam das Wort des HERRN zu ihm: Mach dich auf und geh nach Sarepta, das zu Sidon gehört, und bleibe dort; denn ich habe dort einer Witwe geboten, dass sie dich versorge. Und er machte sich auf und ging nach Sarepta.*

Die von Elia angekündigte Dürre dauert dreieinhalb Jahre. Unser Text macht keine genaue Angabe darüber, wie viel davon der Prophet am Bach Krit und wie viel er bei der Witwe in Sarepta verbracht hat. Eines Tages jedenfalls trocknet der Bach aus. Und es ist Gott selbst, der dies verursacht. Die Dürre, die Elia in seinem Namen angekündigt hat, lässt auch die Quellen des Krit versiegen. Ob Elia erleichtert gewesen ist, diesen unwirtlichen Ort verlassen zu dürfen, oder ob er sich zwischenzeitlich so gut darin eingerichtet hat, dass es ihm wieder leidtut, wissen wir nicht. Ich vermute aber letzteres.

Es ist erstaunlich, wie sehr Menschen über die Fähigkeit verfügen, sich im Lauf der Zeit auch mit schwierigen und unzufriedenstellenden Lebensumständen abzufinden. Eigentlich ist das eine ziemlich nützliche Funktion der Seele, dass sie in der Lage ist, sich auch an weniger angenehme Situationen anzupassen und uns dadurch hilft, damit zurechtzukommen. Diese Fähigkeit unserer Seele ist ein wichtiger Baustein dessen, was wir »Resilienz« nennen. Freilich kann uns das auch ziemlich im Weg stehen: dann nämlich, wenn wir an unseren Lebensumständen durchaus etwas ändern könnten, ja vielleicht sogar sollten, stattdessen aber lieber im Alten verharren. Zwar ist man sich dessen bewusst, dass das Leben, das man gerade führt, nicht gerade »das Gelbe vom Ei« ist, aber man hat sich nun einmal daran gewöhnt, und wer weiß, ob ein anderes Leben nicht vielleicht sogar noch mehr Unglück und Unzufriedenheit mit sich bringt. Das Unglück, das wir kennen, ist uns wenigstens vertraut und gibt uns emotionale Stabilität. Das unbekannte Neue hingegen ist ungewiss und macht uns naturgemäß Angst. Darum ziehen viele Menschen ein Unglück, das sie kennen, einer ungewissen Zukunft vor. Vor allem, wenn das Unglück nicht wirklich als »Unglück« erlebt wird, sondern man gelernt hat, sich damit zu arrangieren.

In unserer Geschichte schickt Gott den Elia nach Sarepta. Diese Stadt liegt nordwestlich des Reiches Israel und gehört zum Königreich Sidon. Sidon – war da nicht etwas? Ja, genau: Es ist die Heimat seiner Erzfeindin Isebel, in die Gott den Elia schickt, mitten in die Höhle der Löwin! Dass der Prophet keine große Lust verspürt, diesem Auftrag Folge zu leisten, liegt eigentlich ziemlich nahe.

Vielleicht kann er, der fromme Mann, sogar ein paar ziemlich »heilig« klingende Gründe für seine Unlust aufbringen. Einfachhin zu sagen »Ich habe keinen Bock« oder »Das ist mir zu unangenehm« wäre vielleicht ehrlich, klingt aber nicht allzu gut. Wie aber wäre es mit: »Ich habe meine Lektionen am Bach Krit noch nicht alle verinnerlicht«, »Ich muss noch mehr Vertrauen lernen«, oder »Ich habe noch nicht die richtige Haltung«. Schließlich geht es darum, den großen Auftrag Gottes zu erfüllen. Gibt es da nicht immer noch etwas zu lernen, zu wachsen und zu reifen, bevor wir uns tatsächlich auf den Weg machen?

Ich habe in meinem Leben viele Menschen kennen gelernt, die sich vor großen und wichtigen Aufgaben in ihrem Leben mit der Begründung gedrückt haben, dass sie dafür noch nicht reif genug seien, dass ihr Charakter noch zu viele Mängel aufwiese und dass ihnen dazu ganz bestimmte Fähigkeiten fehlten. An dieser Stelle kippt eine an sich ganz gesunde Selbsterkenntnis der eigenen Begrenztheit und Unvollkommenheit um in eine Einstellung, die für das eigene Leben hinderlich, ja sogar schädlich ist. Hier kleidet sich der Unwille, das eigene Leben anzupacken bzw. dem Auftrag Gottes Folge zu leisten, in den Mantel der Demut. Nach außen hin sieht das sehr bescheiden aus. Faktisch aber bedeutet es eine Auflehnung gegenüber dem göttlichen Willen über das eigene Leben.

Vielleicht lässt Gott auch deshalb den Bach Krit austrocknen: weil Elia nun nicht anders kann, als sich erneut auf den Weg zu machen. Nicht selten ist es im Leben so, dass wir zwar spüren, dass sich irgendetwas ändern müsste, aber wir packen es nicht an, sei es aus Bequemlichkeit, Unsicherheit oder fehlendem Mut. Wir merken es vielleicht über Monate, manchmal sogar Jahre, aber wir bewegen uns nicht. Bis uns irgendetwas von außen zwingt, den Bach Krit tatsächlich zu verlassen. So ein äußerer Anlass ist meist kein schöner. Ein religiöser Mensch wird darüber vielleicht sogar in eine Glaubenskrise kommen: Schließlich war es Gott selbst, der den Elia zu eben jenem Bach geführt hat, der da auf einmal versiegt ist. Sollte der gleiche Gott ihn tatsächlich wieder von diesem Ort wegführen?

Wie gesagt, wir wissen nicht, ob Elia den ausgetrockneten Bach glücklich oder ärgerlich verlässt. Ich könnte mir vorstellen, dass sich seine Begeisterung in Grenzen hält, als er sich erneut auf die Wanderschaft macht: in den Nordwesten nach Sarepta, quasi ins Mutterland des Baalskultes, dem Elia eigentlich den

Kampf angesagt hat. Es ist mehr als wahrscheinlich, dass die Witwe, die ihn dort versorgen wird, Anhängerin eben jenes Kultes gewesen ist, auch wenn sie durch den frühen Tod ihres Mannes zu den Verliererinnen dieser auf Wohlstand und Wachstum basierenden Religion gehört. Es wäre spannend zu untersuchen, wie Elia jetzt, nach seinem längeren Exil am Bach Krit, mit dieser Angehörigen einer anderen Religion umgeht, aber das ist nicht Gegenstand dieses Beitrags.

Für unsere Belange ist es wichtig, zu sehen, dass der Rückzug Elias an den Bach Krit nicht das Ende der Wege Gottes mit ihm war. Gott führte den Elia in die Einsamkeit, damit er dort einige wichtige Lektionen lernte. Als Gott der Meinung war, dass Elia das Notwendige für seinen weiteren Weg gelernt hatte, schickte er ihn weiter. Er, der ihn in die Einsamkeit geführt hatte, führte ihn nun wieder zurück in die Gemeinschaft.

Der von mir oben aufgeführte Satz aus Bonhoeffers Buch »Gemeinsames Leben« ist nämlich nur die halbe Wahrheit – und die Hälfte des Zitats. So richtig es ist, dass ein Mensch, der nicht allein sein kann, sich vor der Gemeinschaft hüten soll, weil das Zusammensein mit anderen nie die »Lösung« dafür sein kann, dass ein Mensch mit sich selbst nicht zurechtkommt, so sehr stimmt auch der andere Satz: »Wer nicht in der Gemeinschaft steht, hüte sich vor dem Alleinsein.« Dabei verhält es sich ein bisschen wie bei Henne und Ei: Das rechte Alleinsein und die rechte Gemeinschaft bedingen einander bzw. ermöglichen sich gegenseitig. Darum muss beides sich im Leben immer wieder abwechseln wie Einatmen und Ausatmen oder beim Herzschlag Systole und Diastole.

Darum führt Gott den Elia nach einiger Zeit der Einsamkeit wieder in die Gemeinschaft – und zwar zunächst nur zu einem bzw. zwei Menschen: einer Witwe mit ihrem Sohn. Wie um den Propheten wieder langsam an das allgemeine soziale Leben heranzuführen, führt Gott den Elia zu einem einzigen bzw. zu einem ganz kleinen Kreis von Menschen. Beim Erlernen von Beziehungsfähigkeit geht es zunächst einmal um Qualität, weniger um Quantität.

Gerne würde ich schreiben, dass Elia sich später auch im Großen wieder in die Sozialgemeinschaft eingefügt hat. Davon wird uns in der Bibel aber nichts berichtet. Im Gegenteil: Nach den dreieinhalb Jahren Trockenheit kommt es zu einer weiteren großen Auseinandersetzung und Elia wird noch einmal in die Einsamkeit fliehen, um von Gott zurück in die Gemeinschaft geschickt zu werden. Geschichte wiederholt sich, und so sehr wir in der Lage sind, dazuzulernen – Gott sei Dank! –, so sehr bleiben wir bei allem Wachsen und Reifen doch wir selbst.

Elia bleibt Zeit seines Lebens ein schwieriger Zeitgenosse. Vielleicht hatte er in Einsamkeit wenigstens dies gelernt, dass die Tatsache, dass er leicht mit anderen aneinandergeriet, nicht nur daran lag, dass er recht, die anderen hingegen unrecht hatten. Man kann durchaus Recht haben und trotzdem ein schwieriger Mensch sein, und die Art und Weise, wie man selbst die Sünden anderer anprangert, ist in vielen Fällen nicht weniger fragwürdig als das Verhalten, dass man bei anderen kritisiert.

Darüber hinaus bleibt Elia Zeit seines Lebens auch ein ziemlicher Eigenbrötler, oder sagen wir es abgeschwächt: ein introvertierter Mensch. Und das darf auch so sein, wenn dieser Wesenszug uns nicht dazu führt, uns völlig von der Gemeinschaft abzuschotten. Wie Elia müssen wir vielmehr lernen, was im Alleinsein in uns wächst und reift, wieder in die Gemeinschaft einzuspielen. Vielleicht nicht in die große Masse, aber dann in die Gemeinschaft kleiner, qualitativ hochwertiger Beziehungen. In unserer Geschichte ist das die Witwe aus Sarepta mit ihrem Sohn, später wird es sein Schüler Elisa sein, mit dem Elia diese enge Gemeinschaft pflegt.

Damit bin ich am Ende meiner kleinen Betrachtung. Wir sind mit dem Propheten Elia einen weiten Weg gegangen: von Gilead angefangen über Samaria und den Bach Krit hin nach Sarepta. Jeder dieser Orte steht für eine andere Stufe bzw. Variante des Zusammenspiels von Alleinsein und Gemeinschaft. Egal, an welchem dieser Orte wir uns selbst innerlich befinden, es gilt, die dortige Lektion zu lernen und dann den nächsten Schritt zu gehen. In den folgenden Kapiteln der Bibel wird Elias Weg noch sehr viel weiter führen. Dabei geht er diesen Weg mal stärker, mal weniger stark an der Hand Gottes. Nicht nur das Zusammensein mit anderen Menschen will gelernt sein, sondern auch das Zusammensein mit Gott durchläuft so manches Auf und Ab bzw. verschiedene Wachstums- und Reifungsstufen. Tröstlich ist es, zu wissen, dass Gott uns auf dem einen wie auf dem andern Weg nicht allein lässt, sondern uns jederzeit seine Hand hinhält, damit wir nach ihr greifen. Mit ihm zusammen lebt und lernt es sich leichter als allein.

Spiritualitäten der Einsamkeit

Steve Kennedy Henkel

Bei jeder Trauung, die ich feiere, kommt sie, die Stelle aus der Genesis, in der Gott etwas ganz Grundsätzliches über den Menschen sagt: *Es ist nicht gut, dass der Mensch allein sei.* (1. Mose 2,18) Ganz am Anfang in der Genesis, in der Genese, sind das die Vorzeichen des Menschen. Noch bevor andere Dinge über ihn festgestellt werden wie dass er leicht verführbar ist, dass er einen ungesunden Hang zu Gewalt hat, oder dass er sich – seit er seine Unschuld verloren hat – besonders zu Mode hingezogen fühlt. Denn was ist am Ende jedes High Fashion Stück anderes als ein elaboriertes Feigenblatt?

Noch bevor wir irgendetwas anderes über das »So-Sein« des Menschen erfahren, lernen wir, dass er nicht für die Einsamkeit gemacht ist. Eigentlich braucht dieser Mensch sogar den anderen Menschen, um überhaupt etwas über sich selbst zu lernen. Über seinen Neid, über seine Liebe und über Enttäuschungen. Erst am Gegenüber – so ist es zumindest schon argumentiert worden – wird der Mensch wirklich zum Menschen. Wir sind vielleicht nicht der platonische Kugelmensch, der ohne den Anderen halbrund durchs Leben stolpert, aber ohne das Gegenüber fehlt uns etwas an unserer menschlichen Qualität. Den Zustand dieses Fehlens nennen wir Einsamkeit. Man kann allein sein und es ist alles okay. Gerade introvertierte Menschen sind vielleicht besonders okay, wenn sie auch mal alleine sein können und der ganze soziale Stress von freundlich sein und interessiert tun und niemanden verärgern von ihnen abfällt. Auch ich möchte Sonntagnachmittags niemanden sehen. Diese Zeit gehört mir und meiner Couch, dann ist das Handy im Flugmodus und wenn ich technisch begabt genug wäre, würde ich auch die Klingel ausstecken bis abends der Lieferservice läutet – weil die Küche dann nämlich auch kalt bleibt. Das brauche ich, damit es mir gut geht. Wenn Alleinsein nicht mehr okay ist, dann wird es zur Einsamkeit. Je nachdem wie die Einsamkeit zu mir kommt, kann sie eine andere – spirituelle – Dimension haben. Je nachdem, ob sie durch andere zugefügt, selbst gewählt oder durch Krankheit erlitten ist.

Einsamkeit als Drama – in die Grube *geworfen*

Von allen Formen der Einsamkeit ist es vielleicht die schlimmste: Die durch das Verhalten anderer, sozial erlittene Einsamkeit. Bei dem Schulkind, das keine Freunde hat, weil die anderen ihre eigene Identität durch Abgrenzung festigen und du gerade der bist, an dem sie es durchexerzieren können, weil du anders bist: Zu laut, zu leise, »falsche« Hautfarbe, »falsche« Kleidung, »falsches« Gewicht, falsche Eltern oder einfach auf eine Art anders, die sich erst später zeigen wird, die aber jetzt schon abzuspüren ist, weil du queer bist, trans oder autistisch. So manche Träne wird still in Kinderzimmern geweint wegen dieser Einsamkeit. Die Zahl der Kontakte von unter Zwanzigjährigen mit Telefon- und Chat-Seelsorge ist in den vergangenen Jahren kontinuierlich gestiegen.

Aber aus sozialer Isolation resultierende Einsamkeit ist kein Jugend-Phänomen. Sie kann die gemobbte Kollegin treffen oder das Familienmitglied, das die »falsche« Entscheidung trifft.

Und dann sitzt du da, bist ...

> *... gleich geachtet, denen die in die Grube fahren, ich bin wie ein Mann, der keine Kraft mehr hat. Ich liege unter den Toten verlassen, wie die Erschlagenen, die im Grabe liegen, derer du nicht mehr gedenkst und die von deiner Hand geschieden sind. Du hast mich hinunter in die Grube gelegt, in die Finsternis und in die Tiefe.* [...] *Meine Freunde und Nächsten hast du mir entfremdet, und mein Vertrauter ist die Finsternis.*
> (Psalm 88, 5-7.19, Luther 2017)

Der Psalmist ist am Ende. Am Ende sozialer Kontakte und mittendrin in der Einsamkeit, *mein einziger Vertrauter ist die Finsternis.* Er ist so am Ende wie jeder, der keine sozialen Kontakte hat, keine Freunde, keine irgendwie herzlichen Kollegen. Dieser Zustand ist beschrieben wie der Tod. Der soziale Tod fühlt sich an wie der echte Tod – ich bin *in die Grube gefahren.* Die biblische »Grube« ist meistens ein ausgetrockneter Brunnen. Innen ist es dunkel, aber oben – und das ist besonders grausam – ist ein Loch. Man kann sehen, dass ein anderes Leben möglich ist – für andere. Man sieht die Leute im Café zusammen lachen, das alte Paar, das sich auf der Parkbank die Zeitung teilt und dass bei Online- Urlaubs-Portalen die Flugreise für zwei und das Doppelzimmer voreingestellt sind.

Du weißt, dass es für andere möglich ist, aber du bleibst einsam. Und die Wände des Brunnens sind so steil, dass es kaum möglich ist, sie zu erklettern – bis du es dann irgendwann nicht mehr versuchst und dich einrichtest und Freundschaft schließt mit der Einsamkeit, *mein einziger Vertrauter ist die Finsternis – Hello darkness, my old friend*[1]. Die erzwungene Stille der sozialen Isolation

---

1 The Sound of Silence (englisch für »Der Klang der Stille«), auch The Sounds of Silence ›Die Klänge der Stille‹, ist ein Folk-Rock-Song des US-amerikanischen Duos Simon &

ist meist keine hörende Stille, die einen tiefer ins Leben einführt, die einem die Ohren für Gott öffnet. Dazu ist ihr stilles Schreien zu laut. Auf dieser Stille liegt wenig Segen. Das einzig Spirituelle an ihr ist das, was alle anderen Grenzerfahrungen auch haben. An den Grenzen - auch des Erträglichen - da, wo die Welt wie wir gewohnt sind sie zu sehen, perforiert ist, da gibt es Öffnungen hin zu der Welt, wie Gott sie sieht. Auch in der Einsamkeit der Grube kann man Gott finden - aber es ist fast so schwer, wie den Kontakt zu den anderen Menschen zu bekommen. Der Psalmist in Psalm 88 bleibt am Ende unversöhnt mit Gott, sein Problem ungelöst. Und er würde seinem Zustand sicher keine spirituelle Tiefe zuschreiben. Seine Hoffnung bleibt, dass Menschen oder Gott ein Seil durch die Öffnung werfen, die der Zugang zur Welt der Lebenden ist. Es kann aber sein, dass das nie passiert. Das Hoffen und fest mit der Enttäuschung rechnen, das ist sein Drama.

Einsamkeit als Sehnsucht – in die Wüste *gegangen*

Anders einsam ist es, wenn dich die Einsamkeit aus dem Trubel reißt. Aus dem *Ja* sagen, aus den Whatsapp-Gruppen, aus dem Netflix Bingewatching oder der Arbeit, die nie ganz aufhört. Es ist die Einsamkeit, die Stille, in der du erst merkst, wie erschöpft du bist und erst einmal alles wegschläfst. Aber es ist auch die Einsamkeit, die Bewusstsein schafft. Unsere mit Eindrücken vollgepackte Welt erlaubt uns nicht, all dem, was uns begegnet, die volle Aufmerksamkeit zu schenken, - denn reizüberflutet würden wir es gar nicht durch den Tag schaffen. So scannen wir alles kurz an und prüfen es auf Relevanz und Nützlichkeit. Nur wenn eines dieser beiden oder beide gegeben sind, widmen wir diesem Eindruck mehr Zeit. Wenn wir in die Einsamkeit, in die Stille stolpern, ist plötzlich ganz viel Aufmerksamkeit übrig, die wir sonst auf alles und jeden verteilt hätten, was uns täglich entgegenkommt. Diese übrig gebliebene Aufmerksamkeit ist jetzt ganz allein für mich da und, wenn ich es zulasse, für Gott.

Jesus wusste, dass es diese Zeiten der Reizreduktion braucht. Bevor er seine Tätigkeit als öffentlicher Prediger begann, zog er sich in die Wüste, in die Reizlosigkeit zurück. Mit Fokus auf sich und auf Gott. Genauso hat er es gehalten, wenn ihm das Menschen-Gewimmel zu viel wurde. Er stieg auf Berggipfel und fuhr mit dem Boot heraus, weil er Orte brauchte, an denen er seine Aufmerksamkeit fokussieren konnte, um in die Stille zu kommen, um Gott besser zu hören.

Garfunkel. Das von Paul Simon geschriebene Stück wurde erstmals 1964 auf dem Album Wednesday Morning, 3 A.M. veröffentlicht. Das Lied beginnt mit den Worten »Hello darkness, my old friend / I've come to talk with you again«, auf Deutsch: »Hallo Dunkelheit, mein alter Freund / Ich bin gekommen, um wieder mit dir zu reden«.

Manche von uns spüren diesen Ruf in die Stille: Es zieht sie an die See, aufs Land, wie die Väter in die Wüste oder die Mütter ins Kloster. Andere haben sich die Stille nicht ausgesucht, sondern wurden - wie der Prophet Elia (1. Könige 19) - in die Einsamkeit gestoßen. Doch dort, jenseits der Politik, seiner »Arbeit«, wo er einfach nur er selbst sein konnte, begegnete er Gott. Er, der feurige Prophet, der Laute, der Macher hörte Gott in der Einsamkeit, in der »Stimme verschwebenden Schweigens« (so übersetzt von Martin Buber).

Die Einsamkeit ist ein besonderer Möglichkeitsraum der Gottesbegegnung. Es gibt Stadtklöster, auch kirchliche / diakonische Einkehrhäuser, - doch die kontemplativen Klöster, in welchen in der Stille Gottesbegegnungen gesucht werden, liegen immer im Abseits. Allein der Weg dorthin ist schon spirituell: von der S-Bahn in den ICE, dann Umstieg in die Regionalbahn, auf einem Bahnhof mit schlechter Verbindung wird eine Stunde gewartet, dann in den nächsten RB, und den Rest mit dem Taxi... Ein Weg 'raus aus dem Leben, 'rein in die Stille. Wenn ich im Kloster bin, merke ich sofort den Unterschied dieser Räume, dieser Menschen, die die Stille atmen. Ein paar Tage lang klingt in mir noch der ganze andere laute und unruhige Kram nach, aber dann entfaltet die Einsamkeit ihre Wirkung und es wächst die Aufmerksamkeit auf Gott und mich. Auch wenn ich mit Anderen in Schweigeexerzitien bin, bleibt es bei der Einsamkeit, denn die Anwesenheit der anderen durchbricht die Stille nicht, sie brauchen keine Aufmerksamkeit, weil wir nicht kommunizieren. Im Schweigen des Klosters gibt es trotz der Anwesenheit anderer keine »Geselligkeit«. Das ist der Deal: gemeinsam mit anderen Gott-offen einsam sein. Das macht den Reiz und die spirituelle Kraft dieser Orte aus. Denn wie der Mensch der Genesis sein Gegenüber zum Wachsen und sich Erkennen brauchte, so tun auch jedem von uns spirituelle Wegbegleiter und Geburtshelferinnen gut, die mit uns Wege gehen, auf denen wir selbst vielleicht noch nicht ganz trittsicher sind und unsicher stolpern.

Einsamkeit als Krankheit – die Depressions-Dämonen *schlagen zu*

Ein anderer unfreiwilliger Weg in die Einsamkeit ist der Weg der Erkrankung. Depression etwa hat mich schleichend eine Straße entlang geleitet, an deren Ende ich mich nicht wiedererkannt habe. Eine Einsamkeit aus einer Mischung aus Kraftlosigkeit, bleierner Schwere und Unlust, das alles zu erklären.

Zum ersten Mal hat sich mir die spirituelle Kraft der biblischen Geschichten von Dämonen und ihren Austreibungen erschlossen. Ich habe mich auf einmal in der Welt des Besessenen von Gerasa wiedergefunden.

> *Als Jesus an Land ging, kam ihm aus der Stadt ein Mann entgegen. Er war von Dämonen besessen. Schon lange trug er keine Kleider mehr. Er lebte auch nicht in einem Haus, sondern in den Grabkammern.*[28]*Als er Jesus sah, schrie er auf und warf sich vor ihm nieder. Mit lauter Stimme rief er: »Was willst du von mir, Jesus, Sohn des Höchsten Gottes? Ich flehe dich an: Quäl mich nicht!«*[29]*Denn Jesus hatte dem bösen Geist befohlen: »Gib diesen Menschen frei!« Der Geist hatte den Mann schon lange in seiner Gewalt.* [...] *Er hatte ihn dann immer wieder in einsame Gegenden getrieben.*
>
> [30]*Jesus fragte ihn: »Wie heißt du? »Er antwortete: »Legion.« Denn viele Dämonen waren in den Mann gefahren.*[31]*Die Dämonen baten Jesus: »Verbanne uns nicht in die Unterwelt!«*[32] *Auf dem Berg in der Nähe weidete eine große Schweineherde. Die Dämonen baten Jesus: »Erlaube uns, in die Schweine hineinzufahren.« Und er erlaubte es ihnen.*[33]*Da verließen die Dämonen den Mann und fuhren in die Schweine. Die Herde stürzte sich den Abhang hinab in den See und ertrank.* [...] *Die Leute kamen herbei, um selbst zu sehen, was geschehen war. Sie kamen zu Jesus und fanden den Mann, aus dem die Dämonen ausgefahren waren. Er saß Jesus zu Füßen, war angezogen und ganz vernünftig.* [...]
>
> *Da stieg Jesus ins Boot, um zurückzufahren.*[38]*Aber der Mann, aus dem die Dämonen ausgefahren waren, bat Jesus: »Ich möchte bei dir bleiben.« Doch Jesus schickte ihn fort und sagte:*[39] *»Geh zurück nach Hause und erzähle, was Gott für dich getan hat.«*
>
> (Lukas 8, 27–38, Basis Bibel)

Die Depression zog mich dem Leben heraus: Denn wenn es dich hart trifft, trägst du schon lange keine anständigen Kleider mehr, nur noch Jogginghosen, und nur wenn es noch halbwegs geht, kannst du dich zum Wäsche waschen aufraffen. *Keine Kleider* bedeutet aber auch, sich schutzlos und fragil empfinden. In dieser Zeit hatte ich ein unbehaustes Ich, das besonders empfindlich war für alles Negative und besonders unempfindlich gegenüber allem Gutem.

Wie der Psalmist aus Psalm 88 habe ich mich herausgerissen gefühlt aus dem Land der Lebenden, alles fühlte sich dumpf an, wie durch eine dicke, dämpfende Milchglaswand vom Leben der anderen getrennt. Auch der Besessene lebt noch, aber er haust in der Einsamkeit der Grabkammern – mehr bei denen, die nicht mehr leben. Und ich hatte auch keine Lust mehr auf das volle Leben. Oft musste ich mich zwingen, nur einzelne Freunde zu treffen: der Depressions-Dämon treibt dich in *einsame Gegenden.* Physisch, psychisch und spirituell.

Mir hat eine Therapie geholfen, den Weg aus dieser Einsamkeit zu finden, es war für mich aber auch ein spiritueller Weg. Von den Depressions-Dämonen in die Stille und Einsamkeit gestoßen, habe ich ganz neue Seiten an meinem Gott kennengelernt. Aus dem Möglichmacher-Gott, der mit mir *über Mauern springt* (Psalm 18,30), dem lauten *mächtigen König der Ehren* (Choral: Lobe den Herren ...) ist für mich ein leiser Gott geworden, der in die Tiefen hinabsteigt und leise flüstert. Ein Gott, von dem ich intellektuell lange wusste, dass es ihn gibt, aber der mir in dieser Zeit real entgegengekommen ist. Ich habe die stille Seite Gottes kennengelernt – und ich will sie für meinen Glauben, meine Spiritualität um nichts in der Welt missen.

Jesus trieb dem Besessenen die Dämonen aus; – das Beispiel der Schweine bleibt immer auch eine Warnung, dass diese Krankheit unter Umständen den Sprung in den Abgrund bedeuten kann. Aber am Ende ist der Geheilte *angezogen und ganz vernünftig* und Jesus empfiehlt ihm, nicht mit ihm zu gehen, sondern *nach Hause* in sein soziales Netz; nicht mehr so fragil, sondern *gekleidet, vernünftig* in seine Gemeinschaft.

Seither gehe ich mit einem feinen Riss durchs Leben. Aber dieser Riss in der ordentlichen weißen Wand meiner Spiritualität ist mir zu einem Durchgang, zu einem neuen Raum meiner Frömmigkeit geworden, den ich erst zu erforschen beginne. Der Raum eines Gottes, der in der Stille der Einsamkeit spricht. Ich bin neugierig, was er mir in diesem Raum noch alles zeigen wird.

Einsam – eine Atempause für die Seele[1]

Pierre Stutz

Einsamkeit kann ätzend und existenziell bedrohlich sein, keine Frage! Als dialogische Beziehungswesen sind wir auf Resonanz angewiesen. Drei Urwünsche, die sich in allen Märchen und Mythen finden, bewohnen uns:

- Angesehen zu werden, anerkannt vor aller Leistung
- Verwurzelt zu sein, Beheimatung finden
- Verwandlung erfahren, ein Original werden.

Diese Urwünsche verwirklichen sich in unseren Beziehungen zu unserem Mitmenschen und auch in unserer Beziehung zu uns selbst:

- Auch sich selbst Anerkennung und Wertschätzung ausdrücken
- Auch in sich selbst zu Hause sein
- Auch sich selbst Verwandlung zuzugestehen.

All dies gehört zur Lebenskunst, wirklich lieben zu können, andere und sich selbst. Deshalb finden sich in allen spirituellen Traditionen, interreligiös, viele Ermutigungen, auch die Einsamkeit als Quelle unserer Beziehungsfähigkeit und unseres sozialpolitischen Handelns zu entdecken.

Einsamkeit als Kraftquelle

Mit 38 Jahren ist alles, was ich mir mit sehr viel Willenskraft aufgebaut habe, wie ein Kartenhaus in sich zusammengefallen: Burn-out, Batterien leer. Es war die Zeit, in der ich als Bundesjugendseelsorger in Zürich sehr aktiv war, zu aktiv, unfähig, einsam zu sein. Hätte mich damals jemand nach der Kernkompetenz des Christentums gefragt, dann hätte ich geantwortet »Tag und Nacht für andere da sein, bis zum Umfallen.« Ich bin tief gefallen, tiefer als tief, es war lebensbe-

---

[1] Weiterführende Gedanken zum Artikel finden sich in: Stutz, Pierre, *Atempausen für die Seele,* Freiburg im Breisgau [4]2020.

drohlich, weil ich vom Liebesappell Jesu bis dahin immer nur den ersten Teil verinnerlicht hatte: »Liebe deine Nächsten«. Zu suspekt war mir das Lebensnotwendende »wie dich selbst«. In meiner Verzweiflung habe ich mich ins Kloster zurückgezogen. Dort fiel mir ein Gedanke des französischen Philosophen Blaise Pascal (1623–1662) zu: »Das Unglück des Menschen beginnt damit, dass er nicht mit sich selber in einem Raum sein kann«. Bingo! Es kam mir vor, als seien diese Worte nur für mich geschrieben worden. Sie waren Trost und Zumutung zugleich. Wie soll das gehen? Intuitiv ahnte ich, dass nun das Integrieren einer lebensbejahenden Einsamkeit auf meinem Lebensweg anstand. Zugleich hatte ich panische Angst vor der Herausforderung, endlich mal auch zu Gast bei mir selbst zu sein. Der Münchner Karl Valentin sagt es mit Humor: »Heute besuche ich mich, mal schauen, ob ich zu Hause bin!« Meine Sehnsucht war groß, auch in mir selbst ruhen zu können; mehr noch, auch mit mir selbst befreundet zu sein. Es bedeutet jedoch, eine innere Unruhe auszuhalten, zu durchschreiten und verwandeln zu lassen, um zum inneren Ruheort zu gelangen. Der Schlüssel dazu liegt im Geschenk meines Lebens, in meinem Atem.

Tief ein- und ausatmen

In meiner Überaktivität atmete ich nur bis zu meinem Brustbereich. Wo hätte ich die Zeit hernehmen sollen, um bis in die Zehenspitzen zu atmen?!! Dank einer Atemtherapeutin lernte ich in beharrlicher Geduld, immer tiefer ein- und auszuatmen. Es schreibt sich so leicht, – letztlich habe ich über zwei Jahre gebraucht, um nicht nur im Kopf, sondern von Kopf bis Fuß meinen Atemfluss zu spüren. So erahnte ich in meiner bedrohlichen Einsamkeit ein Tor, das meinem Alleinsein eine neue Dimension eröffnete: All-ein-sein. Der Atem ist der Schlüssel zu meinem inneren Kraftort. Der Ursprung des Wortes Spiritualität findet sich im lateinischen Wort »spirare«, das »atmen« bedeutet. Der Atem ist zutiefst persönlich und zugleich verbindet er mich als göttlicher Lebensatem mit allem, was lebt. Der Atem lädt uns ein zu einer achtsamen Lebensgestaltung, in der wir nicht nur vom Willen her leben, sondern uns dem Fluss des Lebens, dem Atemfluss, mehr anvertrauen. Der Atem führt uns in die Gegenwart, ins Hier und Jetzt, in die Kraft des Augenblicks. Unsere Welt braucht mehr denn je beherzte Frauen und Männer, die auch gut für sich selbst sorgen können; die eine gute Balance finden zwischen Engagement und Innehalten, und die mitgestalten an einer Welt, die anders werden kann, zärtlicher und gerechter.

Sich nicht leben lassen

Im Mangel an Zeit für das Wesentliche, für ein lebensnotwendiges Durchatmen erkenne ich eine neue subtile Form der Sklaverei. Wir lassen uns durch menschenfeindliche Strukturen durch unser Leben peitschen und verbauen uns dadurch das Glück in unseren Beziehungen und in unserem Arbeiten. »Ich habe keine Zeit« wird zum alles bestimmenden Lebensgefühl. Dem setze ich mit aller Entschiedenheit die Erfahrung entgegen, dass wir unsere Zeit zu wenig nutzen, um den Zugang zu unseren Ressourcen, zu unserem unerschöpflichen Wachstumspotential zu finden. Wir brauchen dringend ein Umdenken in all unseren Lebensvollzügen, in den ganz persönlichen, sowie auch in den sozialen, wirtschaftlichen und ökologischen Zusammenhängen. An einem internationalen Zahnärzt*innenkongress in Berlin werden wir konfrontiert mit der Tatsache, dass immer mehr Kinder und Jugendliche nachts mit ihren Zähnen knirschen und kneifen, als Spiegelbild einer gestressten Welt, der das Loslassen abhandengekommen ist. Deshalb brauchen wir eine neue Kultur der Brachzeit, der Langsamkeit, der Leere, die unsere Lebensqualität fördert, unsere Solidarität nährt und unser Eingebundensein in Schöpfung und Kosmos stärkt. Wir brauchen eine Kultur des Widerstandes für eine menschlichere Welt, in der alle genügend Nahrung und saubere Luft zum Atmen haben. Wir brauchen einen gesunden Rhythmus mit mehr Zwischenräumen, damit wir entschiedener und sogar mit mehr Effizienz uns für eine nachhaltige Zukunft ein- und uns dieser aussetzen können.

Auch gut mit sich selbst sein

Das Einüben einer Lebenskunst der Einsamkeit lässt uns den Geschmack am Leben finden. Das achtsame Ein- und Ausatmen kann uns eine Lebenshilfe sein, um auch gut mit sich selbst zu sein, besonders dann, wenn wir uns als dünnhäutig erfahren, wenn wir unsere Begrenztheit spüren, wenn wir durch physische und psychische Erkrankung auf uns selbst zurückgeworden werden. Das aufmerksame Atmen hilft mir, mich selbst besser kennenzulernen mit all meinen Licht- und Schattenseiten. Dies wird eine lebenslange Aufgabe bleiben. Ich werde nie damit fertig sein, obwohl ich dabei immer mehr Mensch, immer mehr ich selbst werden kann.

- Ein Mensch, der seine Stärken entfaltet und zu seinen Grenzen steht.
- Ein Mensch, der auch in seinen Schwächen, in seinen Verwundungen jene Stärken, jene Wachstumschancen erahnt, die ihn zu einem toleranten und solidarischen Mitmenschen werden lassen.

Atempausen eröffnen mir den Zugang zu meinen vielfältigen Gefühlen. Ich versuche sie anzuschauen, ohne sie zu bewerten, ohne zu urteilen. Da liegt der tiefere, therapeutische Sinn meiner Atempausen: nicht bewerten, nicht beurteilen, sondern wohlwollend wahrnehmen, was ist. So kann ich einen authentischen Weg einüben, in dem ich mir und anderen nicht dauernd etwas vormache.

Lange-Weile kann spannend sein

Ich gestalte gerne mit anderen eine Kultur der Einsamkeit, in der wir die Lebenskunst der Lange-Weile neu entdecken. Keine Frage, Langeweile kann ätzend und bedrohlich sein. Ich kenne schwere Tage, in denen ich meine, die Decke fällt mir auf den Kopf. Wenn nichts mehr geht in meinem Leben, dann gehe ich. An unerträglichen Tagen gehe ich hinaus in die Natur. In der Hoffnung, im tiefen Ein- und ausatmen mich zu erinnern, dass ich immer viel mehr bin als die Schwere, die mich heute umzingeln will.

Lange-Weile kann jedoch sehr spannend sein, wenn ich wage, in meiner Einsamkeit all die schönen Erfahrungen nachklingen zu lassen, um sie noch dankbarer auskosten zu können. Lange-Weile kann mir auch schmerzvoll aufzeigen, was unterbelichtet ist in meinem Leben, was noch mehr entfaltet werden möchte. So wird meine lang-weilige Einsamkeit zu einer sprudelnden Quelle, die meine Kreativität nährt. Ich kenne keine Künstlerin, die ohne Durststrecken, ohne Leer-Lauf zu neuen Ideen gelangt. Wir alle können als Lebenskünstler neu entdecken, das uns dank der Leere eine unglaubliche Fülle geschenkt werden kann.

Atempausen für die Seele im Alltag

In meiner spirituellen Begleitung von vielen, ganz unterschiedlichen Menschen habe ich kleine Atempausen im Alltag entwickelt, in denen wir in 1–2 Minuten den Zugang zu unseren Ressourcen entdecken. Einsamkeit konkret! Diese Rituale eignen sich vor allem für all jene, die gestresst meinen, sie hätten sicher keine Zeit!!! Kurze Momente der Entspannung sind nicht verlorene Zeit, sondern ein Gewinn an Lebensqualität:

- Mich strecken

Mich strecken
beim Aufstehen
räkeln
gähnen
stöhnen

- Beim Aufstehen
bewusst ohne Schuhe
mit beiden Füssen
auf dem Boden stehen
bei jedem Ausatmen
mich noch tiefer auf meinen Grund einlassen
nicht alles im Schulterbereich festhalten
sondern Druck abgeben
mich tragen lassen

- Mich schütteln
alle Körperteile ausschütteln
die Hände
die Arme
die Füße
die Beine
durch mein tiefes und lautes Atmen
konkret loslassen können

- Mich gehen lassen
mich durchschütteln
mich nach vorne beugen
Kopf und Schultern schütteln
mich ganz durchschütteln lassen

- Meine Schultern lockern
beim Sitzen oder Stehen
sie hoch ziehen beim Einatmen
einen Moment innehalten
sie herunterlassen beim Ausatmen

- Meine Schultern lockern
durch wohltuende Kreisbewegungen
im Auf- und Abheben
Druck abgeben
mich auch innerlich bewegen lassen

- Meine Hände reiben
meinen Energiefluss aktivieren
im tiefen Durchatmen
mich innerlich beleben lassen

• Meine Hände reiben
mich lockern lassen
meinem Handlungsspielraum
neue Weite schenken

Heute
bewege ich mich nach der Arbeit
ich hole mir wieder
was ich zutiefst brauche
für mein Wohlergehen

Heute
wird mein Jogging zur Meditation
weil ich auf meinen Atem achte
der mich auf den Lebensatem Gottes verweist
der mich verbindet mit Schöpfung und Kosmos

Heute
suche ich in der Bewegung
jenen lebensnotwendigen Ausgleich
der nicht nur mein Gleichgewicht fördert
sondern eine menschlichere Atmosphäre bewirkt.

Die Autorinnen und Autoren

Ahrens, Petra-Angela, Oberkirchenrätin, Diplom-Sozialwirtin, ist Referentin für empirische Kirchen- und Religionssoziologie im Sozialwissenschaftlichen Institut der EKD.

Alberti, Bettina, ist Diplom-Psychologin, Psychologische Psychotherapeutin und tiefenpsychologisch orientierte Körpertherapeutin in eigener Praxis in Lübeck. Sie ist außerdem in der Fortbildung und als Supervisorin tätig und Verfasserin mehrerer Publikationen zur Bedeutung von Kontakt und Bindung für die psychische Entwicklung des Menschen unter der Berücksichtigung traumatischer Erfahrungen.

Bayer, Hermann J., Sozialpädagoge, Lebensbegleitung und Ritualgestaltung, ist freiberuflich tätig in der Hospiz- und Trauerbegleitung.

Böckel, Holger, Prof. Dr. theol., Pfarrer, hat eine außerplanmäßige Professur für Praktische Theologie an der Universität Heidelberg (Diakoniewissenschaftliches Institut) inne und ist Leiter des Instituts für Theologie-Diakonie-Ethik sowie der Akademie der AGAPLESION gAG, Frankfurt.

Büssing, Arndt, Prof. Dr. med., ist Professor an der medizinischen Fakultät der Universität Witten/Herdecke mit dem Arbeitsschwerpunkt »Lebensqualität, Spiritualität und Coping«, External Fellowship am Kompetenzzentrum für Christliche Spiritualität (IUNCTUS), sowie Verfasser zahlreicher Publikationen.

Claussen, Johann Hinrich, Prof. Dr. theol., war Gemeindepastor in Reinbek, Privatdozent für Systematische Theologie am Fachbereich Ev. Theologie der Universität Hamburg, Hauptpastor an der Hauptkirche St. Nikolai am Klosterstern und Propst im Kirchenkreis Hamburg-Ost. Seit 2016 ist er Beauftragter vom Rat der EKD für Kultur und Leiter des Kulturbüros der EKD in Berlin.

Dietrich, Ronja, Sozialarbeiterin und Gemeindepädagogin, arbeitet als wiss. Mitarbeiterin am Forschungsinstitut empirica für Jugend, Kultur und Religion der CVJM-Hochschule Kassel.

Dragano, Nico, Prof. Dr. phil., ist Professor für Medizinische Soziologie & Fakultätsbeauftragter für den Weiterbildungsstudiengang Public Health, Direktor des Instituts für Medizinische Soziologie, Medizinische Fakultät & Universitätsklinikum, Heinrich-Heine-Universität Düsseldorf.

Douglass, Klaus, Dr. theol., Pfarrer, ist Direktor der Evangelischen Arbeitsstelle für missionarische Kirchenentwicklung und diakonische Profilbildung (midi) in Berlin.

Eurich, Johannes, Prof. Dr. theol., ist Professor für Praktische Theologie/Diakoniewissenschaft und Direktor des Diakoniewissenschaftlichen Instituts der Universität Heidelberg sowie extraordinary professor for practical theology an der Stellenbosch University in Südafrika.

Faix, Tobias, Prof. Dr. theol., ist Professor für Praktische Theologie an der CVJM-Hochschule in Kassel mit den Schwerpunkten Gemeindepädagogik, interkulturelle und empirische Theologie. Außerdem ist er außerordentlicher Professor an der staatlichen Universität von Südafrika.

Fischer, Inken, ist Studentische Hilfskraft am Institut für Medizinische Soziologie, Medizinische Fakultät & Universitätsklinikum, Heinrich-Heine-Universität Düsseldorf.

Giebel, Astrid, Dr. theol., Dipl. Diakoniewissenschaftlerin, Pastorin, ist Theologin im Vorstandsbüro der Diakonie Deutschland im Evangelischen Werk für Diakonie und Entwicklung e.V. und beauftragt mit der theologischen Grundsatzarbeit in den sozialpolitischen Handlungsfeldern.

Grabe, Martin, Dr. med., Facharzt für Psychiatrie und Psychotherapie, Facharzt für Psychosomatische Medizin, zertifizierter Schematherapie-Trainer, ist Ärztlicher Direktor der Klinik Hohe Mark und 1. Vorsitzender der Akademie für Psychotherapie und Seelsorge (APS). Zudem leitet er ein Weiterbildungsinstitut für Psychotherapie.

Habighorst, Sabine, Pfarrerin, ist Oberkonsistorialrätin, Referat Spezialseelsorge und Personalentwicklung in der Abteilung Personalia der Ordinierten der Evangelischen Kirche Berlin-Brandenburg – schlesische Oberlausitz (EKBO) und Lehrsupervisorin DGfP.

Händeler, Erik, ist freier Wirtschaftsjournalist, Buchautor und Redner, Zukunftsforscher. Nach Ausbildung zum Redakteur an einer Tageszeitung hat er Wirtschaftspolitik und Volkswirtschaft studiert.

Henkel, Steve Kennedy, hat zur Zeit die Projektstelle zur Nachwuchsgewinnung für den Pfarrberuf in der Evangelisch-Lutherischen Kirche in Bayern (ELKB) inne und einen ehrenamtlichen Dienstauftrag in einer Münchner Kirchengemeinde. Er ist unter dem Namen @rev.stev als Pfarrer einer Instagram-Gemeinde unterwegs und Autor von »Auf ein Wort«-Radioandachten im Bayerischen Rundfunk.

Hörsch, Daniel, Sozialwissenschaftler, 2000/2001 Projektmanager in der freien Wirtschaft, 2001–2005 Referent SPD-Fraktion Landtag von Baden-Württemberg, 2005–2010 Referent Strategie und Planung Ev. Oberkirchenrat Stuttgart, 2010–2018 sozialwissenschaftlicher Referent im EKD-Zentrum Mission in der Region, ist seit 2019 sozialwissenschaftlicher Referent in der Evangelischen Arbeitsstelle für missionarische Kirchenentwicklung und diakonische Profilbildung (midi) im Evangelischen Werk für Diakonie und Entwicklung e.V.

Hofmeister, Georg, Dr. theol., Pfarrer, ist seit 2012 Leiter der Akademie des Versicherers im Raum der Kirchen (VRK). Schwerpunkte seiner Arbeit sind u. a. Kirche und Diakonie, theologisch-ethische Grundsatzfragen sowie Schöpfungstheologie und Nachhaltigkeit.

Hübner, Ingolf, Dipl.-Ing., Dr. theol., Pfarrer der Evangelischen Kirche Berlin-Brandenburg-schlesische Oberlausitz (EKBO), ist seit 1995 Theologischer Referent in der Diakonie Deutschland (vormals Diakonisches Werk der EKD).

Inerle, Birgit, Pfarrerin, ist Altenheimseelsorgerin und Leiterin der Fachstelle Altenheimseelsorge der Evangelischen Landeskirche von Kurhessen Waldeck (EKKW).

Kehnscherper, Jürgen, Dr. theol., ist Pastor der Evangelisch-Lutherischen Kirche in Norddeutschland, Kirchlicher Dienst in der Arbeitswelt (KDA), Pfarrstelle für den KDA in Mecklenburg-Vorpommern.

Kirchhof, Tobias, Dr. theol., Pfarrer, ist Referent für diakonische Profilbildung bei der Evangelischen Arbeitsstelle für missionarische Kirchenentwicklung und diakonische Profilbildung (midi) der Diakonie Deutschland im Evangelischen Werk für Diakonie und Entwicklung.

Kolbe, Christoph, Dr. paed., Erziehungswissenschaftler, Psychologischer Psychotherapeut (Tiefenpsychologie) und Existenzanalytiker im freier Praxis in Hannover, ist Lehrausbildner und Trainer für Führungskräfte. Er leitet das Norddeutsche Institut der Akademie für Existenzanalyse und Logotherapie (Hannover) und ist derzeit Präsident der Internationalen Gesellschaft für Logotherapie und Existenzanalyse (Wien).

Kruse, Andreas, Prof. Dr. Dr. h.c., ist seit 1997 Direktor des Instituts für Gerontologie der Universität Heidelberg. In seiner Forschung beschäftigt er sich mit ethischen, politischen, kulturellen und gesellschaftlichen Fragen des Alterns und Alters bzw. der Gestaltung des demographischen Wandels. Er ist seit 2016 Mitglied im Deutschen Ethikrat.

Kühnbaum-Schmidt, Kristina, ist Landesbischöfin der Evangelisch-Lutherischen Kirche in Norddeutschland und stellvertretende Leitende Bischöfin der Vereinigten Evangelisch-Lutherischen Kirche Deutschlands (VELKD).

Kurschus, Annette, Dr. h.c., ist Präses (leitende Geistliche) der Evangelischen Kirche von Westfalen und seit November 2021 zugleich Vorsitzende des Rates der Evangelischen Kirche in Deutschland (EKD).

Leicht, Silke, ist Stellvertretende Geschäftsführerin der Bundesarbeitsgemeinschaft der Seniorenorganisationen (BAGSO) und dort Referentin für Engagement und Partizipation.

Lilie, Ulrich, Pfarrer, ist Präsident der Diakonie Deutschland, stellvertretender Vorstandsvorsitzender des Evangelischen Werks für Diakonie und Entwicklung und seit 2021 Präsident der Bundesarbeitsgemeinschaft der Freien Wohlfahrtspflege (BAGFW).

Mielke, Roger, Dr. theol., M.A., Theologe und Sozialwissenschaftler, Pfarrer, Bruder der Ev. Michaelsbruderschaft, ist Militärdekan am Zentrum Innere Führung der Bundeswehr in Koblenz (Ev. Militärpfarramt Koblenz III) und Lehrbeauftragter am Institut für Evangelische Theologie an der Universität Koblenz-Landau.

Müntefering, Franz, ist seit 2015 Vorsitzender der Bundesarbeitsgemeinschaft der Seniorenorganisationen (BAGSO). Zuvor war er in den Jahren 1975 bis 1992 und 1998 bis 2013 Abgeordneter des Deutschen Bundestages (MdB). Von 1998 bis 1999 war er Bundesminister für Verkehr, Bau- und Wohnungswesen, von 2005 bis 2007 Vizekanzler und Bundesminister für Arbeit und Soziales, von 2002 bis 2005 Vorsitzender der SPD-Bundestagsfraktion und von März 2004 bis

November 2005 sowie von Oktober 2008 bis November 2009 Bundesvorsitzender der SPD.

Opaschowski, Horst, Prof. Dr., Wissenschaftler und Berater für Wirtschaft und Politik, lehrte von 1975 bis 2006 an der Universität Hamburg und leitete von 2007 bis 2010 die Stiftung für Zukunftsfragen. 2014 gründete er mit seiner Tochter, der Bildungsforscherin Irina Pilawa, das Opaschowski Institut für Zukunftsforschung (OIZ) in Hamburg.

Pompe, Hans-Hermann, Theologe, 1983 Gemeindepfarrer, 2000 Leitung missionarische Dienste der rheinischen Kirche, 2009 Leitung EKD-Zentrum für Mission in der Region, ab 2018 Referent und Generalsekretär der Arbeitsgemeinschaft Missionarische Dienste (AMD) in der Arbeitsstelle midi, ist seit 2021 im Ruhestand und weiterhin tätig als Referent und Autor.

Roser, Traugott, Prof. Dr. theol., evangelischer Pfarrer, ist Professor für Praktische Theologie an der Westfälischen Wilhelms-Universität Münster, arbeitet in der Ständigen Konferenz für Seelsorge am Rat der EKD mit, sowie im Theologischen Ausschuss der Union Evangelischer Kirchen und im Netzwerk Existenzielle Kommunikation und Spiritualität (NEKS e.V.).

Stäblein, Christoph, war u.a. Konventual-Studiendirektor des Predigerseminars Loccum der Evangelisch-lutherischen Landeskirche Hannovers und gehörte dem Herausgeberkreis der Göttinger Predigtmeditationen an. Er ist Bischof der Evangelischen Kirche Berlin-Brandenburg-schlesische Oberlausitz (EKBO).

Stobbe, Jürgen, Versicherungskaufmann, ist seit 2021 Vorstandssprecher des Versicherers im Raum der Kirchen (VRK). Seine Ressortschwerpunkte liegen im Vertrieb und Marketing sowie in der Betriebsorganisation, der Revision und dem Risikomanagement.

Stutz, Pierre, Theologe und spiritueller Autor vieler erfolgreicher Bücher zu einer engagierten Spiritualität - www.pierrestutz.ch -, lebt in Osnabrück.

Wiloth, Stefanie, Dr. phil., ist Akademische Rätin und Habilitandin am Institut für Gerontologie der Universität Heidelberg.

Zimmerling, Peter, Prof. Dr. theol., ist Professor für Praktische Theologie mit Schwerpunkt Seelsorge und Spiritualität am Institut für Praktische Theologie der Universität Leipzig.